财政部规划教材

全国财政职业教育教学指导委员会推荐教材

全国高等院校财经类教材

内部控制学

黄静如　陈　旻　主　编

林颖华　常莹莹　副主编

中国财经出版传媒集团

经济科学出版社
Economic Science Press

·北京·

图书在版编目（CIP）数据

内部控制学／黄静如，陈旻主编．--北京：经济
科学出版社，2024.3
财政部规划教材　全国财政职业教育教学指导委员会
推荐教材　全国高等院校财经类教材
ISBN 978 - 7 - 5218 - 5702 - 3

Ⅰ.①内…　Ⅱ.①黄…②陈…　Ⅲ.①企业内部管理
-高等学-教材　Ⅳ.①F272.3

中国国家版本馆 CIP 数据核字（2024）第 057199 号

责任编辑：白留杰　凌　敏
责任校对：齐　杰
责任印制：张佳裕

内部控制学
NEIBU KONGZHIXUE

黄静如　陈　旻　主　编
林颖华　常莹莹　副主编
经济科学出版社出版、发行　新华书店经销
社址：北京市海淀区阜成路甲 28 号　邮编：100142
教材分社电话：010 - 88191309　发行部电话：010 - 88191522
网址：www. esp. com. cn
电子邮箱：bailiujie518@126. com
天猫网店：经济科学出版社旗舰店
网址：http://jjkxcbs. tmall. com
北京鑫海金澳胶印有限公司印装
787 × 1092　16 开　21.5 印张　540000 字
2024 年 3 月第 1 版　2024 年 3 月第 1 次印刷
ISBN 978 - 7 - 5218 - 5702 - 3　定价：69.00 元

前　言

《企业内部控制基本规范》(2008)、《行政事业单位内部控制规范（试行)》(2012)、《小企业内部控制规范（试行)》(2017) 三套规范文件的发布，引导了各类社会组织规范开展业务活动。

上述内部控制规范颇具专业性，为了准确地反映内部控制规范在各类社会组织中的应用，满足教学和实际工作需要，我们编写了这本《内部控制学》。本教材在编写上具有以下特点：

(1) 以党的二十大精神为指引，各章均设置课程思政目标，并在教学内容中配置大量案例。引导学生从实际问题出发，思考专业知识在实践中的应用，培养专业分析能力，塑造积极向上的价值观。

(2) 以面向上市公司的内部控制为主，兼顾行政事业单位、小企业、中央企业内部控制。在【拓展阅读】资料中提供上述规范性文件，同时在正文中配备案例资料，支持学生拓宽视野，探索各类内部控制规范的联系与区别。

(3) 以新文科建设为背景，讨论数智技术发展赋予内部控制的机遇与挑战。在章节案例分析中讨论数字化赋能的内部控制演变、源于区块链技术漏洞的数字资产盗用风险与管理、数智化内部控制体系建设成本与效益等话题，服务于数智会计人才培养目标。

本书共十章，由黄静如、陈旻任主编，林颖华、常莹莹任副主编，陶海映参与编写。其中第一、第二、第五、第六章由黄静如编写，第八章由陈旻编写，第三、第七、第九章由林颖华编写，第四章由常莹莹编写，第十章由陶海映编写。研究生陈璐璐、李浩萱、赵晓霞、莫芯铭、黄雅菲、陈昱榕参与部分资料的收集。

在编写过程中参考了兄弟院校教材的内容，在此表示衷心的感谢！由于编者学识有限，对内部控制规范的理解、认识难免存在错误和疏漏之处，恳请各界读者批评指正。

编　者
2024 年 2 月

目 录

第一章

绪　论

■ **【知识与技能要求】**

通过本章的学习，使学生能够：

1. 说明内部控制发展的历程。
2. 解释内部控制的意义。
3. 叙述注册内部控制师的知识体系。

■ **【思政目标】**

说明内部控制对推进我国企业高质量发展，构建高水平社会主义市场经济体制的重要意义。

■ **【关键术语】**

整合控制　风险控制　全面风险管理

【案例 1-1】

内控之重——瑞幸咖啡财务舞弊事件的启示

瑞幸咖啡于 2017 年 10 月在厦门成立,基于"以技术为驱动,以数据为核心"的移动互联网商业模式迅速扩张并受到资本市场的青睐,仅用 18 个月便在纳斯达克成功上市。然而,2020 年 1 月,浑水调研公司发布做空报告直指瑞幸咖啡财务造假。同年 4 月,瑞幸咖啡在众多压力之下承认 2019 年第二至第四季度虚增交易额 22 亿元,引起极大舆论风波的同时也导致股价暴跌,市值瞬间蒸发近 50 亿美元,最终于 2020 年 6 月 29 日从纳斯达克退市并转入粉单市场。

瑞幸为什么会出现影响如此重大的财务舞弊?归根结底,是瑞幸的内部控制出了问题。退市前瑞幸咖啡的大量董事会成员同时兼任了核心高管,集决策权与执行权于一身,缺乏其他股东的内部制衡,使得内部控制形同虚设。信息技术环境下,企业可能存在信息泄露、技术不成熟导致业务数据不连通、不一致等特有风险,也增加了管理层和员工的舞弊风险。例如,人为篡改系统编号规则,通过随机跳号虚增销量,说明瑞幸咖啡并未重视系统生成订单这一关键风险。

退市后,为加强内部监督,防范舞弊风险,瑞幸咖啡从企业文化、内部控制等方面进行改善。在企业文化方面,加强诚信教育,修改商业伦理与道德准则,提升管理层和普通员工的商业道德,并提出对 CEO、CFO 等核心管理人员的特别条款。在内部控制层面,首先,分离财务与战略职责,原 CFO 兼 CSO 沙克尔(Reinout Schakel)专注战略,新聘请曾在普华永道任职、中川国际控股有限公司原 CFO 安静担任 CFO,增加会计和财务报告人员,完善财务报告流程,提高财务数据内部控制有效性。其次,组建独立的会计信息系统团队,并赋予其独立审核 IT 权限,确保信息技术环境下业务及财务数据的安全性和一致性,防范运用信息技术带来的特有风险。另外,瑞幸咖啡还将区块链技术引入业财数据管理,将重要数据实时上链存储,实现数据透明且不可篡改,控制关键风险点。

瑞幸财务舞弊事件的发生,在当时引发了对中概股的信任危机,使得中国企业赴美上市的难度加大,国际市场融资难度增大,还严重损害了国际资本市场的投资者权益,不利于市场经济的长远发展。由此可见,内部控制体系的改善,任重而道远。

资料来源:伍诗雨,陈菡,陈少华. 公司治理重构、商业模式迭代与价值共创——基于瑞幸咖啡退市后自救的案例启示〔J〕. 财务与会计,2023(07):35-39. 有删改.

第一节 内部控制的发展概述

内部控制是人类社会发展到一定阶段的产物,是经济发展的必然要求,并且随着组织内部管理要求和外部环境变化而不断发展和完善。内部控制的产生和发展经历了一个漫长的过程,纵观其发展历程,大致可以分为以下五个阶段。

一、内部牵制制度（20 世纪 30 年代以前）

尽管内部控制作为一个专有名词和完整概念，是 20 世纪 30 年代才被首次提出并广泛接受，但内部控制作为组织内部的一种基本管理思想和制约方式方法，早已存在于人类社会的经济管理实践中，比较典型的例如古罗马时期的宫廷会计账簿"双人记账制"，它是由两名记账人员对发生的同一笔经济业务，同时在各自的账簿上加以登记，并且定期核对，以检查双方账簿记录有无记账差错或舞弊行为，从而形成有效牵制，以达到控制财物收支防止差错和舞弊的目的。再比如古埃及对财物收发存的"三人记录审核制"（两个记录官和一个审核监督官制度），中国社会早期的官厅会计和官厅审计，也设置了比较有效的内部牵制制度。这些都是典型的内部稽核与牵制措施，这种措施孕育了现代内部控制的基本思想，是内部控制的初级形式，现在我们称之为内部牵制。这个阶段的内部控制主要特点是，每项经济业务办理流转过程都必须交叉监控，每一个人都不可以单独控制完成任何一项经济业务的全过程。

二、内部控制制度（20 世纪 30 ~ 40 年代）

1934 年美国《证券交易法》首次提出"内部会计控制"的概念。1936 年，美国会计师协会在其发布的《注册会计师对财务报表的审查》公告中，首次正式使用"内部控制"这一术语，并将内部控制定义为：为保护现金和其他资产的安全，检查簿记事务的准确性而在公司采用的各种手段和方法。审计程序委员会（CAP）下属的内部控制专门委员会于 1949 年对内部控制作出如下定义："内部控制是企业所制定的旨在保护资产、保证会计资料可靠性和准确性、提高经营效率，推动管理部门所制定的各项政策得以贯彻执行的组织计划和相互配套的各种方法及措施"。这个定义比较全面地表述了内部控制的四个目标内容，标志着内部控制地位的正式确认。

三、分类控制阶段（20 世纪 50 ~ 70 年代）

1953 年 10 月，审计程序委员会（CAP）发布了《审计程序公告第 19 号》，将内部控制划分为内部会计控制和内部管理控制。1958 年，美国注册会计师协会审计程序委员会发布的《审计程序公告第 29 号》中将内部控制分为"会计控制"和"管理控制"两大类，把与保护财产安全和保证财务记录的可靠性、准确性有关的控制归为会计控制，包括授权与批准制度、财产的实物控制和内部审计等；把与提高经营效率、保证管理部门所制定的各种政策得到贯彻执行有关的控制归为管理控制，包括统计分析、时动研究、员工培训计划和质量控制，此类控制通常只与财务记录有间接关系。1972 年美国审计准则委员会（ASB）第 1 号公告，与 1973 年美国《审计程序公告第 55 号》沿用了对"会计控制"与"管理控制"的区别。

四、结构与整合阶段（20 世纪 80 年代）

1985 年，美国反舞弊财务报告委员会（通常称 Treadway 委员会，或特雷德韦委员会）

成立，它旨在探讨财务报告中舞弊产生的原因，并寻找解决之道。两年后，基于该委员会的建议，其赞助机构在其下属成立了一个发起人委员会（The Committee of Sponsoring Organizations of the Treadway Commission，简称 COSO 委员会），专门研究内部控制问题。

1988 年 4 月，美国会计师协会颁布的《审计准则公告第 55 号》首次以"内部控制结构"一词取代原有的"内部控制"。它强调内部控制应由三个结构（要素）组成，即控制环境、会计制度和控制程序。控制环境是指反映董事会、管理层、业主和其他人员对控制的态度和行为，包括企业的管理哲学、经营方式、组织结构、授权与分配责任的方式、管理控制方法、内部审计、人事政策和程序等。会计制度是指各项经济业务的确认、归集、分类、分析、登记和编报方法。控制程序是指管理层所制定的政策和程序用以保证达到一定的目的，包括经济业务和活动的批准权、各个员工的职责和分工、业务的独立审核等。

1992 年 9 月，COSO 委员会针对公司行政总裁、其他高级执行官、董事、立法部门和监管部门的内部控制进行了高度概括，提出了《内部控制——整合框架》，即《COSO 报告》。该框架以"内部控制总体框架"取代了内部控制结构，认为内部控制整体框架主要由控制环境、风险评估、控制活动、信息与沟通、监督等五个要素构成。

【案例 1 - 2】

安然、安达信事件引发的企业内部控制思考

安然公司曾是美国一家大型能源公司，是世界上最大的电力、天然气和电讯公司之一，一度位列美国 500 强公司的第七位。

2001 年 10 月 16 日，安然宣布公司亏损 6.18 亿美元，同时透露公司股东资产缩水 12 亿美元。10 月 22 日，美国证交会展开调查。11 月 8 日，安然承认自 1997 年至 2001 年共虚报利润 5.86 亿美元，并且未将巨额债务入账。11 月 30 日，安然股价跌至 0.20 美元，市值从高峰时的 800 亿美元跌至 2 亿美元。12 月 2 日，安然正式向破产法院申请破产保护，破产清单中所列资产高达 498 亿美元，成为美国历史上最大的破产企业。安然破产案件造成了一系列的连锁反应，为安然提供审计服务的安达信会计师事务所因涉嫌妨碍司法公正而宣告倒闭；由安然破产案件所牵连出来的世通公司也随后破产，成为美国历史上最大的破产案件。花旗银行、摩根大通、美国银行等也因涉嫌财务欺诈，向安然破产案件的受害者分别支付 20 亿美元、22 亿美元和 6 900 万美元的赔偿金。安然事件也直接导致了美国《萨班斯－奥克斯利法案》的出台，该法案被视为自 1930 年以来美国证券法最重要的修改。

其中，安达信曾是全球五大会计师事务所之一。在安然财务丑闻爆发后，安达信的休斯敦事务所销毁有关安然公司的大量会计账册，直至收到证交会的传票之日才停止销毁行为。2002 年 6 月 15 日，联邦地区法院判决安达信妨碍司法罪名成立，被处罚金 50 万美元，责令五年内不得从事会计业务。据报道，2001 年，安达信在全球共有 390 个分支机构，雇员总数达到 85 000 人，全球营业额达到 93.4 亿美元。但到 2002 年底，安达信雇员仅剩 3 000 人。

从安然、安达信事件可以发现内部控制制度中存在的问题：

1. 管理层内部控制意识薄弱。一些企业高管滥用职权，使内部控制形同虚设。

2. 公司治理结构不合理。董事会、监事会、经理层为了追求自身利益，利用手中的职权过分地在职消费，严重侵蚀了投资者利益。

3. 内部控制制度建设方向不明确。部分企业还没有真正理解内控的目的是防范风险从而实现战略目标，直接将工作程序文字化后形成一个流程，至于该流程能否有效控制风险并没有认真考虑。

资料来源：陈瑞华. 安然和安达信事件［J］. 中国律师, 2020 (04)：87 - 89. 有删改.

五、全面风险管理阶段（20 世纪 90 年代至今）

进入 21 世纪，随着组织内外环境的不断演变，科学技术日新月异，组织面对未来的不确定性急剧增加，组织内外部风险的发生更加高频化，风险的类型更加多样化，风险的复杂性和控制难度大幅度提升，风险可能造成的损失也大大增加，COSO 委员会意识到《内部控制——整合框架》自身固有的某些局限性和表述上存在一些问题，例如该报告过分注重财务报告控制；虽然嵌入了风险控制要素，但是关注企业风险的高度不够，缺乏战略性；对风险还仅局限于控制层面和控制环节，缺乏对风险的系统控制和全面管理。

2004 年，COSO 委员会在借鉴以往有关内部控制研究的基础上，结合《萨班斯奥克斯利法案》在财务报告方面的具体要求，发表了新的研究报告《企业风险管理框架》。与 1992 年 COSO 报告提出的内部控制整体架构相比，企业风险管理架构增加了四个概念和三个要素，即"风险组合观""战略目标""风险偏好""风险容忍度"的概念以及"目标设定""事项识别""风险应对"要素。

2017 年，COSO 委员会发布《企业风险管理——与战略和绩效的整合》。其中最主要的变化就是重新建立了一个基于风险导向的全面内部管理框架，强调了制定战略、提升绩效和创造价值过程中的风险，将内部控制与组织战略、治理、价值、绩效、文化、业务、技术、信息和风险管理等在组织中全过程的各个方面相互渗透相互融合，形成一个有机的、密不可分的整体，将一个比较宽泛的整合的"控制框架"提升为一个真正的整合的"管理框架"。

【案例 1 - 3】

会计师事务所的风险管理——以瑞华审计康得新为例

瑞华会计师事务所是于 2013 年成立的一家综合型会计师事务所，系中国国内最早获授予 A + H 股企业审计资格的国内民族品牌专业服务中心。客户主要涉及中国国家电网、国旅集团等多个大中型央企，还有华谊兄弟、海信等多个上市公司。瑞华有全国会计领军人才 20 多名，很多人已成为证监会、财政部、国务院国资委等机构的专家委员，整体实力位于内资所第一，在国内审计市场中具有标杆作用。

然而，2021 年 5 月 28 日，中央广播电视总台财经频道报道，瑞华会计师事务所由于涉嫌企业康得新财务造假事件被证监会立案调查。通过分析发现，瑞华审计活动中存在如下风险管理缺陷。

1. 对康得新及自身环境分析不足。康得新不仅从事高分子材料的业务，在碳纤维也投入巨大。然而，碳纤维的市场需求远低于其产量，导致康得新的资金周转缓慢，资金链产生许多问题。为了获得大量融资，康得新开始采取粉饰财务报表等不正当的手段。

而瑞华所没有正确地评估康得新面对的环境，加大了审计失败的可能。对于瑞华自身而言，作为合并而来的大型事务所，没有统一的企业文化与标准，不同的团队之间差距很大，给风险管理带来了很大的困难，在一定程度上忽略了风险管理文化对事务所提升业务质量的重要性。

2. 对重点环节关注不足。在康得新披露的财务报告中，瑞华没有对被审计单位的高存款、高贷款这一不符合常理的行为展开重点关注。并且，康得新多次违规担保，但瑞华没有对此展开调查，也没有进行披露，对风险事项没有高度的敏感性。

3. 执行过程流于形式。瑞华所没有对康得新的销售业务是否真实进行合理审查，对于存货的盘点时间短，货品盘查也没有切实参与。对公司经营状况没有深入公司内部，主要通过媒体新闻等对外报道，以及员工谈话等方式，无法客观判断公司实际情况。

并且，连续审计使得审计人员对康得新的信任程度也越来越高，对公司经营情况也更加了解，可能会为了提高效率而省去一些繁杂的步骤，例如减少与基层员工的沟通、信息的交互，无法了解康得新的真实经营情况，使得财务造假的概率进一步提升，加大了审计的困难程度。瑞华没有遵守应有的审计规范，为康得新的财务舞弊提供了机会，使审计工作的严谨性与结果的可信赖性都大打折扣，从而出现审计失败的情况。

资料来源：张晓然. 我国会计师事务所风险管理研究［D］. 昆明：云南财经大学，2021.

第二节　我国内部控制规范文件

我国内部控制伴随着社会发展经历了几个不同的时期，目前已发布《企业内部控制基本规范》（2008）、《行政事业单位内部控制规范（试行）》（2012）、《小企业内部控制规范（试行）》（2017）三套规范性文件。其他部委也陆续发布文件，规范所属监管对象的内部控制应用，例如银监会颁布《关于印发商业银行内部控制指引的通知》（2014）；国务院国资委颁布《关于加强中央企业内部控制体系建设与监督工作的实施意见》（2019）；国家卫健委等四部门发布《关于进一步加强公立医院内部控制建设的指导意见》（2023）。

一、企业内部控制基本规范及其配套指引

（一）企业内部控制基本规范

2008年6月28日，财政部、证监会、审计署、银监会和保监会五部委联合发布了《企业内部控制基本规范》。这一被称为中国版《萨班斯－奥克利斯法案》的《企业内部控制基本规范》是在借鉴和吸收国际监管新理念的背景下，我国第一部加强和完善企业内部控制系统，提高企业经营管理水平和风险防范能力，促进企业可持续发展，维护社会主义市场经济秩序和社会公众利益的重要法规文件。该规范有以下四大突破。

1. 科学界定了内部控制的内涵，强调内部控制是由企业董事会、监事会、经理层和全体员工实施的、旨在实现控制目标的过程，有利于树立全面、全员、全过程控制的理念。

2. 强调内部控制的目标是合理保证企业经营管理合法合规、资产安全、财务报告及相

关信息真实完整，提高经营效率和效果，促进企业实现发展战略。

3. 有机融合了世界主要经济体加强内部控制的经验做法，提出了企业建立与实施有效内部控制的要素，即构建以内部环境为重要基础、以风险评估为重要环节、以控制活动为重要手段、以信息与沟通为重要条件、以内部监督为重要保证，相互联系、相互促进的五要素内部控制框架。

4. 开创性地建立了以企业为主体、以政府监管为促进、以中介机构审计为重要组成部分的内部控制实施机制，要求企业实行内部控制自我评价制度，并将各责任单位和全体员工实施内部控制的情况纳入绩效考评体系；国务院有关监管部门有权对企业建立并实施内部控制的情况进行监督检查；明确企业可以依法委托会计师事务所对本企业内部控制的有效性进行审计，出具审计报告。该规范的发布标志着适应我国企业实际情况、融合国际先进经验的中国企业内部控制规范体系建设取得重大突破。

根据《企业内部控制基本规范》的执行要求，自2009年7月1日起在上市公司范围内施行，执行基本规范的上市公司，应当对本公司内部控制的有效性进行自我评价，披露年度自我评价报告，并可聘请具有证券、期货业务资格的中介机构对内部控制的有效性进行审计。鼓励非上市的大中型企业执行。

财政部表示将会同国务院有关部门着力抓好该基本规范的实施准备工作，研究制定具体实施办法，采取有效措施降低企业实施成本，稳步扩大基本规范实施范围。着力健全内部控制规范体系，并通过促进我国内部控制标准与国际内部控制框架的趋同乃至等效，为我国企业走出去提供积极支持。

（二）企业内部控制配套指引

2010年4月26日，根据国家有关法律法规和《企业内部控制基本规范》，财政部、证监会、审计署、银监会和保监会五部委又联合发布了《企业内部控制配套指引》，包括18项《企业内部控制应用指引》、《企业内部控制评价指引》和《企业内部控制审计指引》。

为了确保企业内部控制规范体系平稳顺利实施，证监会把内部控制建设纳入上市公司日常监管。财政部、证监会、审计署、银监会和保监会五部委制定了实施时间表，要求自2011年1月1日起首先在境内外同时上市的公司施行，自2012年1月1日起扩大到在上海证券交易所、深圳证券交易所主板上市的公司施行；在此基础上，择机在中小板和创业板上市公司施行；同时，鼓励非上市大中型企业提前执行。执行企业内部控制规范体系的企业，必须对本企业内部控制的有效性进行自我评价，披露年度自我评价报告，同时应当聘请具有证券、期货业务资格的会计师事务所对其财务报告内部控制的有效性进行审计，并出具审计报告。同时要求注册会计师在内部控制审计过程中如若发现企业财务报告内部控制的有效性存在重大缺陷，应当提示投资者、债权人和其他利益相关者关注。

【案例1-4】

关于暗箱操作民营持股股东股权退出的案例及其整改

B公司系A公司的子公司，于2016年2月成立，注册资本20亿元，其中3家民营股东持股合计37%。2019年7月，民营企业L集团以86 122万元（初始投资68 000万元）的价格受让原 3 家民营股东 34% 的股权（受让后，3 家民营股东各保留 1% 的股权）成为 B 公司第二大股东。2020 年财政部派出检查组对 A 公司开展企业会计信息质量检查。检查发现，A 公司及所属子公司 B 公司在其民营持股股东 L 集团股权退出时，违反公司议事决策程序，违规为股权受让企业购买本公司股权提供融资，违规"分红"3 223.52 万元。

2020 年 6 月，A 公司和 B 公司避开公司股东会、董事会议事决策程序和"三重一大"决策制度规定，共同向 B 公司股权受让公司 X 投资集团出具"分红"承诺函，帮助 L 集团出让其持股不到一年的 34% 所有股权。2020 年 7 月，B 公司通过子公司 J 供应链公司（未经国务院银行业监督管理机构批准从事银行业金融机构的业务）为 X 投资集团的全资子公司 X 国新资管提供融资 4 亿元（后将其中 2 亿元债权转让给 B 公司），并虚构 4 亿元借款合同作为融资标的物。2020 年 7 月，L 集团按账面未分配利润计算应分配 439.86 万元，而实际分得 3 663.38 万元，多分配 3 223.52 万元。

上述问题不符合《企业内部控制基本规范》《关于进一步推进国有企业贯彻落实"三重一大"决策制度的意见》《银行业监督管理法》，以及《公司法》等相关规定。针对上述检查发现的问题，财政部检查组向 A 公司和 B 公司及时进行了通报，要求两家公司对照问题积极进行整改。A 公司和 B 公司高度重视、立行立改，检查工作结束后及时完善相关内控制度及利润分配程序，并向 X 国新资管收回违规发放的 4 亿元融资款。

资料来源：刘幼娜. 暗箱操作民营持股股东股权退出案例分析 ［J］. 财务与会计，2022（13）：44－45，51. 有删改.

二、行政事业单位内部控制规范

财政部于 2012 年发布了《行政事业单位内部控制规范（试行）》（以下简称《单位内控规范》），要求自 2014 年 1 月 1 日起施行。该规范包括总则、风险评估和控制方法、单位层面内部控制、业务层面内部控制、评价与监督、附则等共六章 65 条。

2015 年 12 月 21 日，财政部发布《关于全面推进行政事业单位内部控制建设的指导意见》（以下简称《指导意见》）。《指导意见》的总体目标：以单位全面执行《单位内控规范》为抓手，以规范单位经济和业务活动有序运行为主线，以内部控制量化评价为导向，以信息系统为支撑，突出规范重点领域、关键岗位的经济和业务活动运行流程、制约措施，逐步将控制对象从经济活动层面拓展到全部业务活动和内部权力运行，到 2020 年，基本建成与国家治理体系和治理能力现代化相适应的权责一致、制衡有效、运行顺畅、执行有力、管理科学的内部控制体系，更好地发挥内部控制在提升内部治理水平、规范内部权力运行、促进依法行政、推进廉政建设中的重要作用。《指导意见》的主要任务：健全内部控制体系，强化内部流程控制；加强内部权力制衡，规范内部权力运行；建立内部控制报告制度，促进内部控制信息公开；加强监督检查工作，加大考评问责力度。

2017 年 1 月 25 日，财政部发布了《行政事业单位内部控制报告管理制度（试行）》，要求行政事业单位根据该制度，结合本单位内部控制建立与实施的实际情况，明确相关内设机构、管理层级及岗位的职责权限，按照规定的方法、程序和要求，有序开展内部控制报告的编制、审核、报送、分析使用等工作。该管理制度包括总则、内部控制报告编报工作的组织、行政事业单位内部控制报告的编制与报送、部门行政事业单位内部控制报告的编制与报送、地区行政事业单位内部控制报告的编制与报送、行政事业单位内部控制报告的使用、行政事业单位内部控制报告的监督检查、附则共八章 29 条。

三、小企业内部控制规范

推动社会创业和鼓励小微企业发展，已成为今后一个时期深化经济体制改革、促进我国经济转型升级的战略举措。我国小企业数量众多，且类型多样、差别显著，小企业按照企业内部控制规范体系的有关要求，开展内部控制建设存在适用性不强、实施成本高等问题。因此，2017 年财政部制定发布了《小企业内部控制规范（试行）》，引导和帮助小企业加强内部控制建设，提高经营管理水平，降低经营风险，减少各类经济损失，对于促进我国小企业健康成长，进而推动我国经济健康可持续发展具有重要意义。

《小企业内部控制规范（试行）》（以下简称《规范》）包括总则、内部控制建立与实施、内部控制监督、附则等四章。第一，总则。主要明确了制定《规范》的目的、依据和适用范围，小企业内部控制的定义、目标、原则和总体要求，以及小企业负责人的责任等内容。第二，内部控制建立与实施。主要明确了小企业内部控制建立与实施工作的总体要求，风险评估的对象、方法、内容、方式、频率，特别说明了小企业常见的风险类别、常用的风险应对策略，明确了小企业建立内部控制的重点领域、常见的内部控制措施、内部控制实施的基本要求、内部控制与现有企业管理体系的关系、内外部信息沟通方式、人员培训和控制措施的更新优化等内容。第三，内部控制监督。主要明确了小企业内部控制的监督机制，包括实施监督的方式、监督人员要求、日常监督的重点、内部控制存在的问题及整改、定期评价频率、内部控制报告、监督与评价结果的使用等内容。第四，附则。主要明确了微型企业参照执行、小企业可以参照执行《企业内部控制基本规范》及其配套指引、《规范》的解释权归属和生效时点等问题。

《规范》主要定位于符合工业和信息化部等四部委于 2011 年 6 月 18 日印发的《中小企业划型标准规定》的非上市小企业，是广大非上市小企业开展内部控制建设的指南和参考性标准，由小企业自愿选择采用，不要求强制执行。财政部制定发布《规范》的根本目的是引导小企业建立和有效实施内部控制，提高小企业经营管理水平和风险防范能力，推动我国广大小企业规范健康发展。

链接：关于印发《关于加强中央企业内部控制体系建设与监督工作的实施意见》的通知。

第三节 内部控制师职业资格

随着经济的发展，竞争的加剧，专业化的进一步分工，组织内部控制越来越受到重视。社会呼唤内部控制的专门技术人才，为此内部控制师职业应运而生。作为一种新兴的专业技术职业，内部控制师的主要职责和工作范围包括：组织内部控制系统的设计、开发、执行和有效性评估，业务流程与控制措施评估，内部控制环境的建立，组织风险评估与管理，内部控制文档管理与缺陷整改以及公司治理实务等，提升组织内部控制能力，增强组织内部控制系统的有效性，提高组织的整体治理水平和市场竞争能力。

注册内部控制师（CICS/CICP）是内部控制协会（ICI）在全球范围内推行的内部控制师职业人才资格。内部控制协会（ICI）是一个在美国成立的专门致力于内部控制和公司治理的教育组织与知识技能研发机构，旨在为全球提供企业内部控制、风险管理和公司治理相关产品、服务和职业资格认证，也为全球提供内部控制和公司治理领域量化评估工具。

目前，注册内部控制师设置有 A、B 两个级别的职业资格（证书），其中，A 级可称为高级注册内部控制师（CICP）；B 级可称为注册内部控制师（Certified Internal Control Specialist，CICS）。CICS/CICP 资格证书不仅证明持证人员具备内部控制通用知识体系、主要知识和技能的专业胜任能力，而且还反映其在为协助组织设计、开发、执行和评估内部控制系统以及控制流程实践中的能力。目前 CICS/CICP 所要求的资格知识和能力除了要了解内部控制立法的背景、内部控制协会、资格认证项目的背景、意义与特点，成为内部注册控制师对本职业、个人和用人单位可以提供的价值以外，主要要求具备八大方面的内部控制通用知识与技能：（1）内部控制的原理、术语和概念；（2）内部控制环境；（3）风险管理；（4）应用控制评估；（5）业务系统控制评估；（6）风险评估；（7）内部控制衡量与报告；（8）公司治理实务（见表 1-1）。

表 1-1 　　　　　　　　CICS/CICP 要求的资格知识和能力

知识与技能	主要内容
内部控制的原理、术语与概念	内部控制法规出台的背景；美国注册会计师协会的内部控制定义、COSO 的内部控制定义；控制系统的含义；内部控制不能做什么；计划—执行—检查—整改（PDCA）的循环；业务工作流程；控制的术语；控制的三个层级；内部会计控制；内部控制的层级制度；控制负有的责任（内部控制的责任、COSO 定义的内部控制角色与职责、区分不同的控制责任、恢复内部控制中失去的信任、内部控制概念如何才能改进评估）等
内部控制环境	环境控制概念；环境控制的职责［执行管理层建立控制环境的责任、控制的层级制度、环境控制（公司治理）如何发挥作用、控制环境与公司风险、有效控制环境的 10 个最高属性、行为守则政策；企业的价值观、首席执行官的楷模作用；组织结构（职责分离）、人员的胜任能力、责任和权力的特别委派与沟通；一般授权（预算和财务报告）与责任制、内部审计、资产保护、规定的工作流程］；建立控制环境（管理层的高层基调、作为环境控制的组织结构；作为环境控制的计划与指导）；监督控制的职责；监督控制的职责属性（控制环境中的授权与沟通、控制环境中职责分离、有能力和可信赖、记录保存程序、建立物理访问控制、制衡原则、监控合规性）；计算机安全控制环境（安全风险、规定关键的成功因素）；组织的计算机安全政策；计算机安全的作用和职责（首席安全官和安全规划委员会、安全员、安全责任人、安全质量保证、计算机安全；计算机安全项目的持续行动）；发起行动激发个人对安全的热情（向下分解安全任务、安全的个人所有权、亲自反馈安全任务的效果、计算机安全活动的奖励制度）等

知识与技能	主要内容
风险管理	风险管理领域（风险的概念和词汇；风险与控制；计算由于风险造成的损失；经营环境中的风险；风险与控制的三个层次；风险的概念和 COSO 控制框架）；COSO 对业务系统的控制活动；系统设计师如何面对业务应用系统的风险；风险的原因和结果；与业务系统有关的集中风险暴露；管理风险的流程；环境控制的目标、系统控制和交易处理控制的目标；控制措施如何才能使风险最小化；制定风险管理计划等
评估应用控制	应用评估方案的概念；审计标准、COSO 企业风险管理框架；COSO 内部控制框架，包括《萨·奥法案》适用的法律法规；将适用的标准、框架和法规纳入应用评估方案；评估应用控制的评估方案框架（评价企业风险管理的方案和评估环境控制）；评估和测试应用控制系统，五个业务循环的概述等
业务系统控制评估	业务系统控制的目标、交易处理控制的目标、单独应用和应用周期比较；标准、合规性与强制实施的关系；系统和交易处理控制的类型；控制活动的交易处理部分；确认业务系统中控制措施应处的位置；选择单独的交易处理控制；控制选择流程；应用控制文档记录模型；计算控制措施的成本效益等
风险评估	管理层在风险评估中的作用；意外损失和故意损失的比较；风险分析流程；识别风险、薄弱点与威胁；人员风险（职责冲突分离矩阵）；衡量风险大小等级和使用内外部应用特征的风险评分、量化风险的步骤等
内部控制衡量与报告	《萨·奥法案》对组织环境控制的影响；内部审计在评估环境控制和《萨·奥法案》意向目标方面的作用；《萨·奥法案》在改进公众对公司会计与报告信任方面的意向目标；评估环境控制的效果；建立合规性评估方案；提供七级确认要素的评估方案示例；如何确认合规性评估的效果以及汇总合规性评估结果的方法等
公司治理实务	公司治理的定义、政策、原则和目标；从良好公司治理中获得的价值；三种广泛被接受的公司治理模型；COSO 对董事会和高级管理层的控制目标；公司的核心价值观；执行管理层领导力所需的有效公司治理（公司高级领导人的组织治理领导力和法律道德行为）；公司治理的沟通目标；使用最佳实务实施治理方法；监控公司治理政策与程序的遵从性；治理分析与强制实施；公司治理案例；提供公司治理"最佳实务"示例和指南；改进公司治理流程

【复习与思考】

1. 内部控制的发展历程具有什么内在规律？
2. 注册内部控制师与注册会计师的职业发展规划存在哪些差异？

【案例分析】

华为1987～2022年数字化赋能的内部控制演变

华为科技有限责任公司是一家生产销售通信设备的民营通信科技公司，是全球领先的ICT解决方案供应商。华为专注ICT领域，提供数据网络和无线终端产品，为世界各地提供具有竞争力的硬件设备、软件、服务和解决方案。华为自成立以来，在数字化的冲击下，经历了四个阶段的内部控制发展历程。

1. 自发生长部分（1987～1998年）。华为于1987年创立，由代理起步、专注营销，逐步扩展到集成生产、自主研发。成立之初就面临着本土和外企的双重挑战，竞争环境激烈。1992年任正非团队农村数字交换方案的研发成功，推动其步入快速发展阶段。到1995年，华为市场营销、研发开发、制造生产和基础管理等核心职能组织已有了初步的雏形，从无序走向有序，建立了初步的内部控制体系。在这个阶段，平台化尚未形成，线上业务量远不及线下业务量，智慧程度和创新程度都不高，模仿其他企业管理模式。

2. 信息系统规划部分（1998～2004年）。华为这一时期，组织结构发生了变化，从早期的直线结构转向直线职能型结构；采用竞聘机制并引入职能薪酬体系，开启了人力资源管理的开端。除此之外，华为在此阶段还开始了信息技术战略和规划，与IBM公司合作了"IT战略规划"项目。在此基础上，华为设计了IPD、ISC、财务四统一等8个业务变革和项目，内容涵盖了公司价值链的各个环节，业务流程的变革耗费了5年，耗资10亿元，在公司发展史中具有最为广泛且深远的意义。

3. 数字全球化发展阶段（2004～2011年）。这一时期，3G、IMS、FMC、IPTV等新兴技术和业务快速发展，能承载多业务的IP网络成为未来的新发展趋势。华为企业数字化平台化快速发展，线下向线上的转型逐步成熟，顺应信息全球化的发展趋势、落实全球化战略。华为重建了内部控制组织结构和领导结构体系，人力资源体系从战略型转向国际化人力资源管理，融合不同文化，社会责任和企业文化的发展也立足于全球化的视角，更具数字全球化格局。

4. 数字化变革阶段（2011年至今）。2013年，华为首超全球第一大电信设备商爱立信。华为想要扩大市场份额寻求新机遇，适应数字化信息行业的革命性变化，需要建立并持续健全内部控制体系。该阶段组织结构由直线职能型转变为二维结构；人力资源转向员工的赋能管理，同时面向客户调整战略；实施轮值CEO制度，加强高层管理内部的一致性。在这一时期，华为建设了全面预算管理体系，作为运营商和企业BG公共的研发组织，积极解决职能部门资源浪费、信息不畅、组织官僚化、业务和职能责权不对等问题。同时华为也建立起以自查、稽查和审计为核心的内部控制三条防线。第一层防线，业务流程主管是第一责任人，95%的风险要在流程化作业中解决。第二层防线，针对跨领域、跨流程的高风险事项进行拉通管理，形成"发现—改进—反馈"的有效闭环。第三层防线，通过内部司法部队的独立评估和事后调查建立冷威慑。

资料来源：张羽佳，林红珍. 基于数字化赋能的企业内部控制研究——来自华为1987—2022年的经验证据［J］. 财会通讯，2022（22）：142-148.

思考：华为基于数字赋能的内部控制演变存在哪些可借鉴的经验，这些经验适用于哪些企业？

【拓展阅读】

1. 《企业内部控制规范体系实施中相关问题解释第 1 号》.

2. 关于印发《行政事业单位内部控制规范（试行）》的通知，https：//kjs. mof. gov. cn/zhengcefabu/201212/t20121212_713530. htm.

3. 财政部关于印发《小企业内部控制规范（试行）》的通知，https：//kjs. mof. gov. cn/zhengcefabu/201212/t20121212_713530. htm.

4. 关于印发《关于加强中央企业内部控制体系建设与监督工作的实施意见》的通知，http：//www. sasac. gov. cn/n2588025/n2588119/c12670064/content. html.

练习题及答案

第二章

内部控制基本理论

■ 【知识与技能要求】

通过本章的学习，使学生能够：

1. 定义内部控制。

2. 辨别内部控制目标。

3. 评价内部控制原则。

4. 分解内部控制要素。

■ 【思政目标】

叙述我国古代政治制度中的内部控制理论与实践。

■ 【关键术语】

内部环境　风险评估　控制活动　信息与沟通　内部监督

【案例 2-1】

西周的官厅审计制度

据《周礼》记载，我国古代的审计产生于西周。最为明显的特征是司会和宰夫职责部门的出现，标志着当时内部审计和官厅审计的同时诞生，这在世界审计史上也实属罕见。

司会是天官冢宰的属官，下属司书、职内、职岁和职币四大部门。司书是具体主管会计核算的官员，既进行人口、土地登记工作，又核算各类税收及各部门的财物收支。每三年还要进行一次总的考核，以此衡量各级官吏的政绩。岁终，将一年的收支相抵，其计算出来的结余数目再拨送给职币掌管。职内是负责掌管国家收入的官员；职岁是负责掌管国家支出的官员；而职币则是掌管财物结余之数的官员。

这些官员和部门在日常事务处理过程中，很有可能利用职权进行贪污、挪用财物等违法乱纪行为，司会就必须加强管理和监督。一方面是加强对司书、职内、职岁和职币的政治监察；另一方面就是定期与不定期地对这四个部门所掌管的财物进行清查与核对。一旦发现有违法乱纪者，以八法处之。由于司会与这四个部门之间是属于上下级关系，因此司会监督是内部审计监督。

司书、职内、职岁和职币都是司会的下属机构和官员，如果这些机构和官员在违法过程中把主管官员一同拉下水，会使得司会的内部审计监督十分脆弱。因此，还必须要有一支队伍独立于被审查单位和个人来进行审计监督。宰夫，就是这样一个独立于财计部门的职官。宰夫"掌法治，以考百官府群都县鄙之治，乘其财用之出入。凡失财用、物辟名者，以官刑诏冢宰而诛之"。另外宰夫"岁终，则令群吏正岁会；月终，则令正月要；旬终，则令正日成。而以考其治，治不以时举者，以告而诛之"。也就是说，年终、月终、旬终的财计报告都要先由宰夫督促各部门官吏整理上报，宰夫就地稽核，发现违法乱纪者，可越级向天官冢宰或国王报告，加以处罚。宰夫的出现，标志着我国官厅审计的产生。

尽管西周时期的审计制度难免要受到当时的社会政治、经济条件的限制以及生产方式的制约，但不可否认的是，西周时期的审计制度既是中国古代文化的一朵奇葩，也是世界审计史上的一座丰碑。

资料来源：张其镇. 论西周时期的审计制度及其历史贡献 [J]. 江西社会科学，2006（07）：128-131.

第一节 内部控制的定义

几十年来，国内外学术界和实务界对内部控制的本质和定义有着多种不尽相同的认识，而且随着经济社会的发展和科学技术的进步，人们对内部控制的认识也在不断深化和扩展，至今还没有形成统一的具有普遍意义的内部控制定义。

在我国许多古典文献中可以看到，我国社会活动管理中早已广泛存在能够体现内部控制本质的思想与实践。例如《三国志·魏志·邓艾传》写道："自单于在外，莫能牵制长卑。"韩愈《薛公墓志铭》写道："部刺史得自为治，无所牵制。"王闿运《桂阳陈侍郎行状》写道："因陈事权不一之弊，虽俱贤人，犹惧牵制其后，一以兵饷事任左文襄。"《旧唐书·高适传》写道："适练兵于蜀，临吐蕃南境以牵制之。"郑振铎《桂公塘》十三写道："两淮的兵力是足以牵制北军的。"《五代史平话·唐史·卷下》写道："愿募敢死勇斗之士，每日与彦章排战以牵制之，使之旬日不得东下，则我城可成。"《三国演义》第三十八回写道："操欲令我遣子入朝，是牵制诸侯之法也。"清·刘献廷《广阳杂记》卷五写道："臣知其牵制官兵前去抵敌，乘虚攻我大营狡谋"。在实践中，例如古罗马的"双人记账制"和中国早期的官厅会计和官厅审计都在实际工作中建立了内部牵制机制。这些内部牵制制度的建立主要是基于以下两个思想前提：（1）两个及两个以上的人或部门非主观故意发生同样差错的概率极低；（2）两个及两个以上的人或部门通过合谋进行舞弊的难度要远大于单独一个人或部门进行舞弊的难度。由此在实际工作中设计了职责牵制、账实分管，程序牵制、手续分开和核算牵制、复式平行等模式。上述文献和实践中的牵制和牵制制度，是内部控制的最核心特征之一，表达了现代内部控制本质的初始含义。

1992 年 9 月，COSO 委员会针对公司行政总裁、其他高级执行官、董事、立法部门和监管部门的内部控制进行了高度概括，提出了《内部控制——整合框架》，即"COSO 报告"。该报告认为内部控制整体框架主要由控制环境、风险评估、控制活动、信息与沟通、监督等五个要素构成。

2008 年，我国财政部、证监会、审计署、保监会、银监会五部委联合发布了《企业内部控制基本规范》，该规范认为内部控制"是由企业董事会、监事会、经理层和全体员工实施的、旨在实现控制目标的过程"。

综上，内部控制是指在一定的环境下，以风险为导向，以控制为手段，由组织内部机构、管理层和全体员工在组织内部共同实施的，旨在保证组织资产的安全完整，保证财务与会计等信息的正确可靠，保证法律法规的遵循性和保证组织目标实现的一种管理活动。

【案例 2 – 2】

基于 COSO 框架的内控研究——以"映客直播"为例

映客互娱科技有限公司（以下简称"映客直播"）成立于 2015 年，主营业务为移动端的泛娱乐网络直播，于 2018 年在港交所上市。映客直播的发展战略为通过产品矩阵从单一直播平台转变为泛娱乐平台，打造"互动娱乐＋社交"的运营模式。映客直播在上市后市值曾攀升至 110 亿港元，2019 年上半年出现亏损且股价大幅下跌，2021 年底市值降至约 20 亿港元，市场对映客直播的经营状况并不看好。基于 COSO 框架，映客直播的内部控制存在以下问题。

1. 治理问题分析。映客直播的创始人、董事长兼 CEO 奉佑生为第一大股东，在企业经营管理中呈现"一言堂"的状况。控制权过于集中的治理结构不利于企业内部控制的开展，审计委员会、治理委员会等机制不能发挥应有的监管治理作用。

2. 战略与目标问题分析。网络直播行业竞争激烈，斗鱼、虎牙等直播平台已经积累大量的用户基础，映客直播想脱颖而出必须制定特殊的战略，因此，映客直播采用高颜值直播交友社交、游戏团等方式吸引年轻用户，还推出积目 App 和对缘 App，为年轻人打造视频云相亲平台。但由于技术要求不高很容易被模仿，该战略目标不具备长期性和稳定性。

3. 执行问题分析。在注册监管方面，映客直播为了扩大主播规模和用户数量，在注册审核时简化了流程，导致主播和用户的素质良莠不齐。在运营过程中也未针对主播和用户进行审查，对主播的违法行为往往"睁一只眼闭一只眼"，甚至是出现故意放纵和包庇，导致违规行为频发。

4. 信息、沟通与报告问题分析。映客直播的内部信息传递采用简易的三层组织架构，运用 OA 办公自动化系统由高层至中层向基层进行纵向信息传递，但基层员工只能接受上级的任务信息并不能进行有效的信息反馈。基层员工在入职后即被编入固定的团队，各团队各部门之间各行其是，企业还严格规定了不能进行交流的内容。可见，映客直播内部信息沟通存在碎片化和割裂化，基层员工的信息沟通权力较低，缺失信息反馈渠道，高层管理难以获知基层员工的执行状况和动态意图。在信息沟通存在严重阻碍的情况下，映客直播的内部控制报告仅简单地描述在运营过程中财务报表层面的重大错报风险，并未针对网络直播行业特定的流程风险、盈利风险以及数据风险进行评估，对企业应对经营风险的控制极为有限。

资料来源：汪芳. 基于 COSO - ERM（2017）的网络直播企业内部控制研究［J］. 财会通讯，2023（06）：129 - 134.

第二节 内部控制的目标

目标是系统活动的预期结果，是主观设想要达到的境地或标准，具有为系统活动指明方向、决定方式的核心作用。内部控制目标是指一个组织通过内部控制系统所要完成的预期任务、所要实现的预期成果或所要达到的既定标准。内部控制本身不是目的，而是实现目标的手段。它是内部控制基本概念框架的逻辑起点，维系和牵制组织各个方面关系，决定组织内部控制的方向和方式。

根据我国财政部、证监会、审计署、保监会、银监会五部委联合发布的《企业内部控制基本规范》，内部控制的目标是，合理保证企业经营管理合法合规、资产安全、财务报告及相关信息真实完整，提高经营效率和效果，促进企业实现发展战略。它包括以下五个方面的具体目标。

一、合规性目标

企业应当关注并控制在经济活动和管理过程中与政策制度、法律法规相关的风险，合理保证实现企业组织架构、人力资源、安全生产、产品与服务质量、环境保护、资源节约、促进就业与员工权益保护、合同管理、担保业务、财务报告、工程项目、商业行为和内部政策的合法合规，确保国家有关法律法规、政策和有关监管要求的遵循以及组织内部规章制度的贯彻执行。

二、安全性目标

企业应当关注和控制拥有的或控制的流动资产、固定资产、无形资产、长期资产与资金活动等相关的风险，建立职责明确、各司其职、各负其责、相互制约、相互协调的工作机制，堵塞、消除隐患，防止采取其他不法方式侵占、挪用、抽逃资产，牟取不当利益，防止未经授权或者未经科学决策程序，擅自决定筹资、投资和调度使用资金，遭受欺诈或营私舞弊，造成资金损失或引发财务危机，合理保证实现企业资金资产安全完整，加速资金循环与周转，促进资金资产使用效能的提高。

三、报告性目标

企业应当关注和全面控制财务报告及相关信息编制、对外提供以及内部信息传递和分析利用的风险，规范会计行为，提高信息及其披露质量，合理保证企业对外财务报告及相关信息的及时性、真实性、准确性和完整性，不存在任何虚假记载、误导性陈述或重大遗漏，保证报告目标的实现；合理保证企业内部报告系统的功能健全和内容完整，内部信息传递及时、顺畅、保密和有效利用，充分发挥内部报告的作用。

四、经营性目标

企业应当重点关注和全面控制与经营性相关的风险，防止滥用职权，避免因个人风险偏好给企业造成重大损失，同时在权衡内部控制实施成本与预期效益的基础上，合理保证企业经营效率和效果的提高，有效促进企业经营目标的实现。

五、战略性目标

企业应当关注和控制与发展战略相关的风险，建立和完善符合现代企业制度要求的内部治理结构，形成科学制衡的决策机制、执行机制和监督机制，合理保证企业科学制定和有效实施长远发展目标与战略规划，促进企业发展战略的实现。

以上五个目标分别代表内部控制目标的不同方面，满足不同的需要。一个组织不能为实现经营性目标而放弃对法律法规的遵循性、忽视组织的战略性目标；也不能因为强调组织的战略性发展，而不重视组织的报告性目标。它们虽然相互独立但不相互矛盾，不可偏废，是相互关联、相互促进，共同实现企业内部控制的预期目标。

第三节　内部控制的基本原则

基本原则是整个规范体系所适用的、体现规范的基本价值的原则，是一个规范体系及其关系的基本规律的抽象和概括。内部控制基本原则是组织在设计、建立、实施、评价考核、监督和改善内部控制时所必须依据和遵循的、体现基本规范的基本价值的法则。它反映内部控制活动的根本属性，是体现在整个内部控制体系中的、贯穿于内部控制活动全过程的具有普遍性指导意义的规范准则，是内部控制制度的基础。

内部控制的基本原则是属于内部控制战略性的、全局性的指导思想，因此，充分认识内部控制的基本原则具有重要意义。首先，有利于深刻认识内部控制的本质。因为内部控制的基本原则集中体现了内部控制的本质，反映了组织的管理意志。其次，有利于从整体联系上理解组织内部控制内容及其与组织内部其他制度规范的关系。最后，有利于组织内部控制制度体系的设计、建立、实施、监督和改善。组织内部控制全过程都不能脱离它的基本原则。

我国财政部、证监会、审计署、保监会、银监会五部委联合发布的《企业内部控制基本规范》第四条规定，企业建立与实施内部控制，应当遵循以下五个原则：全面性原则、重要性原则、制衡性原则、适应性原则、成本效益原则。

一、全面性原则

全面性原则包括组织内部控制的全过程、全覆盖性、连续性、一致性、整体性和系统性。它是指组织的内部控制应当贯穿决策、执行和监督全过程，覆盖组织及其所属单位的各种业务和事项，而且组织内部控制制度必须具有连续性和一致性；组织的内部控制各组成部分不是支离破碎、相互割裂的，必须是整体性的，同时与组织的其他规章制度相互衔接、相互协调；它必须是系统性的，既要符合组织的发展战略，又要注重组织的短期经营目标或管理目标，促进组织的全面可持续发展。

二、重要性原则

重要性原则，是指组织内部控制应当在全面控制的基础上，根据组织的内外环境实际情况，在内部控制过程中，对控制对象区别其重要性程度，关注重要业务事项、重点薄弱环节和高风险领域，对它们采用不同的控制方式方法，有针对性地重点开展切实有效的内部控制活动。内部控制对象重要性是相对的、具体的，重要性程度会因组织及其内部控制目标不同而不同。重要性具有质量特征（风险或者错误的性质、问题的严重程度、可能造成的后果及影响面）和数量特征（损失或者错误的金额大小、重要性及其对某个结果数据的影响程度）。影响内部控制重要性的因素很多，需要内部控制人员综合考虑各种因素，合理选用重要性水平的判断基础和评价指标，对风险、损失和错误进行科学合理的分析评估，合理确定内部控制对象的重要性水平，为精准和有效实施内部控制指明方向。重要性原则能否得到有效的贯彻执行，将直接关系到内部控制成本的投入和内部控制工作效率的提高，关系到内部控制质量的提升。

三、制衡性原则

制衡性原则，是指组织内部控制应当在治理结构、机构设置及权责分配、业务流程等方面通过分权，形成相互配合、相互制约、相互平衡、相互监督，同时兼顾运营效率，防止过度烦琐、滥用牵制。制衡性原则包括两层含义：一是按照不同的性质和功能把权力划分为相对独立的不同类型、层级；二是不同性质、功能和层级的权力设置在不同的机构、层级、岗位、程序、环节中，由不同人员来掌握，并使各种权力之间形成相互配合、相互制约、相互平衡、相互监督的关系。一般意义上，绝对的权力产生绝对的滥用和腐败，因此，必须用权力来牵制和制衡权力。制衡的前提是分权,一方面通过权责分配,达到制约权力的目的;另一方面通过权责分配,实现内部控制的科学,达到各相关权力的平衡与协调,所以制衡性原则也可称为分权制衡原则。从一定意义上讲,内部控制制度是一个组织以合理分权、相互制衡为出发点对各种权力运作所做的制度安排与实现。制衡性原则是从权力层面认识内部控制的最基本原则,是内部控制的核心原则,是内部控制的精髓。

四、适应性原则

适应性原则包含以下三层含义:一是指组织内部控制受到许多因素的影响,这些因素包括国家法律法规、相关监管要求、内部控制制度演进、组织发展战略、行业特点、组织规模、业务范围、人员状况、技术水平、竞争市场和风险程度等,组织内部控制应当与内外部环境相适应;二是组织内部机构的设置和权限的划分等内部控制制度内容不是绝对固定不变的,应根据组织内外环境变化和内部控制规范发展情况及时地进行相应的调整和改革,以适应环境的变化,确保内部控制制度与时俱进、切实可行;三要兼顾稳定性,组织结构、岗位设定和权责分配等要相对稳定,具有一定的弹性,不要轻易变动和随意调整,保证组织在内外环境发生可控变化时,能够继续有序地正常运转,以利于提高组织的效率和效果,做到稳定性与机动性相统一。

五、成本效益原则

成本效益原则,是指内部控制应当权衡实施成本与预期效益,以适当的成本实现有效控制。它是用来评估内部控制活动的经济性原则。根据成本管理理论,一项活动的收益必须大于其成本。考察成本应不应当发生的标准是产出(收入)是否大于为此发生的成本支出,如果大于,则该项成本是有效益的,应该发生;否则,就不应该发生。就企业来说,在市场经济条件下,其目的在于追求最大的经济效益。内部控制是有成本的,企业内部控制必然要讲求成本效益,要遵循成本效益原则,所以内部控制的成本效益原则就是要从"投入"与"产出"的对比分析来看待内部控制活动"投入(成本)"的必要性、合理性。因此,内部控制的成本效益原则可以理解为当组织采用一项内部控制时,必须保证实施此内部控制所带来的效益增加大于其所引起的成本增加。正确理解成本效益原则是组织内部控制制度执行过程中一个十分重要的问题。在实际工作中应该避免对成本效益原则的误解,慎重和规范使用成本效益原则,防止滥用,不应动辄以遵循成本效益原则为由随意或无端简化内部控制程序或者取消一项内部控制活动。

此外,需要特别强调的是,组织内部控制的建立和实施前提必须以国家的法律法规为准绳,必须符合和遵守国家法律法规和有关监管规则或要求,必须是限定在法律法规规定的范围内制定、实施和监督的。任何内部制度规范的设计、建立、实施和监督均不得超越相关法律法规的规定。这个可称为内部控制的合法性原则,它是组织内部控制至关重要的基本原则,或可称为内部控制的最高法律原则,它是民主和法治原则等现代法律法规原则在内部控制上的体现,对保障组织及其所有者权益、员工权益、组织履行社会责任、维护国家利益和社会公益具有举足轻重的作用。

【案例 2 -3】

制衡之重——延安必康"一股独大"带来的启示

延安必康制药股份有限公司是一家集多产品生产与营销的大型医药集团，成立于 2002 年，并于 2015 年依靠九九久成功借壳上市。

2020 年 8 月 17 日，延安必康涉嫌财务舞弊，收到证监会的处罚事先告知书。其调查发现，延安必康关联方累计占用上市公司约 45 亿元资金，虚增约 36 亿元的货币资金，并有误导性陈述操纵股价等违法事实。而这些违法行为，在一定程度上是"一股独大"惹的祸。

延安必康由李某松及其妻子谷某嘉一手创立并发展壮大，在借壳九九久前延安必康就已经是一个典型的家族制"一股独大"企业。借壳上市后，延安必康最大股东为新沂必康，李某松持有四家新沂必康大股东公司全部股份进而取得新沂必康 77.67% 的股权，实际控制新沂必康，并且李某松家族所持延安必康股份比重超过 50%，导致李某松在延安必康有绝对控股地位。同时延安必康其他股东股权十分分散，延安必康在上市后实质上就有着"一股独大"现象。

当实际控制人"一股独大"，其行为决策往往会不受中小股东制衡，财务舞弊机会大增。除此之外，在舞弊期间又因其"一股独大"，李某松与其妻子谷某嘉得以同时兼任公司高管，一统公司所有权和经营权，进一步加大了舞弊机会。在该行业中有着同样特征的多家"一股独大"企业，诸如紫鑫药业、康芝药业等企业也同样出现了财务舞弊行为。

资料来源：杜权. "一股独大"视角下延安必康财务舞弊案例研究 [D]. 成都：四川师范大学，2022.

第四节　内部控制的要素

内部控制要素是构成内部控制系统必不可少的各个组成部分，包括内部控制中人的要素、有形的要素、无形的要素及以上要素结合的要素，是组织内部控制得以存在并维持其正常运行的必要的基本单元。

我国财政部、证监会、审计署、保监会、银监会五部委联合发布的《企业内部控制基本规范》认为，企业建立与实施有效的内部控制，应当包括下列要素：内部环境、风险评估、控制活动、信息与沟通、内部监督等。

一、内部环境

内部环境是指一个组织内部生存的空间及其可以直接或间接影响、制约组织内部控制活动的各种因素的总和。它提供组织治理架构与组织纪律，塑造管理哲学和经营风格等企业文化，并影响组织成员的控制意识，是组织建立和实施内部控制的最重要基础，是推动内部控制工作顺利开展的发动机。它涉及组织所有活动的核心要素——人。内部环境一般包括治理结构和议事规则、董事会与审计委员会、组织机构设置及权责分配、岗位职责、业务流程、内部审计、人力资源政策、职业修养和专业胜任能力、组织文化、管理哲学、经营风格、诚信原则、价值观和社会责任感、法制观念等内容。

【案例 2 - 4】

康得新的内部控制环境

康得新成立于 2001 年，2011 年在深交所中小板上市，是一家主营新材料的高新技术企业。康得新上市后，仅用 6 年时间，实现收入上涨 219.51%，股价也呈良好上涨态势。然而，2019 年，经证监会调查发现，该公司存在严重的财务舞弊行为。

2021 年 3 月 12 日，对康得新 2015~2018 年的财务报表进行更正后发现，该企业这 4 年间的利润为负，其采取虚构销售收入的方式合计虚增利润约 115 亿元。

康得新事件暴露出其公司治理存在着诸多问题，背后的内控失效是造成这些罪状的根源，而内部控制环境又是内部控制中最基本的要素。康得新在内部控制环境中存在的问题主要表现在以下三个方面：

1. 制衡机制不健全。康得新的第一大股东康得投资公司占总股权的 20.82%，排名第二的浙江中泰仅占 7.75%，大多数股东的占比接近 1%，造成康得投资公司"一股独大"的局面，使监事会等其他部门的作用得不到有效发挥，内部治理体制失效。

2. 存在"内部人控制"问题。康得新财务造假的是实际控制人钟玉，而董事会、管理层和监事会往往只能无奈地被操控。康得新前独立董事张述华在 2019 年 3 月曾指出，康得新已经丧失了独立性，公司独立董事也曾对公司的 121.1 亿元存款真实性表示质疑，但是管理层却置之不理，各部门也没有采取措施加以解决。

3. 发展战略过于激进。钟玉是康得新的创始者，既是实际控制人也是公司管理层。钟玉是一位风险偏好型的企业家，几乎未采取任何风险规避措施，不断对外进行项目投资，导致企业偿债压力的增加。同时，康得新对应收账款采用宽松的信用政策，使其客户占用一部分资金。而现金流是企业的血液，过于激进的扩张致使资金链断裂，为失败埋下了隐患。

资料来源：陈朝骞. 基于内部控制环境视角的康得新事件分析 [J]. 财务管理研究，2021（07）：29 - 32.

二、风险评估

每个组织都面临来自内部和外部的不同风险，控制风险必须先识别风险和评估风险。风险评估是组织及时识别、系统分析与评估可能影响组织生产经营和管理活动中与内部控制目标实现相关的各种风险，并在此基础上科学合理地确定风险应对策略的管理活动。它是建立和实施内部控制活动的前提步骤和最重要环节。风险评估一般包括目标设定、风险识别、风险分析与评估和风险应对。目标设定是评估风险的先决条件，风险识别主要是确认风险及其类型，风险分析与评估主要是确定采用的风险评估方法、判断、衡量、排序，确定风险等级及其可能的损失。对风险的识别、分析与评估，需要强调的是，内部控制系统必须持续地有效识别和科学评估影响组织目标实现的种种实质性风险，包括组织所面对的战略风险、管理风险、市场风险、经营风险、法律风险和信誉风险等全部风险。对风险的分析评估构成风险管理决策的基础。风险应对的本质是减少损失概率或降低损失程度，所以风险应对主要是在风险识别和风险分析的基础上，根据风险类型和性质，结合风险承受度，权衡风险与收益，科学合理制定和选择相应的综合策略与具体处置方法，包括对各项内部政策与工作程序的调整，有助于消除风险或减少风险可能造成的损失，实现对风险的有效控制。

三、控制活动

控制活动是内部控制的核心步骤和内容，它是组织根据风险评估结果，期望将风险控制在可承受度之内，以确保内部控制目标得以实现所采取的应对控制政策、策略与具体处置措施，例如职务分工、授权、高层检查、实物控制、验证、审核、核准、审批、调节、协调、预算、复核、考评等。控制活动是组织日常工作不可分割的组成部分。控制活动必须根据控制目标分别制定和实施，所以有效的内部控制系统需要制定控制目标，建立适当的控制结构，明确定义各级各类控制活动。控制活动一般包括不相容职务分离控制、授权审批控制、会计系统控制、财产保护控制、预算控制、运营分析控制、绩效考评控制和信息系统控制等。一个组织应当根据内部控制目标，紧密结合组织内部的具体业务和事项的特点与管理要求，在风险评估结果及其应对策略的基础上，综合运用手工控制与自动控制、预防性控制与发现性控制相结合的控制措施和方法，全面建立和实施以上控制，以实现对风险的有效控制。

四、信息与沟通

信息与沟通，是组织及时、准确、完整地收集、处理与内部控制相关的各种内外部信息，并确保这些信息以适当的方式在组织内部有关层级之间、层级内部、组织与外部环境之间及时传递、合法合规流动、有效沟通和正确应用，以使员工能够履行其责任的管理活动。它是有效实施内部控制的重要保障条件。信息与沟通存在于组织所有业务与管理活动中，信息是为开展业务、从事管理和进行控制等活动所需要的。每一个组织都应当建立科学有效的信息与沟通机制。一个有效的内部控制系统需要及时、可靠和全面的内外部相关信息。在沟通方面，要建立组织科学通畅的内外部信息的交流渠道和方式，建立涵盖组织全部重要活动的可靠的信息系统，保证组织的每一个员工既可从上级清楚地获取承担相应控制责任的信息，还可以有向上级部门反映、举报、投诉、沟通重要信息的渠道和方式，同时组织还要有与政府主管机关、客户、供应商、金融组织、审计机构、律师事务所和股东等利益相关者进行有效沟通的机制与方式方法。信息与沟通一般包括信息的收集机制、信息系统、在组织内部及其与组织外部有关方面的沟通机制、反舞弊机制、举报投诉制度和举报人保护制度等。

五、内部监督

监督者需要被监督，控制者需要被监控。内部控制系统也需要被监控检查。内部监督是组织对内部控制建立与实施情况进行监督检查，评价内部控制的有效性，发现内部控制缺陷，并及时采取措施加以改进，确保企业内部控制能持续有效运作的管理活动。它是内部控制制度体系有效发挥作用的重要环节和重要保障条件，是内部控制体系本身不可或缺的重要组成部分。它主要监督检查的内容包括以下两个方面：一是组织对其内部控制系统的设计与建设的合理性、可行性、科学性和完整性进行监督检查、独立评估与报告缺陷；二是组织对其内部控制系统实际运行有效性的监督检查、独立评价与报告缺陷。组织应当建立内部控制监督检查制度和机构，明确内部监督检查机构的隶属关系、职责权限，规范内部监督检查的标准、程序、方法和要求。组织根据监督检查的目的和要求，应当采用日常监督和专项监督相结合的方式，对组织内部控制系统进行常规、持续、有针对性的监督检查，监督检查内容可以是内部控制系统的整体情况，也可以是内部控制系统的个别或某几个方面。

上述五项控制要素取决于管理层经营企业的方式，并融入管理过程本身。它们具有层次性，其中任一要素相对于它所在的系统是要素，相对于组成它的要素则是系统。它们同时具有结构性，以内部环境为基础、以风险评估为环节、以控制活动为手段、以信息与沟通为条件、以内部监督为保证。它们既相互独立又相互联系、既独立作用又相互影响而形成一定的结构，共同构成一个有机的整体，共同作用于组织内部控制，以保证组织内部控制目标的实现。

【案例 2 -5】

康美药业背后的内控缺陷——从内部控制的五大要素进行分析

康美药业创立于 1997 年，2001 年在上海证券交易所上市。康美药业自创办以来，在医药行业荣获众多奖项，但在 2019 年康美药业却发布了高达近 300 亿元的"会计差错"，这引起证监会和公众媒体的广泛关注。同年 5 月，证监会通报康美药业财务报告造假涉嫌虚假增加收入等违法违规操作，2021 年 11 月，广东省佛山市中级人民法院责令康美药业因财务舞弊行为赔偿证券投资者损失 24.59 亿元。康美药业财务舞弊行为的背后是内部控制的失灵，从内部控制的五大要素分别来看：

1. 控制环境：(1) 股权结构不合理。截至 2018 年底，公司前十名流通股股东中，除马兴田持股 32.75% "一股独大"外，其他各股东的直接持股比例均低于 5%。在前 10 名股东中，与董事长马兴田有关系的就有 6 位，其持股合计数为 45.54%，占前 10 名股东持股份额的 85.39%。(2) 高管设置不严谨。康美药业实际控股人马兴田除担任董事长外，还兼任总经理一职，其妻子也身兼数职，担任公司副董事长和副总经理。

2. 风险评估：在 2014 年，康美药业营业收入稳定增长的同时，其经营现金流净额却同比跌幅达 32.37%，到 2015 年康美药业的现金流净额更是暴跌了 55.06%。不仅如此，2018 年康美药业的经营现金流净额为负，净利润为正。面对如此异常的财务数据，公司的风险管理机制却毫无察觉，说明康美药业在风险评估机制的建立上很不完善。

3. 控制活动：授权审批控制不严格。2016～2018 年，康美药业未进行任何授权审批，曾向其关联方先后转出 116.2 亿元的资金。由此可见康美药业的关联方披露不合规，对关联方交易授权审批缺少管控。

4. 信息系统与沟通：就内部沟通而言，康美药业在全国共设立 127 家子公司，覆盖了中药业务上下游的全产业链，但在医药流通环节却难以做到信息层层传递。就外部沟通而言，康美药业对投资者的举报熟视无睹，未能控制缺陷。

5. 内部监督：康美药业虽然设有审计委员会，但在审委会的 3 位成员中，两位是公司独立董事，另一位直属董事会，这就使审计委员会丧失了独立性，最终导致其监督职能无法得到正常发挥。

资料来源：李子婧. 浅析康美药业财务造假背后的内控缺陷 [J]. 中国农业会计, 2022 (07)：88-89.

【复习与思考】

1. 内部控制的目标之间存在什么联系？
2. 如何理解成本效益原则在内部控制中的应用？
3. 内部控制的五个要素之间具有怎样的关系？

【案例分析】

数智化背景下高校内部控制体系实施路径

西部某市 C 大学作为省部共建的本科医学院校，承担教学、科研、人才培养和社会服务等职能，为加速推进"双一流"高校建设目标，学校自 2020 年 3 月起全力推进内部控制体系建设，以"数智化"平台改革创新高校内部控制体系建设。实施路径分为四步，具体如下。

1. 外标规则钉铆点，内标岗位进流程。此步骤的核心任务是流程的优化和再造、制度的完善和修订。首先将外部政策明确的关键节点嵌入流程，固化到流程手册中，成为流程中不可变动的外标"铆点"；再将学校内部业务制度以及实际运行情况涉及的流程节点进行流程嵌入，细化到流程手册中，成为岗位设点的依据；然后通过试运行，对各部门、岗位进行验证、优化并最终确认。

2. 数据规范标准化，流程进展可视化。此步骤的核心任务是建设各业务信息系统再整合成为"数智化"平台。进行经济数据中心建设，这对于能否建成"数智化"平台至关重要。经济数据中心主要围绕六大经济业务，按流程数据规范和数据交换技术对各经济业务信息系统进行整合。经济数据中心实现了以项目流程为主线、六大经济业务系统互联互通，确保"数智化"平台采集到准确真实的业务数据，实现业务流程运行的程序化和可视化。

3. 运行快慢有跟踪，数据回溯找偏差。此步骤的核心任务是对数据进行跟踪和分析，运用穿行测试法通过回溯查找运行偏差和流程问题，及时解决问题。例如采购工作中招标文件确认、招标过程、合同签订、履约验收以及支付，需要多部门多岗位进行衔接，通过数据中心提取各岗位执行时间等对应数据，系统可以快速判定堵点进行预警，有利于尽早发现并解决问题；同时，一旦发现异常逻辑的数据时，例如合同已经签订但没有显示前一步骤应有的中标时间，通过分析偏差产生原因，可以指导相关业务部门及时调整优化流程或者改变信息系统读取规则，避免问题积累，实现数据对业务部门管理的赋能。

4. 业务数据全畅通，绩效考核促管理。此步骤的核心任务是在管理过程中用好数据，结合绩效考核，实现科学决策、提质增效的目标。例如，对于招标文件在用户和招标采购中心各岗位确认时间过长的问题，通过综合分析政府采购或工程采购不同额度项目的执行数据，形成学校对相关部门岗位的执行时限量化指标。

C 大学对行政事业运行的 15 个业务领域进行了内部控制流程优化和再造，2021 年 5 月启动六大经济运行模块（包括预算、采购、合同、资产、建设工程、收支业务）内部控制信息化建设工作，11 月底完成内部控制"数字化"平台建设。平台数据反馈的重点项目业务周期较运行前缩短一半以上时间，明显提高了工作效率。实时抓取、整合、更新、存储、共享六大经济业务系统的经济运行数据，实现项目全流程可视化、流程化、系统化，有利于管理者进行事中控制、降低决策风险，提高学校治理能力与水平。"数字化"平台可以通过数据分析，抓取预算指标为负数、采购过程业务数据不完整、项目无合同支付数据等项目运行过程差异项指标数据，展现岗位履职情况。

资料来源：潘亚俐，刘洋，艾燕等. 数智化下高校内部控制体系实施路径探析［J］. 中国循证医学杂志，2023，23（07）：856－861.

思考：C 大学的数智化内部控制体系建设存在哪些成本？形成了哪些收益？

【拓展阅读】

《企业内部控制基本规范》第一章总则.

练习题及答案

第三章

内部环境

■ **【知识与技能要求】**

通过本章的学习，使学生能够：

1. 解释内部环境在内部控制建设中的作用和影响。

2. 归纳并掌握内部环境的构成成分要素及其各自的主要内容。

3. 举例说明企业组织架构设计与运行中的主要风险及其控制。

4. 举例说明企业发展战略规划与实施中的主要风险及其控制。

5. 举例说明企业人力资源政策与实践中的主要风险及其控制。

6. 举例说明企业履行和管理社会责任中的主要风险及其控制。

7. 举例说明企业文化建设过程中的主要风险及其控制。

■ **【思政目标】**

将社会主义核心价值观教育与内控环境的五个方面进行联系，树立正确的社会责任观和价值观。

■ **【关键术语】**

内部环境　组织架构　发展战略　人力资源　社会责任　企业文化

【案例 3 – 1】

刚走出"ICU"的瑞幸，又住进了"监护室"

上个季度的财报一出，消沉多日的瑞幸再次夺回头条。

这份新鲜出炉的财报显示，2022 年，瑞幸营业利润为 11.56 亿元，营业利润率为 8.7%。这是瑞幸自 2017 年成立以来，首次实现整体利润转正。

……

内忧外患：对内权力之争，对外贴身肉搏。

"干掉你的不一定是对手，也可能是队友。"

作为瑞幸咖啡创始人，陆某再次创业，创办了库迪咖啡。或许是不甘心，这一次，他将瑞幸那套低价和疯狂的营销方式做得更加彻底了。

瑞幸用 10 个月开出 1 000 家门店的"奇迹"，正在被主打"9.9 元"廉价咖啡的库迪咖啡所"赶超"。除了内部打出来的超级进化版竞争对手，当前的瑞幸并没有脱离"危险"，刚走出"ICU"，又进入了"重症监护室"。

当前瑞幸有两大病症：内部，是权力你追我赶的斗争；外部，是贴身肉搏的竞争。

1 月 6 日，一份瑞幸咖啡七位副总裁、部分分公司总经理和总监签署联名信显示，请求罢免瑞幸咖啡现任董事长兼 CEO 郭某，其中列举了郭某失职之处。

联名信显示，郭某被指存在三大问题：第一，贪污腐败，通过手套供应商舞弊损害供应商利益；第二，滥用权力铲除异己党同伐异；第三，因其能力低下和个人私利，给公司造来重大隐患。联名信中详细列举了这三点的证据。

联名信中提到，在供应链方面，"郭某为了达到中饱私囊的目的，清洗和控制采购体系人员，破坏供应链原有独立的审核内控机制"，并称，"郭某利用 CEO 特批等手段，跳过正常的采购流程，从而给某些与他关系密切的供应商输送巨大利益，这些供应商往往是小生产厂，甚至是从来没有生产和销售过同类产品的企业"。

联名信提出，鉴于郭某的行径已经严重损害公司、全体员工以及全体投资人的利益，严正恳请各位董事和大钲担当起作为董事和大股东保护公司和投资人的责任，立即将郭某罢免，同时立即成立包括员工代表参与的特别委员会成员或者独立调查组，调查郭某的贪腐行径。

在联名信发出后不久，1 月 6 日，郭某对全体员工发布了内部公开信，回应称："联名信是陆某、钱某等组织并主持起草，部分当事员工不明真相，被裹挟签字"，郭某表示"瑞幸现在经营稳定，收入向好"。郭某一度被外界认为是陆正耀留在瑞幸的人，但目前两人却分道扬镳。这场内部的权力之争，还要斗法多久？尚不可知，但外部的竞争，已经火烧眉毛。

资料来源：新浪财经. 刚走出"ICU"的瑞幸，住进了"监护室"［EB/OL］.［2023 – 03 – 07］. https：// finance. sina. com. cn/jjxw/2023 – 03 – 07/doc – imyizafa0301343. shtml.

第一节 内部环境概述

一、内部环境

任何经济组织的内部控制都是在特定环境下建立并实施的。内部环境构成一个企业的基本氛围，是影响和制约企业内部控制设计、实施与监督的各种内部因素的总称。内部环境是内部控制存在和发展的基础，是内部控制赖以生存的土壤，控制环境的好坏直接决定着其他控制要素能否发挥作用。内部环境支配并左右着员工的意识和行为，影响全体员工实施控制活动和履行控制责任的态度、认识和行为，直接影响内部控制的效率和效果。

二、内部环境的构成要素

根据我国《企业内部控制基本规范》的定义，内部环境是企业实施内部控制的基础，一般包括治理结构、机构设置与权责分配、内部审计、人力资源政策、企业文化等，涵盖了对企业内部控制系统的建立和实施有重大影响的各种因素。

（一）公司治理结构和议事规则

企业应当根据国家有关法律法规和企业章程，建立规范的公司治理结构和议事规则，明确决策、执行、监督等方面的职责权限，形成科学有效的职责分工和制衡机制。

股东（大）会享有法律法规和企业章程规定的合法权利，依法行使企业经营方针、筹资、投资、利润分配等重大事项的表决权。董事会对股东（大）会负责，依法行使企业的经营决策权。监事会对股东（大）会负责，监督企业董事、经理和其他高级管理人员依法履行职责。经理层负责组织实施股东（大）会、董事会决议事项，主持企业的生产经营管理工作。

1. 股东（大）会。股东（大）会是公司最高管理机构。依法行使企业经营方针、筹资、投资、利润分配等重大事项的表决权。

2. 董事会。董事会对股东（大）会负责，依法行使经营决策权。董事会应当充分认识自身所承担的责任，负责内部控制的建立健全和有效实施，并给予指导和监督。主要权责有：

（1）核准企业的战略目标和价值标准，并监督其在企业经营活动中的贯彻实施。

（2）界定高级管理层的权限与责任，并建立起严格责任制和问责制。

（3）高级管理层进行适当监督，确保董事会制定的政策得以实施。

（4）依据公司文化、企业长期目标、战略及环境等确定公司薪酬政策。

3. 监事会。监事会对股东（大）会负责，其职责是监督企业董事、经理和其他高级管理人员依法履行职责。监事会有权要求上述人员纠正其损害公司利益的行为，并监督执行情况。依法对董事、高级管理人员提起诉讼。

4. 经理层。经理层负责组织实施股东（大）会、董事会决议事项，主持企业的生产经营管理工作。

（二）机构设置与权责分配

企业应根据国家有关法规和企业章程，结合规模大小、人员多少、业务繁简、经营性质来设置机构和划分权责，将权力与责任落实到责任单位。机构和人员配置应当科学合理，权责分配应有利于效率和效果的提高。具体而言，企业应通过编制内部管理手册，使全体员工掌握内部机构设置、岗位职责、业务流程等情况，明确权责分配，以正确行使职权。

1. 机构设置与权责分配。上市公司董事会可按照股东大会的有关决议，设立战略、审计、提名、薪酬及考核等专门委员会。专门委员会成员全部由董事组成，其中审计委员会、提名委员会、薪酬与考核委员会中的独立董事应占大多数并担任召集人，审计委员会成员仅限于外部董事，其中至少有 1 名是会计专业人士。各专门委员会对董事会负责，提案应提交董事会审查决定，还可以聘请中介机构提供专业意见，有关费用由公司承担。

（1）战略委员会主要职责是，对公司长期发展战略和重大投资决策进行研究并提出建议。

（2）审计委员会是公司治理中一项重要制度安排，其职责是，提议聘请或更换外部审计机构；监督公司的内部审计制度实施；负责内部审计与外部审计之间的沟通；审核公司的财务信息及其披露；监督检查内部控制制度及其实施等。

（3）提名委员会的主要职责是，研究董事、经理的选择标准和程序并提出建议；广泛收罗合格的董事和经理的人选；对董事和经理候选人进行审查并提出建议。

（4）薪酬与考核委员会的职责是，研究董事与经理人员考核的标准，进行考核并提出建议；研究和审查董事、高层管理人员的薪酬政策与方案。

公司应设立日常内部控制管理机构或指定适当机构，具体负责组织协调内部控制制度的建立与实施，促进经营目标的实现。

2. 人员设置与权责分配。企业在设置人员和权责分配时，要实现对权力的制衡。因此，企业必须将权力分配到相应部门和人员，同时进行权力之间的制衡。

企业应根据经营目标、职能划分和管理要求，明确高级管理人员职责和权限，将权力与责任分解到具体岗位，为内部控制的有效实施创造良好条件。高级管理人员是指对企业的决策、经营、管理负有领导职责的人员，包括董事长、董事会成员、经理、副经理、总会计师等。

3. 独立董事制度。上市公司应按照有关规定，建立独立的外部董事制度。独立董事应独立于所受聘的公司及其主要股东。独立董事不得在上市公司担任除独立董事外的其他任何职务，并与其所受聘的上市公司及其主要股东不存在可能妨碍其进行独立客观判断的关系。独立董事应独立履行职责，不受公司主要股东、实际控制人以及其他与上市公司存在利害关系单位或个人的影响。

（1）独立董事任职应具备基本条件：①根据法律行政法规及其他有关规定具备担任上市公司董事的资格。②具有独立性。③具备上市公司运作的基本知识，熟悉相关法律、行政法规、规章及规则。④具有五年以上法律、经济或其他履行独立董事职责所必需的工作经验。⑤公司章程规定的其他条件。

（2）独立董事的职权。独立董事除应当具有公司法和其他相关法律、法规赋予的职权外，还应当由上市公司赋予以下特别职权：①重大关联交易判断认可后，提交董事会讨论。②向董事会提议聘用或解聘会计师事务所。③向董事会提请召开临时股东（大）会。④提议召开董事会。⑤独立聘请外部审计机构和咨询机构。⑥可在股东（大）会召开前公开向股东征集投票权。

独立董事行使上述职权应当取得全体独立董事的1/2以上同意。

（3）重大事项的处理意见。独立董事除履行上述职责外还应对公司的重大事项向董事会发表独立意见：①提名、任免董事。②聘任或解聘高级管理人员。③公司董事、高级管理人员的薪酬。④上市公司的股东、实际控制人及关联企业对上市公司重大资金往来事项。⑤独立董事认为可能损害中小股东权益的事项。⑥公司章程规定的其他事项。

独立董事应当就上述事项以"同意，保留意见及其理由，反对意见及其理由，无法发表意见及其障碍"形式之一发表意见。

（三）内部审计

内部审计是一种独立、客观的确认和咨询活动，它通过运用系统、规范的方法，审查和评价组织的业务活动、内部控制和风险管理的适当性和有效性，以促进组织完善治理、增加价值和实现目标。内部审计的主要目的是规范内部审计工作，保证内部审计质量，明确内部审计机构和内部审计人员的责任。

中国内部审计协会发布的《第1101号——内部审计基本准则（2023年修订）》对内部审计的原则要求是：

1. 组织应当设置与其目标、性质、规模、治理结构等相适应的内部审计机构，并配备具有相应资格的内部审计人员。

2. 内部审计的目标、职责和权限等内容应当在组织的内部审计章程中明确规定。

3. 内部审计机构和内部审计人员应当保持独立性和客观性，不得负责被审计单位的业务活动、内部控制和风险管理的决策与执行。

4. 内部审计人员应当遵守职业道德，在实施内部审计业务时保持应有的职业谨慎。

5. 内部审计人员应当具备相应的专业胜任能力，并通过后续教育加以保持和提高。

6. 内部审计人员应当履行保密义务，对于实施内部审计业务中所获取的信息保密。

（四）人力资源政策

在市场竞争日趋激烈的情况下，企业之间竞争的关键是人才的竞争。企业要实现以人为本，充分调动人的积极性求得持续发展，则应设计科学合理的人力资源政策，包括岗位职责设置、人力资源计划、招聘、培训、离职、考核、薪酬等一系列有关人事的事项和程序，旨在通过有形的、具体的制度和措施，影响并约束职工的行为方式。

1. 人力资源政策的内容。（1）员工的聘用、培训、辞退与辞职。（2）员工的薪酬、考核、晋升与奖惩。（3）关键岗位员工的强制休假和定期岗位轮换制度。（4）掌握国家秘密或重要商业秘密的员工离岗的限制性规定。（5）有关人力资源管理的其他政策。

2. 人力资源考评内容与方法。企业应当制定科学合理的人力资源考评制度，对员工履行职责、完成任务的情况实施全面、公正、准确的考核，客观评价员工的工作表现、引导员工实现经营目标。考核评价内容应该涵盖员工个人素质、工作态度、工作能力、专业知识、工作潜力以及适应性评价等。

3. 人力资源薪酬及激励政策。企业的薪酬及激励政策的合理性，对吸引人才、留住人才、激励人才、满足组织需要、促进经营目标的实现等方面有十分重要的作用。企业应当规范薪酬发放标准和程序，建立和完善针对各层级员工的激励约束机制，促进员工责、权、利有机统一和企业内部控制的有效执行。薪酬制度设计应坚持按劳分配原则、激励适度原则、互促互进原则。对职工提供福利保障及素质开发培训，提高企业核心竞争力、注重塑造独特企业文化。

（五）企业文化

企业应当加强文化建设，培育积极向上的价值观和社会责任感，倡导诚实守信、爱岗敬业、开拓创新和团队协作精神，树立现代管理理念，强化风险意识。

1. 企业文化内涵。企业文化是企业适应外部环境和社会存在的一种形态。企业文化是企业的灵魂，是推动企业发展的不竭动力。企业文化也是企业的美德所在，具有鲜明的企业特色。杰出而成功的企业都具有强有力的企业文化，并用各种各样的方式宣传、强化企业的价值观念。企业文化渗透于企业的一切活动之中，对企业产生极大的影响，也是内部控制制度得以顺利实施的基础。董事、监事、经理及其他高级管理人员应当在企业文化建设中发挥主导作用。

2. 企业价值观。价值观是关于价值的观念，是客观的价值体系在人们主观意识中的反映，是价值主体对自身需要的理解，以及对价值客观的意义和重要性看法的根本观点。

企业价值观的确立，对其已有文化的其他要素具有决定性作用，而其他要素例如制度规范、习俗仪式等，都是在一定价值观的基础上建立和形成的。正确的企业价值观，会为企业的生存和发展提供基本的方向和行动指南，为员工行为准则奠定基础。在正确价值观的指导下，企业的经营活动才有可能取得成功。因此，企业要想在市场竞争中立足于不败之地，取得卓越成效，就必须确立正确的企业价值观，并号召全体员工自觉推崇和尊重自己企业的价值观。如果一个企业缺乏明确价值准则或价值观念不正确，那么现有的经营和未来的发展必然受挫。

企业价值观作为企业文化的核心部分，其形成需要观念的判断、选择，还需要不断维护、培育、传播及强化。

3. 社会责任感。在现代社会中，企业已经成为多种社会利益的交汇点，直接影响着社会的稳定、和谐与发展。企业不能只谋取自身利益，还要考虑社会各方面利益，例如投资者、消费者、员工、供应商、经销商以及环境保护、空气污染、社会就业等，还要满足政府机关、社区、媒体及相关社会团体的需要。这就是企业承担的社会责任。所以企业在实现经济效益的同时，应注重社会效益并争取收到良好的社会效益。只有这样，企业才能在竞争中求生存、谋发展。否则，将会受到社会的谴责，严重者会受到法律的惩治。

4. 高级管理者的职业操守和员工的行为准则。保持良好的职业操守和品行不仅是高级管理人员应具备的最重要条件，也是对其任职的首要要求。高级管理人员应当恪守以诚实守信为核心的职业操守，不得损害投资者、债权人、客户、员工和社会公众的利益。企业高级管理人员有责任加强职工职业道德宣传引导、教育培训和监督检查，为建立和实施内部控制营造良好的氛围和环境。

企业员工行为准则一般包括日常行为规范、考勤制度、工资制度、奖惩制度、着装规定、合同管理规定、印章管理规定、网络使用规定等方面内容。企业员工应当遵守员工行为守则，加强职业道德修养和业务学习，自觉遵守公司各项制度以及与企业内部控制有关的各项规定，勤勉尽责。

三、内部环境类应用指引

我国《企业内部控制配套指引》通过组织架构、发展战略、人力资源、社会责任和企业文化五个应用指引描述了内部环境。COSO 委员会《内部控制——整合框架（2013）》认为控制环境包括：企业对诚信和道德价值观的承诺；董事会应独立于管理层；管理层为实现目标，应在董事会的监督下确立组织架构、汇报路线、合理的权力与责任；企业应致力于吸引、发展和留任优秀人才，以配合企业目标的实现；组织为实现目标，应要求员工承担内部控制的相关责任等。以下章节按照五个应用指引进行具体阐述。

第二节 组织架构

一、组织架构的定义

科学合理的组织架构是内部控制的前提和基础，良好且完善的企业组织架构为风险评估、实施控制活动、促进信息沟通、强化内部监督提供了组织保障。

根据《企业内部控制应用指引第 1 号——组织架构》的定义，组织架构是指企业按照国家有关法律、法规、股东（大）会决议、企业章程，结合本企业实际情况，明确董事会、监事会、经理层和企业内部各层级机构设置、职责权限、人员编制、工作程序和相关要求的制度安排。一家企业的组织架构存在缺失或缺陷，其他一切生产、经营、管理活动都会受到影响。

组织架构分为治理结构和内部机构两个层面。

（一）治理结构

治理结构即企业治理层面的组织架构，是与外部主体发生各项经济关系的法人所必备的组织基础。它可以使企业成为在法律上具有独立责任的主体，从而使得企业能够在法律许可的范围内拥有特定权利履行相应义务，以保障各利益相关方的基本权益。

【案例 3-2】

云南白药集团股份有限公司治理结构

云南白药集团股份有限公司（简称"云南白药"）严格按照《公司法》《证券法》《上市公司治理准则》《深圳证券交易所股票上市规则》《深圳证券交易所上市公司规范运作指引》等法律法规和公司章程等内部规章制度的要求，通过强化公司治理内生动力、完善公司治理制度规则、构建公司治理良好生态等方式，进一步健全各司其职、各负其责、协调运作、有效制衡的公司治理结构，夯实云南白药高质量发展的基础。云南白药的公司治理实际情况符合证监会、深圳证券交易所有关上市公司治理的规范性文件要求，形成了相对完善的法人治理结构，并积极探索公司治理最佳实践。

股东与股东大会：公司依法保障股东权利，特别注重保护中小股东合法权益，保障股东对公司重大事项的知情、参与决策和监督等权利。

董事与董事会：公司董事遵守法律法规及公司章程有关规定，忠实、勤勉、谨慎履职。董事会的人数及人员构成符合法律法规的要求，专业结构合理，董事充分具备了履职所必需的时间精力、知识储备、专业技能和综合素质。公司独立董事独立依法履行职责，充分了解公司经营运作情况和董事会议题内容，维护上市公司和全体股东利益，尤其关注中小股东的合法权益保护。公司董事会认真履行有关法律法规和公司章程规定的职责，严格按照董事会议事规则运作，确保董事会规范、高效运作和审慎、科学决策。董事会下设审计、战略、提名委员会、薪酬与考核四个专门委员会，专门委员会对董事会负责，依照公司章程和董事会授权履行职责。

监事与监事会：公司监事严格遵守相关法律法规和规范要求，独立有效地履行监督职能，督促公司董事会和管理层规范运作、科学决策，切实维护了公司、股东和员工的利益。

独立审计机构：云南白药聘用中审众环会计师事务所作为独立审计机构。审计机构负责审计年度财务报表，根据会计准则和审计程序，评估财务报表是否真实和公允，对财务报表发表审计意见。

公司采用事业部制发展存量业务，分为药品、健康品、中药资源事业部和云南省医药有限公司（负责医药物流业务）。各事业部各自担纲，相互协同，主营业务已处于全国领先水准。在昆明、大理、文山、丽江、武定以及江苏无锡、安徽合肥等部署工厂，销售渠道覆盖全国。

云南白药治理结构如图3-1所示。

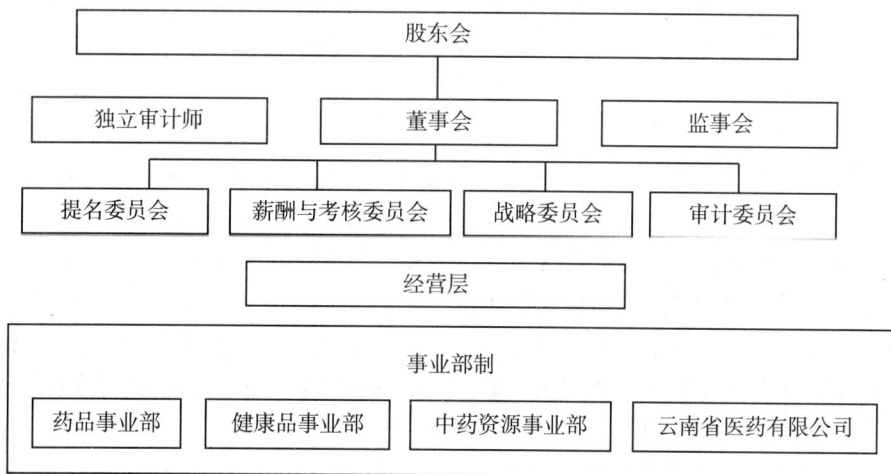

图3-1 云南白药治理结构

公司治理结构可以区分为狭义和广义两个方面。狭义公司治理结构解决所有者对经营者的监督与制衡问题，主要是指内部治理结构。公司内部治理结构是指公司的所有者与经营者和员工之间建立的权力与利益的分配与制衡的关系及规制决策的体系。广义公司治理结构是指用来协调公司所有的权益主体之间的制衡关系的体系。因此，它包括内部治理结构与外部治理结构。外部治理结构是指公司与其外部各权益主体之间权益制衡关系的体系。

（二）内部机构

内部机构则是企业内部分别设置不同层次的管理人员及由各专业人员组成的管理团队，针对各项业务功能行使决策、计划、执行、监督、评价的权利并承担相应的义务，是为了保证业务顺利开展的支撑平台。

现代企业的组织结构一般包括四种基本形式，即 U 型结构、M 型结构、H 型结构和矩阵型结构。

1. U 型结构（直线职能式）。U 型结构是一种中央集权式的组织结构。它同时设置纵向的领导指挥机构和横向的参谋咨询机构。其优点是领导集中、职责清楚、秩序井然、工作效率较高，整个组织有较高的稳定性。而缺点是上下级部门的主动性和积极性的发挥受到限制；部门间条块分割，互通情报少，不能集思广益地做出决策；当职能参谋部门和直线部门之间目标不一致时，容易产生矛盾，致使上层主管的协调工作量增大；整个组织系统的适应性较差，因循守旧，对新情况不能及时地做出反应。

对于只生产一种或少数几种产品的中小型企业而言，直线职能式组织结构是一种最佳模式。但对于规模较大、决策时需要考虑较多因素的组织，直线职能式组织结构则不太适用。

2. M 型结构（区域事业部制）。M 型结构是一种分权与集权相结合的组织结构。企业按产品、客户、地区等来设立事业部，每一个事业部都是一个有相当自主权的利润中心，独立地进行日常经营决策，各事业部都相当于一个 U 型企业。

在纵向关系上，按照"集中决策，分散经营"的原则，处理企业高层领导与事业部之间的关系。实行事业部制，企业最高领导层可以摆脱日常的行政事务，集中力量研究和制定企业发展的各种经营战略和经营方针，而把最大限度的管理权限下放到各事业部，使它们能够依据企业的政策和制度，自主经营，充分发挥各自的积极性和主动性。在横向关系方面，各事业部作为利润中心，实行独立核算。各事业部间的经济往来遵循等价交换原则，结成商品货币关系。

3. H 型结构（控股公司制）。控股公司制组织结构简称 H 型结构，是指在公司总部下设立若干个子公司，公司总部作为母公司对子公司进行控股，承担有限责任。母公司对子公司既可以通过控股性股权进行直接管理，又可以通过子公司董事会来进行控制。

H 型结构的管理运作主要是依据资产纽带，且被控股公司又具有法人资格，结构过于松散，使得控股公司总部往往难以有效控制各子公司，控股公司的战略计划难以实现与贯彻；过度分权导致管理效率的下降，增加了控股公司的管理成本；子公司难以充分利用控股公司总部的参谋人员；控股公司的投资协调比较困难。

4. 矩阵型结构。矩阵型结构是按职能划分部门和按任务特点（产品和项目）划分小组相结合所产生的矩阵型组织结构形式。当环境一方面要求专业技术知识，另一方面又要求每个产品线能快速做出变化时，就可以应用矩阵型结构。如前所述，职能式结构强调纵向的信息沟通；而事业部制结构强调横向的信息流动；矩阵型结构就是将这两种信息流动在企业内部同时实现。

矩阵型结构不是一种常设型组织结构模式，这种组织结构适合在需要对环境变化做出迅速而一致反应的企业中使用。

企业组织结构作为对企业管理进行的组织设计，是随着经济的发展和科学技术的进步而不断演变的。近年来，由于知识经济的兴起和信息革命的推动，各种企业组织创新的形式不断涌现，企业组织结构变革趋势主要表现在以下几个方面：组织结构扁平化、组织结构网络化、组织的无边界化、组织结构分立化、组织结构柔性化等。

（三）治理结构与内部机构的关系

治理结构与内部机构之间既有联系又有区别。一方面，两者相互协调，相互配合，互为补充，共同为实现企业内部控制目标服务。如果董事、监事、高级管理人员失职或舞弊，再完善的内部控制系统，再科学的内部机构设置，都将形同虚设，失去预期的效能，而科学的内部机构则为公司治理层的各项决策和计划的执行提供了操作平台。另一方面，两者在实现内部控制目标方面的侧重点有所区别。治理结构主要服务于促进企业实现发展战略、保证经营合法合规；而内部机构则主要服务于另外三类控制目标，即保证企业资产安全、保证财务报告及其相关信息真实完整、提高经营效率和效果。

二、组织架构的设计

（一）组织架构设计原则

企业在设计组织架构时，必须考虑内部控制的要求，合理确定治理层、管理层及内部各部门之间的权力和责任并建立恰当的报告关系。具体而言，至少应当遵循以下原则：

1. 符合法律、法规要求。治理结构的设计必须遵循我国法律、法规的要求，严格规范出资者（主要指股东）、董事会、监事会、经理层的权利和义务，及其相关的聘任条件和议事程序等，合理解决企业各方利益分配问题。

2. 符合发展战略要求。通常情况下，企业发展目标是多重的，且在一段时期保持相对稳定，无论企业的发展目标如何，都必须通过自身组织架构的合理设计和有效运作予以实现和保证。

3. 符合管理控制要求。组织架构的设计应当考虑各层级之间可以相互监督、相互制约。为达到恰当的控制效果，在组织架构设计时必须找出各种限制组织层级和管理跨度的因素，主要包括：员工的经验与受训程度；工作任务的相似性和复杂性；工作地点的空间距离；使用标准化管理的程度；企业信息系统管理的先进程度；企业文化的凝聚力以及管理层的管理风格等。

4. 符合内外环境要求。组织架构设计应当与企业的市场环境、行业特征、经营规模等相适应。此外，企业还应当根据内外部环境的不断变化，迅速做出反应，及时进行组织架构的优化调整。

（二）治理结构设计关键点分析

组织架构设计中的关键点，仍然从治理结构和内部机构两个角度进行分析。

从治理结构层面看，存在的问题主要为治理结构形同虚设，缺乏科学决策、良性运行机制和执行力，可能导致企业经营失败，难以实现发展战略。具体而言，组织架构设计中的关键点可主要存在于以下十种情况。

1. 股东（大）会是否规范而有效地召开，股东是否可以通过股东（大）会行使自己的权利。

2. 企业与控股股东是否在资产、财务、人员方面实现相互独立，企业与控股股东的关联交易是否贯彻平等、公开、自愿的原则。

3. 对与控股股东相关的信息是否根据规定及时完整地披露。

4. 企业是否对中小股东权益采取了必要的保护措施，使中小股东能够和大股东同等条件参加股东（大）会，获得与大股东一致的信息，并行使相应的权利。

5. 董事会是否独立于经理层和大股东，董事会及其审计委员会中是否有适当数量的独立董事存在且能有效发挥作用。

6. 董事对于自身的权利和责任是否有明确的认知，并且有足够的知识、经验和时间勤勉、诚信、尽责地履行职责。

7. 董事会是否能够保证企业建立并实施有效的内部控制，审批企业发展战略和重大决策并定期检查、评价其执行情况，明确设立企业可接受的风险承受度，并督促经理层对内部控制有效性进行监督和评价。

8. 监事会的构成是否能够保证其独立性，监事能力是否与相关领域相匹配。

9. 监事会是否能够规范而有效地运行，监督董事会、经理层正确地履行职责并纠正损害企业利益的行为。

10. 对经理层的权力是否存在必要的监督和约束机制。

（三）治理结构的设计

治理结构包括股东（大）会、董事会、监事会和经理层。企业应当根据国家有关法律、法规的规定，按照决策机构、执行机构和监督机构相互独立、权责明确、相互制衡的原则，明确董事会、监事会和经理层的职责权限、任职条件、议事规则和工作程序等。

1. 上市公司治理结构设计。上市公司是公众公司，具有重大的公众利益，因而必须对投资者和社会公众负责。上市公司治理结构的设计，应当充分反映"公众性"特点。具体而言，上市公司治理结构设计应重点关注以下三个方面：

（1）设立独立董事制度。上市公司董事会应当设立独立董事。独立董事不得在上市公司担任除独立董事外的其他任何职务。独立董事对上市公司及全体股东负有诚信与勤勉等义务。

（2）设置董事会专业委员会。上市公司董事会应当根据治理需要，按照股东大会的有关决议设立战略决策、审计、提名、薪酬与考核等专门委员会。其中，战略决策委员会主要负责制定公司长期发展战略，监督、核实公司重大投资决策等；提名委员会主要负责拟订公司董事和高级管理人员的选拔标准和程序，搜寻人选，进行选择并提出建议；审计委员会主要负责审查公司内控制度及重大关联交易，审核公司财务信息及其披露，负责内、外部审计的沟通、监督和核查工作；薪酬与考核委员会主要负责制定公司董事及经理人员的考核标准并进行考核。负责制定、审查公司董事及经理人员的薪酬政策与方案，其质量是公司战略成功的重要决定因素。其中，审计委员会、薪酬与考核委员会中独立董事应当占多数并担任负责人，审计委员会中至少还应有一名独立董事是会计专业人士。

董事会专业委员会中的审计委员会，对内部控制的建立健全和有效实施发挥着尤其重要的作用。审计委员会对经理层提供的财务报告和内部控制评价报告进行监督。审计委员会成员应当具备独立性、专业性、道德性。

（3）设立董事会秘书。董事会秘书为上市公司的高级管理人员，直接对董事会负责，并由董事长提名，董事会负责任免。董事会秘书是一个重要的角色，负责上市公司股东大会和董事会会议的筹备、文件保管以及公司股东资料的管理，办理信息披露事务等事宜。

2. 国有独资企业治理结构设计。国有独资企业是比较独特的企业群体，也是我国国民经济的骨干力量，其治理结构设计应充分反映其特色。国有独资企业治理结构设计应反映以下特点：

（1）国有资产监督管理机构代行股东（大）会职权。国有独资企业不设股东（大）会，由国有资产监督管理机构行使股东（大）会职权。国有独资企业董事会可以根据授权部分行使股东（大）会的职权，决定公司的重大事项，但公司的合并、分立、解散、增加或者减少注册资本和发行公司债券，必须由国有资产监督管理机构决定。

（2）国有独资企业董事会成员中应当包括公司职工代表，董事会成员由国有资产监督管理机构委派。但是，董事会成员中的职工代表由公司职工代表大会选举产生。国有独资企业董事长、副董事长由国有资产监督管理机构从董事会成员中指定产生。

（3）国有独资企业监事会成员由国有资产监督管理机构委派，但是监事会成员中的职工代表由公司职工代表大会选举产生。监事会主席由国有资产监督管理机构从监事会成员中指定产生。

（四）内部机构的设计

内部机构的设计是组织架构设计的关键环节。内部机构的设计应满足以下三个要求：

1. 企业应当按照科学、精简、高效、透明、制衡的原则，明确各机构的职责权限，避免职能交叉、缺失或权责过于集中，形成各司其职、各负其责、相互制约、相互协调的工作机制。

2. 企业应当对各机构的职能进行科学合理的分解，确定具体岗位的名称、职责和工作要求等，明确各个岗位的权限和相互关系。尤其应当体现不相容岗位相分离原则，努力识别出不相容职务。

岗位职责是对某一工作部门或个人的工作任务、责任与权限所作的统一规定。企业应当对岗位职责进行描述，包括工作名称、工作职责、任职条件、工作所要求的技能、工作对个性的要求。描述的对象是工作本身，而与从事这项工作的人无关。这样做的目的是便于员工理解职位所要求的能力、工作职责、衡量的标准，让员工有一个可遵循的原则。

3. 企业应当制定组织结构图、业务流程图、岗（职）位说明书和权限指引等内部管理制度或相关文件，使员工了解和掌握组织架构设计及权责分配情况，正确履行职责。值得特别指出的是，就内部机构设计而言，建立权限指引和授权机制非常重要。有了权限指引，不同层级的员工就知道该如何行使权力并承担相应责任，也利于事后考核评价；"授权"表明的是，企业各项决策和业务必须由具备适当权限的人员办理，这一权限通过公司章程约定或其他适当方式授予。

企业内部各级员工必须获得相应的授权，才能实施决策或执行业务，严禁越权办理。按照授权对象和形式的不同，授权分为常规授权和特别授权。常规授权一般针对企业日常经营管理过程中发生的程序性和重复性工作，可以在由企业正式颁布的岗（职）位说明书中予以明确，或通过制定专门的权限指引予以明确。特别授权一般是由董事会给经理层或经理层给内部机构及其员工授予处理某一突发事件（例如法律纠纷）、做出某项重大决策代替上级处理日常工作的临时性权力。

三、组织架构的运行

（一）企业治理结构的运行

企业应当根据组织架构的设计规范，对现有治理结构和内部机构设置进行全面梳理，确保本企业治理结构、内部机构设置和运行机制等符合现代企业制度要求。

企业梳理治理结构，应当重点关注董事、监事、经理及其他高级管理人员的任职资格和履职情况，以及董事会、监事会和经理层的运行效果。治理结构存在问题的，应当采取有效措施加以改进。

企业应当梳理内部机构设置，重点关注内部机构设置的合理性和运行的高效性等。内部机构设置和运行中存在职能交叉、缺失或运行效率低下的，应当及时解决。

【案例 3 - 3】

阿里巴巴"一年一大调"的组织架构调整

1. 102 年 = 战略 × 组织。

组织如人，阿里巴巴一路走来也一样。

一个组织就像一个孩子从小到大，组织里的人会认为组织是一个知己。所以，组织不能是很死板、很硬的结构，未来的组织是没有边界的，但组织是有自己的特性的，阿里巴巴有自己的气质和特性，就是"理想主义 + 现实主义"。

2. 组织的三个构成。

组织是由三部分组成的：组织文化、组织治理机制以及组织能力。

第一，组织文化。阿里文化最鲜明的特色是简单、开放，对文化的通透。业务会不断变化，但是文化和使命是不变的，特别是文化要一脉相承下来，要走 102 年。阿里巴巴一年要花"1413"天的时间在新员工文化培训上。业务在这么激烈的竞争和快速的发展当中，只有坚守才能够让文化非常朴素又非常踏实地走到今天。

第二，组织治理机制。当多元的经济主体、多种经济生态在一起时，更重要的应该是规则。阿里巴巴有一个内网，类似一个 BBS。这个内网从第一天开始就是实名的，每个员工可以在上面发任何信息，甚至可以反对马总，但没有任何人反对马总，马总也经常上去发帖。所有的发帖全部都是实名，总裁层可以收到任何一个一线员工的意见，阿里巴巴不接受匿名的任何东西。实名就是践行简单、通透文化最好的行为。

第三，组织能力。阿里巴巴在能力上提出了"三心四力"。组织是一个活的肌体，我们都知道，要干好工作，心力、脑力、体力这三者是缺一不可的。为什么员工会愿意付出心力、脑力、体力呢？很多时候大家都说，越聪明的人越难管，只有把他自己的梦想驱动力和组织的梦想驱动合成一体，他的心力、脑力、体力才会真正愿意花在工作当中。

3. 阿里的管理创新。

第一，文化、治理、能力的创新。阿里巴巴认为：创新一定是基于有迫切的客户价值和需求。第二，组织的创新。阿里巴巴在新赛道上很多团队做了单独的股权激励计划。只有将创新内化、细化成非常扎实的行动方可成功。

资料来源：腾讯网. 阿里 CPO 童文红将离任，一文回顾她对阿里组织体系建设的三个思考［EB/OL］.［2023 - 03 - 05］. https：//new. qq. com/rain/a/20230305A06YQP00.

（二）对子公司的管控

企业拥有子公司的，应当建立科学的投资管控制度，通过合法有效的形式履行出资人职责、维护出资人权益，重点关注子公司特别是异地、境外子公司的发展战略、年度财务预决算、重大投融资、重大担保、大额资金使用、主要资产处置、重要人事任免、内部控制体系建设等重要事项。

另外，企业应当定期对组织架构设计与运行的效率和效果进行全面评估，发现组织架构设计与运行中存在缺陷的，应当进行优化调整。需要注意的是，企业组织架构调整应当充分听取董事、监事、高级管理人员和其他员工的意见，按照规定的权限和程序进行决策审批。

第三节　发展战略

一、发展战略概述

内部控制的目标是合理保证企业经营管理合法合规、资产安全、财务报告及相关信息真实完整，提高经营效率和效果，促进企业实现发展战略。其中，企业发展战略目标在内部控制目标体系中处于主导地位，战略目标正确，其他目标才有意义；否则，其他目标实现的意义就会大打折扣。企业应当依据发展战略，设计和实施内部控制。

根据《企业内部控制应用指引第 2 号——发展战略》，发展战略是企业在对现实状况和未来趋势进行综合分析和科学预测的基础上，制定并实施的中长期发展目标与战略规划。战略的失败是企业最彻底的失败，它甚至会导致企业的消亡。

（一）发展战略的意义

企业制定科学合理的发展战略，具有重要意义。

1. 发展战略可以为企业找准市场定位。市场定位就是要在激烈的市场竞争环境中找准位置。定位准了，才能赢得市场，才能获得竞争优势，才能不断发展壮大。发展战略要着力解决的正是企业发展过程中所面临的这些全局性、长期性的问题。

2. 发展战略是企业执行层的行动指南。发展战略指明了企业的发展方向、目标与实施路径，描绘了企业未来经营方向和目标纲领，是企业发展的蓝图，关系着企业的长远生存与发展。

3. 发展战略也是内部控制的最高目标。企业内部控制的系列目标中，促进发展战略的实现是内部控制最高层次的目标。发展战略为企业内部控制指明了方向，内部控制为企业实现发展战略提供了可靠保障。

（二）企业制定与实施发展战略存在的风险

企业制定与实施发展战略至少应当关注下列风险：

1. 缺乏明确的发展战略或发展战略实施不到位，可能导致企业盲目发展，难以形成竞争优势，丧失发展机遇和动力。

2. 发展战略过于激进，脱离企业实际能力或偏离主业，可能导致企业过度扩张，甚至经营失败。

3. 发展战略因主观原因频繁变动，可能导致资源浪费，甚至会危及企业的生存和持续发展。

二、发展战略的制定

（一）建立和健全发展战略制定机构

企业要在人力资源配置、组织机构设置等方面为发展战略提供必要的保证。一般而言，企业可以通过设立战略委员会，或指定相关机构负责发展战略管理工作，履行相应职责。

战略委员会的主要职责是对公司的长期发展规划、经营目标、发展方针进行研究并提出建议，对公司所涉及的产品战略、市场战略、营销战略、研发战略、人才战略等经营战略进行研究并提出建议，对公司重大战略性投资、融资方案进行研究并提出建议，对公司重大资本运作、资产经营项目进行研究并提出建议等。

战略委员会对董事会负责，委员包括董事长和其他董事，委员应当具有较强的综合素质和实践经验。战略委员会主席应当由董事长担任。

（二）分析评价影响发展战略的因素

1. 影响企业发展战略的因素。影响企业发展战略的因素主要包括以下方面：

（1）企业经营环境变化的风险。企业外部环境发生了很大变化，顾客、市场、竞争规则、竞争性质都逐渐变得激烈复杂。一般来讲，企业外部环境主要有三个变化：一是顾客在变化，现在随着生活水平的提高、经济的发展，顾客对企业产品的要求越来越高；二是竞争在变化，即竞争程度在加深，竞争的规则在改变；三是变化本身在变化，即变化的内容在变化，变化的周期在缩短，变化的突然性在增强。

（2）科学技术发展的风险。科学技术的飞速发展以及电子商务的出现，使得市场营销的某些原理受到严峻挑战。伊拉克战争展示了新的世界军事格局，现代的竞争已经从机械化的时代转向数字化、信息化的时代。制信息权、制空权、精准打击、光电隐形、超级武器、新概念武器等成为军事科学技术竞争的焦点。科学技术发展如此快速，企业制定战略的风险就大大提高了。

（3）走向国际化的风险。企业走向国际化，更需要有战略的指导，更需要注意战略的风险。

（4）企业内部发展的风险。企业外部环境发生很大变化，企业的战略也应该进行调整，因为大部分企业的战略是在过去比较老的观念下制定的，企业必须建立新的观念。新的观念必须符合当前经济全球化、全球信息化的形势，这样才会有新的思路，才会有新的战略，才会给企业带来比较好的效益。

（5）资本运营的风险。资本运营的风险加大，使得企业的兼并、收购、控股、参股等资本扩张需要有好的战略，否则会把自己拖垮。

以上是对影响企业发展战略的因素分析，但在这5个影响因素当中，企业经营环境变化的风险和企业内部发展的风险是关键因素，所以只有对企业所处的外部环境和拥有的内部资源展开深度分析，才能制定出科学合理的发展战略。

2. 外部环境分析。外部环境分析包括对企业所处的宏观环境分析、行业环境分析及竞争对手分析、经营环境分析等。

（1）宏观环境分析。宏观环境分析一般通过政治和法律环境、经济环境、社会和文化环境、技术环境等因素分析企业所面临的状况。

（2）行业环境及竞争对手分析。行业环境分析最常用的工具是波特的五力分析模型，用以确定企业在行业中的竞争优势和行业可能达到的最终资本回报率。

（3）经营环境分析。经营环境分析侧重于对市场及竞争地位、消费者消费状况、融资者、劳动力市场状况等因素的分析。

3. 内部资源的分析。

（1）企业资源分析。企业资源分析是对企业现有资源的数量和利用效率，以及资源的应变能力等方面的分析，以便明确形成企业核心能力和竞争优势的战略性资源。

（2）企业能力分析。企业能力是企业有形资源、无形资源和组织资源等各种资源有机组合的结果，主要包括研发能力分析、生产能力分析、营销能力分析、财务能力分析、组织管理能力分析等。

（3）核心竞争力分析。核心竞争力是指能为企业带来相对于竞争对手存在竞争优势的资源和能力。并不是所有的资源都能形成核心竞争力，能够有助于企业构建核心竞争力的资源主要包括稀缺资源、不可模仿的资源、不可替代的资源、持久的资源等。

（三）制定科学的发展战略

发展战略可以分为发展目标和战略规划两个层次。发展目标是企业发展战略的核心和基本内容，表明企业在未来一段时期内所要努力的方向和所要达到的水平。战略规划是为了实现发展目标而制定的具体规划，表明企业在每个发展阶段的具体目标、工作任务和实施路径是什么。

1. 制定发展目标。企业发展目标是指导企业生产经营活动的准绳。在制定企业发展目标过程中，应当重点关注以下主要内容：

（1）发展目标应当突出主业。在编制发展目标时应突出主业，只有集中精力做强主业，才能增强企业核心竞争力，才能在行业发展、产业发展中发挥引领和带头作用。

（2）发展目标不能过于激进，不能盲目追逐市场热点，不能脱离企业实际。

（3）发展目标不能过于保守，否则会丧失发展机遇和动力。

（4）发展目标应当组织多方面的专家和有关人员进行研究论证。

2. 编制战略规划。发展目标确定后，就要考虑使用何种手段、采取何种措施、运用何种方法来达到目标，即编制战略规划。战略规划应当明确企业发展的阶段和发展程度，制定每个发展阶段的具体目标和工作任务以及达到发展目标必经的实施路径等。

3. 严格审议和批准发展战略。发展战略拟定后，应当按照规定的权限和程序对发展战略方案进行审议和批准。审议战略委员会提交的发展战略建议方案，是董事会的重要职责。在审议过程中，董事会应着力关注发展战略的全局性、长期性和可行性，具体包括：第一，发展战略是否符合国家行业发展规划和产业政策；第二，发展战略是否符合国家经济结构战略性调整方向；第三，发展战略是否突出主业，有助于提升企业核心竞争力；第四，发展战略是否具有可操作性；第五，发展战略是否客观全面地对未来商业机会和风险进行分析预测；第六，发展战略是否有相应的人力、财务、信息等资源保障等。董事会在审议中如果发现发展战略防范存在重大缺陷问题，应当责成战略委员会对建议方案进行调整。

企业发展战略方案经董事会审议通过后，应当报经股东（大）会批准后附注实施。

三、发展战略的实施

科学制定发展战略是一个复杂的过程，实施发展战略更是一个系统工程。企业只有重视和加强发展战略的实施，在所有相关目标领域全力推进，才有可能将发展战略描绘的蓝图转变为现实。为此，企业应当加强对发展战略实施的统一领导，制订详细的年度工作计划，通过编制全面预算，将年度目标进行分解、落实，确保企业发展目标的实现。此外还要加强对发展战略的宣传培训，通过组织结构调整、人员安排、薪酬调整、财务安排管理变革等配套措施，保证发展战略的顺利实施。

（一）发展战略实施的领导

要确保发展战略有效实施，加强组织领导是关键。企业经理层作为发展战略制定的直接参与者，往往比一般员工掌握更多的战略信息，对企业发展目标、战略规划和战略实施路径的理解和体会也更加全面深刻，应当担当发展战略实施的领导者。依据"统一领导、统一指挥"的原则，发挥企业经理层在资源分配、内部机构优化、企业文化培育、信息沟通、考核激励相关制度建设等方面的协调、平衡和决策作用，确保发展战略的有效实施。

（二）发展战略的分解落实

发展战略制定后，企业经理层应着手将发展战略逐步细化。第一，要根据战略规划制订年度工作计划。第二，要按照上下结合、分级编制、逐级汇总的原则编制全面预算，将发展目标分解并落实到产销水平、资产负债规模、收入及利润增长幅度、投资回报、风险管控、技术创新、品牌建设、人力资源建设、制度建设、企业文化、社会责任等可操作层面，确保发展战略能够真正有效地指导企业各项生产经营管理活动。第三，要进一步将年度预算细分为季度、月度预算，通过实施分期预算控制，促进年度预算目标的实现。第四，要通过建立发展战略实施的激励约束机制，将各责任单位年度预算目标完成情况纳入绩效考评体系，切实做到有奖有惩、奖惩分明，以促进发展战略的有效实施。

（三）发展战略的宣传培训

企业应当重视发展战略的宣传培训工作，为推进发展战略实施提供强有力的思想支撑和行为导向。在企业董事、监事和高级管理人员中树立战略意识和战略思维，充分发挥其在战略制定与实施过程中的模范带头作用；通过采取内部会议、培训、讲座、知识竞赛等多种行之有效的方式，把发展战略及其分解落实情况传递到内部各管理层级和全体员工，营造战略宣传的强大舆论氛围；企业高管层要加强与广大员工的沟通，使全体员工充分认清企业的发展思路、战略目标和具体举措，自觉将发展战略与自己的具体工作结合起来，促进发展战略的有效实施。

（四）发展战略的执行

战略实施过程是一个系统的有机整体，目前复杂动态的市场环境和激烈的市场竞争，对企业内部不同部门之间的这种协同运作提出了越来越高的要求。为此，企业应当培育与发展战略相匹配的企业文化，优化调整组织结构，整合内外部资源，相应调整管理方式。

（五）发展战略的调整

公司战略委员会应当加强对发展战略实施情况的监控，定期收集和分析相关信息，对于明显偏离发展战略的情况，应当及时报告。

对由于经济形势、产业政策、技术进步、行业状况以及不可抗力等因素发生重大变化，确需对发展战略做出调整的，应当按照规定权限和程序调整发展战略。

【案例 3-4】

海尔战略更新与组织结构变革协同演化分析

海尔至今前后经历了六次战略更新，组织结构也相应地进行六次重大调整（见图 3-2）。海尔战略更新和组织结构变革的实践表明，其战略更新的外部驱动因素主要是环境变迁所涌现的战略机遇。经营环境变迁使得上一阶段战略失效，为确保在新阶段能够获得并保持竞争优势，海尔根据环境变迁所涌现的战略机遇及时更新其战略，战略因时而动并呈现渐进式特征。正如张瑞敏评价把握时代脉搏对海尔的重要性："如果没有改革开放，就没有海尔的今天，但海尔也不可能每次都踏准时代的节拍，而且一旦踏不准，就可能万劫不复……认清时代对于战略性思维的构建非常重要"。此外，海尔领导者对环境与企业经营关系的"环境决定论"认知和组织的环境适应能力是其渐进式战略更新的内部影响因素。正如张瑞敏的公开讲话："没有成功的企业，只有时代的企业"，这种"环境决定论"的认知促使其倾向基于战略机遇和环境适应能力作出战略决策，最终影响了企业的战略选择和设计。其中，极强的环境适应能力也使得海尔能很好地解决频繁更新战略所招致的各种惯例障碍，确保了其渐进式战略更新的落地并取得经营成效。

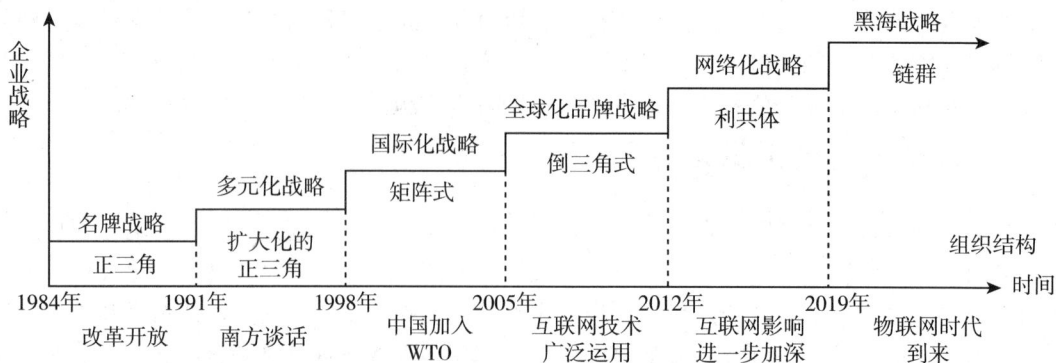

图 3-2 海尔战略更新和组织结构变革的对应关系

海尔各阶段的战略因面向各阶段的战略机遇而更新，具有相对明确的战略目标，对组织结构的功能提出了明确要求，引领了组织结构变革。正如张瑞敏接受媒体采访时所言："没有战略方向的引领，组织怎么变呢？我们的战略就是一定要变成互联网式的人单合一，所以组织才解体，并不是说什么都没有想到、战略不明确就解构组织了，这样就不知道往哪儿走"。同时，海尔组织结构变革因面向明确的阶段战略目标，致使其相对可以脱离上一阶段的组织结构基础而建构全新的结构形态，变革过程呈现破坏性特征。新的战略目标往往要求新的战略支撑能力，因此，海尔新的组织能力主要通过探索式学习构建，而部分需要提升的能力（例如辅助性能力）则可通过利用式学习来加强和优化。

资料来源：苏钟海，魏江，胡国栋. 企业战略更新与组织结构变革协同演化机理研究 [J]. 南开管理评论，2023，26（2）：61-72.

第四节 人力资源

一、人力资源制度概述

人力资源是企业实现发展战略的前提，如果人力资源结构不合理，或者开发机制不健全、员工的胜任能力不足，都会影响到内部控制目标的顺利实现。

（一）人力资源的定义

根据《企业内部控制应用指引第 3 号——人力资源》的定义，人力资源是指企业组织生产经营活动而录（任）用的各种人员，包括董事、监事、高级管理人员和一般员工，其本质是企业组织中各种人员所具有的脑力和体力的总和。

人力资源的作用有以下方面：第一，良好的人力资源管理制度和机制是增强企业活力的内在源泉。第二，良好的人力资源管理制度和机制是提升企业核心竞争力的重要基础。"百年老店"经久不衰的根本原因大多在于具有良好的人力资源制度。第三，良好的人力资源管理制度和机制是实现企业发展战略的根本动力。企业发展战略决定了人力资源政策；反过来，良好的人力资源政策又对企业发展战略具有积极的促进作用。

（二）人力资源的组成

1. 高管人员。高管人员包括决策层和执行层人员。企业董事会成员和董事长构成企业的决策层，是决定企业发展战略的关键管理人员。决策层团队应具有战略眼光，具备国内、国际形势和宏观政策的分析判断能力，对同行业、本企业的优势具有很强的认知度。执行层通常又被称为经理层，应当树立"执行力"这一重要理念。

2. 专业技术人员。核心技术是企业赖以生存与发展的关键所在。专业技术人员是企业核心技术的创造者和维护者。

3. 一般员工。一般员工是企业人力资源的主体。

（三）人力资源管理的主要风险

人力资源管理一般包括引进、开发、使用和退出四个方面。企业在人力资源管理的过程中至少应当关注下列风险：

1. 人力资源缺乏或过剩、结构不合理、开发机制不健全，可能导致企业发展战略难以实现。

2. 人力资源激励约束制度不合理、关键岗位人员管理不完善，可能导致人才流失、经营效率低下或关键技术、商业秘密和国家机密泄露。

3. 人力资源退出机制不当，可能导致产生法律诉讼或企业声誉受损。

二、人力资源控制制度设计

（一）高管人员的引进和开发控制制度设计

1. 在高管人员的准入方面：（1）企业要拟订高管人员引进计划，并提交董事会；（2）对拟任人员要进行任前考察，对其价值观、战略思维、企业家精神、综合素质和力进行全局性评估，判断其创新、决策、管理和承担风险的能力；（3）董事会要对高管人员的引进进行审议，关注高管人员的引进是否符合企业发展战略，是否符合企业当前和长远需要，是否有明确的岗位设定和能力要求，是否设定了公平、公正、公开的引进方式；（4）推行任前公示制度，广泛听取意见。

2. 在高管人员的任用方面：（1）实行高管人员任职试用期制度；（2）实行高管人员任职亲属回避制度；（3）实行高管人员系统培训制度。企业对高管人员的开发要注重激励和约束相结合，创造良好的创业干事环境，让高管人员的聪明才智得到充分显现，真正成为企业的核心领导者。

（二）高管人员的使用与退出制度设计

企业高级管理人员会产生道德风险，除了因为人性本身有弱点外，还有企业制度本身存在缺陷的原因。对企业高级管理人员缺乏有效的激励与约束，会使得他们能有机会利用手中掌握的权力，谋求个人利益，做出危害企业的事情。

在个人要素方面，主要防范的是高级管理人员的道德风险和能力风险。例如，从心理素质、知识水平、个人能力、身体素质等方面入手，探寻高级管理人员是否具备领导企业的能力和素质，是否会因为个人知识、能力问题引发人事风险。

在制度要素方面，主要考查企业制度方面的缺陷，评估企业在产权制度、治理结构组织结构、管理制度等方面是否科学，是否能够有效地调动企业高级管理者的工作热情、有效监督约束他们的行为，避免因缺乏有效激励和监督约束而导致高级管理人员心态失衡，有机可乘，产生风险。

企业对高管人员的管控，还可通过实施人力资源管理审计、离任审计、经济责任审计等来实现。

人力资源管理审计是企业预防和控制高管人员使用风险和退出风险的最有效机制之一。人力资源管理审计的主要内容包括：（1）检查和评价与人力资源管理有关的内部控制制度的适当性与有效性；（2）利用会计指标和非会计指标判断人力管理信息的可靠性和有效性；（3）对企业人力资源管理者的责任审计，包括企业负责人任期内的人力资源资产的增减变动情况，任期内人力资源资产有关增长指标的完成情况，人力资源资产的利用情况等；（4）人力资源管理效益审计。

另外，企业高管人员（尤其是第一责任人）离职前，应当根据有关法律、法规的规定进行工作交接或离任审计。

（三）技术人员的引进和开发控制制度设计

该阶段的控制措施主要有：树立尊重知识、尊重人才的企业文化；建立合理的人才团队，形成人才梯队；建立良好的专业人才激励约束机制等。

（四）技术人员的使用与退出制度设计

对于掌握或涉及产品技术、市场、管理等方面关键技术、知识产权、商业秘密或国家机密的工作岗位上的员工，企业要按照国家有关法律、法规并结合企业实际情况，建立健全相关规章制度，加强日常管理，并与退出的技术人员约定相关保密责任和竞业限制期限，防止其泄露企业的核心技术、商业秘密和国家机密等。

（五）一般员工的引进和开发控制制度设计

一般人员的流动性大，招聘的一般人员数量较多，所处岗位的薪酬待遇相对较低。因此，在企业内部要弘扬和确立尊重知识、尊重人才的文化氛围；重视岗位练兵和现场管理工作，鼓励基层员工钻研业务，开展现场管理和挖潜活动，树立"工人专家"的典型；客观开展岗位评价工作，更重要的是，打通不同级别岗位之间的晋升通道，在员工和岗位之间形成科学有序的良性流动机制。

（六）一般员工的使用与退出制度设计

对于一般员工，首先，要建立符合企业发展战略的薪酬制度与激励制度，激发劳动者的工作积极性。其次，要建立科学合理的人才晋升机制，对于具备足够忠诚度和业务能力的员工，向其提供走向管理层的机会。一般员工退出企业时，企业要向其支付与其劳动价值相匹配的薪酬，尤其是对于需要辞退的员工，还要给予充分的理由，避免不必要的法律诉讼风险。

【案例 3 - 5】

最强打工人"库克"2022 年暴赚近 1 亿美元，2023 年降薪 40%！
薪资将更多挂钩公司业绩

当地时间周四，苹果公司（Apple Inc）监管文件显示，公司首席执行官蒂姆·库克（Tim Cook）2023 财年的薪酬预计将低于 2022 年，与此同时，他的薪资也将更多取决于苹果股价相对于市场同行的表现。

调整旨在平衡股东的反馈、公司近年亮眼的表现以及库克本人的提议。

文件显示，截至 9 月的 2022 财年，库克的薪酬为 9 940 万美元，略高于 2021 财年的 9 870 万美元。

据悉，该薪资包括 300 万美元的工资、1 200 万美元的非股权激励计划报酬、约 150 万美元的所有其他报酬以及近 8 300 万美元的股票奖励。

而进入 2023 年，库克的薪酬被定为 4 900 万美元，比 2022 年的薪酬低 40% 以上，其中最大的变化在于股权激励。

2022 财年，苹果授予库克 7 500 万美元的股权激励，其中一半是基于苹果股票的表现。2023 财年，库克的股权激励将降至 4 000 万美元，其中 3 000 万美元取决于股票表现。

苹果公司表示，作为变化的一部分，2023 年授予库克并与苹果业绩挂钩的股票单位百分比将从 50% 增加到 75%，未来的几年也是如此。

苹果还在文件中写道，库克的最新薪酬是基于"平衡股东的反馈、公司近年亮眼的表现以及库克本人的提议，公司未来几年还计划将库克的年度薪酬定位在相对于其主要同行群体的 80% ~ 90%"。

此前，库克的薪资方案曾受到一些投资者的批评，但大多数股东在投票中还是通过了 2022 年的方案。顶级咨询公司 ISS 抱怨称，库克的股票将在退休后继续发放，而且一半的奖励并不取决于公司股价等业绩标准。

值得注意的是，除去巨额年薪，库克还享受超 63 万美元的个人安保费用和 71 万美元的私人飞机补贴，以及度假预算等福利。

资料来源：腾讯新闻. 最强打工人"库克"2022 年暴赚近 1 亿美元，2023 年降薪 40%！薪资将更多挂钩公司业绩［EB/OL］.［2023 - 01 - 13］. https：//view. inews. qq. com/wxn/20230113A01VQF00？web＿channel = detail&originPath = q.

第五节　社会责任

一、社会责任制度概述

（一）企业社会责任的定义

根据《企业内部控制应用指引第 4 号——社会责任》的规定，企业社会责任，是指企业在经营发展过程中应当履行的社会职责和义务，主要包括安全生产、产品质量（含服务）、环境保护、资源节约、促进就业、员工权益保护等。

之所以单独制定了社会责任指引，主要是从实现企业与社会协调发展的要求出发，旨在促进企业在创造利润、对股东利益负责的同时，不要忘记对员工、对消费者、对社会环境的社会责任，包括遵守商业道德、生产安全、职业健康、保护劳动者的合法权益、保护环境、支持慈善事业、捐助社会公益、保护弱势群体等方面。

（二）企业履行社会责任的意义

1. 企业是在价值创造过程中履行社会责任。通过价值创造，不断通过税收、红利、工资和产品等形式为国家、股东、员工以及消费者提供财富，其本质就是在履行社会责任。

2. 履行社会责任可以提高企业的经济效益。企业承担社会责任，并不必然导致企业竞争力的削弱，反而会有助于改善企业形象吸引更多的客户及提高企业的经济效益。可见，企业将履行社会责任融入产品之中会为企业带来额外的收益。

3. 履行社会责任可以实现企业的可持续发展。社会责任的履行可以帮助企业规避监管等风险，赢得品牌和声誉，赢得公信力和商机，得到社会尊重的企业才能进入良性发展的轨道，实现企业价值最大化目标，这也是实现可持续、长远发展的根本所在。

（三）企业履行社会责任应关注的主要风险

企业至少应当关注在履行社会责任方面的下列风险：
1. 安全生产措施不到位，责任不落实，可能导致企业发生安全事故。
2. 产品质量低劣，侵害消费者利益，可能导致企业巨额赔偿、形象受损，甚至破产。
3. 环境保护投入不足，资源耗费大，造成环境污染或资源枯竭，可能导致企业巨额赔偿、缺乏发展后劲，甚至停业。
4. 促进就业和员工权益保护的力度不够，可能导致员工积极性受挫，影响企业发展和社会稳定。

【案例 3-6】

全国首份企业团体标准《ESG 企业披露指南》6 月起施行，蚂蚁集团等参与起草

由中国企业改革与发展研究会、首都经济贸易大学牵头起草，并联合包括国家能源投资集团、中国移动、蚂蚁集团等在内的数十家标准研制单位共同推出《企业 ESG 披露指南》（T/CERDS 2-2022）团体标准，于 2022 年 6 月起正式实施。

据了解，该指南为中国首份企业 ESG 信息披露的团体标准，设计了环境、社会、治理（E、S、G）三大维度共计 118 个指标，企业可根据不同行业、不同发展阶段等实际情况，选择全部或部分指标进行披露。从披露指标体系来看，不仅融入全球标准，也重点突出了中国本土化的议题。例如指标 S4.2.2 国家战略响应，提到乡村振兴、质量强国、高质量发展、科技强国、教育强国等；指标 S4.2.3 应对公共危机，鼓励企业披露应对重大、突发公共危机和在灾害事件的具体社会贡献。

随着全球对可持续发展的日益重视，企业践行 ESG 已经成为共识。该指南的出台填补了我国企业 ESG 披露标准领域的空白，为企业开展 ESG 披露提供了基础框架。值得一提的是，此次参与这份企业 ESG 信息披露团体标准的，不仅有商会协会、研究机构、高校科研机构，也包括不少在 ESG 方面取得积极成果的代表性企业。它们通过积极分享自身实践，帮助丰富与完善指南内容，推进该团体标准的实施与落地。

公开报道显示，作为参与起草单位之一的蚂蚁集团在 ESG 方面已有不少积累。从 2017 年起，蚂蚁就借鉴 ESG 理念，每年发布可持续发展报告，向社会公布相关行动进展。日前又全面引入 ESG 治理体系，启动"数字普惠""绿色低碳""科技创新""开放生态"四位一体的 ESG 可持续发展战略。

资料来源：央广网. 全国首份企业团体标准《ESG 企业披露指南》2022 年 6 月起施行，蚂蚁集团等参与起草［EB/OL］.［2022 – 06 – 07］. https：//author. baidu. com/home? from = bjh_article&app_id = 1568331104387389.

二、社会责任内部控制制度设计

（一）企业高管人员应给予充分重视

企业高管人员尤其是"一把手"的支持和承诺是企业社会责任管理体系的关键所在，对体系的建立、运行和保持具有十分重要的意义。企业高管人员应当重视履行社会责任，切实做到经济效益与社会效益、短期利益与长远利益、自身发展与社会发展相互协调，实现企业与员工、企业与社会、企业与环境的健康和谐发展。

企业应该积极解决企业负责人无视社会责任的问题，既要在遴选、任命环节严格把关，更应依赖于民主监督、法律制裁，将问题消灭于萌芽期。

（二）企业应建立或完善履行社会责任的体制和运行机制

企业要把履行社会责任融入企业发展战略，落实到生产经营的各个环节，明确归属管理部门，建立健全预算安排，逐步建立和完善企业社会责任统计指标和考核体系，为企业履行社会责任提供坚实的基础与保障。

（三）企业应建立责任危机处理机制

近年来，一系列与人民生活息息相关的企业逃避社会责任事件不断曝光，不少企业相继陷入社会信誉危机。面对危机，有的企业化险为夷，而有的则轰然坍塌。化解危机的关键在于企业有无合理的责任危机处理机制。

企业首先应该建立危机处理责任制度，对于影响企业外部形象和自身发展的突发事件，要在第一时间及时处理，把损失降到最低程度；对于可能对公众信心、消费者选择产生重大影响的事件，应由单位负责人在媒体上予以说明并致歉；企业内部应保持畅通的沟通渠道，及时反映、沟通并解决平时的小问题，避免形成大问题。

（四）应建立良好的企业社会责任报告制度

发布社会责任报告，是企业履行社会责任的重要组成部分，可使企业由外而内地深入审视企业与社会的互动关系，全面提高企业服务能力和水平，提高企业的品牌形象和价值。

（五）应着力防范安全生产风险

安全生产要求最大限度地减少劳动者由工伤和职业病所带来的风险，保障劳动者在生产过程中的生命安全和身体健康。在我国，由于企业安全生产的意识非常淡薄。众多生产经营单位的生产安全条件差、安全技术装备陈旧落后、安全投入严重不足、企业负责人和从业人员安全执业素质低、安全管理混乱等原因，致使我国安全生产事故频发。

企业防范安全生产风险的控制措施包括：第一，建立安全规章制度；第二，建立安全生产管理机构；第三，落实安全生产责任制；第四，加大安全生产投入，特别是高危行业中的企业，应当将安全生产投入列在首位；第五，组织开展生产设备的经常性维护管理，及时排除安全隐患，切实做到安全生产；第六，加强安全生产教育；第七，实施岗位资格认证制度；第八，建立安全事故应急预警；第九，建立完善安全生产报告机制。

（六）应有效控制产品质量风险

企业产品质量的优劣，事关消费者的身体健康和安全，保证产品质量是企业履行社会责任的一个重要方面。但企业的逐利行为常常成了企业发展的第一要务，忽视消费者权益的情况时有发生。如何忠实地履行对产品质量的承诺，真正尊重与维护消费者的权利，是一家企业最基本的道德准则和最重要的社会责任。

控制产品质量风险的主要措施包括：建立健全产品质量标准体系，严格质量控制和检验制度，加强产品售后服务等。

（七）应切实降低环境保护与资源节约风险

企业环境保护和资源节约方面的风险包括：环境法律、法规、行业政策的限制风险；绿色消费的推崇、绿色贸易壁垒的设置风险；企业所属行业的特点引起的环境风险；生产技术、管理水平的限制引起的环境风险等。

企业在降低环境保护和资源节约风险方面的控制措施包括：第一，转变发展方式，实现清洁生产和循环经济；第二，依靠科技进步和技术创新，着力开发利用可再生资源；第三，建立环境保护和资源节约监测考核体系等。

（八）应切实规避促进就业与员工权益保护风险

企业在促进就业方面的风险主要包括：第一，法律风险；第二，招聘失败风险；第三，人才过剩风险。降低企业促进就业方面风险的控制措施主要包括：第一，提供公平就业机会；第二，加强对应聘人员的审查。

企业在保护员工合法权益方面的风险主要包括：第一，侵犯员工民主权利的风险；第二，侵犯员工人身权益的风险；第三，薪酬管理风险；第四，员工发展风险等。

企业在促进就业与保护员工合法权益方面的风险控制措施包括：第一，提供公平的就业机会；第二，加强对应聘人员的审查；第三，建立完善科学的员工培训和晋升机制；第四，建立科学合理的员工薪酬增长机制；第五，维护员工的身心健康。

（九）应重点管理产学研用结合风险

《企业内部控制应用指引第4号——社会责任》第二十条规定，企业应当按照产学研用相结合的社会需求，积极创建实习基地，大力支持社会有关方面培养、锻炼社会需要的应用型人才。企业在产学研用结合方面的风险可能包括：第一，研发风险；第二，市场风险；第三，利益分配风险等。

产学研用结合风险的控制措施包括：第一，企业应当重视产学研用结合；第二，确定不同产学研用合作方式下的利益分配模式。

（十）应格外关注慈善事业风险

《企业内部控制应用指引第4号——社会责任》第二十一条规定，企业应当积极履行社会公益方面的责任和义务，关心帮助社会弱势群体，支持慈善事业。大力推动企业支持社会慈善爱心活动，对于组织调动社会资源、调节贫富差距、缓解社会矛盾、促进社会公平、构建和谐社会具有重要而深远的意义，慈善事业风险的影响主要在于对企业形象产生负面影响的风险和捐款过度给企业带来的现金短缺风险。

第六节　企业文化

一、企业文化概述

（一）企业文化的定义

按照《企业内部控制应用指引第5号——企业文化》的规定，企业文化是指企业在生产经营实践中逐步形成的价值观、经营理念和企业精神，以及在此基础上形成的行为规范的总称。

（二）企业文化建设的意义

企业文化的作用巨大。美国管理学界在研究日本企业成功的原因时，发现日本企业内部有一种强大的精神——企业文化，正是这种企业文化在推动着日本经济的崛起。美国知名管理和领导权威约翰·科特教授与其研究小组的研究成果表明：企业文化会产生极其强有力的经营业绩。美国兰德公司的研究也表明，世界500强企业之所以强，关键在于以文化实力制胜，这是不可否认的事实。

具体地讲，企业文化建设可以为企业提供精神支柱，可以提升企业的核心竞争力，还可以为内部控制有效性提供有力保证。

（三）企业文化建设应关注的主要风险

加强企业文化建设至少应当关注下列风险：

1. 缺乏积极向上的企业文化，可能导致员工丧失对企业的信心和认同感，使企业缺乏凝聚力和竞争力。

2. 缺乏开拓创新、团队协作和风险意识，可能导致企业发展目标难以实现，影响可持续发展。

3. 缺乏诚实守信的经营理念，可能导致舞弊事件的发生，造成企业损失，影响企业的信誉。

4. 忽视企业间的文化差异和理念冲突，可能导致并购重组失败。

二、企业文化建设的要点

按照《企业内部控制应用指引第 5 号——企业文化》的要求，企业应关注以下方面：

（一）塑造企业核心价值观

核心价值观是企业在经营过程中坚持不懈、努力使全体员工都必须信奉的信条，体现了企业核心团队的精神，往往也是企业家身体力行并坚守的理念。

核心价值观是企业的灵魂，会渗透到企业行为的各个方面。核心价值观的作用机制为：核心价值观—企业的理念、原则—企业制度—员工的行为。企业文化建设应该以塑造企业核心价值观为主导。企业应当根据发展战略和实际情况，总结优良传统，挖掘文化底蕴，提炼核心价值，确定文化建设的目标和内容，形成企业文化规范，使其构成员工行为守则的重要组成部分。企业的管理者和员工应该始终重视核心价值观的培育、维护、延续和创新。

（二）打造以主业为核心的品牌

打造以主业为核心的品牌，是企业文化建设的重要内容。品牌通常是指能够给企业带来溢价、产生增值的一种无形的资产，其载体是用来和其他竞争者的产品或服务相区分名称、术语、象征、记号或者设计及其组合。品牌之所以能够增值，主要来自消费者脑海中形成的关于其载体的印象。品牌价值的核心是信誉，品牌管理的核心是对企业信誉的管理。

（三）充分体现以人为本的理念

"以人为本"是企业文化建设应当信守的重要原则。企业的"企"字是上"人"下"止"，就是告诉人们，企业无人则止，企业无人不足以兴业。所以，一家企业经营的好坏关键看企业能不能聚人，能不能人尽其才，能不能才尽其用。有灵魂的企业，可以通过核心价值观、企业文化，使每个人都充分发挥自己的才能。

（四）强化企业文化建设中的领导责任

《企业内部控制应用指引第 5 号——企业文化》第七条指出，董事、监事、经理和其他高级管理人员应当在企业文化建设中发挥主导和垂范作用，以自身的优秀品格和脚踏实地的工作作风，带动影响整个团队，共同营造积极向上的企业文化环境。同时，企业应当促进文化建设在内部各层级的有效沟通，加强企业文化的宣传贯彻，确保全体员工共同遵守。

（五）高度重视并购重组中的文化整合

企业并购，应当特别注重文化整合。一要在组织架构设计环节考虑文化整合因素。如果企业并购采用的是吸收合并方式，则必然会遇到各种参与并购企业员工"合并"工作的情况。二要防止文化冲突，既要在治理结构层面上强调融合，又要在内部机构设置层级上体现

"一家人"的思想，务必防止出现吸收合并方员工与被吸收合并方员工"分拨"的现象。

（六）推进文化创新

没有创新，企业文化建设就没有活力，就无法结出有生命力的硕果。企业文化建设不是静止和一成不变的，必须与时俱进，适应形势变化。为此，企业应当建立企业文化评估制度，明确评估的内容、程序和方法，落实评估责任制，避免企业文化建设流于形式。

【案例 3 - 7】

华为的企业文化

1. 华为是谁？

华为创立于 1987 年，是全球领先的信息与通信（ICT）基础设施和智能终端提供商。目前华为约有 19.5 万名员工，业务遍及 170 多个国家和地区，服务全球 30 多亿人口。

华为致力于把数字世界带入每个人、每个家庭、每个组织，构建万物互联的智能世界：让无处不在的链接，成为人人平等的权利，成为智能世界的前提和基础；为世界提供多样性算力，让云无处不在，让智能无所不及；所有的行业和组织，因强大的数字平台而变得敏捷、高效、生机勃勃；通过 AI 重新定义体验，让消费者在家居、出行、办公、影音娱乐、运动健康等全场景获得极致的个性化智慧体验。

2. 研究与创新。

面向未来的可持续发展，华为进一步在研究与创新领域加大投资，努力探索科学技术的无尽前沿，识别产业需求并攻克世界级的难题，以愿景和假设为牵引，与全球学术界开放合作，持续探索新理论、新架构、新技术，支撑产业长期可持续发展。

3. 开放、合作、共赢。

华为秉承"开放合作共赢"的宗旨，携手各行业、各领域的产业和生态伙伴共建和谐健康的全球产业生态，着力在三个维度形成突破：突破认知的局限，突破合作的局限，突破信任的局限。

4. 质量方针。

时刻铭记质量是华为生存的基石，是客户选择华为的理由。

我们把客户要求与期望准确传递到华为整个价值链，共同构建质量；

我们尊重规则流程，一次把事情做对；我们发挥全球员工潜能，持续改进；

我们与客户一起平衡机会与风险，快速响应客户需求，实现可持续发展。

华为承诺向客户提供高质量的产品、服务和解决方案，持续不断让客户体验到我们致力于为每个客户创造价值。

【复习与思考】

1. 内部环境因素在内部控制中的地位及作用如何？
2. 何谓企业的组织架构？它分为哪几个层面？
3. 如何理解企业发展战略的意义及其重要性？

4. 如何理解人力资源管理中的主要风险？

5. 如何理解企业的社会责任？它具体包括哪些内容？

6. 如何理解企业文化？其作用有哪些？

【案例分析】

甲集团公司是国内某大型能源类企业，下属子公司众多。20×2年12月，公司召开董事会，讨论下列有关事项：

1. 集团公司董事长吴某提议将公司业务从能源行业拓展至房地产行业，实现多元化经营。公司独立董事王某认为，能源行业和房地产行业关联度极低，在市场调研和可行性分析不充分的情况下贸然拓展业务，可能给公司发展带来不利影响，当务之急是进一步巩固能源市场，在能源行业做大做强。因董事会成员多为董事长亲属，表决时，独立董事王某的建议未被采纳，董事长吴某的提案以绝大多数票赞成通过。

2. 为加强集团公司内部控制，总经理张某提议在董事会下设立审计委员会，负责对集团公司和下属各子公司执行内部控制的情况进行监督检查。张某的提议得到了董事会成员的认可。经研究，董事会决定提名总经理张某任审计委员会主席。

3. 审议对乙公司的合并方案。该合并项目由集团公司规划部门提出方案并编制可行性研究报告，财会部门负责该项目的财务预算。讨论过程中，总经理张某提议将对乙公司投资控股比例由60%调整为100%，以实现完全控股。考虑到对乙公司的合并具有战略意义，董事长吴某当即表示同意。

4. 审议集团公司预算管理制度。为有效遏制集团公司各单位、各部门相互扯皮、争夺预算额度的现象，董事会审议通过由财会部门负责预算的总体协调。预算编制过程中，财会部门有权要求有关部门增加或减少相应的预算，同时有义务及时向其他部门提供相关业务的财务记录。

5. 讨论离退休人员的安置问题。赵某是甲集团公司分管研发的技术人员，在公司工作近30年，将于20×3年2月退休。集团公司工会提议，对于有意愿继续为公司服务的离退休人员，可以适当安排其从事相对轻松的工作。董事会讨论通过了工会的提案，并同意赵某离职后可以从事出纳和会计档案管理工作。

思考：分析评价甲集团公司在企业内部环境方面存在的缺陷并说明理由。

【拓展阅读】

《内部控制基本规范》第二章内部环境.

练习题及答案

第四章

风险评估

■ **【知识与技能要求】**

通过本章的学习，使学生能够：

1. 解释风险的内涵和风险评估的原则。
2. 定义风险识别的内涵。
3. 说明风险识别的主要内容。
4. 说明风险分析的主要内容。
5. 应用财务报表分析法、流程图分析法进行风险识别。
6. 应用风险评估图、情景分析法进行风险分析。
7. 评价风险规避、风险降低、风险转移、风险承受等四种风险应对策略的优缺点以及适用范围。

■ **【思政目标】**

阐述发展和安全在治理现代化中的辩证关系。

■ **【关键术语】**

风险识别　风险分析　风险应对

【案例 4 – 1】

互联网企业采购业务风险评估评价指标

互联网服务平台行业发展迅猛，KPY 公司作为国内互联网内容服务平台及大数据服务的领先者，深耕于数字内容管理和大数据核心技术领域，为全国各级党政机关、大中型企业、媒体单位提供互联网内容服务平台的搭建、技术支持以及大数据服务，并在科创板上市。根据采购物资和服务的用途，KPY 公司采购业务主要分为自用型采购和项目型采购。近年来，随着公司对外采购产品及服务不断增加，项目型采购占比超过 90%，对外采购的产品化软硬件和 IaaS（Infrastructure as a Service）云服务与劳务、外协技术服务类型的合同数量不断增加，采购占比达到 80%。

依据《企业内部控制基本规范》《企业内部控制指引第 7 号——采购业务》，并结合公司实际情况，将采购业务中的采购计划风险、授权审批风险和财务信息披露风险设置为风险评估的二级评价指标，具体如表 4 – 1 所示。

表 4 – 1　　　　　　　　　　　　风险评价指标

一级指标	二级指标	三级指标
风险评估	采购计划风险	采购计划风险的识别
		采购计划风险的可承受度评估
		采购计划风险的应对措施
	授权审批风险	授权审批风险的识别
		授权审批风险的可承受度评估
		授权审批风险的应对措施
	财务信息披露风险	财务信息披露风险的识别
		财务信息披露风险的可承受度评估
		财务信息披露风险的应对措施

资料来源：黄立新，程昱，程新生等. 互联网企业采购业务内部控制研究 [J]. 管理评论，2021，33（10）：325 – 339. 有删改.

第一节　风险评估概述

古人云："宜未雨而绸缪，毋临渴而掘井"。每个企业都时刻面临着来自组织内部或外部的风险。《企业内部控制基本规范》第三章第二十条规定，企业应当根据设定的控制目标，全面系统持续地收集相关信息，结合实际情况，及时进行风险评估。风险评估，即对风险进行量化评估的全过程，包括风险识别、风险分析和风险应对。

一、对风险的理解

国务院国资委 2006 年印发的《中央企业全面风险管理指引》中将风险定义为"未来的不确定性对企业实现其经营目标的影响"。国际标准化组织（ISO）2009 年发布的 ISO31000 - 2009 标准《风险管理——原则与指南》明确指出，风险是"不确定性对组织目标的影响"。美国反虚假财务报告委员会下属的发起人委员会（COSO）2016 版《全面风险管理框架的修订版》将风险定义为"事项发生并影响战略和业务目标之实现的可能性"。

因此，对于风险的概念可以从以下几个层面进行理解：

1. 风险的未来属性：即风险是面向未来的。

2. 风险的两重性：风险的影响即偏离预期目标的差异，既可以是正面的也可以是负面的，前者即"机会"，后者为"威胁"。

3. 目标可以体现在不同的方面（例如财务、健康、安全以及环境目标），并应用于不同的层次（例如战略、组织整体、项目、产品和过程等）。

4. 风险的潜在特征：在风险还未充分暴露之前，对其难以肯定或否定，包括事件、发生的可能性及后果，或三者的结合。

5. 风险的二维表示：风险通常用事件的后果和发生的可能性两个维度进行表示。

6. 风险的不确定性：不确定性是风险一词的内核，管理企业的风险即管理不确定性。不确定性的根源，往往在于对事件的后果及发生的可能性有关的信息及完整性缺乏了解。

一般而言，风险是由风险因素、风险事故和损失三者构成的统一体。风险事故，也称风险事件，是指风险的可能变成现实，以致造成人身伤亡或财产损害的偶发事件，是造成损失的外在原因或直接原因。风险事故是损失的媒介物，即风险只有通过风险事故的发生才能导致损失。例如，火灾、地震、爆炸、盗窃、抢劫、疾病、死亡等都是风险事故。风险因素，也称风险源，是指增加风险事故发生的频率或损失程度的条件或因素。风险因素是造成风险事故的潜在因素，造成损失的内在或间接原因。构成风险因素的条件越多，发生损失的可能性就越大，损失就会越严重。风险因素引起或增加风险事故，风险事故发生则可能造成损失。

二、风险评估的原则

为保证风险评估成效，组织的各个层面应当遵循下列原则：

（一）风险评估的前提条件是设定目标

没有目标，就无所谓有风险。只有先设定了目标，管理者才能针对目标识别和分析风险并采取必要的行动管理风险。COSO《内部控制整合框架》2013 版指出，组织需要制定足够清晰的目标，使这些目标在不同层面上相互联系并具有内在的一致性，并确保风险识别和评估与其目标相关。《企业内部控制基本规范》第三章第二十条规定：企业应当根据设定的控制目标，全面系统持续地收集相关信息，结合实际情况，及时进行风险评估。

按照《企业内部控制基本规范》第一章第三条的规定，内部控制的目标是合理保证企业经营管理合法合规、资产安全、财务报告及相关信息真实完整，提高经营效率和效果，促进企业实现发展战略。其中，战略目标是最高层次的目标，经营目标、资产目标、报告目标与合规目标是建立在战略目标基础上的业务层面目标。在目标的设定过程中，企业要根据自己的风险偏好和风险承受能力首先制定企业层面的目标，即战略目标，然后再制定业务层面目标。风险偏好，即组织在追求目标的过程中愿意承受的风险量，风险量通常用可接受的绩效变动区间（accepted variation in performance）表示。风险承受能力，即风险承受度，是指企业在风险偏好的基础上，设定的对相关目标实现过程中所出现的差异的可承受限度，包括整体风险承受能力和业务层面的可接受风险水平。

（二）风险评估是组织管理和决策的一部分

风险评估不是独立的、与企业的主要活动和过程相分离的一项活动。风险评估是管理职责的一部分，是构成组织所有过程整体性所必需的一部分，包括战略策划、所有项目以及变更管理过程。风险评估是决策的一部分，可以帮助决策者进行正式的选择、优化活动顺序并辨别可选择的行动路线。风险评估可以为以下决策提供信息：是否应该开展某些活动；如何充分利用时机；是否需要应对风险；风险应对策略的选择；确定风险应对策略的优先顺序；选择最适合的风险应对策略，将风险的不利影响控制在可接受水平。

（三）风险评估应系统化、结构化

风险评估活动适用于组织的各个层级，评估范围可涵盖项目、单个活动或具体事项等。系统化的风险评估，要求企业不能局限在某一个专门部门或专门的环节，而是把主体作为完整系统看待，在企业的各个层面得到贯彻。不仅要对经济活动的每个环节、每项业务进行单独的风险评估，还需要特别注意各个环节、各项业务之间的紧密联系和配合。风险主体面临的整体风险可能大于或小于其单个风险的总和，企业应将整体风险控制在可接受的范围之内。

（四）风险评估应适应组织

在具体实践中，风险评估的复杂及详细程度千差万别。风险评估应符合组织的外部、内部环境和风险状况，风险评估的形式和结果应与组织的自身情况适合。此外，在不同情境中，所使用的评估方法和技术可能存在差异。选择合适的风险评估技术和方法，有助于组织及时高效地获取准确的评估结果。

（五）风险评估是动态的、反复的以及适应变化的

由于内部和外部事件的不断发生、背景和知识的不断改变、监控和审查的出现、新风险的发生，以及其他一些影响因素的变化或消失，企业面临的风险的类型、受险部位、严重程度等都可能发生变化。在这种情况下，企业应当保持风险评估的敏感性，根据实时信息随时关注风险的变化，连续、反复识别和分析风险，并及时调整风险的应对策略。特别地，企业管理层应当识别与评估对内部控制有效性产生重大影响的变化因素，例如外部环境的变化、自身经营模式的变化等。

第二节　风险识别

一、风险识别的概念和内容

（一）风险识别的概念

风险识别，指采用相关的技术和方法，系统、全面和连续地对可能影响企业战略和目标得以实现的事项或情况进行确认的过程。风险识别实际上就是发现、确认和表述风险要素，通过搜集有关风险因素、风险事故和损失暴露等风险要素方面的信息，发现导致潜在损失的因素。一旦风险得以识别，组织应对现有的控制措施（例如设计特征、人员、过程和系统等）进行识别。

对于风险识别，可以从以下几个层面进行理解：

1. 风险识别是一个循环往复并与其他业务流程相结合的过程。例如，风险识别必须与计划过程相结合。风险识别需要针对环境的变化持续进行，不可能一蹴而就。仅凭一两次有限的识别，风险主体的风险是不可能被完全认知的，许多复杂的和潜在的风险识别要经过多次调查和反复论证。企业不能局限于已识别的各类风险，而要运用新的视角不断审视已有的风险，及时关注新兴风险。新出现的风险，即使还很遥远，对企业的影响可能越来越大，因此需要及时分析与它相关的风险因素。

2. 风险识别是一项复杂的系统工程。风险识别的过程应该在企业的各个层面得以贯彻。只涉及个别部门、业务或项目的风险可能不会对整个企业产生大范围的影响。相反，一个影响企业整体的主要风险，却会波及下属业务部门。而这些主要风险虽然罕见却威胁巨大，难以判断它们对企业未来的影响。风险识别的过程应当覆盖各个子公司和运营部门，例如财务、人力资源、市场营销、生产、采购和信息管理等。此外，还要考虑来自外包服务商、主要供应商和渠道合作伙伴的风险，它们也会直接或间接地影响企业的业绩目标。总之，企业应考虑所有内部和外部的影响，以及所有与风险相关的企业内部与外部各方之间的相互影响。

所有风险都应该在操作层面和企业总体层面予以考虑。不同层次的员工会从不同的角度看待同样的风险。例如，营销经理关注来自竞争对手的定价策略或可能令企业陷入法律纠纷的贸易定价的风险；IT 经理可能更担心应用系统遭受计算机病毒攻击的风险，但对定价问题的风险则知之甚少。通常情况下，高级管理人员与操作型员工所感受的风险水平并不相同。例如，管理层可能觉得产品赔偿责任带来的风险微不足道，但在生产一线的管理人员眼里，可能是一项危害极大的风险。COSO 认为风险识别的最优顺序是自上而下，即从企业的最高层开始，向企业各级运营部门及业务单位不断延伸。

3. 风险识别是整个风险评估过程中重要的程序之一。《内部控制基本规范》第三章第二十一条规定，企业开展风险评估，应当准确识别与实现控制目标相关的内部风险和外部风险，确定相应的风险承受度。作为风险评估的起点，风险识别是否全面、深刻将直接影响风险评估的质量，进而影响风险管理的目标能否实现。风险识别的目的就是确认所有风险的来源、种类以及发生损失的可能性，为风险分析和风险应对提供依据。

【案例 4 - 2】

德国最愚蠢的银行

2008 年 9 月 15 日上午 10 时，拥有 158 年历史的美国第四大投资银行——雷曼兄弟公司，向法院申请破产保护，消息转瞬间通过电视、广播和网络传遍地球的各个角落。匪夷所思的是，10 时 10 分，德国国家发展银行居然按照外汇掉期协议的交易，通过计算机自动付款系统，向雷曼兄弟公司即将冻结的银行账户转入 3 亿欧元。毫无疑问，这笔钱将是肉包子打狗有去无回。转账风波曝光后，德国社会各界大为震惊。财政部部长佩尔施泰因布吕克发誓，一定要查个水落石出，并严厉惩罚相关责任人。一家法律事务所受财政部的委托，进驻银行进行全面调查。

几天后，他们向国会和财政部递交了一份调查报告，调查报告并不复杂深奥，只是一一记载了被询问人员在这 10 分钟内忙了些什么。这里，看看他们忙了些什么。

首席执行官乌尔里奇施罗德：我知道今天要按照协议预先的约定转账，至于是否撤销这笔巨额交易，应该让董事会开会讨论决定。董事长保卢斯：我们还没有得到风险评估报告，无法及时作出正确的决策。

董事会秘书史里芬：我打电话给国际业务部催要风险评估报告，可那里总是占线。我想，还是隔一会儿再打吧。

国际业务部经理克鲁克：星期五晚上准备带全家人去听音乐会，我得提前打电话预订门票。

国际业务部副经理伊梅尔曼：忙于其他事情，没有时间去关心雷曼兄弟公司的消息。

负责处理与雷曼兄弟公司业务的高级经理希特霍芬：我让文员上网浏览新闻，一旦有雷曼兄弟公司的消息就立即报告，现在，我要去休息室喝杯咖啡了。

文员施特鲁克：10 时 3 分，我在网上看到雷曼兄弟公司向法院申请破产保护的新闻，马上跑到希特霍芬的办公室。当时，他不在办公室，我就写了张便条放在办公桌上，他回来后会看到的。

结算部经理德尔布吕克：今天是协议规定的交易日子，我没有接到停止交易的指令，那就按照原计划转账吧。结算部自动付款系统操作员曼斯坦因：德尔布吕克让我执行转账操作，我什么也没问就做了。

信贷部经理莫德尔：我在走廊里碰到施特鲁克，他告诉我雷曼兄弟公司的破产消息。但是，我相信希特霍芬和其他职员的专业素养，一定不会犯低级错误，因此也没必要提醒他们。

公关部经理贝克：雷曼兄弟公司破产是板上钉钉的事。我本想跟乌尔里奇施罗德谈谈这件事，但上午要会见几个克罗地亚客人，觉得等下午再找他也不迟，反正不差这几个小时。

德国经济评论家哈恩说，在这家银行，上到董事长，下到操作员，没有一个人是愚蠢的，可悲的是，几乎在同一时间，每个人都开了点小差，加在一起，就创造出了"德国最愚蠢的银行"。

资料来源：王伟. 德国最愚蠢的银行 [EB/OL]. [2017 - 12 - 10]. http://news.163.com/11/0527/10/752AJ83D00014AED.html.

（二）风险识别的内容

企业应识别风险事项、风险影响的范围、相关事件（包含情况的变化）及其原因和潜在后果。风险识别过程包含两个环节：第一，感知风险事项，即调查、了解客观存在的各种风险事项。第二，分析风险事项，即通过归类分析，分析引起风险的各种因素，掌握风险事项产生的原因、条件以及风险事项的性质。感知风险事项，是风险识别的基础，只有在感知风险的基础上，才能进一步进行分析，寻找导致风险事项发生的条件因素。分析风险事项，则是进行风险识别的关键。

按照风险来源的不同，企业可能面临的风险事项可以划分为内部风险和外部风险。企业的内部风险主要来自决策和经营活动：决策的风险一方面体现在与外部环境的不适应，另一方面体现在自身的经营活动中；经营活动中的风险主要源于企业的流程和人员。《内部控制基本规范》第三章第二十二条指出，企业识别内部风险，应当关注下列因素：董事、监事、经理及其他高级管理人员的职业操守、员工专业胜任能力等人力资源因素；组织机构、经营方式、资产管理、业务流程等管理因素；研究开发、技术投入、信息技术运用等自主创新因素；财务状况、经营成果、现金流量等财务因素；营运安全、员工健康、环境保护等安全环保因素；其他有关内部风险因素。

企业的外部风险主要源于企业经营的外部环境，包括外部环境本身及其变化对企业目标的影响。《内部控制基本规范》第三章第二十三条指出，企业识别外部风险，应当关注下列因素：经济形势、产业政策、融资环境、市场竞争、资源供给等经济因素；法律法规、监管要求等法律因素；安全稳定、文化传统、社会信用、教育水平、消费者行为等社会因素；技术进步、工艺改进等科学技术因素；自然灾害、环境状况等自然环境因素；其他有关外部风险因素。

按照风险的内容，企业风险一般包括战略风险、财务风险、市场风险、运营风险、法律风险等[①]。

1. 战略风险。在战略风险方面，企业应该关注以下因素：国内外宏观经济政策以及经济运行情况、本行业状况、国家产业政策；科技进步、技术创新的有关内容；市场对本企业产品或服务的需求；与企业战略合作伙伴的关系，未来寻求战略合作伙伴的可能性；本企业主要客户、供应商及竞争对手的有关情况与主要竞争对手相比，本企业实力与差距；本企业发展战略和规划、投融资计划、年度经营目标、经营战略，以及编制这些战略、规划、计划、目标的有关依据；本企业对外投融资流程中曾发生或易发生错误的业务流程或环节。

2. 财务风险。在财务风险方面，企业应注重下列因素：负债、或有负债、负债率、偿债能力；现金流、应收账款及其占销售收入的比重、资金周转率；产品存货及其占销售成本的比重、应付账款及其占购货额的比重；制造成本和管理费用、财务费用、营业费用；盈利能力；成本核算、资金结算和现金管理业务中曾发生或易发生错误的业务流程或环节；与本企业相关的行业会计政策、会计估算、与国际会计制度的差异与调节（例如退休金、递延所得税等）。

---

① 国务院国有资产监督管理委员会 2006 年 6 月 6 日印发的《中央企业全面风险管理指引》.

3. 市场风险。在市场风险方面，企业应关注下列因素：产品或服务的价格及供需变化；能源、原材料、配件等物资供应的充足性、稳定性和价格变化；主要客户、主要供应商的信用情况；税收政策和利率、汇率、股票价格指数的变化；潜在竞争者、竞争者及其主要产品、替代品情况。

4. 运营风险。在运营风险方面，企业应关注下列因素：产品结构、新产品研发；新市场开发，市场营销策略，包括产品或服务定价与销售渠道，市场营销环境状况等；企业组织效能、管理现状、企业文化，高、中层管理人员和重要业务流程中专业人员的知识结构、专业经验；期货等衍生产品业务中曾发生或易发生失误的流程和环节；质量、安全、环保、信息安全等管理中曾发生或易发生失误的业务流程或环节；因企业内、外部人员的道德风险致使企业遭受损失或业务控制系统失灵；给企业造成损失的自然灾害以及除上述有关情形之外的其他纯粹风险；对现有业务流程和信息系统操作运行情况的监管、运行评价及持续改进能力；企业风险管理的现状和能力。

5. 法律风险。在法律风险方面，企业应重视下列因素：国内外与本企业相关的政治、法律环境；影响企业的新法律法规和政策；员工道德操守的遵从性；本企业签订的重大协议和有关贸易合同；本企业发生重大法律纠纷案件的情况；企业和竞争对手的知识产权情况。

需要特别注意的是，影响企业风险状况的事项通常不是孤立存在的，一个事项可能引发另一个或几个事项。在风险识别过程中，企业应该明确并评估事项之间的相互联系和影响，并采用恰当的风险应对措施。此外，风险具有可变性，因此风险管理者必须密切注意原有风险的变化，持续、系统地进行风险识别工作。

【案例 4-3】

举报信揭开金矿黑幕

2012 年 10 月，辽宁省检察院反贪局收到了一封针对黄金集团收购金泰—红旗金矿相关问题的举报信。线索反映：辽宁省黄金局原局长王某与原副局长刘某收受个体老板李伟、刘玉如（后查明为郭玉如）900 万元贿赂，弄虚作假，将没有任何资源的辽宁省建昌县温杖子金矿 80% 的股权以 3.6 亿元的价格卖给了黄金集团（后查明为 2.3 亿元）。辽宁省检察院反贪局成立"10·15"专案组，对线索展开调查。

在调查中，专案组得知了两个重要情况：一是收购矿山的主体虽然是中国黄金集团辽宁公司（以下简称"辽宁公司"），但辽宁公司对于收购并没有发言权，最终作出决定的是黄金集团的领导；二是重新探矿的结果显示，金泰—红旗金矿的黄金储量仅有 200 多千克，与黄金集团收购此矿所依据的辽宁省第十一地质大队（以下简称"第十一地质大队"）所出具的报告中 7 078 千克的储量相差巨大，后者可能存在较大的水分。

最终调查结果显示，2009 年 8 月，李伟为使金泰—红旗金矿能够被黄金集团高价收购，要求时任第十一地质大队勘查一处处长的张福和做一份总储量达 6 吨以上的勘探报告。为此，张福和向李伟提出，由他本人找钻探队钻孔，由第十一地质大队工程师编录采样。张福和授意手下工程师不下井、不在现场监工、每隔两三天去取一次岩芯，给李伟留出对岩芯做手脚的时间和空间。钻探工作结束后，由张福和将样品带到第十一地质大队下属的第八实验室化验，张福和担心化验数据出问题，只做了品位的基本检测，没做内检和外检。化验报告出来后，张福和让第十一大队返聘的技术人员张树发编写报告。李伟担心张树发对过高的勘探数据提出异议，同时也是为了尽快完成报告，给了张福和、张树发各2万元。于是，张福和、张树发抛开事实，按照李伟的要求编写了储量达6吨以上的报告。报告完成后需要第十一地质大队队长齐弘和副总工程师丁岩签字才能生效，李伟遂送给二人各2万元，丁岩和齐弘便分别在报告上签了字。

此外，李伟通过买通第十一地质大队相关人员，放松对勘探现场的管理，指使手下向第十一地质大队采集到的岩芯中添加金粉，人为提高黄金储量数据，又通过向黄金集团以及辽宁公司相关人员行贿的方式，使相关人员违规收购金泰—红旗金矿，致使2.3亿元巨额国有资产流失。

经查，李伟在红旗—金泰金矿收购和生产经营以及海南盛京房地产公司、银河大厦收购过程中，向黄金集团、辽宁公司以及第十一地质大队等多家单位共25名相关人员行贿，行贿数额约1 500万元。其中，原黄金集团总经理孙兆学收受李伟1 150万元贿赂。在这起黄金矿收购案中辽宁省检察院反贪局共立案侦查34人（其中黄金系统15人），涉案金额上亿元。

资料来源：赵铁龙，刘键，苏泽. 举报信揭开金矿黑幕［EB/OL］.［2017 - 12 - 11］. http://newspaper. jcrb. com/2017/20171121/20171121_005/20171121_005_1. htm. 有删改.

二、风险识别的方法

对于风险识别，既可以通过感性认识和历史经验来判断，也可以通过对各种客观的资料和风险事项的记录进行分析、归纳、整理及必要的专家访问，来辨识和确认各种现存和潜在的风险和损失规律。风险识别的一般方法包括但不限于：风险清单法、财务报表分析法、流程图分析法、压力测试、现场调查法、危险与可操作性分析等方法。

（一）风险清单法

风险清单是由专业人员设计的标准表格和问卷，用于全面列示企业可能存在的风险。使用者需要对照清单的内容，逐项判断并回答其所在企业是否存在这样的风险事项。通过回答问题，管理者逐渐构建出企业的风险框架。1977年，美国风险和保险管理学会制定了一份比较全面的风险损失清单表，包括直接损失风险、间接损失风险和责任损失风险等内容（见表4 -2）。

表4 -2　　　　　　　　　　　　风险损失清单

风险		清单
直接损失风险	无法控制和无法预测的损失	（1）电力中断：雷电、火灾及各种损坏；（2）物体下落：飞机失事、建筑材料；（3）地壳运动：火山、地震、滑坡；（4）声音及震动波：飞机、震动；（5）战争、暴力、武装冲突、恐怖活动；（6）水损：洪灾、水位抬高、管道破裂等 ……

风险		清单
直接损失风险	可控制和可预测的损失	（1）玻璃或其他易碎物品的破裂；（2）毁坏：工厂设施的毁坏；（3）起始时或过程中的碰撞：飞机碰撞、船舶碰撞；（4）污染：液体、固体、气体、放射性污染；（5）腐蚀；（6）员工疏忽或大意……
	与财务有关的主要损失	（1）员工不诚实：伪造、贪污；（2）没收：国有化、充公；（3）欺诈、偷窃、抢劫；（4）事实、专利、版权、公证的无效；（5）库存短缺：无故消失、乱放丢弃……
间接损失风险		（1）所有直接损失的影响：供应商、消费者、公用设施、员工；（2）附加费用增加：租金、通信费用、产品费用；（3）资产集中损失；（4）风格、品位、期望的变化；（5）破产：员工、管理人员、供应商、消费者、顾问；（6）管理失误：市场、价格、产品投资等……
责任损失风险		（1）航空损失；（2）运动责任；（3）出版商责任；（4）汽车责任；（5）契约责任；（6）雇主责任……

资料来源：洪锡熙．风险管理［M］．广州：暨南大学出版社，2005．

风险清单通常表现为标准化的表格，其优点是简单明了、经济方便，非专业人士也可以采用；有助于确保常见问题不会被遗漏，因此企业可以根据风险清单系统地识别出最基本的风险，并降低忽略重要风险的可能性。风险清单适合新公司、初次构建风险管理的公司或缺乏专业风险管理人员的公司使用。

但风险清单也存在严重缺陷：标准化的风险清单针对性较差，特殊风险可能未被风险清单包含进去；风险清单大多是在传统风险管理的基础上设计出来的，传统的风险管理通常仅考虑纯粹风险，很少涉及投机风险，所以风险清单中没有投机风险的项目；风险清单往往只能定性分析；风险清单往往基于已观察到的风险，不利于发现以往没被观察到的风险。因此，企业需要结合行业特点、经营状况、发展阶段等方面的情况，制作适合本企业的风险清单。此外，在使用风险清单进行风险识别时，要采用其他辅助手段。

（二）财务报表分析法

财务报表分析法是通过分析资产负债表、利润表、现金流量表和其他附表等财务信息来进行风险识别。该方法由克里德尔（A. H. Criddle）于1962年提出。克里德尔认为，任何企业的经营活动最终涉及的不是现金就是财产，因此，对财务报表及其支持性文件中的这些项目进行分析，可以非常可靠和客观地帮助风险管理人员识别企业的财产风险、责任风险和人力资本风险等。财务报表分析法又具体包括趋势分析法、比率分析法、因素分析法、综合分析法等。

1. 趋势分析法，是指通过对某企业连续数期的资产负债表和利润表中的各个项目进行比较，求出金额和百分比增减变动的方向和幅度，从而揭示出财务状况和经营成果增减变化的性质及其趋势，对该企业的发展前景作出判断。

趋势分析法通常包括横向分析法和纵向分析法。横向分析法，也称水平分析法，是以金额或百分比的形式，将会计报表中各个项目的当期或多期的金额与基期的金额进行比较，观察企业经营成果与财务状况的变化趋势。可见，横向分析法注重的是会计报表关键项目不同年份的比较。纵向分析法，也称垂直分析法，则注重对会计报表内部各项目的内在结构分析。纵向分析法通过比较不同期间内会计报表内各个项目占某一基期项目的比例，观察企业经营成果和财务状况的变化趋势。例如，企业资产报酬率 = 净利润/平均资产总额 × 100%，该指标表明企业每单位资产创造净利润的能力，将该指标与基期或各年度的可比指标数据相对比，观察企业盈利能力的变化趋势。

2. 比率分析法，就是把财务报表的某些项目同其他项目进行比较，计算出相应的财务比率，并将该比率与上期比率、计划比率或同行业平均比率进行比较，进而揭示出企业的发展情况、计划完成情况或者与同行业平均水平的差距。这些金额或数据可以选自同一财务报表，也可以选自不同的财务报表。

比率分析法通常包括构成比率、相关比率法和效率比率法。构成比率法，也称结构比率法，主要以某项经济指标的各组成部分占总体的比例为依据，分析部分与总体的关系，了解项目指标结构上的变化。

3. 因素分析法，是依据分析指标与其影响因素的关系，从数量上确定各因素对分析指标影响方向和影响程度的一种方法。因素分析法既可以全面分析各因素对某一经济指标的影响，又可以单独分析某个因素对经济指标的影响。该方法包括连环替代法、定基替代法、差额分析法和指标分解法等。连环替代法是根据因素之间的内在依存关系，依次测定各因素变动对经济指标差异影响的一种分析方法。定基替代法，分别用分析值替代标准值，测定各因素对财务指标的影响，例如标准成本的差异分析。差额分析法，是连环替代法的一种简化形式，是利用各个因素的比较值与基准值之间的差额，来计算各因素对分析指标的影响。指标分解法，是把一个财务比率分解为若干影响因素的方法。例如，资产收益率可以分解为销售利润率和资产周转率两个比率的乘积。

4. 综合分析法。为全面、合理评价企业的财务状况和经营成果，在进行财务分析时，仅仅观察单一的财务比率远远不够，还需要对各项财务数据和财务指标进行系统、综合的分析。综合分析法包括财务比率综合评分法、杜邦分析法等。其中，杜邦分析法是企业风险识别中应用最广泛的方法之一。杜邦分析法最早由美国杜邦公司使用，最显著的特点是将若干个用以评价企业经营效率和财务状况的比率按其内在联系有机地结合起来，形成一个完整的指标体系，并最终通过股东权益收益率来综合反映。其基本思想是将最能反映公司理财目标的指标——净资产收益率逐级分解为多项财务比率的乘积。

杜邦分析法的分解过程如图 4-1 所示。首先，以净资产收益率作为核心和出发点，将其分解为总资产收益率与权益乘数的乘积。这种分解揭示了企业股东回报率的差异来源：一是综合盈利能力；二是资本结构。适度的财务杠杆水平有助于提高企业对股东的回报，但过度的举债容易增加企业的财务风险。其次，将总资产收益率分解为销售净利率和总资产周转率的乘积。这种分解揭示出，企业的综合盈利能力源自销售净利率代表的获利能力和总资产周转率代表的营运能力。这实际上反映了企业在成本领先战略（薄利多销）和产品差异战略（厚利少销）之间做出的战略选择。再次，将销售净利率和总资产周转率分别进一步分解为净利润、营业收入和资产总额。最后，进一步细分净利润和资产总额。其中净利润等于营业收入减去全部成本再加上其他利润，资产总额则由流动资产和长期资产构成。

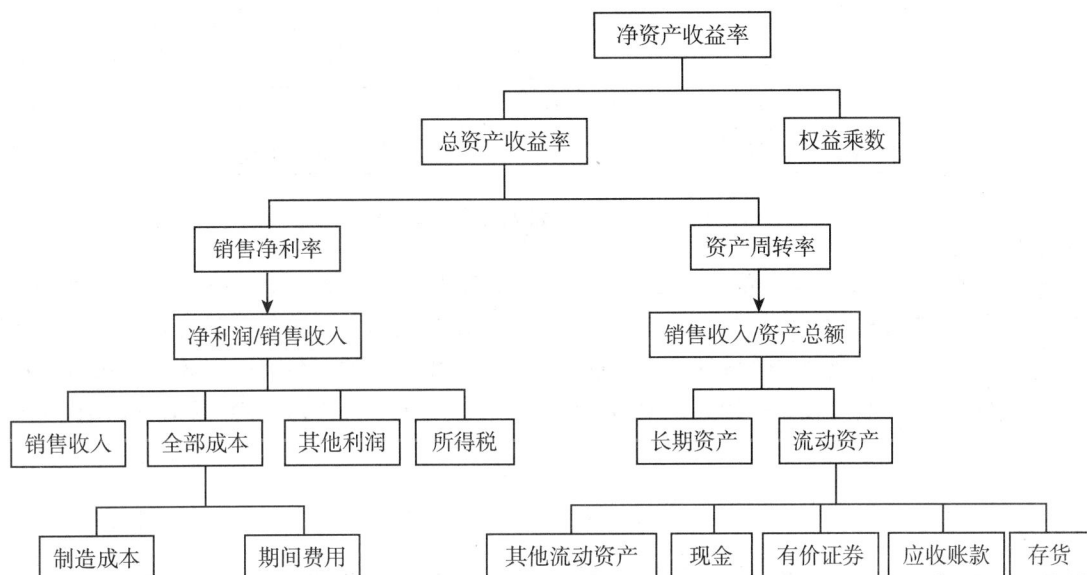

图4-1 杜邦分析图示例

财务报表分析法的优点在于：（1）财务报表综合反映了企业的财务状况和经营成果等情况，该方法有助于识别企业的财务风险和经营风险；（2）基于严密的会计核算流程和会计信息的质量要求，该方法具有较强的可靠性和客观性；（3）该方法可以为风险投资、风险融资等提供依据。但该方法的缺点是专业性较强，如果风险管理人员缺乏财会方面的专业知识，可能无法识别潜在的相关风险。此外，在某些情况下，若财务报表的真实性和全面性无法得到保证，则该方式的使用将受到限制。

（三）流程图法

流程图法是一种根据生产过程或管理流程来识别风险的方法。应用这种方法时，要将企业的全部生产经营过程，按内在的逻辑联系绘制成作业流程图，并针对流程中的关键环节和薄弱环节进行调查和风险识别。流程图按照内容划分，可分为内部流程图和外部流程图；按表现形式划分，可分为实物流程图和价值流程图。

1. 内部流程图与外部流程图。以企业内部的生产制造活动为流程路线绘制的流程图叫作内部流程图，也称生产制造程序流程图。外部流程图则包含了企业原料供应、生产制造和销售产品全过程的流程路线。图4-2、图4-3分别显示了某制衣公司的内部流程和外部流程。

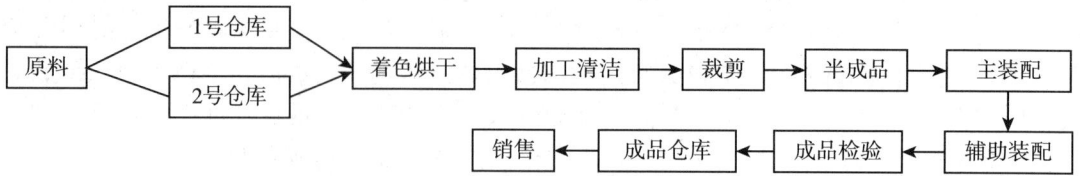

图 4 - 2　某制衣公司的内部流程

图 4 - 3　某制衣公司的外部流程

2. 实物流程图与价值流程图。实物流程图以某种产品的生产全过程为基本流程路线，将主要生产经营活动以及各种辅助活动以实物形态反映在图表中，对每一环节、每一过程逐步进行调查分析，发现潜在的各种风险。从实物流程图中可以看出各个生产环节之间的依赖关系。如果生产企业拥有其他产品，则需要绘制不同的流程图。实物流程图示例如图 4 - 4 所示。

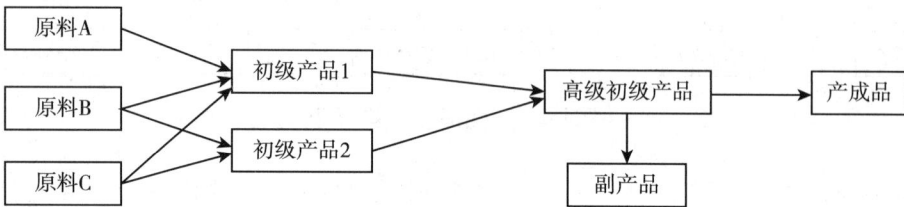

图 4 - 4　简单的实物形态流程

价值流程图与实物流程图非常相似，所不同的是，价值流程图对实物的货币价值额度进行了标示。因此，价值流程图有助于明确生产过程中的关键部门和关键环节，以及生产过程中某一环节对其他环节带来的影响。实物流程图示例如图 4 - 5 所示。

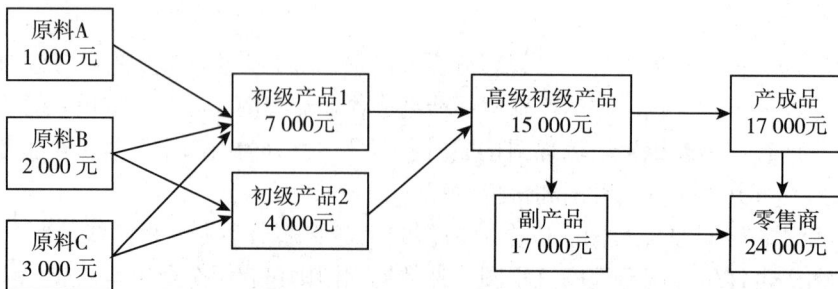

图 4 - 5　简单的价值形态流程

流程图的优点在于清晰、形象，可以比较清楚地反映活动（或工序）流程的风险。一般而言，企业的经营规模越大、生产工艺越复杂，应用流程图识别风险越具有优势。但流程图只揭示了风险，没有分析风险产生的原因及应对方法。此外，流程图绘制的准确性决定着风险管理部门识别风险的准确性；流程图一般是由具有专业知识的风险管理人员绘制的，往往花费较多的时间、耗费较高的管理成本。

（四）压力测试

压力测试是指在极端情景下（例如最不利的情形下），分析评估风险管理模型或内控流程运行的有效性及对目标可能造成的损失，及时发现问题并制定改进措施，目的是防止出现重大的损失事件。极端情景是指在非正常情况下，发生概率很小，而一旦发生，后果十分严重的事项。压力测试广泛应用于各行业的风险评估中，尤其常见于金融、软件等行业。例如，某银行拥有一批信用记录良好的客户，该类客户在正常情景中一般不会违约。在日常交易中，该银行只需遵循常规的风险管理策略和内控流程即可。若采用压力测试进行风险评估，则需要设想该类客户在极端情景下（例如其财产毁于火灾、地震、被盗）可能会出现违约事件，一旦出现类似情形，银行可能遭受何种类型和程度的损失。

压力测试的优势在于：该方法关注了非正常情况下的风险情形，是普通风险识别方法的有益补充；考虑了不同风险之间的相互关系；加强对极端情形和潜在危机的认识，预防重大风险的发生。需要注意的是，压力测试并不能取代一般的风险管理工具，频繁的压力测试并不能解决组织日常的风险管理问题。此外，压力测试的效果取决于使用者是否可以构造合理、清晰、全面的情景。

（五）现场调查法

现场调查法，即深入到生产和流通环节等现场，进行实地调查来获取风险主体经营情况等相关信息的方法，是一种最直接、获取信息最真实、反馈信息最快捷的方法。该方法有助于发现原本已经被忽略的风险。现场调查法的步骤包括：（1）调查前的准备工作，包括明确调查任务、调查范围、调查对象和时间安排，确定调查类型和方式、方法，制定调查方案和提纲，培训调查人员等；（2）采取适当、有效的调查方式和方法进行现场调查和访问，准确做好调查记录；（3）形成调查报告与反馈。为达到更好的调查效果，在进行现场调查之前，要对企业和调查项目的基本情况做大致了解，例如项目的目前状态、故障情况和采取的措施等；风险管理人员所关注的问题要具备一定的感性认识，同时还要注意那些不明显的细节，避免遗漏重要的风险事项；现场调查需要配置专业的调查人员和调查工具，并建立一套完善的与基层人员交流的制度。

现场调查法的优点在于：（1）有助于调研人员获得风险主体从事活动的第一手资料，从而有效识别和应对风险；（2）获取的资料相对真实可靠；（3）可以与基层人员建立和维持良好的关系。但该方法也存在一定的弊端：（1）要真正了解风险主体面临的风险，需要进行大量的风险调查工作，可能耗费大量的时间；（2）现场调查需要组织人员亲临现场，必要时可能聘请相关专家参加，加大了风险主体的管理成本；（3）调查人员的风险识别能力和水平决定了该方法的有效性。

（六）危险与可操作性分析

危险与可操作性分析（hazard and operability study，HAZOP），是一种基于危险和可操作性研究的定性识别风险的技术。该方法对规划或现有产品、设计、过程、程序或体系的结构化及系统等各个步骤中是否实现设计意图或运行条件的方式提出质疑，明确可能偏离预期绩效的偏差，并可评估偏差的危害度。通常由一支多专业团队通过多次会议进行。HAZOP 最初被应用于化学工艺系统的风险评估中，目前已拓展到其他类型的系统及复杂的操作中，包括机械及电子系统、程序、软件系统，甚至包括组织变更及法律合同设计及评审等。

HAZOP 使用一种基于引导词的系统。HAZOP 依据设计图纸、流程说明、操作程序等对系统的各组成部分进行审查，检查是否存在偏离预期效果的偏差、潜在原因及偏差可能造成的后果。通过使用合适的引导词，对于系统、过程或程序的各个部分对关键参数变化的反应方式进行系统性分析。可以使用针对某个特殊系统、过程或程序的引导词，也可以使用能涵盖各类偏差的通用词。例如对于技术系统中常见的参数（例如材料或过程的物理特征；温度、速度等物理条件等），常用的引导词包括："过高""过低""无"或"不""相逆""异常"等。

HAZOP 的优势在于：为系统、彻底地分析系统、过程或程序提供了有效的方法；涉及多专业团队，可处理复杂问题；形成了解决方案和风险应对行动方法；以及有机会对认为错误的原因及结果进行清晰的分析。但同时也存在一定的局限：耗时、成本过高；对文件或系统、过程以及程序规范的要求较高；讨论可能集中在设计的层面上，而不是更宽泛或外部问题；受制于设计及设计意图，以及传递给团队的范围或目标；过程对设计人员的专业知识要求较高，专业人员在寻找设计问题的过程中很难保证完全客观。

（七）其他方法

在识别企业风险时，还可以采用很多其他行之有效的方法，例如经常检查关键文档（例如董事会会议的详细记录、年度报告等）获取关键信息，采用头脑风暴法、结构化或半结构化访谈、德尔菲法等收集企业内部人员及专家的看法，使用事件树法或故障树法等。

但需要注意的是，任何一种方法不可能揭示出企业面临的全部风险，更不可能揭示导致风险事故的所有因素，因此必须根据企业的实际条件、每种方法的优缺点和适用条件、在成本效益的原则下选择效果最优的方法或方法组合。此外，风险识别是一个连续不断的过程，仅凭一两次调查分析不能解决问题，许多复杂的和潜在的风险需要经过多次识别才能获得较为准确的答案。

第三节　风险分析

一、风险分析的定义与内容

（一）风险分析的定义

风险分析是在风险识别的基础上，结合企业的特定条件，运用定性或定量的方法进一步分析风险发生的可能性和对企业目标实现的影响程度，并对风险进行综合评价，进而为决定风险是否需要应对以及制定恰当的应对策略和方法提供信息支持。风险分析是进一步增进对风险的理解，是风险应对的前提和基础。

企业在运营过程中通常会面临各种类型的风险，虽然有些风险是同行业的企业共同面临的（例如政策风险），但更多的风险是特定的企业所特有的，企业的管理层在进行风险评估时应当重点关注这些特有风险。

（二）风险分析的内容

一般来说，风险分析的内容包括：评估风险发生的可能性、估计风险的影响程度（后果的严重度）以及分析不同风险的相互关系等。前两者是风险分析的核心任务。

1. 风险发生的可能性分析和影响程度分析。对风险发生的可能性和后果严重程度的评估结果，可以采用定性或定量的方法进行表示。定性方法主要是直接用文字描述风险发生的可能性的高低、后果的严重程度，例如用"极低""低""中等""高""极高"等区分风险发生的可能性；用"极轻微的""轻微的""中等的""重大的"和"灾难性的"刻画风险对目标实现的负面影响程度。定量方法是对风险发生可能性的高低、后果严重程度用具有实际意义的数量描述，例如对风险发生可能性的高低用概率表示；对后果严重程度用造成的损失金额表示。企业对风险发生的可能性和影响程度的评价标准可以分别参考表4-3和表4-4[①]。

表4-3　　　　　　　　　　　　风险发生可能性的评价标准

方法		评价标准				
定量方法一	评分	1	2	3	4	5
定量方法二	一定时期发生的概率	10%以下	10%~30%（不含30%）	30%~70%（不含70%）	70%~90%（不含90%）	90%以上
定性方法	文字描述一	极低	低	中等	高	极高
	文字描述二	一般情况下不会发生	极少情况下才发生	某些情况下发生	较多情况下发生	常常会发生
	文字描述三	今后10年内发生的可能性少于1次	今后5~10年内可能发生1次	今后2~5年内可能发生1次	今后1年内可能发生1次	今后1年内至少发生1次

---

① 国家标准 GB/T 27921-2011《风险管理—风险评估技术》.

表 4 - 4   风险对目标影响程度的评价标准

方法			评价标准				
定量方法一		评分	1	2	3	4	5
定量方法二		企业财务损失占税前利润的百分比（10%）	1%以下	1%～5%	6%～10%	11%～20%	20%以上
适用于所有行业	定性方法	文字描述一	极轻微的	轻微的	中等的	重大的	灾难性的
		文字描述二	极低	低	中等	高	极高
		文字描述三 / 日常运行	不受影响	轻微影响（造成轻微的人身伤害，情况立刻受到控制）	中度影响（造成一定的人身伤害，需要医疗救援，需要外部支持才能控制情形）	严重影响（企业失去一些业务能力，造成严重人身伤害，情况失控，但无致命影响）	重大影响（重大业务失误，造成重大人身伤亡，情况失控，给企业致命影响）
		文字描述三 / 财务损失	较低的财务损失	轻微的财务损失	中等的财务损失	重大的财务损失	极大的财务损失
		文字描述三 / 企业声誉	负面消息在企业内部流传，企业声誉没有受损	负面消息在当地局部流传，企业声誉轻微损害	负面消息在某区域流传，企业声誉中等损害	负面消息在全国各地流传，对企业声誉造成重大损害	监管机构进行调查，公众关注，对企业声誉造成无法弥补的损害

企业对风险的可能性和影响程度的分析，都是建立在对实际情况的搜集、专业的判断和恰当的分析方法的基础上达成的。需要特别注意的是，风险的影响程度是针对既定目标而言的，对于不同的目标，企业应采用不同的衡量标准。一般情况下，企业应关注具有潜在严重后果的风险，但同时分析具有严重后果和轻微后果的风险在某些情况下可能是重要的。例如，频繁而轻微的问题可能造成很大的累积或长期效应。此外，企业要同等重视对于马上出现的后果和经过一段时间才可能出现的后果。

2. 风险之间的关系分析。在企业面临的各类风险中，有些风险是相互联系的，不同风险之间的联系可能会加大或减少其对风险主体的影响。在风险分析过程中，除了要对单项风险进行分析，还需要考虑各种风险因素综合起来的总体影响，对可能引起损失的风险事件进行综合分析，并重点关注系统各组成部分的重要性和薄弱环节。

【案例 4 - 4】

中航油（新加坡）股份有限公司巨亏事件

中国航油（新加坡）股份有限公司［以下简称"中航油（新加坡）"］成立于 1993 年 5 月，由中央直属大型国企中国航空油料控股公司（中国航空油料集团公司的前身）控股，总部和注册地均位于新加坡。公司成立之初经营十分困难，一度濒临破产，后在总裁陈久霖的带领下，一举扭亏为盈，从单一的进口航油采购业务逐步拓展到国际石油贸易业务，并于 2001 年在新加坡交易所主板上市，成为中国首家利用海外自有资产在国外上市的中资企业。经过一系列扩张运作后，公司成功地从一个贸易型企业发展成工贸集合的实体企业，实力大为增强，其净资产由 1997 年的 16.8 万美元猛增至 2003 年的 1.28 亿美元，市值超过 65 亿元人民币，一时成为资本市场的明星。

中航油（新加坡）于 2002 年 3 月起开始从事背对背期权交易。2002 年 3 月 27 日，中国证监会对中航油（新加坡）未经批准开展衍生品交易提出批评、警告。2003 年 3 月底，中航油（新加坡）开始从事石油衍生品期权交易，同日本三井集团、法国兴业银行、英国巴克莱银行、新加坡发展银行和新加坡麦戈利银行等在期货交易场外签订了合同。2003 年第三季度前，由于中航油（新加坡）对国际石油市场价格判断准确，公司基本上购买看涨期权，出售看跌期权，产生了一定的利润。

2003 年底至 2004 年，中航油（新加坡）错误地判断了油价走势，调整了交易策略，卖出买权并买入卖权，导致期权盘位到期时面临亏损。为了避免亏损，中航油（新加坡）分别在 2004 年 1 月、6 月和 9 月先后进行了三次挪盘，即买回期权以关闭原先盘位，同时出售期限更长、交易量更大的新期权。但每次挪盘均成倍扩大了风险，该风险在油价上升时呈指数级扩大，直至中航油（新加坡）不再有能力支付不断高涨的保证金，最终导致了严重的财务困境。

2004 年 3 月 28 日，中航油（新加坡）账面亏损已经高达 580 万美元，但公司决定延期交割合同，并宣布 2003 年全年盈利 3 289 万美元（公司的《风险管理手册》中规定亏损 50 万美元，必须斩仓）。2004 年第二季度，随着油价持续升高，公司的账面亏损增加，公司再次决定延后到 2005 年和 2006 年交割，交易量再次增加。2004 年 10 月，油价再创新高，公司此时的交易盘口达 5 200 万桶石油，需要支付的保证金也急剧上升。2004 年 10 月以后，中航油（新加坡）所持石油衍生品盘位已远远超过预期价格。根据合同，中航油（新加坡）需向这些银行支付 5 000 万美元的保证金。2004 年 10 月 10 日，面对严重资金周转问题，中航油（新加坡）首次向母公司呈报交易和账面亏损，为了补交交易商追加的保证金，公司已耗尽 2 600 万美元的营运资本、1.2 亿美元银团贷款和 6 800 万美元应收账款资金，账面亏损高达 1.8 亿美元，另外已支付 8 000 万美元的额外保证金。

2004 年 10 月 20 日，母公司提前配售 15% 的股票，将所得的 1.08 亿美元资金贷款给中航油（新加坡）。2004 年 10 月 26 日和 28 日，公司因无法弥补一些合同的保证金而遭逼仓，蒙受 1.32 亿美元实际亏损。2004 年 11 月 8 ~ 25 日，在亏损 5.54 亿美元后，中航油（新加坡）宣布向法庭申请破产保护令。

资料来源：李晓慧，何玉润. 内部控制与风险管理：理论、实务与案例 [M]. 北京：中国人民大学出版社，2016.

二、风险分析的方法

《企业内部控制基本规范》第三章第二十四条指出，企业应当采用定性与定量相结合的方法，按照风险发生的可能性及其影响程度等，对识别的风险进行分析和排序，确定关注重点和优先控制的风险。企业进行风险分析，应当充分吸收专业人员，组成风险分析团队，按照严格规范的程序开展工作，确保风险分析结果的准确性。

（一）定性分析的方法

定性分析的方法是对风险的影响和可能性进行定性描述。在不要求进行定量分析，或者定量分析所需的数据无法获取，或者获取这些数据不符合成本效益原则时，企业的管理者凭借丰富的经验和直觉，或依据国际惯例和标准而进行的定性评估结论，对风险分析同样具有重要意义。该方法是目前风险分析中采用比较多的方法。

定性分析可以通过多种操作手法实现，例如问卷调查、集体讨论（例如头脑风暴）、专家咨询（例如德尔菲法）或人员访谈（结构化/半结构化访谈）等。其中，最常用的定性分析方法是风险矩阵法。

风险矩阵（risk matrix）是一种用于识别风险和对风险进行优先排序的有效工具。风险矩阵可以直观地显示组织风险的分布情况，并对多项风险进行比较，从而帮助管理者确定风险管理的优先顺序、关键控制点和风险应对策略。风险矩阵的基本方法是以矩阵图的方式，把风险对组织目标的影响程度和发生的可能性，作为两个维度绘制在同一个平面上，为确定风险因素的优先次序提供框架。例如，某公司绘制的风险矩阵如图 4－6 所示。根据发生的可能性等级和影响等级，该企业可以将风险划分为 A、B、C 三个领域：A 领域为低风险领域、B 领域为中等风险领域、C 领域为高风险领域。与影响较小且发生的可能性较低的 A 领域中的风险相比，具有较大影响且发生的可能性较高的 C 和 B 领域内的各项风险更亟待关注。

可能性等级	极高	B	B	C	C	C
	高	B	B	C	C	C
	中等	B	B	B	C	C
	低	A	A	B	B	B
	极低	A	A	B	B	B
		极低	低	中等	高	极高

影响等级 →

图 4－6　风险矩阵示例

需要注意的是，风险矩阵定义的风险等级与组织的决策规则和风险偏好紧密相关，例如管理层的关注度或应对所需的反应时间。因此，每个企业应根据自己的情况对风险发生可能性的高低和后果严重程度进行确定。

风险矩阵的优点是方法简单、易于采用，可以直观地将风险划分为不同的重要性水平或级别。但该方法也存在比较明显的局限：首先，主观色彩较强，不同的决策者对风险等级的划分可能存在明显的差异；其次，有些情况下可能难以界定风险的影响等级和可能性等级；最后，无法对风险进行累计叠加（例如无法将一定频率的低风险判定为中等风险）。总之，设计出适合企业具体情况的矩阵图是采用该方法进行风险评估的关键。

（二）定量分析的方法

定量分析的方法，是对风险的影响和可能性的数量特征方面（例如概率数值、损失金额等）进行描述。常用的定量分析的方法有情景分析、在险价值法、敏感性分析、故障树分析、事件树分析等。

1. 情景分析。情景分析（scenario analysis）也称脚本法，是指通过假设、预测、模拟等手段，对未来可能发生的各种情景及其可能对目标产生的影响进行分析的方法。一般认为，荷兰皇家壳牌公司（Royal Dutch/Shell）于 20 世纪 60 年代末首先使用基于脚本的战略规划，并获得成功，然后该方法由该公司的科研人员沃克（Pierre Wack）于 1971 年正式提出。这种方法根据发展趋势的多样性，通过对系统内外相关问题的系统分析，设计出多种可能的未来前景，然后用类似于撰写电影剧本的手法，对系统发展态势进行自始至终的情景与画面的描述。情景分析可用来预计威胁和机会可能发生的方式，并且适用于各类风险包括长期风险和短期风险的分析。在周期较短及数据充分的情况下，可以从现有情景中推断出可能出现的情景；对于数据不充分的情况，情景分析的有效性更依赖于合乎情理的想象力。情景分析特别适用于积极后果和消极后果的分布存在较大差异的情况。

情景分析法由于需要识别并描述未来可能发生的各种情景及发展趋势，并针对各类情景制定相应的应对措施，因此具有一定的客观性。但在存在较大不确定性的情况下，有些情景可能缺乏现实性。因此，情景分析作为一种风险评估工具的局限在于，所用的情景可能缺乏充分的基础，数据可能具有随机性，同时可能无法发现那些将来可能出现、但目前看起来不切实际的结果。

【案例 4 - 5】

荷兰皇家壳牌公司基于脚本的战略规划

壳牌公司以重视战略规划著称。其战略规划有两个特点：第一，高度参与，不是由高层专家孤立地提出没有弹性的 10 年计划，而主要是由各经营单位提出课题。第二，采用脚本法，提出一系列的"如果怎样"的或然课题。该公司 20 世纪 70 年代成功地预测了因石油输出国组织（Organization of Petroleum Exporting Eountries，OPEC）的出现而导致的原油价格上涨和 20 世纪 80 年代由于 OPEC 石油供应配额协议的破裂而导致的原油价格的下跌。

20 世纪 80 年代初，每桶原油价格在 30 美元左右，该产业的成本是每桶 11 美元，因此多数石油公司是盈利的。对未来的分析，市场普遍看好，有的公司甚至预测到 20 世纪 90 年代原油价格将上涨到每桶 50 美元。壳牌公司则分析了一系列未来脚本，其中之一是：OPEC石油供应配额协定破裂，市场上石油充斥，每桶价格降至 15 美元。1984 年，公司对各下属公司提出的课题是，如果这一情况发生，我们该怎么办？

壳牌公司根据自己认定的或然情况，围绕核心业务实施了以下降低成本的变革，包括采用领先的开采技术,大量投资于提炼设备,取消低利润的服务站等。其他石油公司(例如 Exxon 公司等)未改善核心业务的效率,而是实施多样化。到 1986 年 1 月壳牌公司完成上述变革时,原油价格为 27 美元/桶。但与此同时,OPEC 生产配额协议失败,北海和阿拉斯加出现新的石油产量,市场对原油的需求也下降了。2 月 1 日,原油的价格为 17 美元/桶,4 月则降至 10 美元/桶。结果是,1988 年,壳牌公司的资产净收益率为 8.4%,该产业主要公司(Exxon,BP,Chevron,Mobil,Texaco 等)的平均收益率为 3.8%。截至 1989 年,壳牌公司的主要变革方向是低成本,改进精炼,原油开采成本低于 2 美元/桶,同时强化市场营销。

2. 在险价值法(VaR)。在险价值(value at risk,VaR),是指在正常的市场条件和一定的概率水平(置信度)下,某一投资组合或金融资产在未来特定时期内所面临的潜在的最大可能损失,即"处于风险状态的价值"。与传统的风险度量手段不同,该方法完全是基于统计分析基础上的一种风险度量技术。在险价值法最早由 G30 集团提出用于评估金融风险,又经 J. P. 摩根进一步推出具体的计算模型后,被引入信用管理风险领域,目前已成为国内外大多数金融机构广泛采用的风险评估工具。

该方法的基本原理可以表示为:$Prob(\Delta P_{\Delta t} \le VaR) = \alpha$。其中,$\Delta P$ 为某一资产组合在一定持有期 Δt 发生的价值损失额;α 为给定的置信水平。在险价值 VaR,即为在给定置信水平 α 下,该资产组合在 Δt 持有期的预期最大损失金额。例如,经计算,某一投资组合在证券市场正常波动和置信水平为 95% 的情况下,未来 24 小时持有期的 VaR 值为 550 万元,表示该投资组合在未来 24 小时,由于市场价格变化而带来的最大损失金额超过 550 万元的概率为 5%。换言之,有 95% 的概率可以判断该投资组合在下一个交易日内的损失不会超过 550 万元。

在实际工作中,VaR 的计算和分析可以使用多种计量模型,例如参数法、历史模拟法和蒙特卡罗模拟法。其中,最为常用的方法是参数法,一般假定资产收益率服从正态分布,通常适用于股票、债券、商品等基础资产以及外汇远期等线性衍生产品。对于置信水平的选取,往往依赖于企业的管理需求和风险偏好。选择较大的置信水平通常意味着其对风险比较厌恶,期望得到把握性较大的预测结果。例如,商业银行通常采用 95% 或 99% 的置信区间,国际银行监管结构的巴塞尔协议(basel accord)规定商业银行应使用 99% 的置信区间。持有期的选择,应依据所持有资产的特点来确定,例如对于流动性很强的交易头寸(position)往往需以每日为周期计算风险收益和 VaR 值,而一些期限较长的头寸如养老基金则可以每月为周期。再如,巴塞尔委员会要求银行以两周即 10 个营业日为持有期限。

VaR 法的优点主要包括:(1)过程简单、结果简洁,即便是非专业背景的投资者和管理者也可以通过 VaR 值对风险进行评判;(2)传统风险管理的方法一般都是在事后衡量风险的大小,VaR 法可以事前计算;(3)不仅能计算单个管理工具的风险,还能计算由多个管理工具组成的投资风险。由于 VaR 法具有整体性,不依赖于个别风险的特性或受资产种类的限制,因此该方法适用于各种风险的评估。除了被广泛应用在投资组合中,VaR 法还可以用于统一度量企业面临的市场风险、信用风险,为企业管理层的资源配置和投资决策提供参考,例如衡量企业各产品的业绩、调整交易员的收益行为、实施风险限额和头寸控制等。

同时，VaR法也存在一定的局限性：首先，该方法过度依赖统计数据和模型。当统计数据不足时，则难以通过VaR法获得可信赖的结果，例如一次性投资决策的数据。其次，VaR方法衡量的主要是市场风险，例如单纯依靠VaR法，可能忽视其他重要的风险。再次，VaR法不能排除高于VaR值的损失发生的可能性。最后，VaR法描述的是正常市场条件下的情景，不适用于极端情景的风险评估。

3. 敏感性分析。敏感性分析（sensitivity analysis method），是通过分析、测算项目主要因素发生变化时对经济效益评价指标的影响，识别敏感因素，确定其对项目经济效益评价指标的影响程度，从而判断项目风险承受能力的一种分析方法。根据不确定因素每次变动数目的多少，敏感性分析分为单因素敏感性分析和多因素敏感性分析。单因素敏感性分析，是指每次只变动一个因素而其他因素保持不变时所作的敏感性分析，可以用该因素的变动引起评价指标的变动幅度来表示，也可以用评价指标达到临界点时允许该因素变动的最大幅度来表示。多因素敏感性分析，是指假定其他因素不变时，分析两种或两种以上不确定性因素同时变化对目标的影响程度。敏感性分析具有广泛适用性，有助于识别、控制和防范短期营运决策（例如目标利润规划）、长期投资决策（项目投资决策）等相关风险，也可以用于一般经营分析。

以短期运营决策中的目标利润规划为例。利润规划的决策目标是利润最大化，管理者为确保利润规划的完成，可以采用敏感性分析研究影响目标利润的有关因素，计算因素的敏感程度，并根据敏感程度对各因素进行排序。企业可根据本量利公式分析和识别影响利润基准值的因素，并视具体情况和以往经验选取对利润基准值影响较大的因素进行分析。这些因素包括销售量、单价、单位变动成本和固定成本。其对目标利润的敏感程度可用敏感系数反映：

$$某因素敏感系数 = 目标利润变动百分比 \div 因素值变动百分比$$

若敏感系数的绝对值>1，则表示目标利润的变化幅度大于该因素的变化幅度，该因素为利润的敏感因素；若敏感系数的绝对值<1，则表示目标利润的变化幅度小于该因素的变化幅度，该因素为利润的非敏感因素；若敏感系数的绝对值=1，则表示目标利润的变化幅度与该因素的变化幅度相同，该因素为利润的非敏感因素。一般而言，单价对利润的敏感程度最高，固定成本对利润的敏感程度最低，销售量和单位成本则介于二者之间。管理者在掌握了有关因素对利润的敏感程度后，应重点关注敏感性因素，及时采取措施，加强控制敏感性因素，确保利润规划的完成。

4. 故障树分析。故障树（fault tree analysis，FTA）是用来识别和分析造成特定不良事件（称为顶事件）的可能因素的分析方法。造成故障事故的原因因素可通过归纳法进行识别，也可以将特定事故与各层原因之间的关系用逻辑门符号连接起来，并用树形图进行表示。因此，故障树法描述了原因要素与重大事件之间的逻辑关系。风险管理人员可以采用故障树法对故障（顶事件）的潜在原因及其途径进行定性分析，也可以在掌握原因要素发生概率的相关数据之后，定量分析重大事件的发生概率。图4-7是采用FTA分析某企业应急发动机自动故障的示例[1]。

---

[1] 国家标准GB/T 27921-2011《风险管理—风险评估技术》。

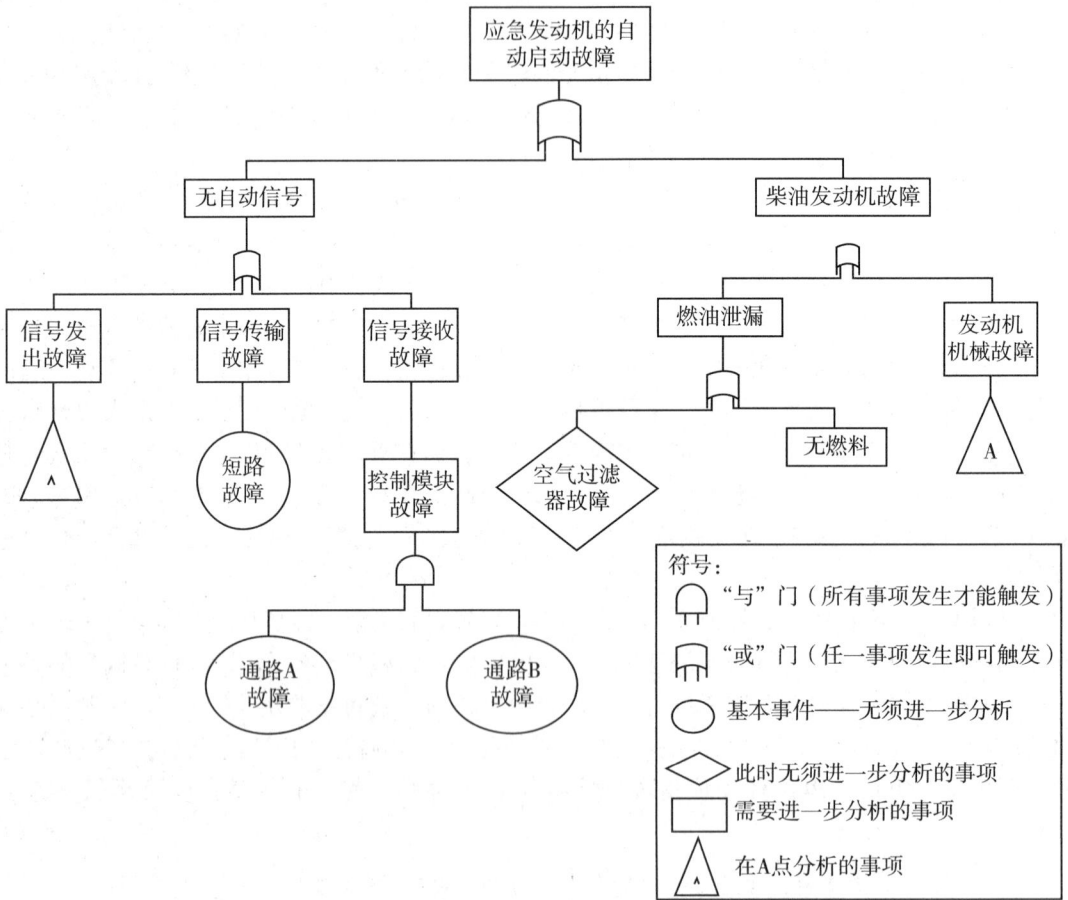

图 4 - 7 采用 FTA 分析某企业应急发动机自动故障示例

故障树的优点包括：提供了一种系统、规范的方法，同时有足够的灵活性，可以对各种因素进行分析；运用简单的"自上而下"方法，关注与顶事件直接相关的因素的影响；故障树对具有很多界面和相互作用的分析系统非常适用；图形化的故障树有助于理解系统行为及包含的因素；对故障树的逻辑分析和对分割结合的识别有助于识别高度复杂系统中的简单故障路径。

故障树的缺点在于：基础事件的概率的不确定性直接影响顶事件的概率的不确定性；造成顶事件的所有重要途径是否包含在故障树中有时难以确定；故障树是一个静态模型，无法处理时序上的相互关系；故障树只能处理二进制状态（有无故障）；一般而言，故障树未包含各种程度或性质的人为错误造成的故障；故障树对分析人员的要求较高，分析人员必须非常熟悉对象系统，具有丰富的实务经验。

5. 事件树分析。事件树（event tree analysis，ETA），着眼于事故的起因，即初因事件。事件树从事件的初始状态出发，用逻辑推理的方法，设想事件的发展过程，分析初因事件可能导致的各种序列的结果，从而定性或定量地评价系统的特性。事件树对事件的序列以树图的形式表示，能够反映出引起初因事件加剧或缓解的事件。图 4 - 8 是采用

ETA 分析某企业爆炸事件的示例①。

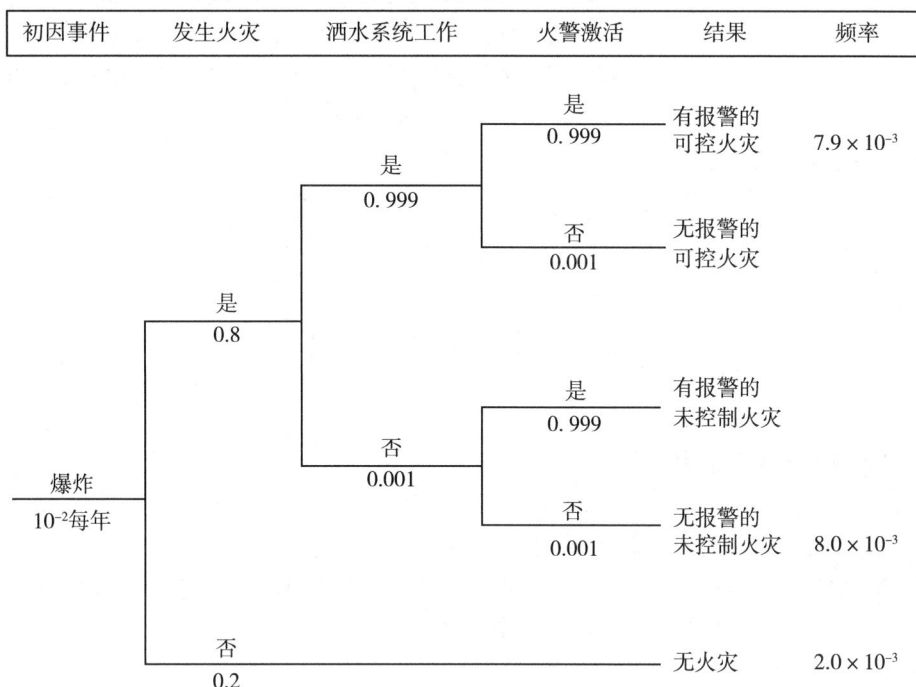

初因事件	发生火灾	洒水系统工作	火警激活	结果	频率

图 4 - 8 采用 ETA 分析某企业爆炸事件示例

事件树分析的优点在于：用简单图示方法列示了初因事件之后的全部潜在情景；清晰地体现了事件的发展顺序，可以揭示出处置风险事项的时机、依赖性，以及事项之间的多米诺效应。

事件树分析的缺点包括：确定初因事件是事件树分析的起点，但一些重要的初因事件可能被遗漏；事件树只分析了某个系统的成功及故障状态，难以将延迟成功或恢复事件纳入其中；该方法中任何路径都取决于路径上以前分支点处发生的事项，因此需要分析各可能路径上众多的从属因素，从属因素的遗漏将导致风险评估过度乐观。

（三）定性分析与定量分析相结合

选择合适的风险分析技术和方法，有助于企业及时高效地获取准确的评估结果。一项风险评估方法的采用，与其和企业的相关性和适用性有直接关系，而且受到资源的可获得性、现有数据和信息中不确定性的性质和程度，以及应用方面的复杂性的影响。一般来说，在风险分析中，企业往往采用定量分析和定性分析相结合的方式进行评估，定性分析与定量分析相互补充、相辅相成。

相比定量分析法，定性分析的可行性较好，但主观性较强、精确度不够。尽管定性分析在一定程度上考虑了非计量因素，但估计的准确度受到分析人员个人的影响较大（例如经

---

① 国家标准 GB/T 27921 – 2011《风险管理—风险评估技术》.

验、能力、知识等），这不可避免地使得定性分析的结果带有一定的主观随意性，且难以存在统一的解释。与定性分析法比较，定量分析可以对风险的可能性或后果进行相对准确的度量，并且结果直观、易于理解，这一定程度上弥补了定性分析的不足。但定量分析法也存在着非常明显的缺陷，例如定量分析所依据的数据的可靠性难以保证，获得更多的数据需要更高的成本，许多非计量的因素没有考虑，例如消费者心理以及习惯的改变、投资者的意向以及职工情绪的变动等。

因此，在进行风险分析时，定量分析法和定性分析法的结合是必要的，两者可以取长补短、相互补充。企业可以根据自身的特点选择具体的组合方式。

第四节　风险应对

一、风险应对的概念

风险应对，是指企业根据风险识别和分析的结果，结合自身的风险承受度和风险偏好，运用现代科学技术知识和风险管理方面的理论和方法，确定风险管理策略，制定风险解决方案并予以实施，进而把风险控制在风险承受度之内，以实现风险管理目标的过程。

二、风险应对策略

风险应对策略是指企业根据内外部环境以及企业发展战略，根据自身风险偏好、风险承受度来确定风险管理所需资源的总体配置原则。根据《企业内部控制基本规范》第二十六条规定，企业应当综合运用风险规避、风险降低、风险分担和风险承受等风险应对策略，实现对风险的有效控制。

（一）风险规避

风险规避是企业对超出风险承受度的风险，通过放弃或者停止与该风险相关的业务活动以避免和减轻损失的策略。这是一项远离风险的策略。例如，出售引发风险的商业单元，退出某一地理区域，或者放弃某条生产线。

1. 风险规避的方式。

（1）完全风险规避，即企业评价相关事项后认为某项风险发生的可能性很大或可能造成重大损失，从而完全不从事可能引起该风险的活动。

（2）部分风险规避，即对于一步到位地开展某项经营活动的风险，企业难以承担，但该项经营活动的预期收益又很可观，则可以将经营活动进行分解、分步实施，由此回避部分风险，也可以使企业有机会和时间，待竞争能力和抗风险能力增强后再次开展。

（3）中途风险规避，即由于内部原因或外部原因等，企业中途终止承担某项经营活动带来的风险。

2. 风险规避的具体实施措施。在实践过程中，企业规避风险通常采用的具体措施如表4-5所示。

表 4 – 5	风险规避的具体实施措施
剥离	通过适当措施剥离资产，这些措施包括退出某市场或地域，出售、清算或分立某产品类别或业务等
禁止	通过制定适宜的企业规章制度，禁止从事风险性大的活动和交易
终止	通过重新确立目标、调整战略和政策的重心或者改变资源配置的方向终止某些活动
限制	提高业务发展和市场定位的针对性，限制企业活动范围，避免因追逐偏离战略的机会而产生的风险
筛选	筛选替代的资本和投资项目，避免低收益或高风险的行为
消除	通过规划和实施内部防范流程，力求控制风险产生的源头

资料来源：池国华，朱荣. 内部控制与风险管理［M］. 北京：中国人民大学出版社，2015.

【案例 4 – 6】

中信重工终止收购松正电动汽车股权事项

中信重工（601608）2017 年 12 月 4 日晚间公告，公司原拟发行股份购买资产控股收购天津松正，标的公司主要经营业务为电动汽车和混合动力汽车研发、汽车零部件研发、生产和销售等。然而由于行业政策变化、市场需求不及预期等因素影响，致使天津松正当期的盈利能力与交易各方签订收购协议等文件时的盈利假设条件发生了较大变化，根据当前的实际情况，天津松正当期的业绩大幅下降，与预期存在较大差距，已不具备继续推进本次发行股份购买资产事项的相关条件。交易各方一致决定终止本次发行股份购买资产事项。

资料来源：证券时报. 中信重工：终止收购松正电动汽车股权事项［N/OL］.［2017 – 12 – 11］. http：// stock. qq. com/a/20171204/026726. htm.

3. 风险规避策略的评价。风险规避是通过中断风险源，规避可能产生的潜在损失或确定性的一种有效、应用普遍的方法。同时，也是一种相对比较简单且消极的处理方法。该方法的优势在于：（1）可以做到事前控制，不仅能够在风险事件发生后止损，更能有效降低风险发生的概率，从源头避免潜在损失。（2）通过限制企业的经营和管理行为，可以有效防止企业盲目投资那些非理性经营活动，从而节约企业资源。但需要注意的是，有些风险可以规避但规避的潜在成本可能十分高昂，而有些风险无法进行规避，例如世界性的经济危机、自然灾害等基本风险。此外，企业可能因完全放弃某事项而丧失可能盈利的机会。

一般而言，适合采用风险规避策略的情形包括以下几种：（1）某项风险发生的可能性较大或影响程度超出企业可防范和控制的范围；（2）企业存在多项风险程度不同的备选方案时，可以放弃高风险方案来规避风险；（3）企业在进行某项活动时遇到难以克服的风险因素，可以采用风险规避；（4）采用其他风险应对策略的成本高于其效益时，可以采用风险规避。

（二）风险降低

风险降低是企业在权衡成本效益之后，准备采取适当的控制措施降低风险或者减轻损失，将风险控制在风险承受度之内的策略。这是一种比较积极的风险应对策略，该策略既能将剩余风险控制在企业的风险容限内，又不会使企业错失获利机会。

风险降低的方式主要包括风险分散以及企业内部活动控制两种。

1. 风险分散。风险分散是指将企业面临的风险划分为若干较小且价值较低的独立单位，分散在不同空间，以减少企业将遭受的风险损失程度。其目的是减少任意一次损失发生可能造成的最大可能损失的幅度①。

风险分散常见的措施包括：（1）将货币、实物和信息等资产进行分散，避免风险事件发生时全部资产均受到影响，从而降低风险的影响程度。该方式应用十分广泛，例如分散设立不同种类的原材料仓库。（2）多元化经营，包括产品多元化、市场多元化、投资多元化和资本的多元化等。例如，产品的多元化指企业新生产的产品跨越了并不一定相关的多种行业，且生产多为系列化的产品；市场的多元化指企业的产品在多个市场，包括国内市场和国际区域市场，甚至是全球市场；投资区域的多元化指企业的投资不仅集中在一个区域，而且分散在多个区域甚至世界各国。需要注意的是，多元化经营在分散风险的同时，也可能带来新的风险。

【案例 4 - 7】

阿里巴巴的商业帝国

在 2014 年 9 月阿里巴巴纳斯达克上市、造就美股最大 IPO 历史记录之后，2015 年是其展现在全世界面前第一个完整的财年。

阿里巴巴的使命是"让天下没有难做的生意"，紧紧围绕交易核心，构筑全新的商业生态圈，在这个版图中，电子商务、金融是绝对领先业务；本地生活 O2O、文娱媒体、医疗健康、企业服务（云计算）是相对领先业务；旅游、硬件、游戏、教育、汽车、房产是持续投入与突破业务。截止到 2015 年底，在经历了数年的业务整理和大手笔的投资并购后，阿里巴巴形成了如下的整体帝国版图。

1. 国外版图。电子商务：Snapdeal、新加坡邮政、Zulily、Jet. com、1stdibs、Shoprunner、Fanatics；金融：V - Key、Paytm、hetaRay；硬件：Peel、Ouya、SBRH；企业服务：Thetaray、Visualead、One97 communications、Quixey；汽车交通：Lyft；游戏：Kabam；房产服务：Nestpick；社交：Snapchat、Tango。

2. 电子商务。自有业务：天猫、淘宝、聚划算、1688、全球速卖通、阿里妈妈、一淘、阿里巴巴 B2B、11main. com、菜鸟网络、闲鱼、天猫国际、淘宝全球购。投资布局：苏宁、银泰商业、五矿电商、阿卡 Artka、魅力惠、丽人丽妆、妈妈值得买、易果生鲜网、浙江网上技术市场、又一城、杭州淘巧科技、堆糖、圆通速递、冠廷国际物流、心怡物流、晟邦物流、万象物流、星晨急便、百世物流、爱抢购、卡行天下、美团网、一达通、茵曼、淘淘搜、360Shop、Shopex、宝尊电商、日日顺物流、全峰快递。

3. 金融。自有业务：蚂蚁金服（包括支付宝、支付宝钱包、余额宝、招财宝、蚂蚁微贷、芝麻信用、蚂蚁小贷、蚂蚁花呗、蚂蚁聚宝、娱乐宝、蚂蚁达客、蚂蚁金融云）、网商银行。投资布局：邮政储蓄银行、邦德证券、国泰产险、趣分期、数米基金、天弘基金、恒

---

① 秦荣生，张庆龙. 企业内部控制与风险管理［M］. 北京：经济科学出版社，2012.

生电子、众安保险、36 氪、天津金融资产交易所、网金社。

4. O2O。自有业务：口碑外卖、淘点点、喵街。投资布局：银泰商业、苏宁、美团网、丁丁优惠、饿了么、点我吧、生活半径、雅座、迈外迪、树熊 Wi - Fi、爱抢购、云纵信息、又一城、高德、滴滴快的、接我云班车、车来了、58 到家、遛遛宠物、墨迹天气。

5. 泛娱乐体育。自有业务：阿里影业、阿里音乐、阿里文学、阿里体育。投资布局：华谊兄弟、优酷土豆、光线传媒、博纳影业、V 电影、芭乐、向上影业、粤科软件、虾米网、天天动听、新浪微博、21 世纪传媒、第一财经、芒果 TV、无界新闻、封面传媒、虎嗅、商业评论、博雅天下猎云网、今日头条（微博投资）、AcfunA 站（优酷投资）、书旗小说、恒大足球、体育疯、浙报传媒、华数传媒、魔漫照相、壹平台、陌陌、趣拍、正和岛、南华早报。

6. 房产酒店。自有业务：极有家、天猫家装馆。投资布局：中长石基、Nestpick。

7. 硬件。自有业务：阿里智能、天猫魔盒。投资布局：魅族、微鲸科技。

8. SNS 社交。自有业务：点点虫（来往）。投资布局：新浪微博、陌陌、超级课程表。

9. 游戏。自有业务：阿里游戏。投资布局：UC9 游网、KTplay 盟游网络、1771 网游交易平台。

10. 旅游。自有业务：阿里旅游、去啊。投资布局：穷游网、百程旅行、在路上、丸子地球、游友移动、石基信息、阿斯兰、酷飞在线。

11. 汽车交通。自有业务：汽车生活 App、天猫汽车。投资布局：高德、滴滴快的、接我云班车、车来了、Lyft。

12. 教育。自由业务：淘宝教育、淘宝大学、湖畔大学。投资布局：VIPABC、MySIMAX、365 翻译。

13. 医疗健康。自有业务：阿里健康、医蝶谷、药品管家。投资布局：华康全景网、中信 21 世纪。

14. 企业服务/技术。自有业务：阿里云、钉钉、菜鸟网络、千牛、阿里大鱼、阿里通信。投资布局：树熊网络、酷盘、友盟、LBE 安全大师、杭州安恒信息、数梦工场、千寻位置、泛亚通信、翰海源信息。

资料来源：IT 桔子. IT 桔子 2015 年度盘点：BAT 三巨头盘点之阿里巴巴 ［EB/OL］. ［2017 - 12 - 11］. http：//www.jiemian.com/article/534214.html. 有删改.

2. 企业内部活动控制。企业可以通过控制内部活动流程、活动准则、行为方式等手段达到降低风险的目的[1]。具体措施包括：（1）控制。通过控制内部流程等将风险发生的可能性降低至可接受的水平，从而控制风险。例如，企业对不相容职务设立岗位分离制度，钱、账、物实行分管；又如，企业销售产品形成的应收账款占流动资产比重比较高的，应对客户信用进行评级，确定其信用期限和额度，从而降低坏账发生的概率。（2）降低。通过提高企业运营效率等手段减少诱发风险的各种活动的总量。例如，某污染行业的企业通过提高装备水平，加快淘汰落后工艺技术使污染物排放达标。例如，快递行业近年来出现的分拣机器人有效解决了传统分拣模式下低效率、易出错、快递丢失等问题。（3）测试。在一定范围

---

[1] 池国华，朱荣. 内部控制与风险管理 ［M］. 北京：中国人民大学出版社，2015.

内测试战略、产品或服务，并对测试结果进行评估，以确定下一步行动。该手段主要适用于新产品即将上市的企业和软件开发企业。

【案例 4 - 8】

这帮呆萌的机器人，正在"干掉"所有快递分拣员！

对于物流业这种对人力成本敏感的产业来说，机器人的出现可谓是划时代的突破。机器人完成的每一道程序，都带来人力成本的下降和工作效率的提高。目前在仓库中，机器人主要可以在分拣、搬运、堆垛等方面代替人工。例如，某快递公司使用的一款分拣小机器人，主要针对长不超 60 厘米、宽不超 50 厘米，重量在 5 公斤以下的小件包裹，在 2 000 平方米大小的中转站里，只需 300 台机器人便可在一小时内完成 2 万单货物的分拣。分拣员只需将传送带上的快件放到机器人的橙色托盘中，机器人便可自主完成称重，并且扫码识别快递信息，每次读码时间可控制在 1 秒以内，准确率高于 99.99%。

分拣机器人无论外形如何，都带有图像识别系统，通过磁条引导、激光引导、超高频 RFID 引导以及机器视觉识别技术，分拣机器人可以自动行驶，"看到"不同的物品形状之后，按照商品的品种、材质、重量以及发往的地点进行快速的分类，然后将货物送到指定的货架上或出货站台处。与此同时，机器人也可以在最短时间内将货架上的商品配送到不同的站台向外运输。这样便可以极大缩短快递发货周期，提高服务水平。自动分拣机器人减少了货物分类集中和运输过程的时间。工作人员只需将商品放到自动运输机器上，机器人便会在出货站台升起托盘等待接收商品，然后集中配送。自动分拣机器人显然是不知疲惫的，而且工作速度始终如一，标准化的操作也最大程度地节约了工作人员的管理成本。

资料来源：了不起的中国制造："这帮呆萌的机器人，正在'干掉'所有快递分拣员！" [EB/OL]. [2017 - 12 - 11]. http://dy.163.com/v2/article/detail/COJ14TF60511DTU9.html. 有删改.

（三）风险分担

风险分担，也称风险转移，是企业准备借助他人力量，采取业务分包、购买保险等方式和适当的控制措施，将风险控制在风险承受度之内的策略。执行风险分担策略时，企业需要充分考虑到相关目标、转移风险的能力、成本效益以及风险发生的可能性和影响程度。

按照分担方式，风险分担可分为非保险转移和保险转移。非保险转移可分为控制型非保险转移和财务型非保险转移，保险转移可分为保险和再保险。

1. 控制型非保险转移。控制型非保险转移是指通过契约、合同等将具有风险的财务和法律责任转移给他人从而降低企业自身承担的风险，主要包括外包、租赁、委托、售后租回等方式。

（1）外包。外包是指企业将风险较大、收益较小的非核心业务及其控制权交由其他企业或机构完成，从而将相应的风险（例如质量风险、技术风险和资金风险等）部分或全部转移给承包者。企业进行外包需要以具有竞争力的核心业务为基础。

（2）委托。委托是指企业通过合同将其部分资产委托给受托企业代为保管的行为。一般而言，委托企业需要支付一定的保管费用，但受托企业在委托物受损时具有一定的赔偿责任。通过委托的方式，可以将委托物的潜在损失转移给受托企业。

（3）租赁。租赁是指出租方通过签订租赁合同将租赁物交付承租方使用、收益，承租方支付租金的协议。通过租赁，承租方可以将购置或开发某项资产的风险转移给出租方。

（4）售后回租。售后回租是指企业通过签订合同将某项资产出售后再租回部分或全部资产。这种方式通常既能将售出资产引发的风险转移给购买方，又能缓解企业自身的资金风险，同时还可以继续从事相关生产经营。

2. 财务型非保险转移。财务型非保险转移是利用经济手段转移经营风险。其主要形式包括保证、再保证、集合、证券化、股份化等。

（1）保证。是指保证人和相关方以书面形式订立约定，当被保证人不履行责任时，保证人按照约定履行债务或者承担责任的行为。

（2）再保证。再保证是在"保证"的基础上，由实力或声望更高的团体或个人通过合约或契约的方式对被保证人的承诺。再保证通常用于处理重大事项。

（3）集合。主要指通过套期保值、远期合约等方式来转移外汇风险、利率风险、商品价格风险、股票价格风险、信用风险等。例如，企业可以通过利用买方期权和卖方期权的组合来限制价格巨幅波动。

（4）证券化。利用可转换证券、双汇率债券等金融工具方式，满足投资人、筹资方利益的需要，是一种双赢的风险转移方式。

（5）股份化。股份化是指通过发行股票的方式，将企业风险转移给多数股东，进而分散原有股东的风险，增强企业的抗风险能力。但企业的运营风险并未得到转移。

3. 保险转移。保险是指投保人根据合同约定，向保险人支付保险费，保险人对于合同约定的可能发生的事故因其发生所造成的财产损失承担赔偿保险金责任，或者被保险方死亡、伤残、疾病或者达到合同约定的年龄、期限等条件时承担给付保险金责任的一种商业行为。企业通过订立保险合同的方式，可以将风险转移给保险企业。企业必须以充分的风险识别和分析为基础，并权衡成本与效益进行投保。对于企业对于自身不能控制、无法通过控制实现转移的风险，或者根据外部与内部环境的变化对风险控制效果有一定的担忧时，企业可以进行投保。

再保险也称分保，是一个保险人（再保险分出人）分出一定的保费给另一个保险人（再保险接受人），再保险接受人对再保险分出人由原保险合同所引起的赔付成本及其他相关费用进行补偿的行为。再保险是保险公司转移风险的一种常用方式。

【案例 4 –9】

投资保险成为投资者应对风险的有力工具

当前国际环境错综复杂，全球投资风险正由之前高度集中在发展中国家和转型国家，向全球分散式分布转变，发达国家的投资风险同样不容忽视。在我国海外资本输出需求日益旺盛的形势下，海外投资保险已经成为保障我国企业安全"走出去"的重要金融工具。

2003 年，中国信保积极响应国家"走出去"倡议，推出了海外投资保险产品，并于2004 年组建了专业的投资保险团队。该业务是中国信保专门为鼓励投资者进行海外投资，对投资者因投资所在国发生的汇兑限制、征收、战争及政治暴乱，以及违约风险造成的经济损失进行赔偿的政策性保险业务。近年来，中国信保积极服务实体经济发展，支持"一带一路"建设，海外投资保险业务迅猛发展。2003～2016年末，中国信保对我国企业海外投资的累计承保金额超过2 200亿美元，年均增幅近60%。2016年，中国信保的海外投资保险承保金额近430亿美元，覆盖全球69个国家（地区）的424个投资项目。2017年1～10月，中国信保海外投资保险的承保金额近370亿美元，新承保了白俄罗斯中白工业园区、越南太阳能电池工厂、巴基斯坦风力发电等一批项目，涉及能源、矿产、电力、冶金、农业等数十个领域。

截至2017年10月末，中国信保在海外投资保险项下累计赔付案件30宗，累计支付赔款超过1亿美元。在一起因战争导致的海外水电站经营中断案件中，中国信保向投保企业支付赔款3 000万美元。在一起因东道国政府征收导致的海外光伏电站投资者权益受损的案件中，中国信保向投保企业支付赔款超过70万欧元。

资料来源：王浩然. 2017全球投资风险分析报告："走出去"企业需关注五大风险［EB/OL］.［2017－12－11］. http://jjckb. xinhuanet. com/2017－11/08/c_136737198. htm.

4. 风险分担策略的评价。风险转移是通过将风险转移给他人而间接达到降低损失频率和减小损失幅度目的的一种风险应对方式。其中，控制型和财务型风险转移适用的对象比较广泛，直接成本较低，操作方式灵活多样，但该方式可能由于受让人能力问题、合规问题、合同条文理解的差异等原因，引起经营效率和效果上的新的风险。因此，控制型和财务型风险转移适用于以双赢为目的的合作关系、契约双方就相关内容易达成一致、受让人有能力并愿意承担财务和法律责任的情形。保险型风险转移的优势在于损失保证相对确定，重大事项的投保保证系数较大，合同条款经过严密的审核，但该方式受到合同条款的严格限制，费用相对较高，理赔过程相对复杂，理赔工作上的不及时可能对企业的生产等造成延误。

（四）风险承受

风险承受，也称风险接受，是企业对风险承受度之内的风险，在权衡成本效益之后，不准备采取控制措施降低风险或者减轻损失的策略。用企业的"自我保险"代替外购保险。从本质上讲，一个企业只有衡量风险发生的可能性和现有风险承受度，才能决定是否接受风险。对很多风险而言，接受往往是一种恰当的应对策略。

1. 风险承受的具体方式。

（1）以自身收入弥补。对于发生频率较高但损失额比较小的风险，企业可以用现有收入补偿该风险造成的损失，即直接将损失计入成本或费用。但该方式不适用于突发的大额损失，否则将对当期损益产生较大影响。

（2）设立风险基金。有条件的企业可以设立用于防范与补偿企业风险损失的专项基金，即风险基金。该方式可以为企业应对风险局面提供资金保证，增强企业的抗风险能力。但企业必须在自身实力的基础上建立风险基金，同时要建立健全风险基金的管理体系，防止资金挪用风险。

（3）用借入资金弥补。若企业内部没有足够的资金弥补风险损失，则可以选择从外部借入资金。例如，与金融机构达成应急贷款或特别贷款协议，当发生重大风险损失时，可以从金融机构借入资金。但在该方式下，企业通常需要面临金融机构比较严苛的条件限制。

2. 风险承受策略的适用条件。一般而言，风险承受策略的适用条件包括以下几个方面：

（1）相比其他应对策略，自我承受风险的成本较低。

（2）风险损失期望值较小，且企业的财务能力足以承担风险损失的极限值；或者该风险发生的可能性极低。

（3）企业在自我保险和控制损失方面存在优势。

当然，企业的风险管理若由于缺乏处理风险的知识和经验，疏忽处理或没有意识到风险的存在，会可能无意识地承担风险。

3. 风险承受策略的评价。风险承受策略的优势主要在于：（1）成本较低。相比其他应对策略，风险承受可能避免一些费用支出。（2）损失弥补进程可控。采用自我保险方式弥补损失，企业对损失弥补的程序、金额、时间等具有较强的可控性，同时避免了对运营效率和效果造成不好影响。（3）提高企业对风险的警惕性。采用风险接受策略的企业往往更注重降低损失发生的概率和损失的严重程度。

当然，风险承受策略也存在一定的局限：（1）可能出现重大损失。例如发生自然灾害等特殊情况时，企业采用风险应对策略可能造成巨额风险损失。（2）放弃了由保险公司等提供的一些专业化服务。（3）可能造成内部资源配置问题。

三、风险应对策略的选择

管理层应该在上述四种风险应对策略中，建立针对每一项风险的一般性应对策略，同时还应该建立一套如何选择风险应对措施的总体策略。在建立总体应对策略的过程中，企业应当在遵循总体风险偏好的前提下，考虑实施每种应对策略的成本与效益。只有风险应对策略的成本小于其带来的收益时，这种风险应对策略才是可行的。正如《企业内部控制基本规范》第三章第二十五条规定，企业应当根据风险分析的结果，结合风险承受度，权衡风险与收益，确定风险应对策略。风险承受度，即能够承担风险的限度，通常受到诸多因素的影响，例如管理者的风险偏好、企业的资源和财力水平等。特别地，企业应当合理分析、准确掌握董事、经理及其他高级管理人员、关键岗位员工的风险偏好，采取适当的控制措施，避免因个人风险偏好给企业经营带来重大损失。

《内部控制基本规范》第三章第二十七条规定，企业应当结合不同发展阶段和业务拓展情况，持续收集与风险变化相关的信息，进行风险识别和风险分析，及时调整风险应对策略。因此，风险应对策略应与企业的发展阶段和具体业务紧密联系，不同的发展阶段和不同的业务应采取不同的风险应对策略，同一业务在不同时期也要采取不同的风险应对策略。

此外，企业还需要建立一套明确的方法，对风险规避、降低、分担和承受等不同方式加以综合利用。企业所面临的风险往往超过其可容忍水平，因此需要在接受部分风险的同时，采取规避、降低和分担的方式转移其他风险。风险规避战略需要对企业进行功能整合和流程再造，必要时需要放弃某些既得利益。风险降低策略需要消耗有限的内部资源，而此策略的成本有效性也会随着现实中风险降低的程度递减。最后，风险分担和转移也会产生一定的负面效应。总之，一套风险应对策略将使企业管理层始终围绕总体目标和整体情况，实施以风险为基础的决策过程。

【复习与思考】

1. 风险评估的原则有哪些？
2. 影响风险事件发生的因素有哪些？
3. 风险识别的方法有哪些？各种方法的优点和局限性是什么？
4. 定量分析法与定性分析法有哪些具体方法？如何理解两类方法之间的关系？
5. 风险应对策略有哪些？各种策略的优点和局限性是什么？
6. 选择风险应对策略时应考虑哪些因素？

【案例分析】

源于区块链技术漏洞的数字资产盗用风险与管理

Slock.it 于 2015 年 11 月在德国成立，是一家致力于将以太坊区块链技术嵌入物联网设备和应用程序的金融科技公司。其宗旨在于通过区块链探寻物联网解决方案，因此也可以归为互联网科技企业。2015 年 6 月，Slock.it 认为去中心化分享经济极具前景，于是开始开发去中心化自治组织（Decentralized Autonomous Organization，DAO）的基本框架。

一、The DAO 项目的创设与特性

2016 年 3 月，Slock.it 公司的创始人 ChristophJentzsch 发布了 The DAO 项目白皮书，设想 The DAO 区块链项目可以摒弃线下实体管理模式进行线上智能化协作，并以智能合约的方式自动形成公司章程和构建链上自主治理方式。因此，The DAO 项目没有传统意义上的组织机构，而是一个完全去中心化的链上自治组织。就技术属性而言，The DAO 是一组在以太坊公有链上运行的智能合约；就财务属性而言，The DAO 属于众筹，投资人与发起人之间的财务关系在法律形式上是捐赠关系而非权益关系。此项捐赠的对价是 The DAO 公司发行的"DAO 通证"数字资产，投资人将享有对应的受益权和投票权。The DAO 公司接受的捐赠资金将委托给为此项目设立的独立于发行人的基金会进行资金管理和运营。The DAO 项目于 2016 年 4 月进行了首轮的通证发行，顺利完成了首轮数字资产筹集。通过为期 28 天的众筹，The DAO 项目募集了约 1 150 万个以太币，当时价值约 1.5 亿美元。

The DAO 项目的首次发行成功主要有三个原因：一是具有去中心化特性。The DAO 项目的所有未来投资都将以集体形式表决，运营决策完全基于投资者的共识，这能够极大程度地减少和防范在中心化管理模式下易出现的经理层代理问题。二是资金利用率高于传统公司。The DAO 项目没有类似于传统企业的运营实体，因此减少了大部分实体组织所需的管理费用（例如办公场地租赁、冗员负担、过度薪资、办公设备折旧等）。加之，项目的投资与结算以数字货币进行，免除了在证券交易所上市的交易成本，能够优化利用项目资金。三是具有高投资价值。DAO 通证不仅具有数字资产属性，还具有随时间推移持续上涨的权益增值属性，投资者可以在 DAO 通证上市后进行低买高卖的套利活动。因此，美国证券交易委员会（SEC）认定 The DAO 是一种通过以太坊筹集资金的风险投资基金，属于证券类资产，需要纳入金融监管。

投资者可用以太币（ETH）购买 DAO 通证，其既有货币属性，还有类似于股东权益的公司治理属性，可用于直接赞助和控制 The DAO 平台上任意形式的"提案"。基于预先嵌入区块链技术的智能合约，任何缴纳了最低押金的投资者都具有创建提案的权利，并按其具体出资额获得相应的 DAO 通证作为权益证明，以实现完全意义上的 The DAO 区块链社区自治。持有 DAO 通证的投资者可通过集体表决的方式决定提案通过与否，以实现对 The DAO 社区进行治理和运营，并从 DAO 通证的增值中获取收益。

二、The DAO 事件的发生与终结

然而，The DAO 项目在发行后不久就因黑客的"代码套利"行为而宣告退市。2016 年 6 月，黑客利用 The DAO 智能合约漏洞，成功转移项目发行时募集的 360 万个以太币到"子 DAO"链中，企图将归属于社区投资者的通证占为己有。"子 DAO"链的设计初衷本是保护处于表决权弱势地位的代币持有者，给其一个小规模的可发起提议和组织投票的去中心化组织环境，但也因此给了黑客窃取区块链社区数字资产的机会。由于该"子 DAO"链有 28 天的锁定期（投票表决期），因此项目管理方有机会在投票等待期内通过发起一项新的表决而挽回损失，若能获得多数通过那么黑客将无法转移资金。

但事件的发展并没有像预想的那样解决，在等待期内为了阻止偷盗行为，以太坊的创始人 Vitalik 提出软分叉和硬分叉两个解决方案。软分叉是区块链或者去中心化网络向前兼容的分叉，新旧协议相互兼容，仍在一条链上工作；硬分叉则会使区块链发生永久分歧，在新的共识规则发布后，未升级的节点将拒绝验证升级节点产生的区块，此时就会产生两条链并且各自延续。在 The DAO 事件中，硬分叉也代表回滚交易，即把区块链中的数据恢复到过去某一状态。虽然硬分叉可以在"子 DAO"锁定期内将社区的相关交易回溯到被盗之前保全数字资产，但也会严重损害公众对以太坊区块链技术的信任。当软分叉提议公告发出后攻击暂时停止，但不久攻击者宣称给不支持软分叉的持币人以大额奖励，而后旨在侵占数字资产的网络攻击就再次开始。迫于形势危急，硬分叉方案在社区中获得大量支持并得以实施。

虽然最终挽回了资金损失，但硬分叉回滚交易的实施使得投资者对 The DAO 项目的去中心化数字管理的安全性产生质疑。社区成员开始意识到以太坊并非完全不受任何个人和组织的干预，而是处在以太坊开发者和运营者的控制之下，这意味着区块链众筹的项目开发者以及运营者群体事实上可以利用自身掌控的技术优势侵犯其他社区成员的利益。对于技术垄断和道德风险的担忧使得投资者对 The DAO 项目及其开发团队不再信任。2016 年底，DAO 通证从各大数字货币交易所（例如 Poloniex 和 Kraken 等）退出，宣告了 The DAO 项目的终止和失败。

思考：结合本案例，分析基于区块链技术的项目面临哪些风险？该如何应对这些风险？

【拓展阅读】

《内部控制基本规范》第三章风险评估.

练习题及答案

第五章

控制活动

■ 【知识与技能要求】

通过本章的学习，使学生能够：

1. 解释控制活动的内涵。

2. 阐述控制活动的主要内容以及它们之间的关系。

3. 归纳不相容职务分离控制及其所包括的基本内容。

4. 举例说明授权审批控制的基本原则。

5. 举例说明会计系统控制所包括的具体措施。

6. 举例说明财产保护控制所包括的主要措施。

7. 解释预算控制的主要特点。

8. 归纳全面预算控制流程的基本环节以及各环节所包括的内容。

9. 归纳运营分析控制的主要方法。

10. 归纳绩效考评控制的主要考评模式。

11. 解释内部报告控制的主要内容。

12. 解释信息系统控制中一般控制与应用控制的主要内容。

■ 【思政目标】

一切从实际出发，着眼解决新时代企业发展遇到的实际问题，得出符合客观规律的科学认识。

■ 【关键术语】

控制活动　不相容职务分离控制　授权审批控制
会计系统控制　财产保护控制　预算控制　运营分析控制
绩效考评控制　内部报告控制　信息系统控制

【案例 5 - 1】

业财融合嵌入内部控制的启示

作为全球有影响力的 ICT（信息与通信）基础设施和智能终端提供商，华为公司早在 2007 年就开启了内部控制改革，逐步建立了全球内控管理体系，但随着公司的日益壮大与业务的全面发展，如何不断完善内部控制体系、防范经营风险，始终是华为公司的关注要点。近年来，华为公司适应业财融合新理念，将业财融合嵌入内部控制，丰富了内控方法与手段，提升了企业内部管理水平。

华为要求中级干部定期轮岗，并开展财经和业务干部的交流与培训，鼓励业务部门干部进入财经组织，促进财经组织更为密切、更加有效地深入业务、服务业务。同时，公司要求财务人员（尤其是二级部门以上主管）学习主流业务以及一线作业的实际运行，自主选择一个主流业务进行考试。考试不及格的员工可以继续担任某工作岗位，但无法加薪，且暂不任命。如果接连三次考试都不合格，工资则会下调一级。这种定向交流培训制度，既强化了员工的业财融合意识，也提升了员工的业财处理能力。

由于不同部门业务具有不同特点，华为对各职能平台制定了差异化的费用基线，即对质量与流程 IT、人力资源、企业发展等领域的费用投入占公司总收入的比重作出不同约束。同时，将各地区部等单个经营单元的平台组织费用归到单元整体名下，且受到经营单元盈亏状况的限制，即费用增长幅度不可高过收入或销售毛利增长幅度。在基线约束的基础上，华为应用弹性预算授予机制实现进一步"节流"。对各大利润中心，华为按照收入与销售毛利完成率孰低的原则来弹性授予费用预算，即如果经营计划未完成，就要降低费用预算。同时，华为按季度回溯超预算授予情况，并制定出向财经委员会述职、停止涨薪、取消主管费用权签资格等惩罚政策，形成了对费用的闭环管理，提高资金的使用效率。华为对员工费用报销实行 IT 流程化处理。首先，员工自行在线上系统填写费用报销相关信息，并将报销单据统一快递寄至财务共享中心，实现快递的集中处理。其次，主管进行电子审批，为防止部分主管滥用审批权力，华为对一线业务进行调研，梳理费用报销权签权力后，发布了相应的制度和规则。再次，系统自动归集员工姓名、身份证号、银行账号等基本信息后，与网银直接对接进行批量转账。最后，员工在自助报销的同时，系统与财务软件对接直接生成会计凭证，既提高了效率，又降低了错误率。

华为在全球范围内实施了射频识别（radio frequency identification，RFID）物联资产管理，即通过在设备身上内置物联芯片，为管理范围内的每件资产贴上"RFID 身份证"。部署 RFID 后，固定资产以 5 分钟为周期，不间断地自动上传位置信息，并按天更新负荷（或闲置）情况。资产位置、使用情况等都由设备主动上报并呈现在资产物联管理与应用平台上，实现了固定资产实时监控，确保了固定资产的账实相符，员工也可实现一键借用、一键共享和秒寻资产。与此同时，RFID 物联资产管理可大大降低每年的资产盘点、巡检工作。根据 2016 年实际盘点数据，这种 IT 化的盘点方式为华为减少了 53% 的人工盘点工作量，大幅提升了盘点效率和盘点质量。此外，应用 RFID 技术后，台账不再是单纯的手工录入的数据，而是由读取设备自动采集账实相符的真实数据，提升了企业 ERP 应用水平。

华为在全球成立了七大区域的财务共享中心，实行账务集中管理。七大共享中心利用时差优势，在同一数据平台下以接力形式24小时自动滚动调度结账数据，以最快的速度支撑着一线单位及时获取经营数据。华为要求共享中心对数据进行多维度运算，并根据不同需要生成公司权威数据发布出口的标准报告或用于日常经营分析和决策的自定义报表。例如，向税务部门报税时，需要根据数据的维度提取法人实体报表；当用于内部考核时，则提取出相应的区域报表、产品线报表和客户群报表。通过自主开发核算平台，集团报告的发布周期降为5天，华为还提出"四统一标准"——科目统一、编码统一、制度统一、流程统一，要求所有分子公司的工作交付用相同模板输出，这极大节省了总部财务与分、子公司财务的沟通成本，也促进了财务管控的有效实施。

财经与业务语言不统一，彼此之间没有完整逻辑，致使从最初交易到核算结束的整个流程不能由基础性数据体现出来，因此，华为推出财报内控项目，引入KCFR（key control over financial reporting）概念。具体以财报结果为基础，向前梳理前端业务流程，找出影响财报结果的主要活动，并建立相应评测指标，使指标与业务流程匹配，结合业务共同例行监控、改善，实现业务语言与账务结果的高度融合。通过财报内控项目，华为在2016年基本实现了收入的零造假，付款合规性与支付准确率也得到显著改善，会计调账率更是减少约50%。业务数据质量直接决定了财务报告的准确性，财报内控的实行又为华为监测到前端的各种不合规数据，由此大大提升了财报质量。可以说，财报内控测评的推行，既改善了公司业务管理，也为内部控制注入了强大动力。

资料来源：陈月，马影. 业财融合在华为公司内部控制中的应用 [J]. 财务与会计，2019（07）：26-28.

第一节 控制活动概述

一、控制活动的定义

控制活动是内部控制的核心步骤和内容，它是组织根据风险评估结果，期望将风险控制在可承受度之内，以确保内部控制目标得以实现所采取的应对控制政策、策略与具体处置措施。

《企业内部控制基本规范》第二十八条规定，企业应当结合风险评估结果，通过手工控制与自动控制、预防性控制与发现性控制相结合的方法，运用相应的控制措施，将风险控制在可承受度之内。控制活动一般包含两个要素，即确定应遵循的政策以及实现政策的程序。控制活动的措施一般包括不相容职务分离控制、授权审批控制、会计系统控制、财产保护控制、预算控制、运营分析控制、绩效考评控制和信息系统控制等。同时，《企业内部控制基本规范》第三十六条规定，企业应当根据内部控制目标，结合风险应对策略，综合运用控制措施，对各种业务和事项实施有效控制；第三十七条规定，企业应当建立重大风险预警机制和突发事件应急处理机制，明确风险预警标准，对可能发生的重大风险或突发事件，制定应急预案、明确责任人员、规范处置程序，确保突发事件得到及时妥善处理。

因此，企业是通过采取控制活动实施内部控制的，控制活动是内部控制的具体实施方式和实施载体。一个组织必须根据控制目标，紧密结合组织内部业务事项和流程的特点与管理要求，分别制定和实施控制活动。

二、控制活动的分类

控制活动可以按照控制的形式与性质来划分。

（一）按照控制的形式划分

按照控制的形式，可以将控制活动分为两类：人工控制活动和自动控制活动。人工控制活动，顾名思义，就是由人工主导和操作的控制活动。这种控制形式本身控制成本较低，但主观性较强，存在人为的有意无意的疏忽，可能会导致不应有的风险事件的发生。自动控制活动就是通过计算机系统所实施的控制活动，它是将主要控制风险、主要控制点、主要控制证据等信息输入信息控制系统，通过系统自动分析识别、判断、处理，以达到控制目的的控制活动。这种控制活动具有灵敏度高，反应快，控制程序化、规范化，减少人为操控的主观因素，在一定程度上可以起到预警的作用。

（二）按照控制的性质划分

按照控制的性质，可以将控制活动分为两类：预防性控制活动和发现性控制活动。预防性控制活动，是指在风险发生之前所采取的控制活动，防患于未然。发现性控制活动，是指通过控制活动发现已经存在的风险，然后采取相应措施加以控制。其控制手段主要包括检验性控制、纠正性控制和补偿性控制。预防性控制活动是属于事前控制，所以相比发现性控制活动更及时、更有效，也更受推崇。

三、控制活动的要点

一个组织在设计和开展控制活动时，要充分考虑四点。

（一）授权有度、授权合理

在企业各项经营活动和管理活动过程中，管理层和员工是以所授权力来开展工作的。管理层和员工都不可以越权，不可以擅权。所以在授权时合理把握授权的"度"就显得至关重要。授权控制时要明确授权的层次、授权的范围、授权的对象与行权的责任。既能保证所授的权力与岗位职务匹配，责权利匹配，技术对等，有利于工作的开展，又有权力制衡，避免独断专行。

（二）重视预算控制

预算是一种具有自我约束和自我激励作用的管理机制，是在预测基础上有针对性地采用的一种预先风险防范与补救系统。有效的预算可以有效防范风险。预算控制是内部控制活动的一种重要的事前控制手段，是现代企业制度下规范公司治理结构的一项制度保障。在设计和实施内部控制活动时，必须充分考虑和重视预算控制，通过预算控制实现对企业所拥有的经济资源的合理配置，以控制经营管理过程中可能发生的风险，促进企业经营管理目标和其他控制目标的实现。

（三）加强会计系统控制

会计系统通过一系列规范体系在组织一切经济活动中发挥着独特的不可替代的作用。会计系统控制是内部控制活动中的主要控制形式之一。它按照会计法和国家统一的会计控制规范，通过统一的企业内部会计政策控制、统一的企业内部会计科目控制、会计凭证控制、复式记账控制、会计账簿控制、会计复核控制、会计报表控制和财务成果控制以及规范的会计凭证、账簿和财务报告的处理程序和方法，发挥着会计系统的控制作用。因此，在设计和实施内部控制活动时，应该强化会计系统控制。

（四）将控制活动与控制目标相结合

内部控制是一项有明确目标指向性的管理活动。控制活动是为控制目标而存在，是组织实现其目标过程中极其重要的活动。脱离了控制目标，为控制而控制，控制活动将失去意义。所以在设计和确定控制活动时，不仅要考虑内部控制活动之间的联系，还必须将控制活动与控制目标紧密结合起来。

【案例 5-2】

金亚科技财务造假

金亚科技股份有限公司（以下简称"金亚科技"）于1999年成立于四川省成都市，2009年在深交所上市。公司主要经营数字电视系统软、硬件产品的研发、生产、销售及服务。

金亚科技2014年货币资金为34 523.4万元，随后调整的年报货币资金变为12 428.9万元，该科目虚增了22 094.5万元。2013年，金亚科技营业收入增长24.57%，营业成本增长42.2%，但净利润却出现不同的变动状态，下降幅度达到了51.2%，且其数值为负。调整后的营业收入为52 789.77万元，作假增加3 033.17万元，调整后净利润为646.16万元，作假增加1 931.11万元。

从金亚科技的财务造假上看，公司缺少规范的财务处理制度和权责制约机制。在权力的审批上不规范，权责分离制度完全不凸显，会计处理上没有规定的手续办理流程，复核工作不完善等，这些漏洞导致了相关责任人趁机走向"灰色地带"，出现会计信息造假，管理混乱的局面出现。

从不相容职务分离控制层面来说，金亚科技的董事长和CEO均由周旭辉担任，这大大增加了个人利益与公司利益冲突的可能性，因为其职务的高度集权性，其发生的错误及造假行为，极为容易地因为个人身份的权威性而被掩盖。公司内部权力不能相互制约，导致一人独大，最终因为周旭辉的私利行为导致不可逆转的错误。

从授权审批控制来看，公司内部负责人员不能很好地履行自己的职责，在处罚决定中，例如罗进、陈维亮等对于企业发生的各项事务没有完全掌握便随意签字盖章，使得舞弊行为的流程走得畅通无阻。

控制活动是为实施管理层决策而制定的程序，可以保证管理层在应对风险时采取的应对措施得以实现，是实施内控的主要活动。许多企业控制活动看似完善，但仔细研究会发现这些看似完善的控制活动实际上是为一些"不可见光"的事情"蒙上一层纱"而已。

资料来源：张倩．内部控制失效案例研究——以金亚科技为例［J］．农村经济与科技，2020，31（04）：119，122.

第二节 不相容职务分离控制

一、不相容职务分离控制的定义

不相容职务是指集中由一人或一个部门承担和办理业务，产生舞弊或发生差错失误的可能性就会增加，而又能掩盖这些舞弊或差错失误行为发生的两项或几项职务。这些职务通常包括授权、批准、业务经办、会计核算、财产保管和稽核检查等，对于这些职务应该分别由不同的部门或者同一职能部门的不同员工担任，以实现控制的目的。

《企业内部控制基本规范》第二十九条规定，不相容职务分离控制要求企业全面系统地分析、梳理业务流程中所涉及的不相容职务，实施相应的分离措施，形成各司其职、各负其责、相互制约的工作机制。不相容职务分离控制的核心是内部牵制，应始终贯穿于企业经营活动之中，是企业风险防范的主要手段。

二、不相容职务分离控制的原则

（一）经济业务处理的部门、岗位和人员分工分离

经济业务处理的分工分离是指一项经济业务全过程应分割为若干个不同的环节，由分属不同部门或不同岗位或不同的人员办理。各部门内部的岗位也要做到分离。

（二）各职能部门工作及其相互关系明确

企业内部各职能部门的工作分工明确，它们之间是相互联系、相互配合又相互独立、相互制约，是一种平级关系，非上下级领导与被领导关系。

在企业内部机构设置和岗位职责、权限设定时，企业应当遵循不相容职务相分离的原则，综合考虑企业性质、企业规模、发展战略、文化理念、业务特点和管理要求等诸多因素，形成各司其职、各负其责、相互制约和协调的工作机制，明确各具体岗位职责、权限和工作要求以及相互关系。特别是涉及"三重一大"或者高风险、高敏感性业务和管理事项处理程序时，必须既考虑实行各层级、各部门、各岗位之间的职务分离，同时还要考虑其分离后的内部牵制。对于因企业规模较小，机构和人数较少且业务简单，为减少成本而暂不分离的某些不相容职务，企业应当采取切合自身实际和利于规范操作的替代控制办法，有效避免不相容职务未完全分离所产生的风险。

三、不相容职务分离控制程序和内容

（一）不相容职务分离控制的关键程序

1. 设立管理控制机构。为了确保企业不相容职务分离，减少管理风险与经营风险，企业应设立审计委员会、薪酬与考评委员会、安全委员会、审计监督部门、内部控制部门、法务部门等管理控制机构，明确机构职能、部门内部岗位权利与责任，监督检查和评价企业内部单位内部控制制度规范的执行情况。

2. 建立和实行职务不兼容制度。在内部机构设计过程中，应当体现不相容岗位相分离原则，努力识别出不相容职务，并根据相关的风险评估结果设立内部牵制机制，特别是在涉及重大或高风险业务处理程序时，必须考虑建立各层级、各部门、各岗位之间的分离和牵制，对因机构人员较少且业务简单而无法分离处理某些不相容职务时，企业应当制定切实可行的替代控制措施。

（1）减少和避免公司高层管理人员交叉任职。交叉任职体现在决策机构人员与执行机构人员重叠，例如董事长与总经理、董事会成员与总经理办公会成员重叠；执行机构负责人与监督检查机构人员重叠，例如财务总监与审计机构负责人重叠。这种职责交叉重叠，结果会导致丧失内部牵制力，增大内部控制风险。因此，在组织机构设置和岗位职责设定上应避免不相容职务人员任职重叠。

（2）杜绝会计人员和出纳人员交叉任职。《企业内部控制基本规范》及其配套指引规定，企业应当结合岗位特点和重要程度，明确关键岗位员工轮岗的期限和有关要求，建立规范的岗位轮换制度，对关键岗位的员工，可以实行强制休假制度，并确保在最长不超过五年的时间内进行岗位轮换，防范并及时发现岗位职责履行过程中可能存在的重要风险。

（3）利用现代信息技术手段分离不相容职务。企业可以利用计算机信息技术，在管理控制系统设计时，通过相关模块使用的权限设置、密码设置等方式自动屏蔽非授权人员的进入和操作，从而实现不相容职务分离控制。

（二）不相容职务分离控制的内容

根据一般企业的经营管理特点和业务性质，经济业务活动中需要分离的不相容职务主要有以下方面：

1. 可行性研究与决策审批相分离。
2. 授权与执行相分离。
3. 决策审批与业务执行相分离。
4. 业务执行与审核监督相分离。
5. 业务执行与会计记录相分离。
6. 业务执行与财产保管相分离。
7. 资产保管与记录相分离。
8. 记录与审核相分离。

【案例 5 - 3】

YT 实业不相容职务控制失效

YT 实业现主营业务是房地产开发和销售,在此之前,企业的主营业务频繁变动,股权分散,发展不稳定。2015 年 6 月,YT 实业涉嫌违规造假被立案调查,其长达五年的财务舞弊现象也逐渐浮出水面。2016 年 6 月,证监会公布了对 YT 实业的处理结果,证实了其持续长时间、涉案数额大的财务造假事实,并对其相关人员给予警告和罚款。

在企业内部,存在高管和董事两职合一的情况,使得管理层权力被进一步强化,对其不能实现有效的约束和制衡,对会计运行过程的监督也相应减弱。YT 实业的大股东控制权大,很大程度上干涉企业日常经营业务和财务处理,为满足其私人利益粉饰财务报表。企业的内审制度设置得也不合理,其直接由总经理领导,而且很多内审人员由财务人员担任,严重削弱了其独立性和公正性、影响了对财务处理过程的有效监督。

公司应明确工作人员的权责范围,尽量避免高层管理人员和董事会成员的重合,以分离管理权和监督权,更好地制衡高管的权力。

资料来源:张绘然. 企业内部控制对会计信息质量的影响研究——以 YT 实业为例 [J]. 品牌研究,2019,37(17):94 - 96.

第三节 授权审批控制

一、授权审批控制的定义

授权审批控制是指企业的每个部门或每个岗位的人员必须在经过授权审批的范围内处理经济业务和管理事项。未经授权和批准的业务和事项,有关人员不得接触和处理。授权控制的目标就是确保经济业务和管理事项的处理符合企业目标、遵守控制规范、真实有效。

《企业内部控制基本规范》第三十条规定,授权审批控制要求企业根据常规授权和特别授权的规定,明确各岗位办理业务和事项的权限范围、审批程序和相应责任。

企业应当编制常规授权的权限指引,规范特别授权的范围、权限、程序和责任,严格控制特别授权。企业内部各级管理人员必须在授权范围内行使职权和承担责任,业务经办人员必须在授权范围内办理业务。企业内部各级员工必须获得相应的授权,才能实施决策或执行业务,严禁越权办理。

二、授权控制

(一) 授权的种类

1. 常规授权。常规授权是指企业在日常经营管理活动中按照既定的职责和程序进行的授权。这种授权主要是对日常业务活动的权利、条件、范围和责任的授权。常规授权通常在公司管理制度文件中加以规定。为保持相关制度的稳定性，充分发挥被授权者的积极性和聪明才智，提高业务处理效率，一般常规授权有效时间都比较长，被授权人可长期行使该权利。在日常例行业务处理过程中，被授权人可以按照授权范围、条件和有关职责办理或执行各项业务。常规授权是企业授权管理的正常管理行为，一个企业必须进行常规授权，而且在企业中大量存在，例如总经理办公室对公司文件的日常处理；人力资源部门对人员招录、例行岗前培训、日常考勤等常规管理工作；销售部门所进行的产品日常销售业务；会计部门对日常经济业务所进行账务处理等。企业应该根据常规授权编制权限指引，以明确被授权人的权限、范围、条件、程序和责任，同时应该通过适当形式在企业内部予以公布，以提高权限的透明度，加强对权力行使的监督和管理。

2. 特别授权/临时性授权。特别授权是指企业在特殊情况、特定条件下或对例外业务进行的授权。例如，董事长委托董事长助理代为签署某一合同或协议，就必须给予他签约特别授权，一旦合同或协议签署完毕，这项权利也自动终止。特别授权是一种临时性的、应急性的授权，通常是一次性的或者是在限定时间、限定范围、限定业务有效的。

企业中所有日常例行经济业务和管理事项办理以外的涉及公司对外投资、合同签订、资产处置、资金调度、资产重组、收购兼并、担保抵押、财务承诺、关联交易等超过一般授权的重要经济业务与交易、管理事项处理都需要特别授权。企业应当加强对特别授权的管理，规范特别授权的权限、条件、范围、程序、责任和相关的记录措施，尽量减少特别授权。企业应该创造条件，尽量通过现代办公管理信息系统，采用网上办公、在线审批等方式减少或避免特别授权。

（二）授权控制的基本原则

1. 依事不依人授权原则。企业内部授权必须依企业经济业务和管理事项而定，本着有利于实现企业目标、有利于提高工作效率、有利于发挥各级管理者和业务员的积极性和主动性，创造性地开展工作的目的来进行授权，而不是依据人本身进行授权，或者仅以被授权者的能力或经验为依据进行授权。

2. 不可越权授权原则。不可越权授权设定了授权的界限，表明授权者对下级的授权必须是在自己的权利范围内，不能超越自己拥有的权限进行授权。一切越权的授权都是无效授权。

3. 适度授权原则。适度授权原则表达了授权过程中对授权的"度"的把握。对于授权"度"的把握是授权控制成败的关键。授权的"适度"主要体现在两个方面：一方面，该授权的应该授权到位，不可把控权力该放不放，造成授权不足，或者只下放职责而不下放与职责匹配的权力，挫伤下属积极性和主动性，影响工作效率和效果。另一方面，也不能过度授权。过度授权表面上是放弃本属于自己职责范围的权力，实际上是放弃职责、不负责任的表现，同时也可能出现滥用职权、渎职的现象。正确的做法是授权审批的层次应当根据经济业务和管理事项的重要性程度和涉及资金额的大小，确定不同的授权审批层次。一般涉及重大或高风险的经济业务和管理事项的权限，不轻易下放；应该明确被授权者履行权力所应当承担的责任，避免权责不清、权责不匹配，保证被授权者职责清楚、有权有责有利；应该规定授权范围的经济业务和管理事项的审批程序，被授权者应当严格按照程序办理审批，不能发生越权、越级、"先斩后奏"等违规审批行为。

4. 必要监督原则。对被授权者行使权力的必要监督，是授权成功的必要保障。绝对的权力造成绝对的腐败。如果对授予的职权放任不管，不实施有效监督，就可能发生越权或滥用职权或渎职的行为。监督的"必要"表达了监督的不可或缺性，同时也表达了监督的适当性，不可过度，不可妨碍或干涉正常的履行权力，否则授权就可能形同虚设，影响工作的正常开展，不利于调动下属的主动性和创造性。

（三）授权的具体形式

授权一般有两种具体形式，即口头授权和书面授权。

1. 口头授权，是指以非书面形式、口头语言方式对下属进行授权，包括当面口头授权、电话授权、微信语音授权等方式。口头授权形式一般适合于不重要、不重大且责任较轻的临时性简单事项或业务。企业应当尽可能减少或避免口头授权。

2. 书面授权，是指采用书面文字方式所做的授权形式。包括企业内部有关授权的正式制度文件、授权人亲笔书写或签名的授权书等。企业应该尽可能采用书面授权形式，有利于明确授权的内容、有利于留存授权证据，避免出现口头授权形式下所产生的误解，导致越权、滥用职权，或出事之后发生的相互推诿、无法追责等情况。这种授权形式适合规范的例行的日常事项和业务。

三、审批控制

（一）审批控制的原则

1. 审批必须有依据。审批人有一定的审批权限，但行使审批权力时必须在认真审核的基础上进行批准，不能随意批准、轻率决定。审批的依据应该是企业的有关发展战略、经营目标、管理目标、预算、计划、控制规范或者会议决议、集体决策意见等。审批控制的目的是保证企业的经济业务与交易、管理事项有利于企业提高经营效率和效果，实现控制目标。

2. 审批必须有界。审批必须在本职务的授权范围内、授权的时限内及授权的条件下行使，不得超越被授权权限进行审批。越权审批通常表现为下级行使了上级的权利，有时也表现为同级行使了另一同级职务的权利，尤其在职责权限界定不明确的情况下。例如，大额资金的调度权按规定属于总经理，但财务总监直接通知出纳将资金借给其他企业，副总经理审批了另一个副总经理分管的业务或事项，都属于越权审批的行为。

3. 审批必须按照规定的程序。企业经济业务和管理事项种类众多、复杂多样，包括采购业务、销售业务、筹资、投资、营运资金、工程项目、担保业务、研究与开发、合同管理、资产管理、业务外包、内部报告传递等活动，每一类经济业务或管理事项都应该履行相应的报批程序。每一类经济业务或管理事项都应当规定审批程序，以便按照程序审批，以防止越级审批，同时也提高办事效率。每一位授权审批者都应该在授权的层级按照程序办理审批，不得越级审批。

（二）审批的具体形式

1. 口头审批。口头审批是以非书面形式对经济业务或管理事项处理的审核批准。在企业生产经营活动和管理活动过程中时常出现口头审批的情况。这种形式时效性和针对性强，效率高，但是没有书面记录，如果处理的交易或事项后续出问题，取证较困难，会产生责任不清、否认推诿责任情况，难以追究责任。

2. 书面审批。书面审批是一种比较正式的审批形式。企业经济业务、管理事项按照规定的审批流程，采用书面形式进行传递审批，一方面可以方便审批人签署批示，加快内部处理信息传递；另一方面可以保留书面审批凭证，有据可查，避免口说无凭，责任不清，推诿不认。同授权的形式一样，企业审批应该尽量采用书面审批形式。

（三）审批的具体模式

1. "一支笔"审批。"一支笔"审批是指企业所有的财务开支指定一人或授权一人进行最终审批，其他人无权审批。

2. 分级审批。分级审批是指按照分级管理、授权审批的原则，企业财务开支根据分级授权的范围、条件、开支额度、时限、程序和责任，由企业负责人、企业分管领导、部门负责人或内部单位负责人负责审批。

3. 多重审批。多重审批是指企业的经济业务或管理事项需要两个或以上的审批人员共同审批。这种形式多是涉及企业内部多个关联部门或单位共同负责的经济业务或管理事项的处理。企业应该尽量明确内部各部门、各单位的主要职责权限，避免职责交叉重叠，防止出现问题、出现难题时扯皮，相互推诿，谁都不负责任的现象。

4. 集体决策审批或联签审批制度。企业应当实行"三重一大"决策制度。企业对于重大的经济业务和管理事项，例如重大投资决策、重要干部任免、重要项目安排、重大对外合同、大额资金的使用等，应当实行集体决策审批或者联签制度，任何个人不得单独进行决策或者擅自改变集体决策。

"三重一大"制度是指重大事项决策、重要干部任免、重要项目安排、大额度资金的使用。"三重一大"事项决策审批程序如下。

（1）决策前必须提前通知所有决策人员，认真调查研究，充分吸取各方意见。

（2）企业应当以会议的形式，对职责权限内的"三重一大"事项作出集体决策。

（3）决策会议的召开需符合规定的人数。与会人员充分讨论并发表意见，主要负责人最后发表总结性意见。

（4）决策作出后，企业应及时向股东或履行出资人职责的机构报告有关决策情况；企业负责人应当按照分工来组织实施，并明确责任部门和责任人。

（5）建立"三重一大"事项决策审批的回避制度和决策考评制度，逐步健全决策失误纠正机制和责任追究制度。

实行集体决策审批或联签制度意味着，对于重大决议，即使董事长一人同意，大多数人不同意，也要实行否决的制度，从而可以保证企业决策科学、运营健康。对于中小企业而言，可以成立经营管理委员会，这样对于企业中的重大事项需要经营管理委员会全票通过，因此，能够保证重大事项的合规性与可控性。

审批模式的比较如表5-1所示。

表 5 – 1   审批模式的比较

审批模式	审批主体
"一支笔"审批	指定一人负责全部财务开支的最终审批
分级审批	根据分级授权的范围、条件、开支额度、时限、程序和责任,分级确定审批人员
多重审批	所有需审批的经济业务或管理事项均需要两个或两个以上的审批人员共同审批
集体决策审批或联签审批	决策委员会

四、授权审批控制的要求

1. 完善企业治理结构。依照法律法规和企业章程,规范股东会、董事会、经理层、监事会、职代会等权责,认真履行决策、执行、监督、评价职能,真正形成科学决策程序和分权制衡机制。

2. 建立企业各职能部门的职责权限、业务流程、管理程序等内部管理制度和授权审批体系。企业的人、财、物、供、产、销等一系列业务活动和管理活动,复杂多样,种类众多,为了避免职责不清、业务流程和管理程序不规范,影响企业工作效率,需要分部门确定工作职责权限,理顺业务流程,提高办事效率,因此,企业应根据生产经营和管理活动的实际情况,合理设置相关职能部门,并制定部门职责权限、业务流程和管理程序的规章制度。按照经济业务、管理事项性质进行分类,明确常规授权和特别授权的具体业务内容,建立分级授权审批体系,编制常规授权的权限指引,规范特别授权的范围、权限、程序、条件和责任。

3. 建立授权审批控制活动评价体系。企业在建立各职能部门内部管理制度和授权审批体系的基础上,还应当建立对授权审批体系执行情况的评价体系。由企业董事会审计委员会、监事会、内部控制评价部门或审计监督部门定期不定期对授权审批控制活动的有效性进行评价,形成评价结论,促进授权审批控制体系的不断完善。

4. 建立完善的授权审批信息系统,畅通相关信息反馈渠道,及时纠正授权审批失范行为,不断修正和弥补授权审批控制缺漏。为了及时、准确地收集企业授权审批控制过程的相关信息,及时、有效地解决授权审批控制过程中存在的问题,企业应当建立便捷、通畅的信息反映渠道,使授权审批控制全过程的信息能够及时通达董事会、监事会和经理层,以确保授权审批控制活动有效正确,实现内部控制的目标。

【案例 5 – 4】

康美药业授权审批缺陷

康美药业曾是 A 股最有名的医药企业之一。截至 2018 年 5 月,康美药业市值一度达到 1 200 多亿元。2018 年 12 月,康美药业因涉嫌信息披露违法违规被证监会立案调查。2019 年 4 月 29 日,康美药业披露年报显示,公司 2018 年营收 193.56 亿元,同比增长 10.11%;

实现净利润 11.35 亿元，同比下滑 47.20%。在发布 2018 年年报的同时，康美药业还发布了一份更正公告，称有 299 亿元的"错误"会计处理，近 300 亿元货币资金一夜蒸发。经调查，2016~2018 年上半年，康美药业合计虚增营业收入 275.15 亿元，占同期公告营业收入 40% 以上，虚增营业利润 39.36 亿元，占同期公告营业利润的 1/3。

2016 年 1 月 1 日至 2018 年 12 月 31 日，康美药业在未经过决策审批或授权程序的情况下，累计向控股股东及其关联方提供非经营性资金 116.19 亿元。上述款项被用于购买股票、替控股股东及其关联方偿还融资本息、垫付解质押款或支付收购溢价款等用途，且上述款项并未公告。直到 2018 年上半年，这些被关联方占用的资金一直以现金名义挂在公司账面上，成为虚构货币资金的一部分。下半年，康美药业遭立案调查，公司年报中首次出现了对控股股东及其关联方的其他应收款 88.79 亿元，这笔被挪用的资金才浮出水面。

在康美药业的关联方交易中，缺少必要的授权审批程序。2016~2018 年，康美药业未进行任何授权审批，曾向其关联方先后转出 116.2 亿元的资金。但这笔资金并未实际用于与企业经营相关的项目，而是用于购买股票、支付收购溢价款、偿还融资本息等。由此可见，康美药业的关联方披露不合规，对关联方交易授权审批缺少管控。

企业应建立严格的授权审批制度。在处理相关审批业务时，各审批人员要认真审查相关凭证是否合法合规，且应对相关审批程序是否合理作出保证。

资料来源：李子婧.浅析康美药业财务造假背后的内控缺陷 [J].中国农业会计，2022，372（07）：88-89。

第四节　财产保护控制

一、财产保护控制的定义

财产保护控制是指从内部控制规范出发，采取一系列控制性制度、措施和方法来确保财产的安全与完整。

《企业内部控制基本规范》第三十二条规定，财产保护控制要求企业建立财产日常管理制度和定期清查制度，采取财产记录、实物保管、定期盘点、账实核对等措施，确保财产安全。企业应当严格限制未经授权的人员接触和处置财产。

财产保护控制可以分为财产价值保护控制和财产实物保护控制。财产价值保护控制主要是指对财产以货币计量的价值发生增减变化所实施的保护控制。本节所述财产主要是指实物形态的财产，例如企业的厂房、建筑物、机器设备、办公设备、现金、存货等，债权类资产也包括在此类财产实物保护控制之中。实物类财产是企业开展生产经营活动和管理活动的基本物质基础，在企业财产总额中所占比重较大，发生损失的风险比较高，因此，加强实物形态资产的保护控制具有十分重要的意义，也是企业内部控制的重点内容。

二、财产保护控制的内容与措施

企业应建立财产保护控制制度，以防止财产流失。企业财产保护控制制度一般包括资产收发制度、资产保管制度、定期盘点制度、资产处置制度等。根据财产保护内容和财务机制，可以将财产保护控制进一步细分为财产实物保护控制与财产账务保护控制两类。

（一）财产实物保护控制

财产实物保护控制主要包括限制接触和处置控制、财产清查控制、财产保险控制、建立相应的财产记录监控制度、财产档案的建立和保管，以及货币资金和空白票据的保护。

1. 限制接触和处置控制。限制接触和处置控制是指严格限制无关人员直接接触和处置财产，只有经过授权和审批的人员才能接触或处置财产。这是保证财产安全与完整的重要措施，是企业内部控制中的一条重要原则。

2. 财产清查控制。财产清查是会计核算工作的重要制度，也是加强财产物资管理的一项重要制度。财产清查范围一般包括现金、存货、票据、有价证券和固定资产等。财产清查控制是指定期或不定期地组织对各项财产物资进行实物盘点和对库存现金、银行存款、债权债务进行清查核对的控制。企业应当将盘点清查的结果与会计记录进行比较核对。结果与会计记录不相符，说明实物财产管理上或会计记录方面可能出现差错、实际损失或其他不正常情况，财产清查相关人员应当进一步查找问题，分析原因，查明责任，追究责任，完善相关管理制度。

为了随时准确掌握财产物资的真实情况，企业应当采用全面清查和抽样调查相结合、定期清查与不定期清查相结合的原则进行财产清查盘点。由于财产清查的内容主要是现场清查盘点，账实、账账、账证、账表核对，检查其一致性。根据不相容职务分离原则，财产清查盘点，账实、账账、账证、账表核对不应由仓库管理人员、财产记录人员、账证表会计处理人员单独进行。会计制度规定，企业必须在编制年度会计报告之前进行全面的财产清查，其他时间的财产清查，则可依据企业自身的需要适当安排，抽查方式方法可以灵活多样，依据抽查的对象、内容、时间、人员等因素来确定。

3. 建立相应的财产记录监控制度。企业应该建立相关财产项目的记录和监控制度，利用信息技术等手段全面进行监控，将各项财产项目建立档案，且每一笔资产变动都予以详细记录和监控，以便实现对企业资产的动态管理。例如，对固定资产应当编制详细的目录，对每项固定资产进行编号，按照单项资产建立固定资产卡片，详细记录各项固定资产的来源、验收、使用地点、责任单位和责任人、运转、维修、改造、折旧、盘点等相关内容。

涉及财产物资的各种文件资料要被企业妥善保管，避免记录毁损和被盗。在计算机处理条件下，对重要的文件资料留有备份显得尤为重要，以便在遭受意外损失或毁坏时重新恢复。

4. 财产投保控制。财产保险是指通过对财产进行投保来增加实物资产受损后补偿的程度或机会，从而保护企业的财产实物安全与完整。企业可以根据实际情况，选择重要的、贵重的或发生风险高的或特殊的财产进行投保，使企业在财产发生意外情况时可以通过保险获得补偿，减少损失。财产保险主要有企业财产基本险和综合险两大类，以及若干附加险（如火灾险、盗窃险和责任险）。

5. 实物财产安全控制。为了保障实物资产放置的安全性，企业应当根据实物资产的不同特性有针对性地采取不同措施分别加以保护。例如，对于货币资金类资产，就需要确保存放地点的安全、存放保险柜的安全，严格遵守有关货币资金管理规章制度；在重要、贵重的财产存放地点，有条件的单位可以安装监控设施设备和安全防盗防火系统，或配备安保人员加强保护。

（二）财产账务保护控制

为了强化财产账务保护控制，应该加强对相关部门财产账务记录的管理。主要包括财务部门会计账务文件资料保护控制，防止发生记录受损、被盗及被毁。对于重要的财产文件资料，应当建立备份或后备记录，以便出现意外损失或毁坏时可以启用或重新恢复。对未在会计账册中反映的某些低值易耗财产物资，应当建立相应的备查账，以便核对复查。建立客户信誉考评制度、定期对账制度和应收账款催收制度，及时了解客户财务状况和资信情况，避免不实账务、坏账的发生。资产管理部门应该建立全部实物资产档案，加强财产所有权证和其他权证的管理；建立房屋建筑物、生产用机器设备、办公设备家具、后勤保障用机器设备、存货等相关资产的管理台账，以便定期与财务部门进行对账。信息系统管理部门应该建立财产信息管理系统和数据库，利用现代信息技术加强财产保护控制，严禁未经授权的机构或人员进入财产资料数据库。

【案例 5-5】

F 安装工程有限公司财产保护制度分析

F 安装工程有限公司成立于 1990 年，2001 年公司整体改制为有限责任公司。经营范围主要为机电安装总承包，现为国家基地安装工程施工总承包壹级企业，中国安装协会理事单位，公司具有机电安装、冶炼、化工石油、市政公用、房屋建筑工程施工总承包一级资质，钢结构、消防、环保工程、管道工程专业。公司通过了质量管理体系、环境管理体系和职业健康安全体系认证。

F 公司财产保护体系中存在问题。首先，财产取得时，F 验收程序不规范，导致取得财产质量不符要求，影响其运行。验收移交时，对资产登记内容不完整，导致资产流失、资产信息失真、账实不符。财产日常维护时，由于对其操作不当，导致失修或维护过剩。F 公司大多数相关财产为购入，且购入后长期使用，对于财产的更新改造少，缺乏相关的技术和经验，也没有相关的人才，改造水平低下，缺乏市场竞争力。财产处置时，F 公司的做法不合理，造成一定的企业经济损失。F 公司在每个施工项目中都会根据需要临时雇佣新的技术工人，外聘技术专家。在使用各种财产时，由于工人的责任心不足，在财产的使用过程中，不加保护，使得资产损耗大，使用效率不高。财产清查环节，F 公司也存在诸多问题。如清查人员的责任心不足，组织相对松散，主要构成人员缺乏责任心和专业性等。

资料来源：韩亚培．基于内部控制的财产保护体系构建研究——以 F 公司为例 [J]．商，2013 (10)：102.

第五节　会计系统控制

一、会计系统控制的定义

会计系统，是指企业分类记录、分类核算和报告企业生产经营活动与管理活动的最重要信息系统之一，可以给企业利益相关者提供与管理决策相关的信息。会计系统控制，是指利用会计系统实现对企业经济业务和管理事项处理的内部控制，确保企业会计信息真实、准确、完整。会计系统控制贯穿于企业整个生产经营与管理活动过程，在控制采购业务、销售业务、筹资业务、投资业务、营运资金、担保业务、外包业务、工程项目、资产管理、研究与开发、合同管理等风险方面发挥了重要的作用。

《企业内部控制基本规范》第三十一条规定，企业要严格执行国家统一的会计准则制度，加强会计基础工作，明确会计凭证、会计账簿和财务会计报告的处理程序，保证会计资料真实完整。企业应当依法设置会计机构，配备会计从业人员。从事会计工作的人员，必须取得会计从业资格证书。会计机构负责人应当具备会计师以上专业技术职务资格。大中型企业应当设置总会计师。设置总会计师的企业，不得设置与其职权重叠的副职。

二、会计系统控制的功能

会计系统控制要求企业必须依据《会计法》和国家统一的会计准则制度，制定适合本单位的会计制度，明确会计凭证、会计账簿和财务会计报告的处理程序，建立和完善会计档案保管和会计工作交接办法，实行会计人员岗位责任制，充分发挥会计系统的控制职能。

1. 会计系统控制通过会计人员岗位责任制、不相容职务的分离控制可以有效防止舞弊或差错失误行为的发生，既有助于为管理决策提供真实、准确和完整的会计信息，也有助于有效保护企业资产的安全与完整。

2. 会计系统控制通过会计凭证、会计账簿和财务会计报告的处理程序，以及会计档案保管和会计工作交接办法，做到证证、账证、账账、账表、账实相符，确保会计信息的质量。

三、会计系统控制的内容

（一）依法选择和制定适合本单位的会计制度

企业应当依据《会计法》和国家统一的会计准则制度，选择和制定适合本单位的会计制度。

（二）会计政策选择

企业的会计政策，是指企业在会计确认、计量和报告中采用的原则、基础和会计处理方法。企业应当以真实、公允地反映企业实际状况为标准来选择适当的会计政策。一旦选定了会计政策，不能随意更改变动，如确实需要变更，应当说明变更的合理原因。

（三）会计估计确定

会计估计，是指企业对其结果不确定的交易和事项以最近可利用的信息为基础所作出的判断。企业需要依据企业的真实情况，作出合理的会计估计。如果资产和负债的当前状况及预期未来经济利益和义务发生了变化，则会计估计也需要做出相应的改变。

（四）会计文件和凭证控制

企业应当对经济业务文件进行记录并且相关的凭证需要连续号，避免业务记录的重复或遗漏，同时便于业务查询，并在一定程度上防范舞弊行为的发生。例如，企业对产品出入库单预先编号，这样可以有效控制产品的流动，不会出现产品的无故短缺。

（五）会计档案保管控制

会计档案是指会计凭证、会计账簿和财务报表等会计核算专业资料，是记录和反映企业经济业务的重要历史资料和证据。企业应当详细记录且妥善保管合同、协议、备忘录、出资证明等重要的法律文书，作为企业重要的档案资料以备查阅。

（六）组织和人员控制

企业应当依法设置会计机构，配备会计专业从业人员。从事会计工作的人员应当具备从事会计工作所需要的专业能力，会计机构负责人应当具备会计师以上专业技术职务资格。大中型企业应当设置总会计师。设置总会计师的企业，不得设置与其职权重叠的副职。

（七）会计岗位制度的建立

企业应根据自身规模大小、工作量多少、经济业务特点和专业人员素质等具体情况设置会计岗位。会计岗位主要包括会计主管、出纳、货币资金核算、存货核算、固定资产核算、投资核算、研究与开发核算、薪酬核算、成本核算、财务成果核算、往来核算、总账报表、稽核、综合分析等岗位。生产经营规模较小、业务量小的企业可以适当合并核算岗位。上述会计岗位依据工作量多少，可以一人一岗、一人多岗，也可以一岗多人，但必须严格执行不相容职务分离原则，例如出纳人员不得兼任稽核、会计档案保管和收入、费用、债权债务账目的登记工作。

四、会计系统控制的方法

根据会计记录企业活动的步骤与程序，可以将其分为以下四个环节进行风险控制。

（一）会计凭证控制

会计凭证控制指在填制或取得会计凭证时实施的相应控制措施，包括原始凭证与记账凭证的控制。凭证控制的基本要求有：（1）严格审查。（2）设计科学的凭证格式。（3）连续编号。（4）规定合理的凭证传递程序。（5）明确凭证装订与保管手续。

1. 原始凭证控制。

（1）记录真实。原始凭证的填制应由填制人或经办人根据经济业务的实际执行和完成情况填写，不得伪造、变造。

（2）书写正确。摘要简练；数量、单价、金额计算要正确，书写要符合规定；大小写数字要按规定使用蓝黑、碳素墨水，字迹要工整、清晰；各种原始凭证不能随意涂改，应按正确方法更正。

（3）内容完整。原始凭证填制的内容必须完整、齐全。经办人员及有关单位、人员要签名盖章，做到手续完备。

（4）连续编号、及时填制。各种自制原始凭证都必须连续编号，以备查考。一些事先印好编号的重要凭证作废时，在作废的凭证上应加盖"作废"戳记，连同存根一起保存，不得随意撕毁。在经济业务实际发生或完成时，所有经办业务的有关部门和人员必须及时将原始凭证送交会计部门，由会计部门加以审核并据以编制记账凭证。

2. 记账凭证控制。

（1）及时进行会计处理。企业应当对交易或事项所属的会计处理进行有效控制，检查会计处理是否严格遵循了会计核算原则；是否存在故意漏记或多记、提前确认或推迟确认报告期内发生的交易或事项的情形；是否存在错误划分调整与非调整事项等情况。一旦发现异常，企业应查明原因并进行处理。

（2）记入恰当的会计科目。从原则上说，企业可以依据自身的情况来设置会计科目，但在实际运用中，为了保证会计信息的可理解性和可比性，对于会计准则已经给定的科目，企业在进行会计处理时应该直接使用这些科目，而不能任意增设。对于一些特殊的行业或者特殊的业务，如果会计准则没有可供参考的科目，那么企业可以根据实际情况设置合适的会计科目，但事先必须经过总会计师的书面批准。企业应该检查会计处理人员的会计科目使用是否规范，是否存在添加或更改会计科目的情况，如有应及时予以纠正。

（二）会计账簿控制

会计账簿控制指在设置、启用及登记会计账簿时实施的相应控制措施。其具体内容包括：按照规定设置会计账簿；启用会计账簿时要填写"启用表"，会计凭证必须经过审核无误后才能够登记入账，对会计账簿中的账页连续编号，会计账簿应当按照规定的方法和程序登记并进行错误更正，按照规定的方法与时间结账。

（三）财务报告控制

财务报告控制指在编报财务报告时实施的相应控制措施。其具体内容包括：按照规定的方法与时间编制及报送财务报告；编制的会计报表必须由单位负责人、总会计师以及会计主管人员审阅、签名并盖章；对报送给各有关部门的会计报表要装订成册、加盖公章等。

（四）会计复核控制

会计复核控制是指对各项经济业务记录采用复查核对的方法进行的控制。会计复核控制的主要内容包括：（1）证证的复核。（2）账证、账账、账表的复核。会计复核工作应由职业操守良好、专业技术合格的人员担任。复核人员必须认真复核，逐笔审查会计凭证、会计账簿、财务会计报表及其所附单据，并在复核过的凭证及账表上加盖名章。未经复核人员复核的款项不得付款；未经复核人员复核的单据不得签发；未经复核人员复核的报表不得对内提供或对外披露。

【案例 5 - 6】

<h3 align="center">*ST 长方：子公司掩埋 377 箱会计凭证</h3>

深圳市长方集团股份有限公司（以下简称"长方集团"）于 2023 年 1 月 20 日收到深圳证券交易所创业板公司管理部发来的《关于对深圳市长方集团股份有限公司的关注函》（创业板关注函〔2023〕第 25 号）。

长方集团在回函中表明，2022 年 7 月 12 日公司管理层获悉以李迪初、聂卫、彭立新等为主的康铭盛原管理团队（以下简称"康铭盛原管理团队"）涉嫌隐匿、故意销毁会计凭证，公司随即安排人员前往阻止并向深圳龙华警方报警。当日，警方及相关部门在深圳康铭盛厂区外截获一整车会计凭证，另有两车去向不明。监管部门会同警方一同现场查看并统计了被截获的会计凭证，在办理相关手续后被截获的凭证已移交至公司。经清点，该批截获的凭证为 2013 ~ 2021 年康铭盛的纸质会计记账凭证。

2022 年 7 月 13 日，康铭盛原财务总监彭立新等人涉嫌隐匿、故意销毁会计凭证一案已经在深圳市公安局龙华分局受理立案〔案件受理编号：深龙华公（福民）受案字 2022 - 34587 号〕。经公安部门侦查，2022 年 11 月 1 日，公安部门在康铭盛全资子公司江西康铭盛光电科技有限公司（以下简称"江西康铭盛"）厂区内的荒坡上起获了被掩埋的会计原始单据、生产经营等资料，经过两天时间，共挖出 377 箱（塑料周转箱 50 厘米×40 厘米×30 厘米）会计原始凭证资料等，挖掘掩埋资料的坑长约 9 米宽约 5 米深约 5 米，资料所属期间为 2013 ~ 2021 年，被掩埋的资料均为用于会计核算的原始凭证单据等，包括核算成本类资料、核算收入类资料、核算工资类资料等；由于相关资料被倾倒掩埋时间较长，大部分资料无包装直接裸露掩埋，上面的数字模糊无法辨识，仅文件抬头和标题尚可辨识。

资料来源：《深圳市长方集团股份有限公司关于对深圳证券交易所关注函回复的公告（公告编号：2023 - 018）》。

<h2 align="center">第六节　预算控制</h2>

一、预算控制与全面预算

（一）预算控制

预算控制是指企业围绕预算进行的一系列控制活动。它通过实施全面预算管理制度，有效控制企业风险，实现内部控制的目标。预算控制是企业内部控制的重要组成部分。《企业内部控制基本规范》第三十三条规定，预算控制要求企业实施全面预算管理制度，明确各责任单位在预算管理中的职责权限，规范预算的编制、审定、下达和执行程序，强化预算约束。

预算控制内容覆盖企业生产经营管理全过程，体现企业的生产经营管理目标，所以通过预算控制，企业可以规范组织的目标和经济行为全过程，调整、修正管理行为与目标偏差，保证各级目标、策略、政策和规划的实现。

（二）全面预算

《企业内部控制应用指引第 15 号——全面预算》第一章指出，全面预算是指企业对一定期间经营活动、投资活动、财务活动等作出的预算安排。从其内容上看，主要包括经营预算、投资预算、筹资预算和财务预算四个部分，具体内容如图 5-1 所示。

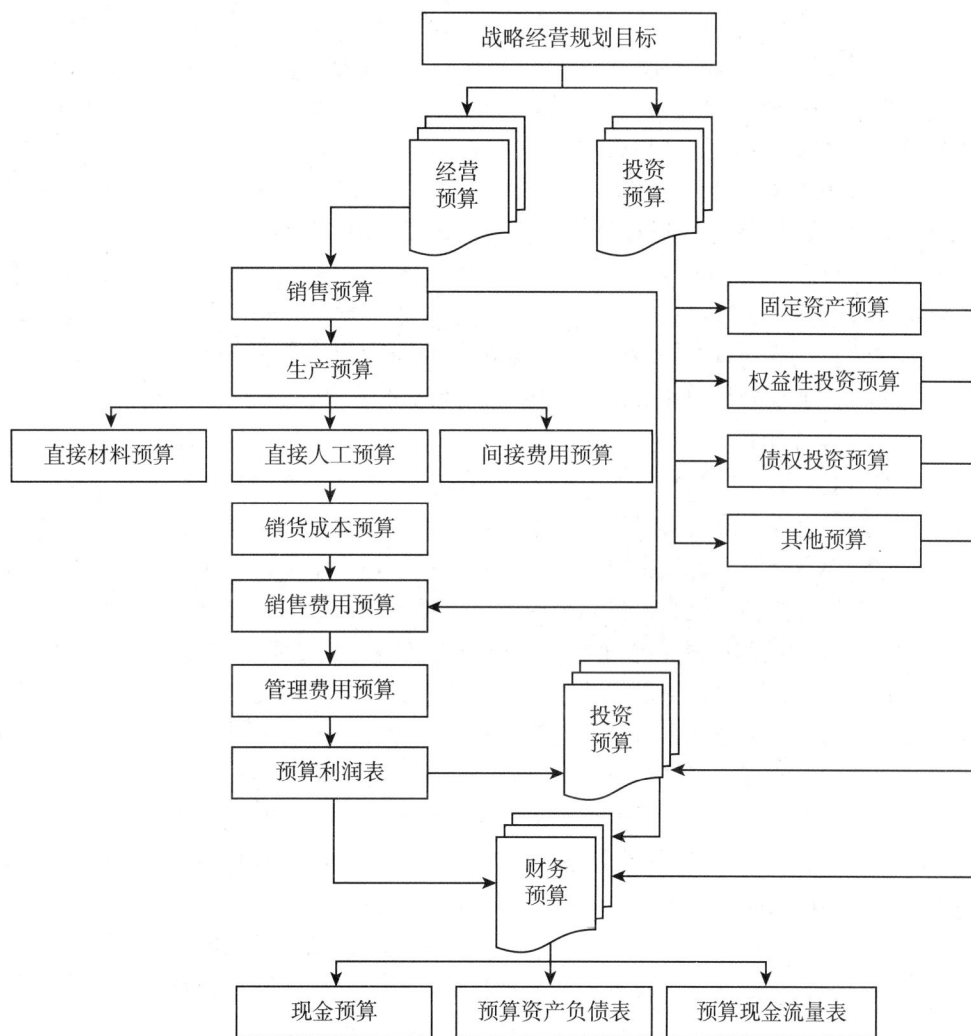

图 5-1 全面预算示意

正确认识和理解全面预算的内涵、本质及作用，应当把握以下几个方面：

1. 全方位、全过程、全员参与编制与实施的预算管理模式。全面预算的"全方位"，体现在企业的一切经济活动中，包括经营、投资、财务等各项活动，以及企业的人、财、物各个方面，供、产、销各个环节，都必须纳入预算管理。因此，全面预算是由经营预算（也称业务预算）、投资预算、筹资预算、财务预算等一系列预算组成的相互衔接和勾稽的会计司综合预算体系。全面预算的"全过程",体现在企业组织各项经济活动的事前、事中和事后都必须纳入预算管理,即全面预算不仅限于预算编制、分解和下达,而且由预算编制、执行、分析、调整、考核、奖惩等一系列环节所组成的管理活动。全面预算的"全员"参与,指企业内部各部门、各单位、各岗位,上至最高负责人,下至各部门负责人、各岗位员工都必须参与预算编制与实施。

2. 企业实施内部控制、防范风险的重要手段和措施。全面预算的本质是企业内部管理控制的一项工具,即预算本身不是最终目标,而是为实现企业目标所采用的管理与控制手段,从而有效控制企业风险。全面预算的制定和实施过程,就是企业不断用量化的工具,使自身所处的经营环境与拥有的资源和企业的发展目标保持动态平衡的过程,也是企业在此过程中所面临的各种风险的识别、预测、评估与控制过程。因此,《企业内部控制基本规范》将预算控制列为重要的控制活动和风险控制措施。

3. 企业实现发展战略和年度经营目标的有效方法和工具。"三分战略、七分执行",企业战略制定得再好,如果得不到有效实施,始终不能将美好蓝图和"愿景"转变为现实,甚至可能因实际运营背离战略目标而导致经营失败。通过实施全面预算,将根据发展战略制定的年度经营目标进行分解、落实,可以使企业的长期战略规划和年度具体行动方案紧密结合,从而实现"化战略为行动",确保企业发展目标的实现。《企业内部控制应用指引第2号——发展战略》中明确规定企业应当编制全面预算。

4. 有利于企业优化资源配置、提高经济效益。全面预算是为数不多的能够将企业的资金流、实物流、业务流、信息流、人力流等相整合的管理控制方法之一。全面预算以经营目标为起点,以提高投入产出比为目的,其编制和执行过程就是将企业有限的资源加以整合,协调分配到能够提高企业经营效率效果的业务、活动、环节中去,从而实现企业资源的优化配置,增强资源的价值创造能力,提高企业经济效益。

5. 有利于实现制约和激励。全面预算可以将企业各层级之间、各部门之间、各责任单位之间等内部权、责、利关系予以规范化、明细化、具体化、可度量化,从而实现出资者对经营者的有效制约,以及经营者对企业经营活动和企业员工的有效计划、控制和管理。通过全面预算的编制,企业可以规范内部各个利益主体对企业具体的约定投入、约定效果及相应的约定利益;通过全面预算执行及监控,可以真实反馈内部各个利益主体的实际投入及其对企业的影响并加以制约;通过全面预算执行结果的考核,可以检查契约的履行情况并实施相应的奖惩,从而调动和激励员工的积极性,最终实现企业目标。

因此,全面预算作为一种全方位、全过程、全员参与编制与实施的预算管理模式,凭借其计划、协调、控制、激励、评价等综合管理功能,整合和优化配置企业资源,提升企业运行效率,成为加强企业内部控制、促进实现企业发展战略的重要保障。

二、预算控制的意义

企业预算控制是一种切实有效的企业内部控制重要方法,通过预算控制系统可以整合信息流、资金流和业务流,实现财务业务一体化,对实现企业战略目标和经营目标、优化资源配置、规范业务流程、协调责任主体之间关系、有效组织经济活动、分散和化解控制风险、实现内部控制目标,具有重要的意义。

1. 预算控制是一种过程中的数量化控制。它详细地描述了为实现计划目标而要进行的工作标准，通过数量化的方式来建立控制标准，并以此标准来对经济行为、管理行为进行度量、纠正、考核、评价，从而实现对经济业务和管理事项处理的事前、事中和事后的准确控制，保证预期目标的实现。

2. 预算控制是一种预测控制。它通过对未来一段时间内企业内外环境的变化趋势、生产经营与管理计划情况及其执行过程可能出现的问题的预测，一方面可以使经营管理者明确经营目标和努力方向，另一方面控制者可以预先采取应对措施，实施精准控制，及时优化流程，调整预算，纠正偏差，保证预期目标的实现。

3. 有利于促使企业进一步完善管理基础规范。预算编制的基础依赖于企业各种管理基础工作，例如预算编制的基础依据就包括企业中各项相关的定额、标准，包括各种物料消耗定额、生产工时定额、销售费用率、小时工资率等。预算控制要求的提高也会促进各项相关定额、标准的及时调整修订；预算的编制与预算控制对信息要求面广量大，要求信息传递及时准确，有利于促进内部信息管理系统的进一步完善等等。

4. 预算控制有利于优胜劣汰机制、激励约束机制的运行。

三、预算控制的基本要求

1. 企业所编制的预算必须体现企业总体经营管理目标和各责任主体的经营或管理目标，并明确权责。

2. 应当加强预算执行全过程的监督检查，及时反馈预算执行情况。

3. 应当允许针对执行过程出现的问题，按照分级授权审批制度规定，及时调整修正预算，使预算更加切实可行。

4. 应当对预算执行的各责任单位进行考核评价，实施必要的奖惩。

四、全面预算的实施主体

《企业内部控制应用指引第 15 号——全面预算》第一章第四条指出，企业应当加强全面预算工作的组织领导，明确预算管理体制以及各预算执行单位的职责权限、授权审批程序和工作协调机制。

（一）决策机构——预算管理委员会

企业应当设立预算管理委员会履行全面预算管理职责，其成员由企业负责人及内部相关部门负责人组成。预算管理委员会主要负责拟订预算目标和预算政策，制定预算管理的具体措施和办法，组织编制、平衡预算草案，下达经批准的预算，协调解决预算编制和执行中的问题，考评预算执行情况，督促完成预算目标。

预算管理委员会是预算管理的领导机构和决策机构，应作为预算控制的最高级别控制主体承担监控职责。

（二）工作机构——预算管理工作机构

预算管理委员会下设预算管理工作机构，由其履行日常管理职责。预算管理工作机构一般设在财会部门。总会计师或分管会计工作的负责人应当协助企业负责人负责企业全面预算管理工作的组织领导。

预算管理工作机构履行预算管理委员会的日常管理职责，对企业预算执行情况进行日常监督和控制，收集预算执行信息，并形成分析报告。其主任一般由总会计师（或财务总监、分管会计工作的负责人）兼任，工作人员除了财务部门人员外，还应有计划、人力资源、生产、销售、研发等业务部门人员参加。

（三）执行单位——各责任中心

全面预算执行单位是指根据其在企业预算总目标实现过程中的作用和职责划分的，承担一定经济责任，并享有相应权力和利益的企业内部单位，包括企业内部各职能部门、所属分（子）企业等。企业内部预算责任单位的划分应当遵循分级分层、权责利相结合、责任可控、目标一致的原则，并与企业的组织机构设置相适应。根据权责范围，企业内部预算责任单位可以分为投资中心、利润中心、成本中心、费用中心和收入中心。预算执行单位在预算管理部门（指预算管理委员会及其工作机构，下同）的指导下，组织开展本部门或本企业全面预算的编制工作，严格执行批准下达的预算。

根据权责范围和对整个企业效益的影响程度，责任中心可以分为：仅负责收入而不负责成本的收入中心；产生很少收入或不产生任何收入，只发生成本费用的成本中心；产生成本和收入的利润中心；负责本部门投资、收入和成本的投资中心。

各责任中心既是预算的执行者又是预算执行的监控者，各责任中心在各自职权范围内以预算指标作为生产经营行为的标准，同预算指标比较，进行自我分析，并上报上级管理人员以便采取相应措施。

五、全面预算控制的流程

全面预算控制的流程包括预算编制、预算执行和预算考评三个基本环节。其中，预算编制环节包括预算编制、预算审批、预算下达等内容；预算执行环节包括预算分解与责任落实、预算执行控制、预算分析和预算调整等内容。三个基本环节及各项内容之间相互关联、相互作用、相互衔接，并周而复始地循环，从而实现企业所有经济活动的科学管理与有效控制。企业全面预算控制流程如图 5 - 2 所示。

（一）预算编制

《企业内部控制应用指引第 15 号——全面预算》第二章第五条指出，企业应当建立和完善预算编制工作制度，明确编制依据、编制程序、编制方法等内容，确保预算编制依据合理、程序适当、方法科学，避免预算指标过高或过低。企业应当在预算年度开始前完成全面预算草案的编制工作。

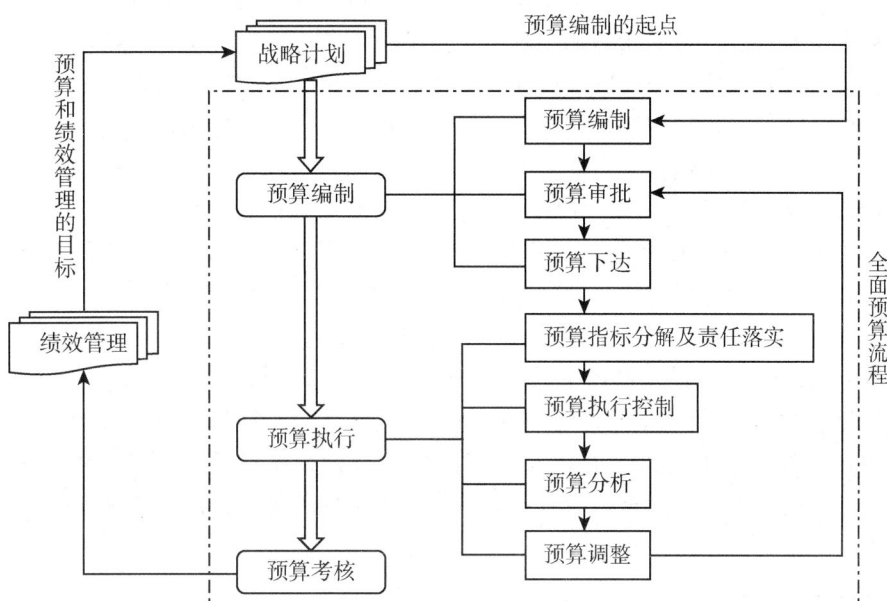

图 5 - 2　全面预算控制业务流程

1. 预算编制。企业应当根据发展战略和年度生产经营计划，综合考虑预算期内经济政策、市场环境等因素，按照上下结合、分级编制、逐级汇总的程序，编制年度全面预算。企业可以选择或综合运用固定预算、弹性预算、滚动预算等方法编制预算。

2. 预算审批。企业预算管理委员会应当对预算管理工作机构在综合平衡基础上提交的预算方案进行研究论证，从企业发展全局角度提出建议，形成全面预算草案，并提交董事会。

3. 预算下达。企业董事会审核全面预算草案，应当重点关注预算的科学性和可行性，确保全面预算与企业发展战略、年度生产经营计划相协调。企业全面预算应当按照相关法律法规及企业章程的规定报经审议批准。批准后，应当以文件形式下达执行。

（二）预算执行

1. 预算分解与落实。企业应当加强对预算执行的管理，明确预算指标分解方式、预算执行审批权限和要求、预算执行情况报告等，落实预算执行责任制，确保预算刚性，严格预算执行。

企业全面预算一经批准下达，各预算执行单位应当认真组织实施，将预算指标层层分解，从横向和纵向落实到内部各部门、各环节和各岗位，形成全方位的预算执行责任体系。企业应当以年度预算作为组织，协调各项生产经营活动的基本依据，将年度预算细分为季度、月度预算，通过实施分期预算控制，实现年度预算目标。

2. 预算执行控制。企业应当根据全面预算管理要求，组织各项生产经营活动和投融资活动，严格预算执行和控制。

企业应当加强资金收付业务的预算控制，及时组织资金收入，严格控制资金支付，调节资金收付平衡，防范支付风险。对于超预算或预算外的资金支付，应当实行严格的审批制度。企业办理采购与付款、销售与收款、成本费用、工程项目、对外投融资、研究与开发、信息系统、人力资源、安全环保、资产购置与维护等业务和事项，均应符合预算要求。涉及生产过程和成本费用的，还应执行相关计划、定额、定率标准。对于工程项目、对外投融资等重大预算项目，企业应当密切跟踪其实施进度和完成情况，实行严格监控。

企业预算管理工作机构应当加强与各预算执行单位的沟通，运用财务信息和其他相关资料监控预算执行情况，采用恰当方式及时向决策机构和各预算执行单位报告、反馈预算执行进度、执行差异及其对预算目标的影响，促进企业全面预算目标的实现。

3. 预算分析。企业预算管理工作机构和各预算执行单位应当建立预算执行情况分析制度，定期召开预算执行分析会议，通报预算执行情况，研究、解决预算执行中存在的问题，提出改进措施。企业分析预算执行情况，应当充分收集有关财务、业务、市场、技术、政策、法律等方面的信息资料，根据不同情况分别采用比率分析、比较分析、因素分析等方法，从定量与定性两个层面充分反映预算执行单位的现状、发展趋势及其存在的潜力。

4. 预算的调整。企业批准下达的预算应当保持稳定，不得随意调整。由于市场环境、国家政策或不可抗力等客观因素，导致预算执行发生重大差异确需调整预算的，应当履行严格的审批程序。

（三）预算考核

1. 企业应当建立严格的预算执行考核制度，对各预算执行单位和个人进行考核，切实做到有奖有惩、奖惩分明。

2. 企业预算管理委员会应当定期组织预算执行情况考核，将各预算执行单位负责人签字上报的预算执行报告和已掌握的动态监控信息进行核对，确认各执行单位预算完成情况。必要时，实行预算执行情况内部审计制度。

3. 企业预算执行情况考核工作，应当坚持公开、公平、公正的原则，考核过程及结果应有完整的记录。

4. 预算考核的内容。预算考核包括预算评价和预算激励两个方面。预算评价是对企业内部各级责任部门或责任中心预算执行结果进行评价。要促使预算执行者主动积极执行预算，需要将预算的评价结果与预算执行者的薪酬相挂钩，实行奖惩制度，即预算激励。

5. 预算考核类型分为动态考核和期末综合考核，动态考核指在预算执行的过程中开展考核，这样可以及时提供各级责任主体的预算执行情况信息，通过差异分析，及时纠正行为偏差，督促其落实预算任务。在预算期末，对预算的执行情况进行总结和综合评价，为下次准确编制和有效运行预算积累经验。

6. 预算考核采用定量与定性相结合、财务指标与非财务指标相结合的方法。定量考核侧重结果评估和数量考核，定性考核侧重行为评估；财务指标关注过去经营业绩，注重企业内部而忽视外部竞争，非财务指标注重企业未来成长、战略发展和外部市场。因此，定量和定性相结合、财务指标和非财务指标相结合的预算考核是企业首选的方法。

总之，预算考核是对企业全面预算管理实施过程和实施效果进行的考核和评价，既包括对企业全面预算管理活动实施效果的全面考核，也包括对预算执行部门或责任中心以及预算责任人的考核与绩效评价。预算考核本着公平公开、科学合理的原则，将其评价结果与预算执行者的薪酬相挂钩，实行奖惩制度，进一步确保预算目标的实现，真正发挥预算管理的作用。

【案例 5 – 7】

蒙牛公司全面预算管理下的财务控制制度建设

蒙牛集团公司下设常温事业部、低温事业部、冰淇淋事业部3大运营中心以及战略规划部、财务投资事业部、人力资源部等多个职能部门。随着公司规模的不断扩大，公司财务管理如何适应集团企业的战略要求就显得尤其重要。为此，蒙牛公司对原有分部门和事业部的预算管理制度进行了整合，在全面预算管理中突出了财务预算事前管理的导向作用，实现了事中、事后的预算监督与管理功能，保证了营运管理系统各项财务指标能够符合集团公司发展战略要求。

一、预算组织机构及其职责

为保证集团预算的权威性和有效性，提高全面预算的工作效率和执行效果，蒙牛公司成立了预算委员会。预算委员会成员主要包括营运管理系统副总裁，各中心总经理、总监及其以上级别的人员及相关人员。根据组织机构变化，预算委员会成员实行动态调整，保证预算业务的全覆盖。预算委员会的主要职责：一是设定战略规划、制定年度预算指标；二是负责研究和决定年度预算指标、重大费用追加及年度中间重要变动事项导致的年度预算目标发生重大变化事项。

二、预算编制方法程序及要求

蒙牛公司的预算编制分为年度预算编制和月度预算编制。

（一）年度预算编制

编制年度预算前，财务管理中心会召集预算委员会成员召开预算启动会，根据营运管理系统预算年度经营指标，确定预算年度的预算原则及编制进度安排。预算编制进度安排视集团要求时间和营销系统销售预算时间而定。

预算编制小组负责编制年度预算。预算编制小组成员主要由财务管理中心人员和各职能部门人员组成。财务管理中心人员主要包括预算管理主管、预算会计以及根据工作需要指派的人员；各职能部门人员原则上由各部门负责人直接指派人员负责本部门数据的提供及业务预算报表的填制，各职能部门人员必须保证本部门预算数据的及时性及准确性。编制预算过程中，预算编制小组有权要求各职能部门相关人员及时提供预算所需资料。

（二）月度预算编制

各运营中心、部门、事业部按月度预算报送时间要求，在月末按时向预算会计报送下月预算，预算会计对营运管理系统从产量、利润等方面与全年预算以及集团公司下达的控制指标对比，事先进行利润及费用控制模拟，对各项指标综合分析平衡后，将月度预算上报财务管理系统。营运管理系统根据实际情况提出为达到预定目标应采取的措施或建议，以保证信息畅通与共享。

三、预算体系、预算控制及其分析

（一）预算控制体系

财务管理中心预算管理处负责所有预算指标的总体控制，并对营运管理系统的预算执行情况进行总体监控。各事业部预算由各事业部总经理负责，各事业部财务处是预算控制主体和数据的提供者，负责对明细项目预算支出情况进行监控，并向财务管理中心预算管理处提供预算执行情况。

集团公司对营运管理系统设置二级控制指标、三级控制指标，二级控制指标适用于营运管理系统下设各中心、系统；三级控制指标适用于事业群及各生产单位。二级控制指标中，针对运营中心设置了制造成本、运输成本、管理成本、固定资产管控、存货管理、经营效率提升以及盈亏控制等指标，针对其他各中心，在考虑其中心职能的基础上，从财务的角度出发进行指标设置。各中心需将二级控制指标分解至下设的各个部门管控，以使各中心的目标更好地达成。三级控制指标主要是针对事业群及各生产单位而设置的专项指标。

（二）月度预算控制

1. 费用控制原则。营运管理系统各中心、部门及事业部，需做到预算前管控，按项目监控不漏项。每月通过对预算执行情况的分析找出预算节超原因及责任人。财务管理中心费用会计负责对营运管理系统各部门费用报销进行具体控制；事业部财务处费用会计负责对本事业部各部门费用报销进行具体控制。费用会计必须关注该部门当月预算控制指标，并承担预算失控责任。月度预算中出现下列情况时，费用会计应进行严格控制，财务部门有权停止报销费用：一是单个费用项目当月无预算，不允许报销；二是单个费用项目已报销数超过当月预算数的 20% 且报销额度超过 2 万元时应停止该费用项目的报销。

2. 部门费用预算核减。各部门（包括各事业部）都建立了部门费用预算预警机制，每日登记本部门报销的实际费用数据。各部门根据其费用预算设置预警台账，当出现不允许报销或应该停止报销的单个费用项目时，必须及时停止报销，且主动告知财务部门费用会计。基地各部门（即事业部下属各生产部门）在次月 2 日前将上个月的费用预警台账报送至财务管理中心预算会计；事业部各部门每月结束后次日将费用预警台账报送事业部财务处；预算会计及事业部财务处费用会计负责对每个部门的费用预警台账数据进行检查，对发现违反规定的单位按相应的业绩奖惩制度处理。

（三）年度预算追加或调整的控制

1. 年度费用预算追加及审批权限。年度预算原则上一经确定不予以追加，但以下情况除外：公司政策发生较大变化；组织机构发生较大变动；年初核定预算时未给予预算的项目，但受公司政策影响仍然在执行。各中心、部门及事业部如需追加费用，必须出具书面追加报告，财务管理中心自接到报告之日起在规定的工作日内视具体情况进行处理。年度预算追加按照营运中心和职能中心分别确定其审批权限，审批授权分为财务管理中心预算管理主管、财务管理中心管理部部长、财务管理中心总经理、营运管理系统副总裁四个级别。

2. 年度费用预算调整。在以下情况下，可对年度费用预算进行调整，组织机构变化导致人员部门间变动时，允许部门之间费用预算划转；根据公司或业务需要，在总额不变的情况下允许对部分预算项目额度进行调整；所有中心、部门、事业部的年度预算费用项目调整只允许在半年度时进行一次。具体操作方式由各中心、部门及事业部以书面形式上报财务管理中心预算会计，财务管理中心同意后才能调整，预算调整后于规定的工作日内将调整后的预算表经第一负责人签字后报财务管理中心备案。所有中心、部门、事业部的年度预算费用项目之间调整，必须按以下规定进行：职工薪酬、低值易耗品摊销、无形资产摊销运输装卸费、折旧费、各种税金等费用项目必须按年度预算数控制，不得超预算，并实行专款专用；纳入总经理办公室管理的项目定额，依据总经理办公室的要求进行。除上述之外的费用项目，允许项目之间互相调整。

3. 单项费用控制。单项费用超出年度预算时不允许报销，而应在各项目之间进行调整或进行费用追加，且必须由财务管理中心签字确认，各项费用必须按会计入账规则入账，不允许出现私自占用其他项目费用预算、对单项费用擅自调整或自行进行项目间调整的现象。

四、预算质量考核

（一）考核原则

月度预算考核按单项指标浮动率与总额浮动率结合的方式进行，季度、年度累计综合平衡考核则主要考虑全年预算的时间进度控制和上年同期对比两个维度，并给定合理的变动区间。

由于管理费用和销售费用容易受到复杂性因素的影响，变化幅度较大，因此，将管理费用中的差旅费、租赁费、物耗费、修理费、会务费、低值易耗品摊销以及销售费用中的差旅费、运输装卸费、物耗费、修理费、会务费、低值易耗品摊销单独确定浮动率进行考核。除上述费用外，一律执行事先给定的变动区间。

结合冰淇淋产品受季节因素影响较大的产品特性，将冰淇淋运营中心各事业部的季节性停产费用纳入正常费用的考核范围之内。

定额费用项目由费用会计提供实际数据，总经理办公室按照相应定额制度进行具体考核月度预警通报，执行年度一次性考核。

此外，为提高预算的准确性和维护预算的权威性，凡是年度过程中存在追加月度、年度预算及剔除年度预算行为的单位，即使年终费用有节约也不予以奖励。

（二）月度考核

月度考核主要有以下几种方法：各单项费用可以在一个给定的幅度范围内上下浮动，对超出此范围的费用金额，按照单项费用节超金额的相应比例进行考核，并对单个费用项目考核和每月单项考核汇总的奖惩金额设置最高限额。

对月度费用预算总额按浮动率进行考核，要求各部门的管理费用和销售费用月度总额浮动率控制在一定范围以内，对超过规定范围的部门予以惩罚：对浮动率范围内的变动，再进一步划分为不进行奖励和进行奖励的区间。月度单项考核与总额浮动考核实行累计兑现。

（三）季度、年度考核

季度、年度平衡考核以全年预算费用执行完成情况及报告期实际发生总额与基期相比得到的实际完成情况进行加权计算。

1. 季度考核。允许各部门在年度预算时间进度比例基础上上下浮动 5% 作为判断费用使用是否正常的标准，按超过"时间进度比例上下浮动比率"的节约额或超支额的一定百分比实施奖惩：与上年同期费用发生额进行对比，允许各中心季度、半年发生额在上年同期基础上上下浮动 5%，按节约额或超支额的一定百分比实施奖惩。

2. 年度考核。年度终了时，对比实际发生总额、年度预算总额和上年实际发生总额，按费用类型制定相应的考核办法。对于管理费用的考核，主要有两项指标：一是实际发生总额与年度预算总额的对比指标；二是实际发生总额与上年实际发生总额的对比指标，两项指标的超支部分按超支金额的 10% 进行考核。对于销售费用的考核，基本与管理费用相同，所不同的是超支部分按超支金额的 5% 进行考核。

资料来源：韩存，毛剑芬. 蒙牛公司全面预算管理下的财务控制制度建设［J］. 财务与会计，2014（06）：21 - 23.

第七节　运营分析控制

一、运营分析控制定义

运营分析是指以原始数据统计及台账、计划指标、会计记录、市场信息、问题反馈表单和其他相关资料为依据，运用科学的管理分析方法和模型对企业一段时期内的运筹和经营活动情况进行系统性分析研究，旨在评价过去的经营绩效，了解真实的目前运营状况，预测未来的发展趋势，并按照客观规律指导和控制企业经济活动。

运营分析控制是指通过分析企业经济活动的相关信息，从中发现管理过程中的问题，及时采取针对性措施，并监督检查执行情况，保证经济活动的计划性和过程受控。

《企业内部控制基本规范》第三十四条规定，运营分析控制要求企业建立运营情况分析制度，经理层应当综合运用生产、购销、投资、筹资、财务等方面的信息，通过对比分析、比率分析、趋势分析、因素分析、综合分析等方法，定期开展运营情况分析，发现存在的问题，及时查明原因并加以改进。

二、运营分析的内容

运营分析内容体系包括宏观、中观和微观三个层面，宏观运营分析主要研究外部环境的状况，例如国家路线方针政策、区域经济政策、国家科技体制等；中观运营分析主要研究市场和产业的状况，例如竞争者的市场策略、产业结构、行业政策、消费者偏好等；微观运营分析主要研究企业内部运营状况，例如部门考核指标的完成情况、业务专项分析等。

按照分析的目的，运营分析主要包括财务经营分析、预算分析、专项分析和综合分析。

（一）财务经营分析

财务与经营分析是指利用企业内部财务信息对企业生产经营成果、财务运营情况进行分析与评价，形成相关的书面报告，主要包括企业盈利能力分析、企业营运能力分析、企业偿债能力分析和发展能力分析。

（二）预算分析

预算分析是指企业对一定期间经营活动、投资活动、财务活动等做出的预算事项分析。企业预算管理工作机构和各预算执行单位应建立预算执行情况分析制度，定期召开预算执行分析会议，通报预算执行情况，研究、解决预算执行中存在的问题，提出改进措施。企业分析预算执行情况，应当充分收集有关财务、业务、市场、技术、政策、法律等方面的信息资料，根据不同情况分别采用比率分析、比较分析、因素分析等方法，从定量与定性两个层面充分反映预算执行单位的现状、发展趋势及其存在的潜力。

（三）专项分析

企业各部门都有专项的工作职责，为了提高企业运营效率，确保部门工作计划按时完成，每个部门都需定期或不定期提交本部门的专项分析报告，分析内容包括业务专项问题分析及采取的措施或具体建议、下一阶段趋势预测和工作安排、需要协调解决的工作问题、部门指标完成通报及未完成指标原因分析和改进方案或建议。例如，根据企业市场部的部门职责，市场部需提交主要竞争对手情况通报及对比分析、市场反馈的主要问题及建议、新用户的开发情况等。

（四）综合分析

综合分析是指对企业一定时间内经济活动过程及其结果所进行的全面分析。基本内容有：（1）生产经营消耗分析。需将生产经营过程中的人力消耗、物资消耗同生产经营成果进行对比考查。常用的分析指标有劳动生产率、成本利润率等。（2）市场销售趋势分析。需将某些产品（服务）进入流通消费领域的情况同本单位生产经营该项产品或提供服务的业务情况进行对比考察。常用的分析指标有销售利润率、市场占有率等。（3）生产经营资金占用分析。需对生产经营过程中的固定资金和流动资金利用状况进行考查。常用的分析指标有资金周转率、资金利润率等。

在进行上述分析后，将产值、产量、成本、费用、供货合同、利润、税金等因素有机地结合起来，系统而详细地从整体上检查企业或部门生产经营过程中各方面的问题和可能发掘的潜力。

三、运营分析控制的流程

1. 制定分析目标。企业根据实际需要，确定经营活动分析的目标。

2. 根据确定的分析目标，制定分析方案，明确分析对象和指标。

3. 组织相关人员执行分析方案，搜集相关数据信息，进行现状分析。具体情况如下：（1）为分析收集相关的内外部信息。内部信息主要是本部门根据自身运营分析的目的收集相关数据，在履行本部门职责过程中应注意相关数据的收集与积累；外部信息主要是从企业外部（例如网络媒体、行业协会、中介机构、政府监管部门等）广泛收集的资料，包括宏观经济政策、行业数据、用户需求与偏好、其他竞争对手的动态等。（2）信息处理。企业各部门只有对信息进行有效的清理与筛选，即降噪和删除不合格、不相关的内容，才能变成有用的信息。（3）信息深加工。企业各部门围绕本部门运营分析的目的采用各种分析方法（包括对比分析法、比率分析法、趋势分析法、因素分析法、综合分析法等）对处理后的信息进行分析，利用关联数据、异常数据，充分挖掘其背后所隐藏的原因或规律，并对未来经营作出预测。

4. 形成分析报告。在数据分析结果的基础上形成总结性结论，并提出相应的建议，从而对发展趋势、策略规划、前景预测等提供重要的分析指导，为企业的效益分析、业务拓展提供有力的保障。

5. 根据解决方案或下一步工作计划，严格执行并受监督与评价。

四、运营分析方法

根据运营分析的内容，运营分析方法可以分为企业环境分析方法、产品分析方法和经营分析方法。

其中，企业环境分析方法主要包括 PEST 分析法、SWOT 分析法、竞争力分析法和 SPACE 分析法等；产品分析方法常见的有波士顿矩阵法、层次分析法、价值曲线分析法等；经营分析的主流分析方法包括统计分析法、类比分析法（例如比较分析法、比率分析法）、指标分析法（例如因素分析法、杜邦分析法）、事件分析法（例如决策树、神经网络）、聚类分析法、关联分析法、机理模型（例如回归分析、量本利分析）和预测（例如德尔菲法、趋势分析法）。

【案例 5 – 8】

海尔集团 SWOT 分析

我国的家电制造业是对外开放时期最早发展的行业之一，发展至今市场规模巨大。近些年来，中国家电企业不断创新，随着消费结构的改变仔细研究消费者需求，还积极响应国家供给侧结构性改革不断去库存、去杠杆。努力研发新品种的家电、保障家电的品质并且努力打造出属于自己的品牌。随着消费结构的不断改善，我国家电企业不断推出中高端产品来满足顾客需求，逐步形成具有影响力的品牌，并有了一定的知名度。通过这种方式，我国家电不论是在国内还是国外都拥有了自己的一席之地。

海尔是中国家电行业的领头羊，不断为中国家电国际标准提出自己的想法，在国际标准中的提案占 8 成，是中国家电企业专利质量的第一。通过不断的努力，海尔实现了资源的整合和实力的扩大。更重要的是，我国是全球家电制造业大国，其中由我国生产出的家电总共占全世界的 56%，在这 56% 中有 8.9% 是由我国家电品牌生产的，其中海尔家电占 71%。

海尔 SWOT 分析如下：

第一，优势（strengths）。

1. 根据行业发展实施有效的管理模式。从 1984 年海尔建立至今，海尔总共拥有六个战略阶段。不同的战略阶段实施了契合当时环境的管理模式。1984 ~ 1991 年运用名牌战略确保产品质量并最终运用这一优势远超其他竞争品牌；1991 ~ 1998 年运用多元化战略、实施 OEC 模式，不断提高自身品牌能力，进行全方位的优化管理；1998 ~ 2005 年，运用国际化战略、实施市场链管理模式，将产品的制造、营销、零售等进行一体化建设；2005 ~ 2012 年的全球化品牌战略以及 2012 ~ 2019 年的网络化战略，还有 2019 年至今的生态品牌战略，都实施了人单合一模式，以员工、用户为中心，每个员工都具有不同能力从而不断激发他们的创造力，不论是对于用户还是企业内部事项都可以提出自己的想法，从而形成一个扁平化的组织结构，不断地输入新鲜血液。

2. 品牌知名度高，市场份额占比多。尽管在 2020 年国内空调行业乃至整个家电业都受到了疫情的极大影响，但是海尔空调的市场份额在普遍低迷的市场中还有所上涨，海尔是在疫情重创的情况下空调行业唯一一个实现销售量和市场份额双增长的品牌。截至2021年6月，海尔智家股票总市值2 380亿元，行业排名第三，占市场份额10.0%。海尔独特的物联网体系又使互联智能空调成为全世界第一，也是中国国内所有空调企业出口到国际的销量第一。

3. 产品功能技术的创新。海尔空调主要拥有六大专利技术：冷膨胀技术、凝水技术、宝石蓝涂层技术、银离子抗菌涂层技术、逆平衡技术、速凝快洗技术。这六大专利都能够有效抑制细菌，还有使空调内外机能自清洁的功能，保障家中空气的卫生。疫情期间，海尔推出可以除菌、净化空气还能自清洁等多种功能的空调，充分考虑到了消费者的需求，深受消费者喜爱。

第二，劣势（weakness）。

1. 空调核心技术的缺失。如今海尔还没有研发出具有竞争优势的核心技术，例如压缩机、制冷机等空调技术。以其他空调企业为例，格力有凌达压缩机技术；美的有自家和东芝的压缩机技术；海信有自家和日立的压缩机技术；TCL有瑞智压缩机技术；长虹有东元压缩机技术。然而海尔没有自主研发的压缩机核心技术，一般使用的都是三菱电机和海立压缩机。海尔应当不断创新，构建自己的核心技术研发团队，提升在规模如此宏大市场中的竞争优势。

2. 营销方式没有拥抱新媒体。互联网的飞速发展下，直播带货这一营销方式异军突起，而海尔很少尝试这种新营销模式。张瑞敏先生认为直播带货是另一种形式的价格战，而海尔一直主张的是价值战。如今，在互联网催生出新媒体的情况下，直播购买产品的方式变得越来越普遍。海尔应该去尝试这种新的营销方式。例如淘宝，疫情之下直播用户突然增多，2020年春节过后淘宝平台的直播用户已经达到了两亿多人，竟然占到整体网民的29.3%，这是多么庞大的市场！格力的董明珠女士、携程的梁建章先生还有百度的李彦宏先生纷纷下场直播为自家品牌站台，好的直播平台更能给企业带来影响力与知名度的提高。2021年的博鳌论坛，董明珠女士讲到疫情之下，新时代悄然而至，要紧跟时代潮流。2020年她尝试当起了主播，在她亲自参与的13次直播中竟然达到了约500亿元的交易额，她首次在快手平台直播时，总观看人数达到了430万人。关于直播带货，她认为非常有收获，是一件有趣的事情。2020年8月，国美携手海尔进行了一场"欢乐家庭聚会"式的直播活动，直播三小时就带货4.1亿元的销售额。此后，海尔就没有再进行高层参与的直播活动。在海尔论坛中，有关于海尔应对线上零售的方式，分别建立海尔网站以及建立公司内部网络。截至2020年初，淘宝用户已达8亿人，海尔在更大的平台上会有利于吸引更多的客户，促进自身的发展。

第三，机遇（opportunities）。

1. 国家政策支持。依照"中国制造2025"大纲的设定发展，第一步要更加注重创新能力，发挥出企业最大优势，同时促使制造业朝着智能化迈进，减少因制造业产生的污染，更加注重可持续的环境发展，在全世界形成具有影响力的企业。第二步要在国际方面具有领先优势，具有引导世界趋势的能力，创造出世界品牌。第三步要求建立全球领先的技术体系，综合实力不断加强。在国家政策的支持下，我国家电行业有广阔的发展空间，需要我们的家电企业不断创新，最终达到我们要成为世界制造强国的目标。

环境可持续发展理念逐渐融入了人们的生活，"碳达峰""碳中和"两个词语越来越多地出现在我们的生活中，这就要求所有企业低碳减排、优化能源结构、减少污染，但是家电企业离不开各种能源，现如今暖通行业面临着新的变革。为响应国家的方针政策，海尔不断研发创新，推出了有关应用清洁能源的成果，之后又创建第一个智能物联云平台。为的就是依靠自身现有物联网技术体系加之技术创新使产品更加绿色低碳，海尔中德工业园区成为全球首个实现碳中和的"灯塔基地"，吸引了两百多家企业用不同的方式来参与低碳节能项目的实践。

2. 消费结构升级，追求更好的产品。随着消费人群年龄结构的改变以及教育水平的增长，我国的国民消费结构逐渐升级，人们追求质量更高、科技含量更高、附加功能更多的产品。消费人群年龄结构的改变，新时代消费主力军慢慢由"80后""90后"变为"95后""00后"。随着时代的发展变换，消费结构以及消费观念相比从前也有着巨大变化，"00后"追求商品质量，产品服务比"80后"更甚，而且"00后"大多是独生子女，对于商品追求个性化，关注商品颜值是否跟随潮流，更追求创意度及其他新奇想法。

现如今我国教育事业不断发展，不论是义务教育、高等教育，还是职业教育都在不断完善，基本让所有中国人民都能受到知识的熏陶，不断培养高素质人才，国民的知识水平都在不断提升。整个社会人员素质的提高会带动企业竞争能力的提升。随着知识文化教育的深入人心，消费理念也在不断改变，从之前的追求便宜到现在的追求质量，人们对产品的要求更加兼顾价格和质量以及外观的统一。

第四，威胁（threats）。

1. 市场竞争激烈。中国人口众多，而家电又属于生活必需品，这是多么广阔的市场，所以中国家电企业生产的产品数量也是非常庞大的，竞争也是非常激烈的，众多的家电品牌都在相互竞争，不断提升产品质量、做出成绩，在这众多的家电企业中，格力、美的、海尔三家加起来就占据了家电业的半壁江山，现如今基本上没有能与之抗衡的后起之秀。中国市场对于外国企业算是一块诱惑很大的蛋糕，单单是中国一个市场就已经占据了全世界市场的一半了，所以也有很多了解中国市场且拥有核心技术的优秀外国企业盯上了这块大蛋糕。以日本东芝公司为例，2013年在杭州建立了自己的独资工厂。不过东芝并没有采用中国进口标准，而是继续沿用日本的标准来保障东芝空调的品质，由此东芝在中国的生产销售四年内整整翻了7倍。所以，国内外的优秀空调生产企业对于海尔也算一种威胁。

2. 原材料成本达十年来最高。铜是空调必不可少的原材料，不管是在生产过程还是安装过程中，铜都起到了独一无二的作用，因为空调中的原材料有30%都是铜件，而在安装过程所需材料中铜件又占到七成。从2020年底，铜价一路飙升至6万元/吨，下游企业可谓是苦不堪言，成本激增，所以线下空调、冰箱、洗衣机价格或多或少在增长。在铜供应量紧张的情况下，再加上铜导电性能良好，其他材料没有像铜一样良好的性能，导致铜价居高不下。在此背景下，家电等存量需求将会下降。2021年春节前后，铜价、合金、铝价、铁矿、不锈钢、玻璃、包装纸箱、泡沫塑料均有不同程度的涨幅。原材料价格的一系列增长都会增加空调生产企业的成本压力，进一步影响企业利润。

第五，SWOT综合分析。

1. 增长型战略（SO战略）。根据市场环境的变化，改进管理模式，利用独一无二的技术生产契合当下形势的空调产品。例如在疫情时期，海尔契合消费者心理所生产的劲铂自清洁空调，拥有灭菌、自行清洁、保障家庭空气健康等功能，契合国家政策，紧跟时事，积极响应"中国制造2025"的号召，坚持自主创新，打造科研体系，研发出不可替代的核心技术，向全世界打造出具有影响力的中国品牌。近年来，"碳中和"一词已经离不开我们的企业，在保护环境低碳的基础上，不仅生产要低碳环保，还要使我们所出售的产品更加契合这一理念，具有低碳环保的功能；人们消费结构的升级，要求海尔研发出在质量、外观、技术等方面均优的产品。

2. 多种经营战略（ST战略）。依靠先进的管理模式、产品创新技术、品牌的影响力等有利条件，不断发掘自身竞争优势，在竞争激烈的国内家电市场中占据自己的地位，向优秀的竞争对手学习。在空调原材料上涨的情况下，海尔决定调整价格来对冲因原材料上涨所带来的影响，反观格力、美的都将目光聚焦于期货。美的集团、格力集团均进行了有关原材料铜、铝等的期货业务，降低因市场变动导致有关原材料价格飞涨的风险，海尔也应该学习其他优秀空调企业的应对方法，再结合自身情况，最后得出一个最适合自身的解决办法。

3. 扭转型战略（WO战略）。国家支持家电行业政策的逐步发展，海尔可以与拥有压缩机技术的企业共同学习，交流经验，集各家所长，融会贯通，补己之短，朝着打造中国品牌的方向共同努力，实现合作共赢。社会不断进步，随着互联网的进一步发展，要勇于拥抱新媒体，不断变革新营销模式，直播带货其实不是打价格战而是拥有更广阔的平台来告诉用户我们产品是怎样的，可以吸引更多的消费者目光，这一步是必须要走出去的，要用发展的眼光来看问题。

4. 防御型战略（WT战略）。在竞争激烈的家电市场中，不乏强大影响力的品牌和核心技术的企业，可是也有很多因为经营不善而退出市场的企业，可以选择收购或兼并拥有核心技术的企业，在原有的基础上不断创新、建立科研体系，研发出属于自己的带有优势的核心技术，提高竞争力。对待其他问题上，要放下自己的身段，勇于尝试，敢于变革，与时代共同进步，这样才能实现共赢。

资料来源：谢宛芸. 海尔集团 SWOT 分析［EB/OL］. 国研网案例库，2021.

第八节　绩效考评控制

一、绩效考评控制的定义

绩效考评是绩效考核和评价的总称。它是指运用一系列科学方法，对企业或其分支机构一定经营期间内的生产经营及其业绩、资本运营及其效益、管理活动及其效益等进行定量和定性的分析、考核，作出客观、公正的综合评价，作为一个反馈控制手段在内部控制中作用显著。

《企业内部控制基本规范》第三十五条规定，绩效考评控制要求企业建立和实施绩效考评制度。科学设置考评指标体系，对企业内部各责任单位和全体员工的业绩进行定期考评和客观评价，将考评结果作为确定员工薪酬以及职务晋升、评优、降级、调岗、辞退等的依据。

二、企业绩效考评内容

1. 关键业绩指标考评。企业通过设定关键业绩指标，用于定期衡量各部门各岗位员工重要工作的完成情况。例如利润指标、费用指标、销售收入指标等。

2. 计划完成情况考评。按照事先下达的计划，衡量各部门各岗位员工计划完成情况，以动态考评各部门各岗位员工的努力程度和工作效果。这种考评一般在月度、季度、半年和年度终了进行。

3. 能力态度考评。能力态度考评主要是衡量各岗位员工的履职能力、思想觉悟、工作态度和工作作风。一般每年度进行一次。

4. 部门满意度考评。部门满意度考评主要考评在日常工作中企业各部门之间相互配合、相互协调、相互合作、相互促进的情况与效果，一般每半年进行一次。

三、绩效考评的方法

（一）平衡计分卡评价法

平衡计分卡（the balanced score card，BSC），是绩效管理中的一种战略衡量工具，适用于对部门的团队考评。平衡计分卡的核心思想就是通过财务、客户、内部运营、学习与发展四个维度，衡量组织的战略落实与完成情况的一种绩效评价方法。它通过可操作的绩效衡量指标和目标值之间相互驱动的因果关系展现组织的战略目标实现过程的轨迹，包括绩效考评—绩效改进以及战略实施—战略修正等过程。它把绩效考评的地位上升到组织的战略层面，使之成为组织加强企业战略执行力、保证企业战略得到有效执行和实现的战略管理工具。

（二）关键绩效指标评价法

关键绩效指标（key performance indicator，KPI）是通过对组织内部流程的输入端、输出端的关键参数进行设置、取样、计算、分析，衡量流程绩效的一种目标式量化管理指标，是把企业的战略目标分解为可操作的工作目标的工具。通过 KPI 设置明确各部门的主要工作目标和责任，并以此为基础，明确部门人员的业绩衡量指标。关键绩效指标评价法就是通过建立一套 KPI 体系来评价企业各部门各单位及其员工主要工作完成情况。它是目前国内外企业比较流行的绩效考评方法。

（三）360 度评价法

360 度评价也可称为多源评价或多向度评价者评价，它不同于自上而下、由上级主管评价下属的单一向度评价方式。在 360 度评价中，评价者不仅有被评价者的上级主管，还包括其他与之密切接触的同级人员、下属、合作者、客户等相关人员，也包括被评价者的自我评价。它是一种从不同层面的人员中收集考评信息，从多个视角对员工进行综合绩效考评并提供反馈的方法，或者说是一种基于上级、同事、下级和客户等信息资源的收集信息、评价绩效并提供反馈的方法。

360度评价法作为绩效管理的一种新工具,被越来越多的国际知名企业使用。据调查,在《财富》杂志排名前1 000位的企业中,已有90%的企业在使用不同形式的360度评价法,例如IBM、摩托罗拉、摩根士坦利、诺基亚、福特、迪斯尼、西屋、美国联邦银行等,都把360度评价法用于人力资源管理和开发。

(四)图尺度评价法

图尺度评价法是操作简单、运用较为普遍的工作绩效评价技术方法之一。它通过列举绩效构成要素(例如"质量"和"数量")、跨度较大的工作绩效衡量等级(例如从"非常不满意"到"非常满意",从"很差"到"很好")并对等级进行赋值。在进行工作绩效评价时,首先针对每一位下属员工从每一项评价要素中找出最能符合其绩效状况的分数;其次将每一位员工所得到的所有分值进行汇总,即得到其最终的工作绩效评价结果。

(五)行为锚定等级评价法

行为锚定等级评价法(behaviorally anchored rating scale,BARS)是一种对同一职务工作可能发生的各种典型行为进行评分度量,建立一个锚定评分表,以此为依据,对员工工作中的实际行为进行测评记分的考评办法。它是用一些特定关键事件说明的行为来对工作绩效加以定位的工作绩效评价方法。它实质上是把描述性关键事件评价法和量化等级评价法的优点结合起来,兼具两者之长。这种方法为每一个绩效指标都设计出一个等级评价表,表中每一个等级的绩效均通过对工作中某一关键事件的客观描述性说明词来加以界定(即所谓锚定)。它的目的是通过这种等级评价表,将关于特别优良或特别劣等绩效的叙述加以等级性量化,供考评者为被考评者实际绩效评分时作参考依据。

四、绩效考评对内部控制的作用

在实际工作中,基于内部控制本身的局限性,企业内部控制存在着控制功能弱化、缺乏效率和效果等问题,企业通过建立有效的绩效评价机制和科学的评价依据,用绩效考评制度的优势去保证内部控制的贯彻实施,可以成为内部控制的有效补充。这也是制度管理的精髓。

(一)激励作用

通过考评指标维度和权重设计,把绩效考核结果与薪酬体系相衔接,可以引导和强化员工的行为,从而真正对员工起到激励作用。在企业正常运营情况下,在新的运营期间,部门或员工个人新的目标应高于旧的目标,以激励组织和个人进一步提升绩效,经过这样的绩效管理循环,组织和个人的绩效就会得到全面提升。绩效考评的严肃性及奖优罚劣机制,可以极大地调动员工的积极性、主动性和创造性,有利于企业文化的建设和员工素质的培养,形成核心价值观,这正是内部控制制度执行和实施所必需的环境因素。

(二)督促作用

绩效考评虽然表面上是一种对工作结果的考核评价,但其考核评价的作用是体现生产经营与管理活动全过程，所以本质上它也是一种过程管理，它将中长期的企业目标分解成年度、季度、月度甚至每天的工作指标，不断督促员工去努力实现、去完成。有效的绩效考评能帮助企业达成目标。绩效考评以帮助员工弄清楚他们应该做什么和可以怎样去做，督促员工积极工作，可有效地提高员工工作效率。在绩效考核评价环节，对个人和部门的工作进行客观公正的阶段性考核评价，明确个人和部门对组织的贡献，通过多种方式激励高绩效的部门和员工继续努力提升绩效，督促低绩效的部门和员工找出差距改善绩效。绩效考评通过持续不断的沟通、分析，找出存在问题的原因和方向并提供有针对性的人力资源培训和开发，促进员工能力的提高。

（三）自警作用

当一个绩效考评办法出台后，推动这项工作进行的是被考评者的认知。根据绩效考评中的有关内部控制制度，组织中每名员工都知道自己应该做什么、不应该做什么，知道不遵守内部控制制度应负什么样的责任。大家以此为准绳，时时、事事、处处自警，并相互提醒、相互监督，遵守内部控制制度已成为每个人的自觉、自愿行为。

【案例 5-9】

北京 J 企业平衡计分卡应用

北京 J 企业主营业务 A 商城中国最大的网络零售商，是中国电子商务领域最受消费者欢迎和最具影响力的电子商务网站之一。自 2004 年初正式涉足电子商务领域以来，A 商城一直保持高速增长，连续六年增长率超过 200%。然而，公司在税前的营业利润都呈现亏损状态，且亏损的趋势在逐渐增长，不容乐观，急需得到改进。

J 企业为了能够获得更好的发展，开始应用平衡计分卡对企业员工进行考核。

1. 财务维度。2017 年 J 企业要求现金流提升 25%，这是平衡计分卡的综合约束性指标。具体的指标主要表现为现金周转期、现金流量满足率、融资能力等。J 企业作为互联网企业在当今时代属于普遍性的新兴行业，想要获得更好的发展需要外部资金的支撑与帮助。在制定平衡计分卡的过程中，J 企业针对融资能力制定了相关的考核指标，对于提升整体的融资能力具有积极的意义。

2. 客户维度。在设计平衡计分卡的过程中，企业从页面设计、产品种类以及客服质量等多个方面来提升客户的满意度，通过从市场份额、活跃客户增长率以及新增注册用户数等相关指标来看，最终实现了企业客户满意度提升 15%。

3. 内部流程维度。J 企业应测试企业内部流程创新情况的指标，主要包括各细分市场的市场份额，通过细分市场的市场份额能够更好地体现出创新流程的设计是否科学合理。

4. 学习与成长维度。员工的业务能力直接关系着企业的整体业绩，J 企业在吸引、激励与保护员工能力的过程中设置了员工数据处理及创新等指标，并通过改进考评方式将关键岗位流失率下降至 10%。

资料来源：张箴言，张雯. 平衡计分卡在知识型企业中的应用分析——以 J 企业为例［J］. 时代金融，2019，748 (30)：40-42.

第九节 内部报告控制

一、内部报告控制的定义

内部报告主要是指企业根据内部经营管理的需要而编制的供内部管理人员使用的工作报告。内部报告的使用，有助于企业及时了解生产经营的实际状况，有针对性地有效解决工作问题，增强企业未来发展的可预见性。

内部报告控制是指企业根据内部利益相关者的相关决策信息需求，编制相应的工作报告，通过传递的方式，加强内部生产经营活动的控制，保证工作计划的完成。

内部报告控制要求企业建立和完善内部报告制度，明确相关信息的收集、分析、报告和处理程序，及时提供业务活动中的重要信息，全面反映经济活动情况，增强内部管理的实效性和针对性。

二、内部报告控制的总体要求

为服务于企业生产经营管理决策，做好各项内部报告工作，企业管理人员需要从各种渠道获取相应的信息。企业内部信息有来自基层人员根据市场或业务工作整理的信息，也有来自管理人员根据相关内部信息对所负责部门形成的指示或情况通报。报告编制者通过对收集的信息进行加工与处理，分析相关问题，提出解决方案或建议。尽管内部报告的信息来源、内容、提供者、传递方式等各不相同，但内部报告一般应遵循以下原则。

（一）真实准确性

虚假或不准确的信息将严重误导信息使用者，甚至导致决策失误，造成巨大的经济损失。内部报告的信息应当与所要表达的现象和状况保持一致，若其不能真实反映所计量的经济事项，就不具有可靠性。

（二）及时有效性

如果信息未能及时提供，或者及时提供的信息不具有相关性，或者提供的相关信息未被有效利用，都可能导致企业决策延误，经营风险增加，甚至可能使企业较高层次的管理陷入困境，不利于对实际情况进行及时有效的控制和纠正，同时也将大大降低内部报告的决策相关性。只有那些切合具体任务和实际工作并且能够符合信息使用单位需求的信息，才是具有使用价值的。

（三）保密原则

企业内部的运营情况、技术水平、财务状况以及有关重大事项等通常涉及商业秘密，内幕信息知情者（包括董事会成员、监事、高级管理人员及其他涉及信息披露有关部门的涉密人员）都负有保密义务。这些内部信息一旦泄露，极有可能导致企业的商业秘密被竞争对手获知，使企业处于被动境地，甚至造成重大损失。

（四）整体内容数据化且规范有条理

一方面，内部报告的编制整体减少定性描述，多用数据、表格、曲线和图形定量说明。常规的报告可以根据企业的管理需求形成固定的报告模板，规范报告样式，以便分类管理。

另一方面，编制内部报告的目的是加强企业各部门的协作与沟通，为内部报告使用者提供管理决策支持。因此，报告的内容要少谈过程和原则，多讲问题和对策，分析过程要脉络清晰，问题分析要透彻，解决问题的措施要具体、可行。

（五）报告责任明晰且逐级上报

为了确保内部报告工作的执行效率，企业应当制定内部报告管理制度，所有与内部报告工作相关的人员根据事项划分责任，包括个人责任和部门责任。内部报告的上报要经公司主管领导审核后逐级报送，不得越权，特殊重大事项除外。

三、内部报告的分类

企业内部报告因报告类型不同、反映的信息特点不同，内部报告的方式不尽相同。内部报告的方式通常包括例行报告、实时报告、专项业务报告和综合报告。

1. 例行报告。例行报告是指企业内部各部门每周、每月、每季、半年和年度根据工作指标完成情况和未完成部分的原因分析，提交的本部门工作总结和下一阶段的工作计划。

2. 实时报告。实时报告是指对于企业经济活动中发生的重大或紧急事项需要及时更新报送的内容，例如安全生产事故处理、新产品试制等。

3. 专项业务报告。专项业务报告主要是根据部门职责划分，以满足企业经营管理需求的各种分析报表，主要包括销售报表、费用报表、成本报表、采购报表、资金报表（资金收支结构日报、借款明细表、贷款担保抵押表、贷款情况表、投资报表、银行账户及印鉴管理表、银行对账单、资金盘点表、银行存款余额调节表、资金需求状况表）、资产报表、人事报表（包括人事变动分析表、薪资变动分析表和绩效考核表）和其他分析报表。

4. 综合报告。综合报告一般是指由归口部门牵头，会同其他相关部门共同根据管理层的要求，对管理政策执行过程中的事项进行综合分析评价，给出专业意见等内容的报告，或委托专业机构出具的各种专业报告。它主要包括各种项目可行性研究报告、调查报告、企业价值评估报告、内部审计报告等。

四、内部报告控制的主要管控措施

（一）建立内部报告指标体系

内部报告指标体系是否科学直接关系到内部报告反映的信息是否完整和有用，这就要求企业应当根据自身的战略规划、风险控制和业绩考核特点，系统、科学地规范不同级次内部报告的指标体系，合理设置关键信息指标和辅助信息指标，并与全面预算管理等相结合，同时应随着环境和业务的变化不断进行修订和完善。在设计内部报告指标体系时，企业应当根据内部各"信息用户"的需求选择信息指标，以满足其经营决策、业绩考核、企业价值与风险评估的需要。

（二）收集内外部信息

为了实时掌握有关外部环境的变化，例如国家政局变化、行业政策变化、市场状况、竞争情况，保证企业战略规划和经营目标的实现，企业应当建立和完善内外部重要信息的收集和共享机制，使信息能够快速及时获得并传递。各部门可以通过行业协会组织、合作单位、政府部门、专业咨询机构、市场调查、来信来访、新媒体以及有关监管部门等渠道，获取外部信息；通过财务会计资料、经营管理资料、调研报告、专项信息、内部刊物、办公网络等渠道，获取内部信息。

（三）编制及审核内部报告

企业各部门应根据各管理层级对内部报告的信息需求和先前制定的内部报告指标，将收集的相关资料进行整理、筛选，建立各种分析模型，从中提取有效数据并进行反馈汇总。在此基础上，对分析模型进一步改造，进行资料分析，据此起草内部报告，形成总结性结论，并提出相应的建议。生成的内部报告必须严格按照规定的授权审批程序进行审核批准，以此保证内部报告对企业发展趋势、策略规划、前景预测等提供准确的分析指导，为企业的效益分析、业务拓展提供有力的保障。

（四）构建内部报告流转体系及渠道

企业应当制定严密的内部报告传递流程，充分利用信息技术，强化内部报告信息集成和共享，将内部报告纳入企业统一信息平台，构建科学的内部报告网络体系。企业内部各管理层级均应当指定专人负责内部报告工作。正常而言，内部报告应当按照职责分工和权限指引中规定的报告关系传递信息。但为保证信息传递的及时性，重要信息应当及时传递给董事会、监事会和经理层。企业应当拓宽内部报告渠道，通过落实奖励措施等多种有效方式，广泛收集合理化建议。

（五）内部报告有效使用及保密要求

企业各级管理人员应当充分利用内部报告进行有效决策，管理和指导企业的日常生产经营活动，及时反映全面预算执行情况，协调企业内部相关部门和各单位的运营进度，严格绩效考核和责任追究，确保企业实现发展战略和经营目标。企业应当有效利用内部报告进行风险评估，准确识别和系统分析企业生产经营活动中的内外部风险，确定风险应对策略，实现对风险的有效控制。企业对于内部报告反映出的问题应当及时解决。企业应当制定严格的内部报告保密制度，明确保密内容、保密措施、密级程度和传递范围，防止泄露商业秘密。

（六）内部报告的保管

在企业经营管理活动中会产生大量的数据信息，管理好这些资料，对于分析和解决企业管理中的问题至关重要。但是，有些企业对这些管理中产生的大量数据记录采取粗放经营的态度，甚至使一些重要数据丢失，造成不可挽回的损失。

例如，在原材料采购和商品销售过程中，市场价格的调查资料、对供应商和销售商作出选择的依据、对方企业的资金信用状况等数据资料，不仅是企业以后购销工作的重要参考依据，同时也是实行财务监督的重要依据，但是许多企业对以上资料不作长期保留，致使发生了原材料质量问题或者是应收账款变成坏账等问题以后，都找不到企业内部的责任者，分析不出失误的原因，更找不到解决问题的方法。

（七）内部报告评估

企业应当对内部报告是否全面、完整，内部信息传递是否及时、有效，对内部报告的利用是否符合预期做到心中有数，这就要求企业建立内部报告评估制度。通过对一段时间内部报告的编制和利用情况进行全面的回顾和评价，掌握内部信息的真实状况。企业对内部报告的评估应当定期进行，具体由企业根据自身管理要求作出规定，至少每年度对内部报告进行一次评估。企业应当重点关注内部报告的及时性，内部信息传递的有效性和安全性。经过评估发现内部报告存在缺陷的，企业应当及时进行修订和完善，确保内部报告提供的信息及时、有效。

【案例 5 – 10】

丰田汽车内部信息传递失效

有"世界第一大汽车公司"美誉的丰田汽车，积极地扩张规模，持续创新，力求为消费者打造集高颜值、高质量于一身的汽车产品，通过员工们的集体努力，丰田汽车销售产业占据了世界第一宝座。然而，自 2010 年 1 月起，丰田以油门踏板相关问题导致踩到后无法返回正常位置，安全隐患较大为由，开始召回汽车达 1 000 万辆。2010 年 2 月，混合动力车普锐斯因制动问题再次被召回，在日本和美国共召回 27 万辆汽车。官方数据统计，2010 年初，丰田在美国市场占有率仅为 14.1%。此次召回为丰田带来 18 亿美元的直接损失，其中停止销售有缺陷的车型成本达 7 亿美元，形成有史以来规模最大的因品牌缺陷导致的汽车召回事件。

丰田汽车的高速事故和刹车故障长期以来一直是头条新闻，但似乎并没有引起丰田管理层的注意。2009 年 8 月，一个四口之家在一场车祸中丧生，丰田在美国政府和公众的压力下，花了两个月的时间才做出回应。即使在丰田汽车大规模召回后，该公司的总裁也没有立即出现，这明显违反了"速度优先"的危机管理原则。随后，丰田受到了一系列刹车系统和油门踏板召回的打击。直到召回数量不计其数，公司管理层才认识到问题的严重性，并首次向公众道歉。面对汽车质量和安全问题，丰田管理层并没有采取积极主动的应对措施，而是一而再，再而三地拖拖拉拉，把"品质第一""顾客至上"的口号抛之脑后。

丰田公司应当重视信息的收集并加大信息收集的力度，广泛收集内外部信息并对收集到的信息进行审查和筛选，确保信息的真实性和合理性。要从内部各级人员的思想入手，提高高质量信息收集的意识，由专门人员进行汇总和整理，并以合理的传递方式将信息传递给信息使用者，使得筛选出的信息得到有效的利用，从而将这些信息转化为生产力，提高公司的经营效率；加强对内部信息传递的监督力度，只有监督到位，才能更好地落实、完善和修正。此外，还应当定期对信息传递机制和员工沟通交流情况进行检查，对检查发现的问题及时进行整改完善，坚持从重惩罚、预防为主的原则，以重点和关键的环节为监督重点，防止内部信息传递机制过度形式化，应脚踏实地，努力贯彻落实，不为后面的程序制造障碍。

资料来源：张卉景．企业内部信息传递内部控制案例研究——以丰田公司"召回门"事件为例［J］．老字号品牌营销，2022（12）：172－174．

第十节　信息系统控制

一、信息系统控制的概念

一般的企业信息系统是一个以企业需求为导向，利用计算机硬件、软件、网络通信设备以及其他办公设备来收集企业的生产、财务、采购、销售、人力等方面的信息，通过一定编程指令进行信息处理、传输、储存、更新和维护，为企业生产经营管理提供决策支持、加强中层控制、辅助基层运作的信息交流平台。《企业内部控制应用指引》中"信息系统"的定义是：信息系统是指企业利用计算机和通信技术，对内部控制进行集成、转化和提升所形成的信息化管理平台。

信息系统控制是指企业根据自身实际情况（包括组织结构、业务范围、地域分布、技术能力等）和计算机信息技术应用程度，充分考虑本企业的业务与信息的集成性，将生产经营管理业务流程、关键控制点和处理规则嵌入系统程序的一种信息化管理控制方式。

信息技术是一把"双刃剑"。一方面，信息系统的应用可以提高企业业务处理效率，减少人为因素的误差，从而提高企业经营管理信息的及时性、准确性和有效性，提升管理层决策的科学化水平，增强企业经营管控效果。另一方面，病毒入侵系统、非法更改应用程序等恶意侵犯行为会带来信息安全故障、网络犯罪等风险，从而导致企业商业机密泄露，遭受经济损失等。

企业信息系统内部控制以及利用信息系统实施内部控制也面临诸多风险，至少应当关注下列方面：一是信息系统缺乏或规划不合理，可能造成信息孤岛或重复建设，导致企业经营管理效率低下；二是系统开发不符合内部控制要求，授权管理不当，可能导致无法利用信息技术实施有效控制；三是系统运行维护和安全措施不到位，可能导致信息泄漏或毁损，系统无法正常运行。

因此，企业要采取一定的措施进行系统控制，保证系统的稳定与安全。例如，通过合理统筹信息系统规划，建立与本企业经营管理业务相适应的信息化管控程序等措施，保证信息系统的开发建设、运行维护的合法合理和稳定。

二、信息系统控制的目标

（一）提高信息系统的可靠性、稳定性与安全性

随着信息技术的发展，企业对信息系统的依赖性越来越强，利用计算机控制经营管理的

内容越来越多，企业必须重视信息系统的建设。加上一些关于信息系统的网络犯罪等负面影响，企业必须加强对信息系统本身的控制，提高信息系统的稳定与安全，以保证企业内部信息的安全可靠。

（二）保证经营管理信息的完整、准确和及时

企业内部经营决策依赖于日常经济活动和重大特殊情况的关键信息支持，信息技术的发展可以实现一系列信息的分析需求。因此，加强信息系统管理，可以降低企业经营管理信息的缺失，减少人为操纵的影响，保证数据信息的准确、及时、完整性，从而有助于增强企业管理决策的科学化。

（三）提高经营业务处理效率与效果

企业对信息系统的依赖性决定了信息系统建设成功的基础，即企业必须依据自身的实际状况和需求，建立适应本企业发展的信息控制系统。适当的经营管理手段信息化或"云管理"，有助于减少和消除内部人为因素干扰，提高企业经营管理的效率和效果。

三、信息系统控制的内容

基于信息系统基本理论，信息系统内部控制的主要对象是信息系统，信息系统内部控制包括一般控制和应用控制。

信息系统的一般控制是指从总体层面上实现企业对其信息系统控制的有效性，确保信息系统的正确使用和安全。控制措施主要包括对系统软件的取得控制、硬件的物理环境控制、人员操作控制、逻辑访问控制以及业务持续性控制等。信息系统的应用控制是指企业对具体的应用模块的控制，主要的控制措施是将企业的管理政策与应用系统相结合，从输入、过程处理和输出环节控制，其目的在于控制应用过程的管理风险、确保交易处理的完整性和准确性、授权的合理性。

信息系统的两类控制相辅相成，应用控制需要一般控制支持其运行，一般控制需要应用控制来增强其管理功能，两者结合才能确保其完整和准确的信息处理。

（一）信息系统的一般控制

1. 信息系统的控制环境。信息系统的控制环境包括企业信息技术的战略规划、信息系统管理人员的素质、用户的培训教育等。其中，企业信息系统的战略规划需符合企业的发展战略，信息系统管理人员需能胜任相应的岗位。同时，企业需要适时为员工提供相关的信息系统实操培训，高效工作，从而提高信息系统的运行效率。

2. 信息系统的建设。信息系统的开发建设主要有自行开发、外购调试、业务外包等方式。各种开发方式有各自的优缺点和适用条件，企业应根据自身实际情况合理选择。

关于信息系统的选择和取得方式，企业可以根据自身实际需求做选择，主要考虑以下内容：（1）企业对信息系统项目进行统筹规划，明确定义项目的目标、范围、计划、人员需求、组织架构及项目参与各方的职责；（2）建立完善的审批程序，用于管理系统的购买、开发和实施；（3）加强对外部购买和自行开发的信息系统的质量控制；（4）做好数据转化

及上线工作;(5)做好文档记录及培训工作。

3. 系统的安全管理。由于企业信息系统中存储的数据很多关乎企业的重要信息,所以企业必须重视系统的安全管理并采取相应措施,包括:(1)企业应设置逻辑访问权限,以保证信息的安全;(2)企业应制订完整、全面的灾难性恢复计划,加强业务持续性控制;(3)设置人员操作权限,加强数据接触性控制;(4)加强操作系统安全管理;(5)加强网络安全管理;(6)加强对服务器等关键电子设备的物理环境安全管理。

4. 系统的维护与变更。为了确保企业信息系统正常高效运行,信息技术管理部门需做好以下维护工作(包括但不限于):(1)系统的日常维护;(2)系统变更与升级;(3)系统测试实施质量控制;(4)文档记录及培训。

5. 系统的终结。系统终结是信息系统生命周期的最后一个阶段,在该阶段信息系统将停止运行。停止运行的原因通常有:企业破产或被兼并、原有信息系统被新的信息系统代替。这一环节的主要风险是,第一,因经营条件发生剧变,数据可能泄露。第二,信息档案的保管期限不够长。主要控制措施:第一,要做好善后工作,不管因何种情况导致系统停止运行,都应将废弃系统中有价值或者涉密的信息进行销毁、转移。第二,严格按照国家有关法规制度和对电子档案的管理规定(例如审计准则对审计证据保管年限的要求),妥善保管相关信息档案。

(二)信息系统的应用控制

1. 职务分离。按照《企业内部控制应用指引第18号——信息系统》的要求,企业应当根据不同控制类活动的特点,对具体的应用模块进行特定的职务分离设置,规定具体的操作权限,实现数据输入控制。

2. 人工控制。企业应当指定专门机构对信息系统控制实施归口管理,明确相关单位的职责权限,建立有效的工作机制。企业可委托专业机构从事信息系统的开发、运行和维护工作。企业负责人对信息系统建设工作负责。

3. 自动控制。企业开发应用系统,充分考虑生产经营管理业务流程、关键控制点和处理规则嵌入系统程序,实现手工环境下难以实现的控制功能,且在信息系统中设置日志功能,确保操作的可审计性。对异常的或者违背内部控制要求的交易和数据,设计由系统自动报告并设置跟踪处理机制。

4. 数据保密。企业应当根据业务性质、重要性程度、涉密情况等确定信息系统的安全等级,建立不同等级信息的授权使用制度,采用相应技术手段保证信息系统运行安全有序。企业应当建立信息系统安全保密和泄密责任追究制度。企业应当采取安装安全软件等措施防范信息系统受到病毒等恶意软件的感染和破坏。

对于通过网络传输的涉密或关键数据,企业应当采取加密措施,确保信息传递的保密性、准确性和完整性。

5. 数据备份。企业应当建立系统数据定期备份制度,明确备份范围、频率、责任人、存放地点、有效性检查等内容。对于应当销毁的数据档案,须按照规定的审批程序办理执行。

【案例 5 - 11】

会计信息系统内部控制案例研究——以 S 商业银行为例

S 商业银行是典型的总行、一级支行、二级支行三层管理系统。随着 S 商业银行在业务和经营规模不断扩大的同时，管理上的种种缺失和弊端也逐渐暴露出来。原有的管理模式很难满足现有银行的发展和风险控制。在加大银行业务规模和区域经营范围的同时，有效地控制经营管理风险逐渐成为 S 商业银行面临的重要问题，其中会计信息系统的建设和改善就成为一个急需解决的问题。

现有的银行会计信息系统较为分散，没有一个专门清算处理的平台去整合，会计核算需要一个专业的团队，现阶段会计核算较为分散，专业性不足，会计人员工作量大，工作效率低，这些原因都会导致 S 商业银行管理工作存在风险。长此以往，滞后的会计管理信息系统将会阻碍 S 商业银行的发展。更进一步来看，以上问题也是当前很多区域性或地方性商业银行在实现自我规模突破式发展中所面临的共同问题，随着银行业务和经营范围的不断增大，原有的会计信息系统平台无法满足发展的需要。

为了解决会计信息系统中的突出问题，2013 年 S 商业银行与美国某公司、国内某数码公司联合开发出新一代综合业务系统。该系统将银行资金清算系统和会计集中处理平台这两大系统有效地结合起来，两大集中系统的建立，将现有分散在各个业务系统的会计前台处理功能进行整合，将全行后台记账处理集中，大大改善了现有会计信息系统的混乱状态，降低了银行会计业务的操作风险，实现了全行会计信息的一体化，使会计信息系统趋于专业化和系统化。目前该新一代综合业务系统已经全面实施，新型会计信息系统的出现极大改善了商业银行会计业务的处理能力。

资料来源：王小萍. 会计信息系统内部控制案例研究——以 S 商业银行为例 [J]. 全国流通经济，2018（16）：66 - 68.

【复习与思考】

1. 如何理解内部控制的控制活动？

2. 控制活动主要包括哪些内容？它们之间存在什么关系？

3. 为什么要进行不相容职务分离控制？它包括哪些内容？

4. 授权审批控制的基本原则有哪些？如何掌握授权控制的"度"？

5. 会计系统控制包括哪些具体措施？

6. 财产保护控制包括哪些主要措施？

7. 预算控制具有哪些特点？全面预算控制的流程有哪几个基本环节？各环节具体包括哪些内容？

8. 运营分析控制包括哪些主要方法？

9. 绩效考评控制中主要有哪些考评模式？

10. 何为内部报告控制？它的主要控制措施包括哪些？

11. 信息系统一般控制和应用控制分别包括哪些主要内容？

【案例分析】

L公司控制活动重大缺陷

2020年1月31日，浑水机构的研究报告直指L公司捏造公司财务和运营数据，促使L公司自曝财务造假丑闻。2020年4月2日，L公司向SEC提交公告，承认财务舞弊，涉虚假交易额22亿元。2020年6月27日，L公司发布声明称，公司将于6月29日在纳斯达克停牌，并进行退市备案。

完善的内部控制可在一定程度上预防或发现财务舞弊行为，有利于提高财务信息的可靠性和准确性。L公司上市时披露的资料显示：就2018年度的合并财务报表审计而言，L公司在财务报告内部控制方面存在重大缺陷。

控制活动是指为确保管理层指示得以执行的政策和程序。它有助于进行风险管理和保证企业目标的实现，控制活动贯穿于企业的所有层次和部门。L公司在重要的销售和采购业务上，串通第三方公司，从会计系统数据、银行流水、交易主体、门店用户等各个环节进行系统性财务造假。

一、销售业务的控制活动缺陷

L公司在北京车行天下咨询服务公司、神州优通科技发展有限公司等多家第三方公司配合下虚构销售业务。这些第三方公司不仅通过企业支付宝购买咖啡券，以便L公司在建立的虚假数据库中分配销售记录，而且还为其以API中介客户名义虚构收入的行为提供资金流转。L公司通过个人及企业刷单造假、伪造银行流水、建立虚假数据库、伪造卡券消费记录等手段，累计制作虚假咖啡卡券订单1.23亿单。其中，以API中介客户的名义、企业支付宝充值和个人充值方式虚构商品券业务分别增加交易额19.68亿元、2亿元和0.78亿元。

1. 以API中介客户的名义虚构商品券业务。首席运营官A将无业务实质的33家公司信息提交给收益管理部员工B，由员工B在OA系统中提交虚假销售合同，内部审核通过后签订正式盖章版合同。员工A每月将虚构的交易指令传达给研发部总监C，由C建立虚假销售数据库，并根据交易指令，人为制造咖啡券消费场景，实现L公司虚假销售收入。同时由关联公司通过L公司控制企业账户转账4~5层最终流入瑞幸（北京）有限公司，以确保虚构交易与资金流相匹配。员工B根据A指示，对照流入资金编制33家API中介客户虚假收款明细，并将该明细表传递至资金部。由资金部副总监D根据该明细，将收到的款项拆分至33家虚假收款单位，同时篡改Excel银行收款明细，并将篡改后的银行收款明细传递给财务中心核算部门入账。财务中心收入核算组根据D传递来的银行收款明细，核对至33家API中介客户，确认对上述33家企业的预收账款。收入核算组次月1号进入企业客户系统的后台导出虚假销售数据库中上月收入类报表，并加工成财务系统明细账以实现对收入的确认。

2. 企业通过支付宝充值方式虚构商品券业务。L公司关联公司神州优车股份有限公司通过支付宝账户，将资金转至被L公司控制的北京车行天下咨询服务有限公司、北京神州优通科技发展有限公司、长沙畅意商务咨询有限公司和太原东金商务咨询有限公司的支付宝账户，再以上述四家公司名义充值至L公司。充值成功后，每月根据刘×虚构交易指令要求，李×采用同样手段在虚假数据库中伪造咖啡券消费记录，实现虚假销售收入。

3. 以个人充值方式虚构商品券。在钱××和刘×授意后，公司指定专人，以38名L公司员工及其亲属的名义，购买手机号用于虚假充值交易，手机号被划分为6个小组并设立小组负责人，充值资金来源于关联公司和L公司掌控的部分员工个人抵押贷款。充值成功后，由李×根据刘×指令要求，采取同样手段在虚假数据库中伪造咖啡券消费记录，实现虚假销售收入。

二、采购业务的控制活动缺陷

L公司与征者国际贸易（厦门）有限公司合谋，虚构采购业务。征者国际贸易是L公司的食材供应商，其主营业务为咖啡机销售及食品原材料供应，这与L公司的供应链相符合，其法人代表为王×。王×不仅是陆××的关联方，还曾是陆××的同窗，两人关系很好。王×成立了多家供应咖啡机及食品原材料的企业，例如中成世纪供应链管理有限公司，恰巧位于L公司总部隔壁。L公司通过虚假原材料采购交易所归集的资金，用于L公司虚增营业收入，并隐瞒资金真实来源，通过上述方式实现资金回笼。另外，L公司还通过虚增外卖配送业务、虚增劳务外包业务、虚增广告业务等方式虚增成本支出，平衡业绩利润数据。王某作为实际控制人的达特英菲（北京）数据科技发展有限公司和青岛志炫商务咨询有限公司从L公司购买了大量咖啡券。2019年5～11月，王×以大手笔订单方式购买咖啡代金券100多次，每次订单金额高达90多万元。对于上述频繁发生且反常的关联交易，L公司内部控制系统并未进行有效识别，任由企业资质存在瑕疵的客户或供应商进入业务体系，从而为业务部门通过关联方交易进行财务造假提供了便利。

资料来源：胡明霞. 财务造假事件中内部控制缺陷探究［J］. 新理财，2022（07）：49－53.

思考： 上述资料表明L公司的控制活动存在哪些不足？应如何改进？

【拓展阅读】

《内部控制基本规范》第四章控制活动.

练习题及答案

第六章

信息与沟通

■ 【知识与技能要求】

通过本章的学习，使学生能够：

1. 解释信息与内部信息传递的内涵。

2. 归纳内部信息传递的基本流程和基本传递原则。

3. 举例说明内部报告形成与使用过程各环节的主要风险点，分析其控制措施。

4. 解释信息系统的内涵。

5. 比较信息系统开发方式。

6. 举例说明信息系统开发方式的主要风险点，分析其相应的控制措施。

7. 举例说明信息系统运营与维护的主要风险点，分析其相应的控制措施。

■ 【思政目标】

只有用普遍联系的、全面系统的、发展变化的观点观察事物，才能把握事物发展规律。结合系统观解释企业信息与沟通的重要性。

■ 【关键术语】

信息 沟通 信息系统

【案例6-1】

拉卡拉公司管理会计信息化的报表分析模块构建

信息系统是管理会计与企业应用联系的纽带,管理会计依靠高效的信息系统才能够准确、快捷地提供多角度、多口径、多层次及不同时期的会计信息。

拉卡拉支付股份有限公司成立于2005年,是国内领先的综合普惠金融科技平台,首批获得了央行颁发的第三方支付牌照。2019年4月成功登录A股(股票代码:300773)公开发行股票。伴随着拉卡拉公司业务规模的扩大,对其盈利空间的挖掘能力和精细化管理水平提出了更高的要求,建设管理会计信息化系统成为必然之举。

定制个性化的"报表分析个人门户"满足各层级管理人员的需求是报表分析模块的主要功能。拉卡拉将管理层划分为决策者、部门负责人、机构负责人以及财务分析人员等不同的层级。其中,决策者主要包括总裁办相关领导,是受社会、政治、经济、文化和心理等诸多因素影响的决策主体,对企业的整体运营情况通过关键性的业务与财务指标进行查看,其视角出发点为集团角度;部门负责人主要是总部各部门的领导,各分支机构的收入情况以及关键财务与业务指标是该层级的关注点;机构负责人主要指各分支机构的相关领导,在全部分支机构中的贡献值以及本机构的运行情况为重点关注内容;最后一个层级为财务管理人员,对报表的各项明细科目进行追踪,及时识别异常科目,提高所提供报表信息的准确性与可靠性。

资料来源:唐波岐.第三方支付企业管理会计信息化实施案例研究[J].财会通讯,2021(03):148-152.有删改.

第一节 信息与沟通概述

一、信息

信息是对人有用的、能够影响人们行为的数据。信息是数据的含义,是人们对数据的理解,是数据加工后的结果。数据是信息的载体,没有数据便没有信息,因此信息不能单独存在。要想获得信息就要先获得载荷信息的数据,再对其进行加工。将数据加工成信息有时很简单,有时很复杂,有时需要很多数据、经过复杂的加工过程才能得到信息。在一家企业内,一般来说,地位越高的管理者所需要的信息越需要加工和处理。

信息还有下面一些特征:

(1)共享性。一方面,同一内容的信息可以在同一时间为多人所用;另一方面,同一内容的信息可以被多次使用,通过传递可实现信息共享。

(2)可传递性。信息是事物存在方式的直接或间接显示。它依附于一定的载荷媒体(声、光、电、磁、语言、表情、文字、数字、符号、图形、图像等)进行呈现、传递和扩散。这些载荷媒体就是我们所说的广义的数据。信息技术极大地扩展了信息的扩散范围,提高了信息的传递速度和共享程度。

（3）可编码性。信息可以用标准符号（例如数字、字母等）来表示。在信息社会中将有更多的信息以数字形式表示。它的采集、存储、处理、传输都是数字化的，因此极易识别、转换、传递和接收，也更易于处理。

（4）具有价值。信息是一种资源，同样有其效用和成本。信息的效用表现为，可能为使用者提供新的知识或创造新的价值，可能为使用者的特定决策减少不正确性。信息成本包括收集、输入、处理、存储以及信息形成与传递过程中的全部耗费。

显然，信息的价值取决于效用与成本的关系：

$$信息价值 = 信息效用 - 信息成本$$

可见，信息效用越大，信息的价值就越大；而成本越高，信息的价值就越小。另外，信息价值也受信息质量的影响。所谓信息质量是指有用的信息所必须具备的基本品质特性，例如相关性、准确性、时效性、简明性、清晰性、可定量性、一致性等。人们总是希望所用信息能够同时达到各项质量特性的最大化，但在现实生活中，这种理想化的境界很难达到。因此，常常需要对上述各项质量特性作出权衡与取舍，必须针对面临的具体问题决定侧重点，以便最佳地满足对信息的各方面要求。

二、沟通

企业应当将内部控制相关信息在企业内部各管理级次、责任单位、业务环节之间，以及企业与外部投资者、债权人、客户、供应商、中介机构和监管部门等有关方面之间进行沟通和反馈。信息沟通过程中发现的问题，应当及时报告并加以解决。重要信息应当及时传递给董事会、监事会和经理层。

信息沟通按沟通的对象可以分为内部信息沟通和外部信息沟通。

内部信息沟通是指企业经营管理所需的内部信息和外部信息在企业内部的传递与共享。充分的内部沟通对于企业控制环境、控制作业、风险评估等各方面都起着至关重要的作用，企业所采取的沟通方式要能够达到顺畅沟通的目的，便于员工们了解自己应承担的责任、应实现的目标，以及这些目标对企业的影响。企业常用的内部沟通方式有电子沟通、书面沟通、口头沟通等。

外部信息沟通是指企业与利益相关者之间信息的沟通。企业有责任建立良好的外部沟通渠道，对外部有关方面的建议、投诉和收到的其他信息进行记录，并及时予以处理、反馈。有效的外部信息沟通既可以扩大企业的影响力，又可以使企业获得很多有效内部控制的重要信息。外部信息沟通包括与投资者和债权人的沟通、与客户的沟通、与供应商的沟通、与中介机构的沟通、与监管机构的沟通等。

【案例 6-2】

华晨违约对国企信息披露的启示

华晨汽车集团控股有限公司是经辽宁省政府批准设立的重点国有企业，第一大股东是辽宁省国资委，剩余股权由辽宁省社保基金理事会持有。

华晨集团于 2017 年在上海证券交易所非公开发行公司债券，债券余额 10 亿元，票息 5.3%，期限 3 年，到期日为 2020 年 10 月 23 日。但是 11 月 16 日，华晨集团确认因企业资金紧张，无法偿还违约债务 65 亿元和逾期利息 1.44 亿元。2021 年 4 月 20 日，华晨集团收到中国证监会《行政处罚事先告知书》，除涉嫌年度报告、非公开发行公司债券披露的文件虚假记载外，还涉嫌存在信息披露违法违规问题。

华晨集团未按规定及时披露如下信息：一是未及时披露公司债信用评级发生变化信息。华晨集团债券发生实质性违约前，被第三方信用评级机构多次下调信用评级，华晨集团并未及时披露。二是未及时披露公司发生未能清偿到期债务情况。华晨集团在面临无法清偿到期债券时，仍对外宣称公司能如期偿还。三是未及时披露涉及公司的重大诉讼、仲裁，以及未按规定披露可能影响发行人偿债能力或债券价格相关事项。华晨集团自 2020 年 5 月起多次被法院列为被执行人，但相关信息并未及时、规范披露。

及时、高质量的信息披露是降低投资双方信息不对称、保障投资者知情权、维护投资者权益的重要手段。但是，信息披露动机存在隐蔽性、择时性、牟利性等特征，违规的信息披露不仅损害投资者利益，还会给公司带来风险和损失。对于国有企业而言，信息披露质量不仅关乎所有者的知情权，还反映出国企运营的透明度和国有资产的经营成果，我国应更加注重提高信息披露的质量。

资料来源：曹智铭，李亚杰. 华晨债券违约对国企信息披露的启示［J］. 财务与会计，2021（21）：40－42.

三、信息系统

企业应当利用信息技术促进信息的集成与共享，充分发挥信息技术在信息与沟通中的作用。信息系统是指企业利用计算机和通信技术，对内部控制进行集成、转化和提升所形成的信息化管理平台。信息通过信息系统进行识别、获取、处理和报告。

《企业内部控制基本规范》第四十一条规定，企业应当加强对信息系统开发与维护、访问与变更、数据输入与输出、文件储存与保管、网络安全等方面的控制，保证信息系统安全稳定运行。

一般而言，企业信息系统应该具有完整性、及时性和准确性。优良的信息系统既要包括财务信息系统，也要包括管理信息系统。财务信息系统以会计系统为主，负责提供有关企业财务方面的信息；管理信息系统则负责提供与企业经营管理活动有关的非财务信息。

由于网络的快速发展，企业大多建立一套信息系统对外部和内部信息流进行处理。有效的信息系统可以及时地处理大量的信息流，并提供各方所需的信息，提供企业各部门管理控制生产考核工作成果，以及提供企业高层决策人员制定经营方针、制定规划、进行决策所需的各种信息。

目前，许多大型企业集团都采用 ERP 系统。ERP 企业资源计划的核心思想是实现对企业整个供应链的有效管理，借助现代网络通信技术，可以实现对整个公司集团资源的整合，实现集成化应用，建立企业决策完善的数据体系和信息共享机制，可提高内部效率，更快、更好地应对市场的变化。信息逐渐被人们当作一种战略资源，企业内部各部门之间以及企业之间都会发生大规模的信息交换，不同部门或不同企业间的信息需要协同，信息系统的重要性日益增加。随着整个社会信息化进程的加快，企业的日常经营管理活动越来越离不开信息系统的支持。完善的信息系统是企业建立有效的内部控制体系的前提。

第二节　内部信息传递

一、内部信息传递的定义

本节中的内部信息传递，特指企业内部管理层级之间以报告为载体和形式传递生产经营管理信息的过程。

企业的内部控制活动离不开信息的沟通与传递。企业在生产、经营和管理过程中需要不断地、反复地识别、采集、存储、加工和传递各种信息，以使得企业各个层级和各个岗位的人员能够履行企业担负的职责。信息传递是一种方式或几种方式的组合，可以自上而下传递，可以自下而上传递，也可以平行传递。传递的信息以不同形式或载体呈现。其中，对企业最为重要的、最普遍的信息传递形式就是内部报告，亦称内部管理报告。

内部报告是指企业在管理控制系统中，为企业内部各级管理层以定期或者非定期的形式记录和反映企业内部管理信息的各种图表和文字资料的总称。内部报告在企业内部控制中起着非常重要的作用：一方面，内部报告可以为管理层提供更多的企业生产、经营和管理信息，为管理层合理有效地制定各种决策提供支持和服务；另一方面，内部报告还可以检查和反馈管理层决策的执行情况，帮助管理层监控和纠正在政策执行中出现的错误和偏差。因此，企业需要加强包括内部报告在内的企业内部信息传递，全面评估内部信息传递过程中的风险，建立科学的内部信息传递机制，确保信息的相关性和可靠性，提高内部报告的质量，安全、及时、准确地传递信息，充分、高效地利用内部报告。

二、内部信息传递的基本流程

内部信息传递流程是根据企业生产经营管理的特点来确定的，其形式千差万别，没有一个最优的方案。一般来说，内部信息传递至少包括两个阶段：一是信息形成阶段；二是信息使用阶段。图 6 − 1 列示的内部信息传递流程具有普适性。企业在实际操作中，应当充分结合自身业务特点和管理要求，构建和优化内部信息传递流程。

内部报告形成阶段的起点是报告中指标的建立；根据所确定的报告指标，确定所要搜集和存储的相关信息；对搜集的信息进行加工，以一种美观的和可理解的表现形式组织这些信息，形成内部报告；审核形成的内部报告，如果不符合决策要求，就要重新修订或补充有关信息，直到达到标准为止。

内部报告使用阶段的起点是内部报告向指定位置和使用者的传递。使用者获得内部报告后，要充分地理解和有效地利用其中的信息，以评价业务活动和制定相关决策；与此同时，要定期对企业内部报告的全面性、真实性、及时性、安全性等进行评估，一旦发现不妥之处，要及时地进行调整。

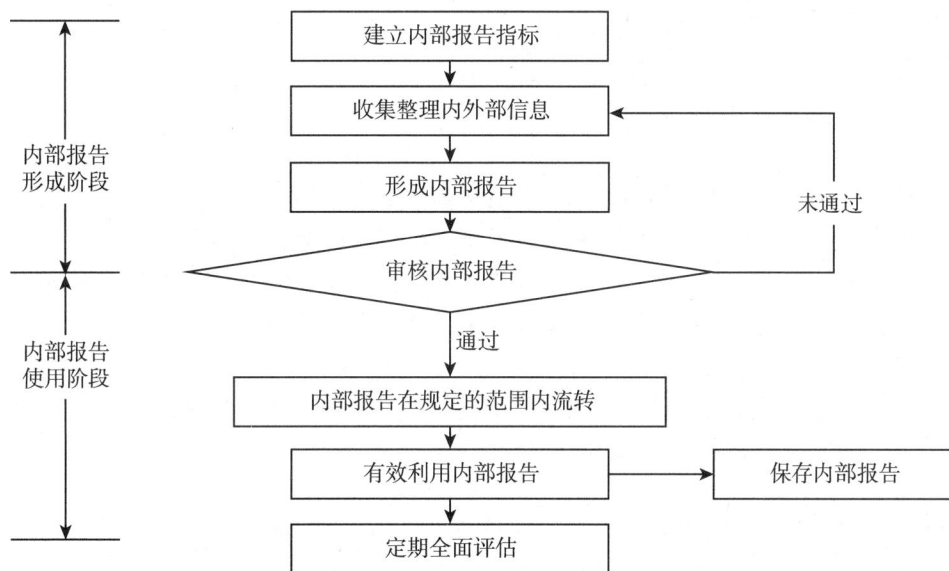

图 6-1　内部信息传递的基本流程

三、内部信息传递的总体要求

根据有效信息的要求，结合信息的特性，企业内部信息传递应该遵循以下基本原则：

（一）及时有效性原则

及时有效性原则是指在信息传递过程中，必须做到在经济业务发生时及时进行数据搜集，尽快进行信息加工，形成有效形式，并尽快传输到指定地点和信息使用者。如果信息未能及时提供，或者及时提供的信息不具有相关性，或者提供的相关信息未被有效利用，就可能导致企业决策延误，经营风险增加，甚至可能使企业较高层次的管理陷入困境，不利于对实际情况进行及时有效的控制和纠正，同时也将大大降低内部报告的决策相关性。

及时有效性原则有两重含义：一是收集信息要及时，对企业发生的经济活动应及时在规定期间内进行记录和存储，而不延至下期；二是报送及时，信息资料（例如管理报告）应在决策制定时点之前及时报送到指定的信息使用者。如果信息未能及时提供，则可能导致企业决策延误，甚至发生错误决策，增加经营风险，甚至导致企业管理陷入困境。例如，如果各种预算执行信息在企业内不能做到及时传递，那么，企业不能及时有效地对实际生产经营进行控制，产生的偏差也就无法得到及时纠正，这将给企业带来巨大的经营和财务风险。

（二）反馈性原则

反馈性原则是指在信息传递过程中，相同口径的信息能够频繁地往返于信息使用者和信息提供者之间，把决策执行情况的信息及时反馈给信息使用者，帮助信息使用者证实或者修正先前的期望，以便其进一步决策的活动。及时性原则有两重含义：一是要建立多种渠道，及时获得决策执行情况的反馈信息；二是用户要科学地分析和评价所获得的反馈信息，恰当地调整决策。

（三）预测性原则

预测性原则是指企业传递和使用的经营决策信息需要具备预测性的功能。信息预测性的功能在于提供提高决策水平所需的那种发现差别、分析和解释差别，从而在差别中减少不确定的信息。预测性原则有两重含义：一是提供给使用者的信息不一定就是真实的未来信息，因为未来往往是不确定的；二是预测信息与未来的信息必须有着密切的关联，必须具有符合未来变化趋势的可预测的特征，即具有相关性。要使企业内部传递的信息具备相关性，还要注意排除过多低相关的冗余信息。否则，信息过载不仅会增加信息传递成本，还会耗费管理当局的精力，降低决策效率，影响决策效果。

（四）真实准确性原则

内部传递的信息能否满足使用者的需要，取决于信息是否"真实准确"。真实准确性原则是指企业内部传递的信息符合事件或事物的客观实际，包括范围的真实准确性、内容的真实准确性和标准的真实准确性。虚假或不准确的信息将严重误导信息使用者，甚至导致决策失误，造成巨大的经济损失。内部报告的信息应当与所要表达的现象和状况保持一致，若不能真实反映所计量的经济事项，就不具有可靠性。

真实准确性是信息的生命，也是对整个内部信息传递工作的基本要求。提供真实准确的信息是企业投资者及其他利益相关者作出经济决策的重要依据。如果信息不能真实反映企业的实际情况，不但信息使用者的需求不能满足，甚至还会误导信息使用者，使其作出错误的决策，直接导致其经济利益受到损失。

（五）安全保密性原则

安全保密性原则，又称"内部性原则"，是指内部信息传递的服务对象仅限于内部利益相关者，即企业管理当局，因而具有一定的商业机密特征。企业内部的运营情况、技术水平、财务状况以及有关重大事项等通常涉及商业秘密，内幕信息知情者（包括董事会成员、监事、高级管理人员及其他涉及信息披露有关部门的涉密人员）都负有保密义务。这些内部信息一旦泄露，极有可能导致企业的商业秘密被竞争对手获知，使企业处于被动境地，甚至造成重大损失。这与财务会计信息，尤其是公众公司的财务会计信息不同。公众公司的财务会计信息必须公开和透明，而专供管理当局使用的管理信息则不一定要公开。

（六）成本效益原则

成本效益原则是经济管理活动中广泛适应性的要求，因为任何一项活动，只有当收益大于成本时才是可行的。判断某项信息是否值得传递，首先就必须满足这个约束条件。具体来说，提供信息发生的成本主要包括搜集、处理、审计、传输信息的成本；对已传递信息的质询进行处理和答复的成本，诉讼成本；因传递过多信息而导致的竞争劣势成本等。提供信息带来的可计量收益包括增加营业收入、降低人工成本、降低物料成本、改善产品质量、提高生产能力、降低管理费用、提高资金周转率等。提供信息带来的不可计量收益包括企业流程与系统作业整合性的提高、生产自动化与透明化的提高、需求反应速度的提高、管理决策质量的改善、企业监控力度的加强等。目前，实务操作中的主要问题是，信息传递的成本和收益中有许多项目是难以确切计量的，而且成本也不一定落到享受收益的那些使用者头上。除了专门为其提供信息的使用者之外，其他使用者也可能享受收益。这一问题的存在决定了成本效益原则至今只能是一种模糊的价值判断。它的真正落实也许只有等到实现有偿使用信息或者实现信息内部转移定价的未来时代了。

四、内部信息传递各环节的主要风险点及控制措施

（一）建立内部报告和指标体系

内部报告仅仅是信息传递的一种形式或载体，决定企业内部信息传递有效性最关键的问题在于报告中承载的信息。内部报告指标体系是否科学直接关系到内部报告反映的信息是否完整和有用，这就要求企业根据自身的发展战略、风险控制和业绩考核特点，系统、科学地规范不同级次内部报告的指标体系，合理设置关键信息指标和辅助信息指标，并与全面预算管理等相结合，同时应随着环境和业务的变化不断进行修订和完善。在设计内部报告指标体系时，企业应当根据内部各"信息用户"的需求选择信息指标，以满足其经营决策、业绩考核、企业价值与风险评估的需要。

该环节的主要风险是：指标体系的设计未能结合企业的发展战略，指标体系级次混乱，与全面预算管理要求相脱节，并且一旦设定后未能根据环境和业务变化有所调整。

需要针对上述风险点建立健全管控措施。第一，企业应认真研究企业的发展战略、风险控制要求和业绩考核标准，根据各管理层级对信息的需求和详略程度，建立一套级次分明的内部报告指标体系。企业明确的战略目标和具体的战略规划为内部报告控制目标的确定提供了依据。第二，企业内部报告指标确定后，应进行细化，层层分解，使企业中各责任中心及各相关职能部门都有自己明确的目标，以利于控制风险并进行业绩考核。由此可见，企业的战略目标、战略规划、内部报告的控制目标、各责任中心以及各职能部门的控制目标，是一个通过内部信息传递相互联系、不断细化的体系。第三，内部报告需要依据全面预算的标准进行信息反馈，将预算控制的过程和结果向企业管理层报告，以有效控制预算执行情况、明确相关责任、科学考核业绩，并根据新的环境和业务调整决策部署，更好地规划和控制企业的资产和收益，实现资源的最有效配置和管理的协同效应。

（二）搜集整理内外部信息

为了随时掌握有关市场状况、竞争情况、政策变化及环境的变化，保证企业发展战略和经营目标的实现，企业应当完善内外部重要相关信息的收集机制和传递机制，使重要信息能够及时获得并向上级呈报。企业可以通过行业协会组织、社会中介机构、业务往来单位、市场调查、来信来访、网络媒体以及有关监管部门等渠道获取外部信息；通过财务会计资料、经营管理资料、调研报告、专项信息、内部刊物、办公网络等渠道获取内部信息。企业应当

广泛收集、分析、整理内外部信息，并通过内部报告传递到企业内部相关管理层级，以便及时采取应对策略。

该环节的主要风险包括：收集的内外部信息过于散乱，不能突出重点；内容准确性差，据此信息进行的决策容易误导经营活动；获取内外部信息的成本过高，违反了成本效益原则。

对于上述风险，企业应建立有效的管控措施。第一，根据特定服务对象的需求，选择信息收集过程中重点关注的信息类型和内容。为特定对象、特定目标服务的信息，具有更高的适用性，对于使用者具有更现实、重要的意义。因此需要根据信息需求者要求按照一定的标准对信息进行分类汇总。第二，对信息进行审核和鉴别，对已经筛选的资料作进一步的检查，确定其真实性和合理性。企业应当检查信息在事实与时间上有无差错，是否合乎逻辑，其来源单位、资料分数、指标等是否完整。第三，企业应当在收集信息的过程中考虑获取信息的便利性及获取成本高低，如果需要较大代价获取信息，则应当权衡其成本与信息的使用价值，确保所获取信息符合成本效益原则。

（三）编制及审核内部报告

企业各职能部门应将收集的有关资料进行筛选、抽取，然后根据各管理层级对内部报告的信息需求和先前制定的内部报告指标，建立各种分析模型，提取有效数据进行反馈汇总。在此基础上，对分析模型进一步改造，进行资料分析，起草内部报告，形成总结性结论，并提出相应的建议，从而对发展趋势、策略规划、前景预测等提供重要的分析指导，为企业的效益分析、业务拓展提供有力的保障。企业内部报告因报告类型不同、反映的信息特点不同，内部报告的格式不尽一致。一般情况下，企业内部报告应当包括报告名、文件号、执行范围、内容、起草或制定部门、报送和抄送部门及时效要求等。该环节的主要风险是：内部报告未能根据各内部使用单位的需求进行编制，内容不完整，编制不及时，未经审核即向有关部门传递。

主要管控措施包括：第一，企业内部报告的编制单位应紧紧围绕内部报告使用者的信息需求，以内部报告指标体系为基础，编制内容全面、简洁明了、通俗易懂的内部报告，便于企业各管理层级和全体员工掌握相关信息，正确履行职责。第二，企业应合理设计内部报告编制程序，提高编制效率，保证内部报告能在第一时间提供给相关管理部门。对于重大突发事件应以速度优先，尽可能快地编制出内部报告，向董事会报告。第三，企业应当建立内部报告审核制度，设定审核权限，确保内部报告信息质量。企业必须对岗位与职责分工进行控制，内部报告的起草与审核岗位分离，内部报告在传递前必须经签发部门负责人审核。对于重要信息，企业应当委派专门人员对其传递过程进行复核，确保信息正确传递给使用者。

（四）构建内部报告流转体系及渠道

企业应当制定严密的内部报告传递流程，充分利用信息技术，强化内部报告信息集成和共享，将内部报告纳入企业统一信息平台，构建科学的内部报告网络体系。企业各管理层级均应当指定专人负责内部报告工作。正常而言，内部报告应当按照职责分工和权限指引中规定的报告关系传递信息。但为保证信息传递的及时性，重要信息应当及时传递给董事会、监事会和经理层。企业应当拓宽内部报告渠道，通过落实奖励措施等多种有效方式广泛收集合理化建议。该环节的主要风险是：缺乏内部报告传递流程；内部报告未按传递流程进行传递流转；内部报告流转不及时。

主要管控措施包括以下方面：第一，企业应当制定内部报告传递制度。企业可根据信息的重要性、内容等特征，确定不同的流转环节。第二，企业应严格按设定的传递流程进行流转。企业各管理层对内部报告的流转应做好记录，对于未按照流转制度进行操作的事件，应当调查原因，并做相应处理。第三，企业应及时更新信息系统，确保内部报告有效安全地传递。企业应在实际工作中尝试精简信息系统的处理程序，使信息在企业内部更快地传递。对于重要紧急的信息，可以越级向董事会、监事会或经理层直接报告，便于相关负责人迅速作出决策。

【案例 6 – 3】

上市公司内部信息报送机制

2017 年 12 月 13 日，沪主板 X 上市公司发布公告，披露公司控股子公司 A 公司发生信用证逾期，A 公司向银行申请开立信用证共 7 笔，合计金额 2.04 亿元，其中 5 笔信用证发生逾期，逾期金额合计 1.096 亿元。逾期金额占 X 公司 2016 年度审计净利润的 10.34%，可能给 X 公司造成重大损失，达到应披露的标准。X 公司于 2017 年 8 月已经知晓该事项，直到 2017 年 12 月 13 日才予以披露，未及时履行信息披露义务。

此外，A 公司开立 2.04 亿元大额信用证，远超其注册资本和净资产，未履行相关的内控程序，且业务经办人离境失联。X 公司对此并不知情，直至 2017 年 8 月 A 公司因相关人员失联向公司汇报后自查才发现。作为 A 公司控股股东，X 公司未能对 A 公司日常经营活动进行持续有效监控，内部控制和财务管理制度存在重大缺陷。X 公司《2017 年度内部控制评价报告》未披露存在内部控制缺陷情况，信息披露不准确。当地证监局对 X 公司相关高管采取出具警示函的监督管理措施，记入证券期货市场诚信档案。

上述违规案例中，上市公司未能及时发现 A 公司出现的大额信用证逾期损失并及时披露，导致违规。为了避免上市公司未能及时知晓集团内部重大信息而受到监管处罚，建立完善、有效的内部信息报送机制是重要的风险防范措施，也是公司内部控制的重要组成部分。强化公司子公司、各部门之间的内部信息报告责任人的报告意识，出现重大信息时及时向董事会办公室报告，加强工作上下联动，才能不断提高信息披露的质量，切实维护上市公司与投资者的利益。

资料来源：上海证券交易所纪律处分决定书（2018）第 70 号.

（五）内部报告有效使用及保密要求

企业各级管理人员应当充分利用内部报告进行有效决策，管理和指导企业的日常生产经营活动，及时反映全面预算执行情况，协调企业内部相关部门和各单位的运营进度，严格绩效考核和责任追究，确保企业实现发展战略和经营目标。企业应当有效利用内部报告进行风险评估，准确识别和系统分析企业生产经营活动中的内外部风险，确定风险应对策略，实现对风险的有效控制。企业对于内部报告反映出的问题应当及时解决。企业应当制定严格的内部报告保密制度，明确保密内容、保密措施、密级程度和传递范围，防止泄露商业秘密。该环节的主要风险是：企业管理层在决策时并没有使用内部报告提供的信息；内部报告未能用于风险识别和控制；商业秘密通过企业内部报告被泄露。

主要管控措施包含以下方面：第一，企业在预算控制、生产经营管理决策和业绩考核时充分使用内部报告提供的信息。企业应当将预算控制和内部报告接轨，通过内部报告及时反映全面预算的执行情况；要求企业尽可能利用内部报告的信息对生产、购售、投资、筹资等业务进行因素分析、对比分析和趋势分析等，发现存在的问题，及时查明原因并加以改进；将绩效考评和责任追究制度与内部报告联系起来，依据及时、准确、按规范流程提供的信息进行透明、客观的定期业绩考核，并对相关责任人进行追究惩罚。第二，企业管理层应通过内部报告提供的信息对企业生产经营管理中存在的风险进行评估，准确识别和系统分析企业生产经营活动中的内外部风险，涉及突出问题和重大风险的，应当启动应急预案。第三，企业应从内部信息传递的时间、空间、节点、流程等方面建立控制，通过职责分离、授权接触、监督和检查等手段防止商业秘密泄露。

（六）内部报告的保管

在企业的经营管理活动中，会产生大量的数据信息，管理好这些资料，对于分析和解决企业管理中的问题至关重要。但是，有些企业对这些管理中产生的大量数据记录采取粗放经营的态度，甚至使一些重要数据丢失，造成不可挽回的损失。该环节的主要风险是：企业缺少内部报告的保管制度，内部报告的保管存放杂乱无序，对重要资料的保管期限过短，保密措施不严。

主要管控措施包含以下方面：第一，企业应当建立内部报告保管制度，各部门应当指定专人按类别保管相应的内部报告。第二，为了便于内部报告的查阅、对比分析，改善内部报告的格式，提高内部报告的有用性，企业应按类别保管内部报告，对影响较大、金额较高的一般要严格保管，例如企业重大重组方案、债券发行方案等。第三，企业对不同类别的报告应按影响程度规定其保管年限，只有超过保管年限的内部报告方可予以销毁。对影响重大的内部报告，应当永久保管，例如公司章程及相应的修改、公司股东登记表等。有条件的企业应当建立电子内部报告保管库，分性质，按照类别、时间、保管年限、影响程序及保密要求等分门别类地储存电子内部报告。第四，企业应当制定严格的内部报告保密制度，明确保密内容、保密措施、密级程度和传递范围，防止泄露商业秘密。有关公司商业秘密的重要文件要由企业较高级别的管理人员负责，具体至少由两人共同管理，放置在专用保险箱内。查阅保密文件必须经该高层管理人员同意，由两人分别开启相应的锁具方可打开。

（七）内部报告的评估

由于内部报告传递对企业具有重要影响，《内部信息传递》强调企业应当建立内部报告评价制度。企业应当对内部报告是否全面、完整，内部信息传递是否及时、有效，对内部报告的利用是否符合预期做到心中有数，这就要求企业建立内部报告评估制度，通过对一段时间内部报告的编制和利用情况进行全面的回顾和评价，掌握内部信息的真实状况。企业对内部报告的评估应当定期进行，具体由企业根据自身管理要求作出规定，至少每年度对内部报告进行一次评估。企业应当重点关注内部报告的及时性、内部信息传递的有效性和安全性。经过评估发现内部报告存在缺陷的，企业应当及时进行修订和完善，确保内部报告提供的信息及时、有效。该环节的主要风险是：企业缺乏完善的内部报告评价体系，对各信息传递环节和传递方式控制不严，针对传递不及时、信息不准确的内部报告缺乏相应的惩戒机制。

主要管控措施包含以下方面：第一，企业应建立并完善企业对内部报告的评估制度，严格按照评估制度对内部报告进行合理评估，考核内部报告在企业生产经营活动中所起的真实作用。第二，为保证信息传递的及时准确，企业必须执行奖惩机制。对经常不能及时或准确传递信息的相关人员应当进行批评和教育，并与绩效考核体系挂钩。

五、反舞弊

舞弊是指以故意的行为获得不公平或者非法的收益，主要存在以下领域：虚假财务报告、资产的不适当处置、不恰当的收入和支出、故意的不当关联方交易、税务欺诈、贪污以及收受贿赂和回扣等。有效的反舞弊机制，是企业防范、发现和处理舞弊行为、优化内部环境的重要制度安排。有效的信息沟通是反舞弊程序和控制成功的关键。如果信息交流机制不畅通，就会产生信息不对称的问题，舞弊行为产生的概率就会增大。企业应当建立反舞弊机制，坚持惩防并举、重在预防的原则，明确反舞弊工作的重点领域、关键环节和有关机构在反舞弊工作中的职责权限，规范舞弊案件的举报、调查、处理、报告和补救程序。该环节的主要风险是：忽视对员工的道德准则体系的培训，内部审计监察不严，内部人员未经授权或者采取其他不法方式侵占、挪用企业资产，在财务会计报告和信息披露等方面存在的虚假记录、误导性陈述或者重大遗漏等，董事、监事、经理及其他高管人员滥用职权，相关机构或人员串通舞弊，企业对举报人的保护力度小，信访事务处理不及时，缺乏相应的舞弊风险评估机制。

主要管控措施包含以下方面：第一，企业应当重视和加强反舞弊机制建设，对员工进行道德准则培训，通过设立员工信箱、投诉热线等方式，鼓励员工及企业利益相关方举报和投诉企业内部的违法违规、舞弊和其他有损企业形象的行为。第二，企业应通过审计委员会对信访、内部审计、监察、接受举报过程中收集的信息进行复查，监督管理层对财务报告施加不当影响的行为、管理层进行的重大不寻常交易以及企业各管理层级的批准、授权、认证等，防止企业资产侵占、资金挪用、虚假财务报告、滥用职权等现象的发生。第三，企业应当建立反舞弊情况通报制度。企业应定期召开反舞弊情况通报会，由审计部门通报反舞弊工作情况，分析反舞弊形势，评价现有的反舞弊控制措施和程序。第四，企业应当建立举报人保护制度，设立举报责任主体、举报程序，明确举报投诉处理程序，并做好投诉记录的保存。切实落实举报人保护制度是举报投诉制度有效运行的关键。结合企业的实际情况，企业应明确举报人应向谁举报，以何种方式进行举报，举报内容的界定等；确定举报责任主体接到投诉报告后进行调查的程序、办理时限、办结要求及将调查结论提交董事会处理的程序等。

第三节　沟通

一、沟通的内涵

沟通，即信息交流，是指将某一信息传递给客体或对象，以期客体作出相应反应的过程。按沟通的渠道划分，沟通可以分为正式沟通和非正式沟通。正式沟通是指在企业正式结构、层次系统进行沟通。非正式沟通是指通过正式系统以外的途径进行沟通。按沟通的对象划分，沟通可以分为内部信息沟通和外部信息沟通。内部信息沟通是指企业经营、管理所需的内部信息、外部信息在企业内部的传递与共享。外部信息沟通是指企业与利益相关者之间信息的沟通。

沟通是把信息提供给适当的人员，以便他们能够履行与经营、财务报告和合规相关的职责。但是，沟通还必须在更广泛的意义上进行，以便处理期望、个人和团体的职责以及其他重要问题。没有沟通就不可能实现控制。沟通是技术性的，已经在管理工作中得到广泛的应用，但比技术更有意义的是企业组织内外部的有效交流。

【案例 6 – 4】

上市公司与投资者的互动交流促成了 15 亿元项目

互动易是由深交所官方推出，供投资者与上市公司直接沟通的平台。2021 年 9 月，在互动易平台上一段关于藏格控股的问答促成了一个 15 亿元的项目。该问答如下：

（投资者）问：你好，西藏阿里麻米措矿业公司的控制人王伟和王刚是藏格控股肖永明妹婿王平的兄弟，王平原来持有巨龙铜业 8.12% 股权。目前，公司拥有的盐湖提锂专利技术已经成熟，公司为什么不去与麻米措矿业商谈合作呢？麻米措矿业拥有的麻米措盐湖是西藏最大的氯化锂公司，储量 250 万吨，远超扎布耶！盼复。

（上市公司）答：投资者您好，真心佩服您对资源信息的挖掘能力，感谢您为公司提供了如此重要的市场信息，经调查核实，王平与王伟、王刚无血缘关系；同时请您放心，一定把您的宝贵建议向公司董事长、总经理及时汇报。谢谢！

10 月 8 日晚间，藏格控股发布《关于产业发展基金对外投资的公告》称，公司拟使用自有资金 25 亿元认购藏青基金，占基金总份额的 48.07%。藏青基金拟以现金 14.739 亿元向王伟、王刚购买其所持西藏阿里麻米措矿业开发有限公司（以下简称"麻米措矿业"或"目标公司"）51% 的股权。

资料来源：互动易平台问答、藏格控股《关于产业发展基金对外投资的公告》.

二、内部沟通

（一）内部沟通的方式

充分的内部沟通对企业控制环境、控制作业、风险评估等各方面都起着至关重要的作用。企业所采取的沟通方式要能够达到顺畅沟通的目的，使员工了解自己应承担的责任、应实现的目标以及这些目标对企业的影响。有效的信息沟通需要合理考虑来自不同部门和岗位、不同渠道的相关信息，并进行合理筛选和相互核对。

除了接收相关数据以便管理他们的活动以外，所有人员，尤其是那些有着重要的经营或财务管理职责的人员，需要从最高管理层那里取得一条明确的信息，即必须严格履行内部控制的职责。这条信息的明晰性及其沟通的有效性都很重要。此外，具体的责任也必须界定清楚每个人都需要了解内部控制体系的相关部分、它们如何运行以及它们各自在系统中的作用与职责。

企业员工应当采取电子沟通、书面沟通、口头沟通等多种方式，实现所需的内部信息、外部信息在企业内部准确、及时地传递和分享，确保董事会、管理层和企业员工之间有效沟通，其中：

1. 电子沟通包括互联网、电子邮件、电话传真等方式。这种沟通方式在现代企业中已经开始扮演越来越重要的角色，但是由于网络的开放性及技术上的要求，信息的安全性是值得考虑的问题。

2. 书面沟通包括例行或专题报告、调查研究报告、员工手册、内部刊物、教育培训数据等方式。书面沟通以文字为媒体，其优点是比较规范、信息传递准确度高、信息传递范围广、有据可查、便于保护。但是，书面沟通也存在缺点，例如为了形式规范而耗用较长的时间，导致成本效益不对等，并且缺少反馈或反馈机制不灵敏等。

3. 口头沟通包括例行会议、专题会议、座谈会、讲座等形式。在这种形式下，沟通迅速、灵活且反馈及时，但是往往由于信息的汇总及传递机制不到位导致信息失真的可能性较大。

（二）内部沟通的原则

1. 明确的职责和有效的控制。各部门定期组织对本部门员工进行相关岗位培训，使员工明确其行为要达到的目标以及自己的职责与他人的职责如何相互影响。人事部门根据公司制定的各种绩效考核办法对各级人员进行绩效考核，并及时将考核结果反馈给被考核人，以有效检查各级人员对其职责的理解和有效控制。

2. 内部沟通与交流。管理层定期向董事会就最新的业绩、发展、风险、重要事件或事故等问题进行汇报。公司管理层定期或不定期召开各种会议，及时与相关职能部门领导、下属单位负责人就生产、运营等情况进行沟通、交流。财务部门应该定期向各部门交流和通报财务状况、经营成果、预算执行情况等，还定期将应收账款情况反馈给销售（信用）部门和清欠办公室。生产部门应该与销售部门定期沟通，以确保生产出的产品不至于积压或者生产不至于满足不了市场的需求。采购部门、下属单位采购部门应该定期组织与其他业务部门就采购需求、价格信息、采购经验等方面进行沟通与交流。员工除了正常向其直属上级汇报工作这一沟通渠道之外，还可以通过各种方式与本单位主要领导进行直接沟通。将公司各职能部门负责人的联系方式公布在通讯录上，员工可以通过电话、邮件、面谈等方式与其直接进行沟通、交流。

公司员工需要有在组织中向上传递重要信息的渠道，可以通过书信（可匿名）、电话、电子邮件等形式，向审计部门或内部控制与企业风险管理部门反映违规违纪问题及有关意见、建议和要求。在问题发生时，每天处理重要经营事项的一线员工常常处在认识问题的最佳位置。销售代表或客户主管可能了解重要客户的产品设计需求。生产人员可能发现高成本的流程缺陷。采购人员可能面临来自供应商的不当刺激。会计部门的员工可能知悉销售额或库存的虚报，或发觉出于私人利益使用主体资源的情形。要想使这些信息得以向上汇报是必须既有开放的沟通渠道，又有明确的倾听意愿。员工必须相信他们的上级确实想了解问题，并且将会有效地解决问题。同时，公司应规定对举报的处理时限及查报结果的要求。对举报属实、查处后为公司挽回或减少重大损失的，应酌情奖励举报人。

公司组织开展合理化建议活动，鼓励员工对公司管理、生产、研发等各方面提出合理化建议，并对有突出贡献的单位和个人给予适当的奖励。

管理层与董事会及其委员会之间的沟通至关重要。管理层必须让董事会了解最新的业绩、发展、风险、主要行动以及其他任何相关的事项或情形。与董事会沟通越好，董事会就能越有效地行使监督职责，在重大事项上起到尽责的董事会的作用，并提供建议和忠告。反过来也一样，董事会也应该与管理层沟通所需的信息，并进行指导和反馈。以管理层与审计委员会的沟通为例，审计委员会可能关注的问题包括：公司主要的经营风险是什么？这些风险是否在财务报表中适当地反映出来了？对于未能在财务报表中反映出来的重大风险，管理层对此是如何处理的？向公司董事会提供的关于公司业绩的相关信息，与通过财务报告和信息披露向投资者提供的业绩信息是否一致？管理层应就上述问题尽量与审计委员会成员沟通。

三、外部沟通

（一）外部沟通的方式

若要实现良好的内部控制，不但要有适当的内部沟通，外部沟通也是必不可少的。企业有责任建立良好的外部沟通渠道，对外部有关方面的建议、投诉和收到的其他信息进行记录，并及时予以处理、反馈。通过开放的沟通渠道，客户和供应商就能够对产品或服务的设计或质量提供非常重要的信息，从而使公司能够应对不断变化的客户需求和偏好。有效的外部沟通既可以扩大企业的影响力，又可以使企业获得很多有效内部控制的重要信息。

来自外部各方的沟通通常会提供有关内部控制体系运作的重要信息。外部审计师对主体经营和相关业务活动以及控制体系的了解，可以为管理层和董事会提供重要的控制信息。

（二）与投资者和债权人的沟通

投资者和债权人是企业资本的提供者，也是企业风险的主要承担者。因此，企业有必要向他们及时报告企业的战略规划、经营方针、投融资计划、年度预算、经营成果、财务状况、利润分配方案以及重大担保、合并分立、资产重组等方面的信息。

在过去的 20 年中，电话会议已经成为管理层与财务分析师进行沟通的一种常见形式。如果公司财务报表数据难以及时反映公司经营的基本面，那么采取电话会议的形式进行沟通更有效。在 20 世纪 90 年代，美国公司通常与分析师和机构投资者举行非公开的见面会。然而，根据 2000 年 10 月在美国开始生效的《公平披露原则》（Regulation Fair Disclosure），证券交易委员会（SEC）力促企业将这些见面会公开。《公平披露原则》要求，向证券分析师和专业投资者非公开提供的重要信息，必须同时（或者迅速地在提供信息之后）向公众披露。虽然《公平披露原则》减少了管理层在私人会议中披露的信息量，然而最近的研究显示，该原则通过减少选择性披露，使得电话会议提高了分析师预测的准确性和一致性。

我国企业应当根据《公司法》《证券法》等法律、法规以及企业章程的规定，通过股东（大）会、投资者会议、定期报告等方式，向投资者和债权人提供企业信息，听取他们的意见和要求，妥善处理企业与投资者和债权人之间的关系。

由证监会颁布的《上市公司与投资者关系工作指引》中规定：上市公司与投资者关系工作的基本原则包括充分披露、合规披露、投资者机会均等、诚实守信、高效低耗、互动沟通，以此来促使公司管理层高度重视与投资者之间的沟通。企业应当多渠道、多层次地与投资者和债权人进行沟通，增强他们以及潜在投资者对企业的了解和信心。

财务报告是管理层与外部投资者沟通的重要媒介。财务报告向投资者们解释了他们的钱是如何用于投资的，这些投资的业绩如何，以及公司当前业绩是如何与公司整体文化和战略保持一致的。

财务报告不仅提供了公司已发生交易的记录，还反映了公司管理层对于公司未来的估计和预测。例如，财务报告中包括对于坏账的估计、对于有形资产使用寿命的预测。此外，财务报告中还隐含了一种预测，即公司的支出在未来将会产生超过成本的现金流量收益。与外部投资者相比，公司管理层更容易对公司的未来作出准确的预测，因此，财务报告是一种潜在的与投资者进行沟通的有效方式。然而，如同我们已经讨论过的那样，投资者们也很易对管理层提供的财务报告产生怀疑。美国的《萨班斯——奥克斯利法案》要求 CEO 和 CFO 必须保证公司的财务报告公允地反映了公司的财务业绩，同时保证公司的内部控制足以支持财务报告。该项要求增加了公司管理层的责任和义务，同时也减轻了外部投资者的怀疑。

（三）与客户的沟通

客户是企业产品和服务的接受者或消费者。企业经营目标的实现依赖于客户的配合。企业可以通过客户座谈会、走访客户等多种形式，定期听取客户对消费偏好、销售政策、产品质量、售后服务、货款结算等方面的意见和建议，收集客户需求和客户的意见，妥善解决可能存在的控制不当问题。

（四）与供应商的沟通

供应商处于供应链的上游，对企业的经营活动有很强的制约能力。企业可以通过供需见面会、订货会、业务洽谈会等多种形式与供应商就供货渠道、产品质量、技术性能、交易价格、信用政策、结算方式等问题进行沟通，及时发现可能存在的控制不当问题。

（五）与中介机构的沟通

这里的中介机构主要包括外部审计师和律师。外部审计师对企业的财务报告进行审计，通过一系列完善的审计程序通常能够发现企业日常经营以及财务报告中存在的问题。外部审计师会关心如下问题：公司主要的经营风险是什么？这些风险是否在公司的财务报表中被适当地反映出来了？我们的审计测试应侧重于哪些方面？我们对公司业绩的评估是否与外部投资者以及分析师的评估相一致？如果不一致，我们是否忽略了某些方面或者管理层在披露时是否误报了公司的真实业绩？企业应当定期与外部审计师进行会晤，听取外部审计师关于财务报表审计、内部控制等方面的建议，以保证内部控制的有效运行以及双方工作的协调。企业在组织经济活动时，不可避免地要与其他企业发生经济纠纷，因此需要聘请律师来帮助处理纠纷，以保障企业的利益。同时，由于我国的经济法规逐渐健全和明晰，企业需要熟悉经济法规的专业人员参与经济项目的制定与实施过程。企业可以根据法定要求和实际需要，聘请律师参与有关重大业务、项目和法律纠纷的处理，并保持与律师的有效沟通。

（六）与监管机构的沟通

监管机构对企业的经营方针和战略有重要的影响。企业应当及时向监管机构了解监管政策和监管要求及其变化，并相应完善自身的管理制度。同时，企业应认真了解自身存在的问题，积极反映诉求和建议，努力加强与监管机构的协调。

沟通是双向的。在传递信息后，信息传递者的任务并没有结束，还应积极从信息接收者那里获取反馈信息，以促进信息获取质量的改进和信息传递程序的优化。通过沟通，企业员工能够明确他人的信息需求，并对自己的职责有更清晰的认识，从而有助于工作的顺利完成和效率的提高。

第四节 信息系统

一、信息系统的定义

信息系统是指企业利用计算机和通信技术，对内部控制进行集成、转化和提升所形成的信息化管理平台。

信息系统是由计算机硬件、软件、人员、信息流和运行规程等要素组成的。信息系统在改变企业传统运营模式的同时，也对传统的内部控制观点和控制方法产生了深远的影响。企业原有的内部控制越来越不适应企业的业务发展和管理的提升。信息系统的实施触发了企业管理模式、生产方式、交易方式、作业流程的变革，为管理工作的重心从经营成果的反映向经营过程的控制转移创造了技术条件。

二、信息系统的生命周期

信息系统的生命周期一般要经过信息系统规划期、信息系统开发期和信息系统运行与维护期三个主要阶段。

结构化系统分析与设计方法是迄今为止应用最普遍、最成熟的一种信息系统建构方法。这种方法的基本思想是：采用系统工程的思想和工程化的做法，按用户需求至上的原则；结构化、模块化、自顶向下地对系统进行分析与设计。具体来讲，结构化系统分析与设计方法就是将整个信息系统开发过程按照时间顺序划分出若干个相对独立的阶段。

信息系统建构各个阶段的主要工作如下：

（一） 信息系统规划期

在信息系统规划期，主要应该考虑实现企业发展战略向信息化流程的转变。因此，需要将信息系统战略规划的管理控制作为出发点，分析企业流程，研究信息技术的发展趋势，实现信息系统战略规划与企业发展战略的匹配，并由此制定信息系统管理、业务和技术三个方面的规范。同时，信息系统管理部门与企业各个层面的管理者、业务部门和最终用户要进行充分的沟通，以实现业务需求向信息化流程的转移。在此基础上，根据信息系统规划进行项目立项和可行性研究，以确定信息系统建设方案。

信息系统规划时期包括战略规划和项目计划。

战略规划通常将完整的信息系统分成若干子系统，并分阶段建设不同的子系统。例如，制造企业可以将信息系统划分为财务管理系统、人力资源管理系统、MRP（销售、采购、库存、生产）系统、计算机辅助设计和制造系统、客户关系系统、电子商务系统等若干子系统。项目就是指本阶段需要建设的相对独立的一个或多个子系统。

项目计划通常包括项目范围说明、项目进度计划、项目质量计划、项目资源计划、项目沟通计划、风险对策计划、项目采购计划、需求变更控制、配置管理计划等内容。项目计划不是完全静止、一成不变的。在项目启动阶段，可以先制订一个较为原则的项目计划，确定项目主要内容和重大事项，然后根据项目的大小和性质以及项目进展情况进行调整、充实和完善。

（二） 信息系统开发期

信息系统开发期的任务是完成软件的设计和实现，具体包括系统分析阶段、系统设计阶段、系统实施阶段三个阶段。

1. 系统分析阶段。系统分析又称为用户需求分析。需求分析的目的是明确信息系统需要实现哪些功能。该项工作是系统分析人员和用户单位的管理人员、业务人员在深入调查的基础上，详细描述业务活动涉及的各项工作以及用户的各种需求，从而建立未来目标系统的逻辑模型。

2. 系统设计阶段。系统设计是根据系统分析阶段所确定的目标系统逻辑模型，设计出一个能在企业特定的计算机和网络环境中实现的方案，即建立信息系统的物理模型。系统设计包括总体设计和详细设计。总体设计的主要任务是：第一，设计系统的模块结构，合理划分子系统边界和接口。第二，选择系统实现的技术路线，确定系统的技术架构，明确系统重要组件的内容和行为特征，以及组件之间、组件与环境之间的接口关系。第三，数据库设计，包括主要的数据库表结构设计、存储设计、数据权限和加密设计等。第四，设计系统的网络拓扑结构、系统部署方式等。详细设计的主要任务包括程序说明书编制、数据编码规范设计、输入输出界面设计等内容。

3. 系统实施阶段。系统实施阶段是编程和测试阶段。这个阶段的任务包括计算机等设备的购置、安装和调试、程序的编写与调试、人员培训、数据文件转换、系统调试与转换等。编程阶段是将详细设计方案转换成某种计算机编程语言的过程。编程阶段完成之后，要进行测试。测试主要有以下目的：一是发现软件开发过程中的错误，分析错误的性质，确定错误的位置并予以纠正。二是通过某些系统测试，了解系统的响应时间、事务处理吞吐量、载荷能力、失效恢复能力以及系统实用性等指标，以便对整个系统作出综合评价。测试环节在系统开发中具有举足轻重的地位。在系统测试中，往往只能测试有限的程序，无法发现"潜伏"其中的危险程序。曾有程序设计员在设计系统程序时加了一条"当他工资为 0 或工资单上他的名字被注销时，就删除所有的系统数据"的语段。几年后，当该程序员被解雇时，系统遭到了致命性的破坏。

（三）信息系统运行与维护期

系统投入运行后，需要经常进行维护和评价，记录系统的运行情况，根据一定的标准对系统进行必要的修改，评价系统的工作质量和经济效益。信息系统的运行与维护主要包含三方面的内容：日常运行维护、系统变更和安全管理。

在信息系统开发的过程中，每一阶段有其独立的任务和成果，每一阶段使用规定的方法和工具，编制出阶段文档（阶段文档是阶段之间的管理控制点，需要经过正式的管理检验才能进入下一阶段工作；各阶段形成的文档资料共同构成了关于系统开发生命周期整体质量的审计证据）。前一阶段是后一阶段的基础和指导。只有完成了前一阶段的任务，才能进入下一阶段，不能跨越阶段。每个阶段完成后，都要进行复查。如果发现问题，要停止前行，沿着所经历的阶段返回。在实践中，上述开发阶段会被分解成若干子阶段，每个子阶段还能够往下被分解为特定开发工程更为详细的活动。

三、信息系统的开发方式

信息系统的开发建设是信息系统生命周期中技术难度最大的环节。在开发建设环节，要将企业的业务流程、内控措施、权限配置、预警指标、核算方法等固化到信息系统中，因此开发建设的好坏直接影响信息系统的成败。

开发建设主要有自行开发、外购调试、业务外包等方式。各种开发方式有其各自的优缺点和适用条件，企业应根据自身实际情况合理选择。

（一）自行开发

自行开发就是企业依托自身力量完成整个开发过程。其优点是开发人员熟悉企业情况，可以较好地满足本企业的需求，尤其是具有特殊性的业务需求。通过自行开发，还可以培养、锻炼自己的开发队伍，便于后期的运行和维护。其缺点是开发周期较长、技术水平和规范程度较难保证，成功率相对较低。因此，自行开发方式的适用条件通常是企业自身技术力量雄厚，而且市场上没有能够满足企业需求的成熟的商品化软件和解决方案。百度的搜索引擎系统就偏重自行开发。

【案例 6 - 5】

中国计量大学图书馆自行开发的人脸识别应用系统

百度 AI 开发平台针对中小企业和开发者开放了免费的人脸识别接口。百度人脸识别接口采用 QPS（每秒查询率）包月收费模式，从 2017 年 11 月 23 日起，每月向开发者和认证企业分别赠送 2QPS 和 5QPS 的免费配置量，超过这一配置才需要额外付费。这意味着，对 QPS 要求不高的企事业单位人脸门禁，前期建设的技术成本大大降低，同时后期的接口使用成本几乎可以忽略不计。正是基于该平台针对认证企业和开发者永久免费及非常高的准确率，使得企事业单位在此基础上自行开发相关应用系统成为可能。

2017 年起，中国计量大学图书馆开始尝试利用百度 AI 开放平台提供的人脸识别云接口，结合校园一卡通、现有门禁后台管理系统及 RFID 自助借还机，自行开发了一套适合本馆实际情况的人脸识别应用系统，包括人脸注册子系统、人脸门禁子系统、人脸借书子系统、信息共享空间预约子系统等。所有子系统共用一个人脸库，系统开发选用 C#语言。除用到百度人脸识别的 SDK 技术外，在人脸采集、图像压缩和尺寸调整中还运用到了图像处理的函数库 EmguCV。

资料来源：周东，施芒. 图书馆自行开发人脸识别应用系统的实践与思考——以中国计量大学图书馆为例 [J]. 图书馆工作与研究，2020（01）：80 – 87.

（二）外购调试

外购调试的基本做法是企业购买成熟的商品化软件，通过参数配置和二次开发满足企业需求。其优点是：开发建设周期短；成功率较高；成熟的商品化软件质量稳定，可靠性高；专业的软件提供商具有丰富的实施经验。其缺点是：难以满足企业的特殊需求；系统的后期升级进度受制于商品化软件供应商产品更新换代的速度，企业自主权不强，较为被动。外购调试方式的适用条件通常是企业的特殊需求较少，市场上已有成熟的商品化软件和系统实施方案。大部分企业的财务管理系统、ERP 系统、人力资源管理系统等多采用外购调试方式。

（三）业务外包

由于信息系统更新换代的周期短，信息系统工作人员的流动性高，人工费用与设备维修费用十分昂贵，因此，近年来在先进的发达国家出现了利用外包信息系统资源的方法，简称"外包"。外包指组织只专注于自己的特定业务，而将相关的信息系统业务承包给外部的信息服务机构。通过外包，企业可以提高对信息技术、信息人才的利用效率，显著降低信息系统的运营成本，使企业可以将自己的力量集中于其核心竞争优势方面，更加集中于实现企业的战略目标。

信息系统的业务外包是指委托其他单位开发信息系统，其基本做法是企业将信息系统开发项目外包出去，由专业公司或科研机构负责开发、安装实施，企业直接使用。其优点是：企业可以充分利用专业公司的专业优势，量体裁衣，构建全面、高效满足企业需求的个性化系统；企业不必培养、维持庞大的开发队伍，相应节约了人力资源成本。其缺点是：沟通成本高，系统开发方难以深刻理解企业需求，可能导致开发出的信息系统与企业的期望有较大偏差；同时，由于外包信息系统与系统开发方的专业技能、职业道德和敬业精神存在密切关系，也要求企业必须加大对外包项目的监督力度。但是外包信息系统也可能泄露企业机密信息。业务外包方式的适用条件通常是市场上没有能够满足企业需求的成熟的商品化软件和解决方案，企业自身技术力量薄弱，或出于成本效益原则考虑不愿意维持庞大的开发队伍。

四、信息技术过程控制体系（COBIT）

由于企业的运营过程与信息技术（information technology，IT）是分不开的，实务界越来越认识到保持 IT 严谨的独立性、由 IT 创造价值及传递其价值的重要性，所以产生了法规遵从的需要及有效控制风险从而获益的需要。为了帮助企业成功地把自己的企业和 IT 目标结合起来，以应对今日的企业挑战，国际信息系统审计与控制协会（ISACA）提出《信息和相关技术的控制目标》（COBIT）。COBIT 是一个基于 IT 治理概念的、面向 IT 建设过程中的 IT 治理实现指南和审计标准，被认为是 COSO 框架的补充框架。COBIT 的目标是为信息系统设计提供具有高度可靠性和可操作性的、公认的信息安全和控制评价标准。

COBIT 5 控制架构把 IT 业务的主动权与商业需要联结起来，把 IT 业内的活动组织起来，成为普遍接受的流程模式，还可以确定主要的受影响的 IT 资源，对需考虑的管理控制目标进行详细说明。COBIT 鼓励以业务流程为中心，实行业务流程负责制。COBIT 提出了促成企业 IT 治理和管理的五大关键原则。

第一，满足利益相关者需求。企业存在的目的是为利益相关者创造价值，这些价值的创造通过保持效益实现与风险和资源使用优化之间的平衡来实现。COBIT 通过应用 IT 提供所有必要的程序和促成因素来支持价值创造，因为不同企业有不同的目标，企业可以通过目标级联，自定义 COBIT 以适合其自身的情况，将高级别企业目标转化成易管理、特定的、IT 相关的目标并将它们映射到具体的流程和实践。

第二，端到端覆盖企业。COBIT 将企业 IT 治理融合到企业治理中，包含企业内的所有职能部门与流程，并考虑到所有端到端的和企业范围的 IT 相关的治理和管理的促成因素。也就是说，它包括企业内部和外部的，与企业的信息和涉及的 IT 治理与管理相关的每种东西和每个人。

第三，采用单一集成框架。目前存在许多 IT 相关标准和最佳实践，每一个均提供一部分 IT 活动的指导，COBIT 与其他相关标准与框架保持高度一致，并因此能够成为企业 IT 治理和管理的总体框架。

第四，启用一种整体的方法。COBIT 5 定义了七类促成因素来支持企业综合的治理和管理系统的实施，它们分别为：（1）原则、政策和框架；（2）流程；（3）组织结构；（4）文化、伦理道德和行为；（5）信息；（6）服务、基础设施和应用程序；（7）人才、技能和竞争力。

第五，区分管理和治理。COBIT 中这两个概念包括不同种类的活动，需要不同的组织结构以及为不同的目的服务。COBIT 流程参考模型详细地定义和描述若干治理和管理流程，它代表在企业 IT 相关活动中经常发生的所有流程。这个推荐的流程模型是一个完整的、综合的模型，但它并不是唯一可能的过程模型。该模型将企业 IT 治理和管理流程分为两个主要流程领域。治理方面，在每个流程内，定义了评估、指导和监控（EDM）实践。管理方面，根据责任区域的规划、构建、运行和监控（PBRM），提供 IT 端到端的覆盖。

建立信息系统的内部控制程序和政策应以 COBIT 框架的 37 项作业步骤作为控制流程主线，针对各步骤的作业内容、控制目标和固有风险，选择 COSO 报告中的相应控制要素及控制要点，共同构成本环节的相应控制政策。COBIT 将过程、IT 资源及信息与企业的决策与目标联系起来，形成一个三维的体系结构。

COBIT 最初被管理者看作由 IT 控制的最佳实践组成的一个基准工具，因为用它可以弥合控制要求、技术问题和企业风险三者间的缺口。由于 COBIT 对控制的强有力关注，内外部审计师均将其应用于财务报告审计、经营和合规审计之中。因此，在"信息系统主要风险点分析"和"信息系统关键控制设计"中，主要应参考 COBIT 框架提供的基于风险的 IT 控制基准工具和最佳实践。

【案例 6－6】

基于 COBIT 5 建立 B 企业财务共享服务中心风险管理机制

COBIT 5 是企业进行 IT 风险管理的框架，是国际上公认的最先进、最权威的安全与信息技术管理和控制标准。COBIT 5 将 IT 管理领域分为四个层面：协调、计划与组织（APO）；建立、获取与实施（BAI）；交付、服务与支持（DSS）；监督、评估与评价（MEA）。

B 公司是国内一家大型汽车制造企业，下属控股子公司 30 余家，拥有员工 54 000 余人。公司的信息系统配置为 SAP 系统，包含三大模块：配销模块、制造模块及财务模块。配销模块包括库存管理、采购管理、订单出货管理等功能；制造模块包括产品结构管理、工单管理、物料需求规划、产能需求规划、生产规划以及成本管理等功能；财务模块包括总账、应收账款、应付账款、现金管理、固定资产等功能。B 公司将财务共享服务中心的运行分为导入与维护两个阶段。在导入阶段，采用单独项目实施的方式进行，项目主管明确项目的时间、成本、目标与范围；在维护阶段，公司进行正常维护，年底确定需要进行后续调整的部分。

根据 COBIT 5 中 IT 管理领域的几个层面，公司的副总经理与 IT 管理部负责人 B 公司认为，财务共享服务中心可能发生的风险如下：

第一，在协调、计划与组织（APO）层面。在规划阶段风险发生的可能性是最大的，因为财务共享服务中心是全公司人员都在使用的系统，所以跨部门整合的难度是最高的；当初规划时只考虑了功能方面的问题，未考虑专利等无形资产，但是规划阶段不能只考虑功能方面的问题；除了规划整合，高管层的需求也要考虑，若没有厘清高管需求，后续维护就有可能会发生问题；财务共享服务中心系统的导入只有作业单位的关键人员才会参与，这位关键人员能不能代表单位需要予以考虑，这也可能成为风险的来源；在导入财务共享服务中心系统时，咨询的顾问若只具备软件知识而不具备公司行业背景知识，就有可能产生问题；项目经理负责管理导入的所有事项；在财务共享服务中心系统导入和实施过程中，公司职员虽然受到相关教育培训，但在实际运行中，仍有可能存在一些未被界定的行为导致异常情况的发生，例如产生异常的资料或造成资料错乱的风险。

第二，在建立、获取与实施（BAI）层面，使用者与咨询顾问对财务共享服务中心系统的理解存在差异，系统导入期顾问团队和使用者沟通需求，上线初期使用者会认可顾问的意见，但随着系统的逐渐实施，使用者与顾问的理念可能会产生差异。该问题在财务共享服务中心导入开始时很难发现，只有在财务共享服务中心系统运行一段时间后才会发现。

第三，在监督、评估与评价（MEA）层面，最大的风险在于界定相关监督标准，因为这些标准会随着公司的发展而变化。

B 公司应对财务共享服务中心风险的控制措施主要包括导入前的规范与导入后的管理。在导入阶段，针对缺乏充分的训练计划风险，公司会有相关的规范和宣传，以防止在实际运作时发生风险，并根据过去的经验进行培训，开始导入时，制定操作手册，并对作业面的操作进行教育培训及严格的规范。

B 公司在财务共享服务中心系统导入后，采用以下四个步骤进行风险管理：风险发现、比较、追踪和监管。首先，由财务共享服务中心项目小组提出财务共享服务中心面临的风险，并提出解决方案；其次，将财务共享服务中心小组提出的风险与风险项目表进行比较，将与风险项目表不对应的风险项目直接列入表内或修改原有风险项目表，扩大其涵盖范围；再次，由财务共享服务中心项目小组追踪识别出风险；最后，将风险管理结果与进度向管理层报告。风险管理结果通常包括移除非风险项目、改变风险管控模式以及增加新项目。

资料来源：刘霞，任骁佳. 基于 COBIT 5 建立财务共享服务中心风险管理机制 [J]. 财会月刊，2018 (19)：99 – 113.

五、信息系统开发的主要风险点及其控制措施

信息系统内部控制的目标是促进企业有效实施内部控制，提高企业现代化管理水平，减少人为操纵因素；同时，增强信息系统的安全性、可靠性和合理性以及相关信息的保密性、完整性和可用性，为建立有效的信息与沟通机制提供支持和保障。

企业信息系统内部控制以及利用信息系统实施内部控制也面临诸多风险。为了达到信息系统的内部控制目标，至少应当关注下列主要风险：第一，信息系统缺乏或规划不合理，可能造成信息孤岛或重复建设，导致企业经营管理效率低下；第二，系统开发不符合内部控制要求，授权管理不当，可能导致无法利用信息技术实施有效控制；第三，系统运行维护和安全措施不到位，可能导致信息泄露或毁损，系统无法正常运行。这三种主要风险分别针对信息系统生命周期的信息系统规划期、信息系统开发期和信息系统运行与维护期三个主要阶段。

（一）信息系统开发的主要风险点

1. 信息系统规划期的主要风险点。信息系统战略规划是信息化建设的起点。战略规划是以企业发展战略为依据制定的企业信息化建设的全局性、长期性规划。制定信息系统战略规划的主要风险是：①信息系统规划风险，即缺乏战略规划或规划不合理，可能造成信息孤岛或重复建设，导致企业经营管理效率低下。②信息技术无法有效满足业务需求的风险，即没有将信息化与企业业务需求结合，降低了信息系统的应用价值。

（1）信息系统规划风险。企业的信息系统规划应该服从于企业总体战略规划，为企业总体战略规划服务。只有满足"战略、组织、技术"三项特征，把信息系统规划作为常规工作循环开始建立，才能把企业的信息化建设推进到一个更高的"战略、组织、技术"层次和水平。

在信息化初始阶段，企业通常借助计算机去满足手工状态下内部控制和信息处理的要求，很少顾及甚至基本没有顾及信息技术本身的特性，由此产生诸多"信息孤岛"，而某一

控制所需要的信息可能部分来自会计信息系统，也可能部分来自其他不同的信息系统。这使得很多企业在管理现代化后并没有赢得任何控制的优势。根据统计，信息系统应用中存在的最大问题就是"信息孤岛"问题。由于现有的信息系统（例如 ERP）多是分功能模块进行设计的。企业信息化的过程通常是先上几个功能模块，再接着慢慢补充其他模块。同一数据多次重复录入，部门间相互分割，各自为政；"数出多门"，加大了业务部门的工作量与出错率。同时，信息传递设备大部分是很多用户一起使用的，也就存在着传递的信息被窃取、篡改的风险。这些都容易导致员工无法及时获取信息，或获取的是不一致信息，从而不能实现整个企业的有效沟通。

信息孤岛现象是不少企业信息系统建设中存在的普遍问题。其根源在于，这些企业往往忽视战略规划的重要性，缺乏整体观念和整合意识，常常陷于"头痛医头、脚痛医脚"的状态。这就导致有的企业财务管理信息系统、销售管理信息系统、生产管理信息系统、人力资源管理系统、办公自动化系统等各自为政、孤立存在的现象，削弱了信息系统的协同效用，甚至引发系统冲突。在实践中，对项目定义不充分是信息系统失败的最重要的原因之一。在任何一个信息系统或者遗留系统（legacy system）的开发和实施过程中，对项目计划的明确定义是信息系统成功的一个关键要素。由于遗留系统是一个松散耦合的信息系统，因此对项目的拙劣定义只会影响一些功能性领域。但是，在一个集成的信息系统中，对项目的定义不充分明确会影响整个企业。很多企业没有考虑商业目标、实施战略、系统架构（landscaping）、技术需求、成本等，就盲目采纳信息技术（IT）。由于缺乏把信息系统与商业战略集成起来的、内在一致的实施战略而导致信息系统失败。

【案例 6 -7】

辽宁省国储库粮食仓储信息孤岛问题

粮食仓储信息化可以促进储粮企业技术升级、提高工作效率、减少储粮损失、信息获取与传输更加快捷便利、决策依据更充分科学、降低储粮费用、降低人员费用，提升储粮质量。国家从 2014 年开始在中央储备粮库开展大规模的智能化粮库建设。

国内粮食行业信息化的整体发展水平低下，发展水平不均衡，由于标准化程度偏低导致大量存在信息孤岛等问题。课题组在以沈阳为中心的几条主要铁路线上，分别选取 1～3 个规模较大且具有地区代表性的国储库，开展问卷调查结合实地调查。

调查的 13 个国储库有 5 个粮库存在信息孤岛问题，占 38.5%。表现为粮情检测系统检测数据采用模拟信号，导致系统之间的信息传递困难。如果想在这些系统基础上开展粮食仓储信息化建设，难度非常大，甚至几乎不可能。分析主要原因是：2014 年以前地方粮库无统一的信息化建设标准，各个企业只是根据生产需要和系统的功能、价格进行选择，对快速发展的信息化要求没有考虑或考虑不足，导致出现大量的信息孤岛。

孤立存在的信息化实际意义不大，只有与粮食仓房、附属设施及设备、粮堆状态及特定储粮作业相结合的信息化才具有实际意义，才能产生经济和社会效益，才具有研究价值和推广应用市场。因此，粮食仓储信息化建设要与粮食仓储硬件设施、设备建设相结合进行，以信息化建设带动粮食仓储传统技术升级换代。完善已有设施设备，使其能够满足信息化建设要求；配备粮库急需的粮食仓储信息化技术新设备，例如数字粮情检测系统、智能通风系统、空调控温系统、环流通风系统等。

由于粮食仓储信息化建设主要是针对国储库开展的，主要为国家投资或国有企业投资，因此，应由粮食行政管理部门对粮食仓储信息化建设进行必要的管理、引导和推进。要真正实现信息化，首先要克服信息传输、共享的壁垒，逐步消除"信息孤岛"现象。要建立统一的信息化建设标准，所有新建设项目都严格按照标准建设，采用统一的标准通信协议，形成一个安全、有序开放共享信息系统。要统筹规划全省粮食信息化建设，重点突破，兼顾全局。逐步对已有的"信息孤岛"系统进行更新换代，使其纳入新的标准的体系中，逐步减少并最后消灭"信息孤岛"。由于信息化建设是粮食企业储粮相关技术升级换代的复杂的系统工程，投资大、涉及面广，而且企业的现有情况不尽相同，需求也不相同，因此，推进信息化建设时，不能急于求成，应该根据项目的轻重缓急，分层次、有步骤实施。

资料来源：刘长生等. 辽宁省国储库粮食仓储信息化建设情况调查分析［J］. 粮油食品科技，2020，28（01）：116－119.

（2）IT系统架构风险和信息技术无法有效满足业务需求的风险。信息系统的架构非常重要。文斯·隆巴迪（Vince Lombardi）曾说过，"架构不是所有的事情，但是它是唯一的事情。"IT部门也曾有这样的体会，"电脑程序潮起潮落，不好的架构永远存在。"虽说上述说法不甚精准，但是却说明了一个简单的事实，即IT系统架构不能迅速改变，或者不能被有效地管理，会导致无法支持快速变化的商业模式。

当前IT系统越来越多地对业务经营活动进行自动化处理，这就需要IT提供必要数量的控制程序。如果内部控制呈现的是独立于业务活动、事后反映和检查性特征，而不能与业务活动融为一体，呈现过程监督和预防性特征，则会导致信息技术无法有效满足业务需求的风险。

2. 信息系统自行开发方式的主要风险点。虽然信息系统的开发方式有自行开发、外购调试、业务外包等多种方式，但基本流程大体相似，通常包含项目计划、系统分析、系统设计、编程和测试、上线等环节。

（1）项目计划环节。项目计划环节的主要风险是：信息系统建设缺乏项目计划或者计划不当，导致项目进度滞后、费用超支、质量低下。

（2）系统分析环节。系统分析环节主要存在可行性研究的风险和需求分析的风险。可行性研究要考虑新的系统对企业原来的管理模式的影响及员工素质的差异。系统分析主要应考虑企业的内部控制节点。如考虑不当将会带来巨大的损失。

系统分析环节的主要风险是：第一，需求本身不合理，对信息系统提出的功能、性能、安全性等方面的要求不符合业务处理和控制的需要。第二，技术上不可行、经济上成本效益倒挂，或与国家有关法规制度存在冲突。第三，需求文档表述不准确、不完整，未能真实、全面地表达企业需求，存在表述缺失、表述不一致甚至表述错误等问题。

（3）系统设计环节。系统在设计环节要保证其规范性和适应性。系统设计环节的主要风险是：第一，设计方案不能完全满足用户需求，不能实现需求文档规定的目标。第二，设计方案未能有效控制建设开发成本，不能保证建设质量和进度。第三，设计方案不全面，导致后续变更频繁。第四，设计方案没有考虑信息系统建成后对企业内部控制的影响，导致系统运行后衍生新的风险。

（4）编程和测试环节。这一环节的主要风险是：第一，编程结果与设计不符。第二，各程序员编程风格差异大，程序可读性差，导致后期维护困难，维护成本高。第三，缺乏有效的程序版本控制，导致重复修改或修改不一致等问题。第四，测试不充分。单个模块正常运行但多个模块集成运行时出错，开发环境下测试正常而生产环境下运行出错，开发人员自测正常而业务部门用户使用时出错，导致系统上线后可能出现严重问题。

（5）上线环节。系统上线是将开发出的系统（可执行的程序和关联的数据）部署到实际运行的计算机环境中，使信息系统按照既定的用户需求来运转，切实发挥信息系统的作用。这一环节的主要风险是：第一，缺乏完整可行的上线计划，导致系统上线混乱无序。第二，人员培训不足，不能正确使用系统，导致业务处理错误，或者未能充分利用系统功能，导致开发成本浪费。第三，初始数据准备设置不合格，导致新旧系统数据不一致、业务处理错误。

3. 其他开发方式的主要风险点。

（1）业务外包方式的主要风险点。在实践中，由于缺乏 IT 外包管理经验，许多信息系统外包项目由于对风险控制的不善而导致外包失败。一般来说，风险是指损失发生的不确定性。它是不利事件或损失发生的概率及其后果的关联函数。信息系统外包风险是由许多不确定因素造成的。那么，信息系统外包风险系数究竟有多大呢？国内暂时还没有详尽的数据。不过，关于信息系统外包服务的成功率可以作为参考。加特纳（Gartner）曾指出，中国的信息系统外包服务市场仍不够成熟，大约50%的信息系统外包服务合同是以不能让用户满意的方式提交的。如此高比率的信息系统外包服务合同不能让用户满意，信息系统外包服务风险也不容乐观。因此，信息系统外包不仅仅是一个成本决策，也是有效管理风险的战略决策。企业在进行信息系统外包时，必须正确地评估并努力控制信息系统外包风险。

要实施业务外包，首先要考虑的是外包策略问题。只有制定了合理的外包策略，才能判断外包工作是否有效，是否实现了外包的预期目标。通常有三个策略可供选择：降低成本、高质量的服务、变革与创新。企图在一个外包合同中同时实现多个指标的大幅改善是不可能的。根据企业实际情况制定合理的外包策略，是信息化战略或信息化规划的重要内容。

信息系统外包具有提升核心竞争力、降低管理成本等收益，但也造成了对承包方的事实依赖性使企业在制定新的经营管理决策时受制于承包方的 IT 配合程度及 IT 完成能力。此外，随着合作时间的延长，企业对承包方提供服务的依赖程度不断加大，受其 IT 服务质量的影响也逐渐增强，会降低企业信息系统管理的自主性和灵活性。

因此，对于企业和 CIO 而言，必须划清企业的核心业务及可以外包的信息系统范围，避免核心信息系统竞争力随外包流失。企业在制定信息系统外包战略时要确定合适的外包业务，例如将附加值较低、成本较高的非核心信息系统业务外包，从而既能获得信息系统外包带来的好处，又能降低对承包方的依赖性风险。因此，确定合适的信息系统外包业务范围是规避风险的第一步。信息系统外包必须首先保证企业的核心技术和信息足够安全；其次才是通过外包能降低内部信息系统成本。假如不能达到这些目标，则企业在当前阶段就不宜采用外包策略；否则外包带来的风险大于成功的几率，不能盲目追求"为外包而外包"。

在业务外包方式中，也存在不少风险，其中最大的风险就是失控。执行降低成本策略，但在实际运行过程中成本可能没降；执行服务质量提高策略，但实际上质量不仅没有提高，反而还下降了，这就是失控的风险。业务外包各个环节中的主要风险如下：

①选择外包服务商。这一环节的主要风险是：由于企业与外包服务商之间本质上是一种委托—代理关系，合作双方的信息不对称容易诱发道德风险，外包服务商可能实施损害企业利益的自利行为，例如偷工减料、放松管理、信息泄密等。

怎么找到好的外包商？对于甲方来说，在预算范围内，当然成本越低越好。这是一个比较模糊的说法。更为重要的是，企业一定要知道软件开发这个行业的特点。软件开发采购的是人力资源，而不是一个现成的产品（例如杯子、笔记本等产品），采购的是一个要经过人力劳动才能形成的成果。从这个角度来看，软件外包商的规范程度是考核的一个重要标准。如果一家企业做得比较规范，则可以认为它们更可信。另外要看这个团队的经验怎么样。即使开发商的名气很大，但对一个具体的客户来说，也可能不能配备专业的开发队伍。至于价格，当然是越低越好，但不是要考虑的第一要素。如果把价格作为第一要素来看待，那么对企业来说是有风险的。如果项目失败的话，会损失很多的机会成本。

②签订外包合同。这一环节的主要风险是：由于合同条款不准确、不完善，可能导致企业的正当权益无法得到有效保障。

③持续跟踪评价外包服务商的服务过程。这一环节的主要风险是：企业缺乏外包服务跟踪评价机制或跟踪评价不到位，可能导致外包服务质量水平不能满足企业信息系统开发需求。

（2）外购调试方式的主要风险点。

①软件产品选型和供应商选择。在外购调试方式下，软件供应商的选择和软件产品的选型是密切相关的。这一环节的主要风险是：第一，软件产品选型不当，产品在功能、性能、易用性等方面无法满足企业需求。第二，软件供应商选择不当，产品的支持服务能力不足，产品的后续升级缺乏保障。

②服务提供商选择。大型企业管理信息系统（例如ERP系统）的外购实施不仅需要选择合适的软件供应商和软件产品，还需要选择合适的咨询公司等服务提供商，以指导企业将通用软件产品与本企业的实际情况有机结合。这一环节的主要风险是：服务提供商选择不当，削弱了外购软件产品功能的发挥，导致无法有效地满足用户需求。

（二）信息系统开发的关键控制措施

1. 系统规划。为了规避信息系统面临的重要风险，企业利用信息系统实施内部控制时应当从以下3个方面入手：第一，企业必须制定信息系统开发的战略规划和中长期发展计划，并在每年制订经营计划的同时制订年度信息系统建设计划，促进经营管理活动与信息系统的协调统一。第二，企业在制定信息化战略过程中，要充分调动和发挥信息系统归口管理部门与业务部门的积极性，使各部门广泛参与、充分沟通，提高战略规划的科学性、前瞻性和适应性。第三，信息系统战略规划要与企业的组织架构、业务范围、地域分布、技术能力等相匹配，避免相互脱节。

为了确保信息系统的商业价值和投资回报，满足最终用户期望，进而提高业务盈利能力，须通过信息系统投资预算管理，持续地改进信息系统的成本有效性。信息系统投资预算管理的内容包括：预测并分配预算；根据预测，测量并评价业务价值。

2. 自行开发。随着企业信息化的不断深入，信息系统已经成为企业提供有竞争力的产品和服务的一项基础设施。因此，在自行开发时，为保证信息系统的有效运行，必须全力做好信息系统的管理控制工作。CIO 应通过下列手段对信息系统进行管理控制：①规划，建立一个组织的信息系统的目标；②组织，筹集、分配实现目标所需的人、财、物资源；③控制，对信息系统实施总体控制，例如，确定系统所需费用、分析系统可创造价值、控制系统人员的业务活动。

（1）项目计划环节。针对项目计划环节的主要风险，应该采取以下措施：第一，企业应当根据信息系统建设整体规划提出分阶段项目的建设方案，明确建设目标、人员配备、职责分工、经费保障和进度安排等相关内容，按照规定的权限和程序审批后实施。第二，企业可以采用标准的项目管理软件（例如 Office Project）制订项目计划，并加以跟踪。在关键环节进行阶段性评审，以保证过程可控。第三，项目关键环节编制的文档应参照《计算机软件产品开发文件编制指南（GB8567-88）》等相关国家标准和行业标准进行，以提高项目计划编制水平。

（2）系统分析环节。针对系统分析环节的主要风险，应该采取如下控制措施：第一，信息系统归口管理部门应当组织企业内部各有关部门提出开发需求，加强系统分析人员和有关部门的管理人员、业务人员的交流，经综合分析提炼后形成合理的需求。第二，编制表述清晰、表达准确的系统建设的目标、功能和要求。企业应当采用标准建模语言（例如 UML），综合运用多种标准，提高系统需求说明书的编写质量。第三，企业应当建立健全需求评审和需求变更控制流程。依据需求文档进行设计（含需求变更设计）前，应当评审其可行性，由需求提出人和编制人签字确认，并经业务部门与信息系统归口管理部门负责人审批。

（3）系统设计环节。针对系统设计环节的主要风险，应该采取的控制措施有：第一，系统设计负责部门应当就总体设计方案与业务部门进行沟通和讨论，说明方案对用户需求的覆盖情况，存在备选方案的，应当详细说明各方案在成本、建设时间和用户需求响应上的差异；信息系统归口管理部门和业务部门应当对选定的设计方案予以书面确认。第二，企业应参照《计算机软件产品开发文件编制指南（GB8567-88）》等相关国家标准和行业标准，提高系统设计说明书的编写质量。第三，企业应建立设计评审制度和设计变更控制流程。第四，在系统设计时应当充分考虑信息系统建成后的控制环境，将生产经营管理业务流程、关键控制点和处理规程嵌入系统程序，实现手工环境下难以实现的控制功能。例如，对于某一财务软件，当输入支出凭证时，可以让计算机自动检查银行存款余额，防止透支。第五，应充分考虑信息系统环境下新的控制风险。例如，要通过信息系统中的权限管理功能控制用户的操作权限，避免将不相容职务的处理权限授予同一用户。第六，应当针对不同的数据输入方式，强化对进入系统数据的检查和校验功能，例如凭证的自动平衡校对。第七，系统设计时，应当考虑在信息系统中设置操作日志功能，确保操作的可审计性。对异常的或者违背内部控制要求的交易和数据，应当设计由系统自动报告并设置跟踪处理机制。第八，预留必要的后台操作通道，对于必需的后台操作，应当加强管理，建立规范的操作流程，确保足够的日志记录，以保证对后台操作的可监控性。

（4）编程和测试环节。针对编程和测试阶段的主要风险，应该采取的控制措施有：第一，项目组应建立并执行严格的代码复查评审制度。第二，项目组应建立并执行统一的编程规范，在标识符命名、程序注释等方面统一风格。第三，应使用版本控制软件系统（例如 CVS），保证所有开发人员基于相同的组件环境开展项目工作，协调开发人员对程序的修改。第四，应区分单元测试、组装测试（集成测试）、系统测试、验收测试等不同测试类型，建立严格的测试工作流程，提高最终用户在测试工作中的参与程度，改进测试用例的编写质量，加强测试分析，尽量采用自动测试工具以提高测试工作的质量和效率。具备条件的企业，应当组织独立于开发建设项目组的专业机构对开发完成的信息系统进行验收测试，确保在功能、性能、控制要求和安全性等方面符合开发需求。

（5）上线环节。针对系统上线环节的主要风险，应该采取的控制措施有：第一，企业应当制订信息系统上线计划，并经归口管理部门和用户部门审核批准。上线计划一般包括人员培训、数据准备、进度安排、应急预案等内容。第二，系统上线涉及新旧系统切换的，企业应当在上线计划中明确应急预案，保证新系统失效时能够顺利切换回旧系统。第三，系统上线涉及数据迁移的，企业应当制订详细的数据迁移计划，并对迁移结果进行测试。用户部门应当参与数据迁移过程，对迁移前后的数据予以书面确认。

3. 其他开发方式。

在业务外包、外购调试方式下，企业对系统设计、编程、测试环节的参与程度明显低于自行开发方式，因此可以适当简化相应的风险控制措施，但同时也会因开发方式的差异产生一些新的风险，需要采取有针对性的控制措施。

（1）业务外包方式的关键控制点和主要控制措施。经济学告诉人们一个道理：术业有专攻，让专业人才专注于做擅长的事情将会收获更大。信息系统项目外包让企业看到了专攻的切实好处，因为这可以让公司集中精力专注于其核心业务。然而，随着信息系统外包项目数量的逐渐增多，风险也会越来越高。任何一个环节出现问题，不但会使整个信息系统项目的进程、质量受到影响，企业的核心业务也因此会被拖累。因此，目前信息系统外包关注的焦点转向了怎样有效地管理和控制信息系统外包项目的实施。在此过程中，如何降低信息系统外包风险，提高外包成功率，成为企业进行信息系统外包的重中之重。作为一种对信息系统信息技术有效管理的最新理念和系统框架，信息系统治理在信息系统外包的应用正引起业界的广泛关注，特别是新发布的信息系统治理最佳实践方法 ITIL v3.0 版本新增加了对信息系统外包风险管理的内容。

外包必须有特定的人员来负责监督控制，其关键控制点和主要控制措施有：

①选择外包服务商。针对这一环节的主要风险，应该采取的主要控制措施是：第一，企业在选择外包服务商时要充分考虑服务商的市场信誉、资质条件、财务状况服务能力、对本企业业务的熟悉程度、既往承包服务成功案例等因素，对外包服务商进行严格筛选。第二，企业可以借助外包业界基准来判断外包服务商的综合实力。第三，企业要严格外包服务审批及管控流程，对信息系统外包业务，原则上应采用公开招标等形式选择外包服务商，并实行集体决策审批。

②签订外包合同。针对这一环节的主要风险，应该采取的主要控制措施是：第一，企业在与外包服务商签约之前，应针对外包可能出现的各种风险损失，恰当拟订合同条款，对涉及的工作目标、合作范畴、责任划分、所有权归属、付款方式、违约赔偿及合同期限等问题作出详细说明，并由法律部门或法律顾问审查把关。第二，开发过程中涉及商业秘密、敏感数据的，企业应当与外包服务商签订详细的"保密协议"，以保证资料安全。第三，在合同中约定付款事宜时，应当选择分期付款方式，尾款应当在系统运行一段时间并经评估验收后再支付。第四，应在合同条款中明确要求外包服务商保持专业技术服务团队的稳定性。

③持续跟踪评价外包服务商的服务过程。企业必须有效地管理好开发过程，持续跟踪评价外包服务商的服务过程。对企业来说，开发的源头是企业的需求，是企业的业务。也就是说，企业到底要把什么东西做成企业的信息系统。很多企业认为，既然找到了开发商，就应该由开发商来作需求分析。这是一种错误的理念，因为对开发人员来说，其主要职责是把客户的需求变成代码，而他们对客户的需求并不熟悉。最熟悉业务的还是企业自己，而对于需求是否合理、是否是最优的，开发人员是很难判断的。对企业来说，一定要控制住企业的需求，要明确哪些业务是要信息化的，哪些业务是不要信息化的。另外，开发是一项智力活动。对这个活动的控制不能仅靠一个简单的合同，而是要用过程来控制活动的质量。这个过程是由一系列的子过程组成的。在这个过程中，要设一些检测标准来控制。这里有一个鞭子效应。拿一个鞭子一抖，在抖的过程中总的方向是没有错的，但每一节的方向和最终的方向都是不一致的。项目管理用流程控制也是这个道理：可能每个阶段都会有些误差，但只要你用流程来控制了，最终的效果和你最终的方向就不会有太大的误差。

针对这一环节的主要风险，应采取的主要控制措施是：第一，企业应当规范外包服务评价工作流程，明确相关部门的职责权限，建立外包服务质量考核评价指针体系，定期对外包服务商进行考评，并公布服务周期的评估结果，实现外包服务水平的跟踪评价。第二，必要时，可以引入监理机制，降低外包服务风险——不断评价外包商的服务能力；监督外包合同条款的执行；通过要求外包供应商定期提供一个第三方的审计报告或由客户的内部审计人员和外部审计人员定期审计其控制，对外包商控制的可靠性进行监督，确保外包商提供安全、可靠的信息系统资源；建立外包灾难恢复控制，并定期评价这些控制。如果外包商发生灾难事项，客户也应设计自己的灾难恢复程序。

（2）外购调试方式的主要控制措施。在外购调试方式下，一方面，企业面临与委托开发方式类似的问题，企业要选择软件产品的供应商和服务供应商、签订合约、跟踪服务质量。因此，企业可采用与委托开发方式类似的控制措施。另一方面，外购调试方式也有其特殊之处，企业需要有针对性地强化某些控制措施。

①软件产品选型和供应商选择。针对这一环节的主要风险，应该采取的主要控制措施是：第一，企业应明确自身需求，对比分析市场上的成熟软件产品，合理选择软件产品的模块组合和版本。第二，企业在软件产品选型时，应广泛听取行业专家的意见。第三，企业在选择软件产品和服务供应商时，不仅要评价其现有产品的功能、性能，还要考察其服务支持能力和后续产品的升级能力。

【案例6-8】

A企业系统开发合同争议仲裁案例

A企业经招投标程序委托某信息系统开发商为其"基于IP+IT的全业务管理系统"项目进行外包编码开发和测试、集成测试及上线工作。2016年7月初，开发商组建团队开始开发。10月，项目团队进驻招标人现场开发。11月29日，招标人制定了单元验收计划，但未进行验收。招标人实际认可系统是合格的，直接进入集成测试阶段。2017年3月31日，招标人单方组织"集成测试验收"，结论为"不通过"，开发商不认可。2017年4月7日，招标人通知解除合同，并将开发商团队清离出场。开发商向合同争议解决条款约定的北京仲裁委员会申请仲裁，请求支付费用、违约金并赔偿损失。

资料来源：黄瑞. 信息系统开发招标项目合同法律风险及争议解决——某企业系统开发合同争议仲裁案例述评［J］. 招标采购管理，2018（09）：62-65.

②服务提供商选择。针对这一环节的主要风险，应该采取的主要控制措施是：在选择服务提供商时，不仅要考核其对软件产品的熟悉、理解程度，还要考核其是否深刻理解企业所处行业特点、是否理解企业的个性化需求、是否有过相同或相近的成功案例。

六、信息系统运营与维护的主要风险点及其控制措施

（一）信息系统运营与维护的主要风险点

运行阶段是系统发挥作用的阶段，也是系统存续时期最长的阶段，因此容易产生风险，是内部控制的重点。在系统运行阶段存在数据可能不完整、不真实的风险，信息的储存及提供的及时性、合理性的风险。最后，在维护阶段可能产生职权分离、授权方式、维护人员不能胜任的风险。

信息系统的运行与维护主要包含三方面的内容：日常运行维护、系统变更和安全管理。

1. 日常运行维护的主要风险点。日常运行维护的目标是保证系统正常运转，其主要工作内容包括系统的日常操作、系统的日常巡检和维修、系统运行状态监控、异常事件的报告和处理等。这一环节的主要风险是：第一，没有建立规范的信息系统日常运行管理规范，计算机软硬件的内在隐患易于爆发，可能导致企业信息系统出错。第二，没有执行例行检查，导致一些人为恶意攻击会长期隐藏在系统中，可能造成严重损失。第三，企业信息系统数据未能定期备份，可能导致损坏后无法恢复，从而造成重大损失。

2. 系统变更的主要风险点。系统变更主要包括硬件的升级扩容、软件的修改与升级等。系统变更往往会"牵一发而动全身"。硬件升级、软件的任何修改都是非同小可的事情，所以必须得到授权与批准。

系统变更是为了更好地满足企业需求，但同时应加强对变更申请、变更成本与进度的控制。这一环节的主要风险是：第一，企业没有建立严格的变更申请、审批、执行、测试流程，导致系统随意变更。第二，系统变更后的效果达不到预期目标。

3. 安全管理的主要风险点。安全管理问题，应该像每家每户的防火防盗问题一样，做到防患于未然。

安全管理的目标是保障信息系统安全。信息系统安全是指信息系统包含的所有硬件软件和数据受到保护，不因偶然和恶意的原因而遭受破坏、更改和泄露，信息系统能够连续正常运行。这一环节的主要风险是：第一，硬设备分布物理范围广，设备种类繁多，安全管理难度大，可能导致设备生命周期短。第二，业务部门信息安全意识薄弱，对系统和信息安全缺乏有效的监督手段。少数员工可能恶意或非恶意滥用系统资源，造成系统运行效率降低。第三，对系统程序的缺陷或漏洞安全防护不够，导致遭受黑客攻击，造成信息泄露。第四，对各种计算机病毒防范清理不力，导致系统运行不稳定甚至系统瘫痪。第五，缺乏对信息系统操作人员的严密监控，可能导致舞弊和利用计算机犯罪。

4. 系统终结的主要风险点。系统终结是信息系统生命周期的最后一个阶段。在该阶段，

信息系统将停止运行。停止运行的原因通常有：企业破产或被兼并、原有信息系统被新的信息系统代替。这一环节的主要风险是：第一，因经营条件发生剧变，数据可能泄密；第二，信息档案的保管期限不够长。

（二）信息系统运营与维护的主要控制措施

1. 日常运行维护的主要控制措施。针对日常运行维护的关键风险点，应该采取如下控制措施：第一，企业应制定信息系统使用操作程序、信息管理制度以及各模块子系统的具体操作规范，及时跟踪、发现和解决系统运行中存在的问题，确保信息系统按照规定的程序、制度和操作规范持续稳定运行。第二，切实做好系统运行记录，尤其注意系统运行不正常或无法运行的情况，应将异常现象、发生时间和可能的原因作出详细记录。第三，企业要重视系统运行的日常维护。在硬件方面，日常维护主要包括各种设备的保养与安全管理、故障的诊断与排除、易耗品的更换与安装等。这些工作应由专人负责。第四，配备专业人员负责处理信息系统运行中的突发事件，必要时应会同系统开发人员或软硬件供应商共同解决。

2. 系统变更的主要控制措施。针对系统变更的关键风险点，应该采取如下控制措施：第一，企业应当建立标准流程，来实施和记录系统变更，保证变更过程得到适当的授权与管理层的批准，并对变更进行测试。信息系统变更应当严格遵照管理流程进行操作。信息系统操作人员不得擅自进行软件的删除、修改等操作，不得擅自升级、改变软件版本，不得擅自改变软件系统的环境配置。第二，系统变更程序（例如软件升级）需要遵循与新系统开发项目同样的验证和测试程序，必要时还应当进行额外测试。第三，企业应加强紧急变更的控制管理。第四，企业应加强对将变更移植到生产环境中的控制管理，包括系统访问授权控制、数据转换控制、用户培训等。

3. 安全管理的主要控制措施。针对信息系统安全的关键风险点，应该采取如下控制措施：

（1）建立信息系统相关资产的管理制度，保证电子设备的安全。硬件和网络设备不仅是信息系统运行的基础载体，也是价值昂贵的固定资产。企业应在健全设备管理制度的基础上，建立专门的电子设备管控制度。关键信息设备（例如银行的核心数据库服务器），未经授权，不得接触。

（2）企业应成立专门的信息系统安全管理机构，由企业主要领导负总责，对企业的信息安全作出总体规划和全方位的严格管理。具体实施工作可由企业的信息主管部门负责。企业应强化全体员工的安全保密意识，特别要对重要岗位员工进行信息系统安全保密培训，并签署安全保密协议。企业应当建立信息系统安全保密制度和泄密责任追究制度。

（3）企业应当按照国家相关法律、法规以及信息安全技术标准，制定信息系统安全实施细则。根据业务性质、重要程度、涉密情况等确定信息系统的安全等级，建立不同等级信息的授权使用制度，采用相应技术手段保证信息系统运行安全有序。对于信息系统的用户和不同安全等级信息之间的授权关系，应在系统开发建设阶段就形成方案并加以设计，在软件系统中预留这种对应关系的设置功能，以便根据使用者岗位、职务的变迁进行调整。

（4）企业应当有效利用信息系统技术手段，对硬件配置调整、软件参数修改严加控制。例如，企业可利用操作系统、数据库系统、应用系统提供的安全机制，设置安全参数，保证系统访问安全。对于重要的计算机设备，企业应当利用技术手段防止员工擅自安装、卸载软件或者改变软件系统配置，并定期对上述情况进行检查。

（5）企业委托专业机构进行系统运行与维护管理的，应当严格审查其资质条件、市场声誉和信用状况等，并与其签订正式的服务合同和保密协议。

（6）企业应当采取安装安全软件等措施防范信息系统受到病毒等恶意软件的感染和破坏。企业应当特别注重加强对服务器等关键部位的防护，存在网络应用的企业，应当综合利用防火墙路由器等网络设备，采用内容过滤、漏洞扫描、入侵检测等软件技术加强网络安全，严密防范来自互联网的黑客攻击和非法侵入。对于通过互联网传输的涉密或者关键业务数据，企业应当采取必要的技术手段，以确保信息传递的保密性、准确性、完整性。

（7）企业应当建立系统数据定期备份制度，明确备份范围、频度、方法、责任人、存放地点、有效性检查等内容。系统首次上线运行时应当完全备份，然后根据业务频率和数据重要性程度，定期做好增量备份。数据正本与备份应分别存放于不同地点，防止因火灾、水灾、地震等事故产生不利影响。企业可综合采用磁盘、磁带、光盘等备份存储介质。

（8）企业应当建立信息系统开发、运行与维护等环节的岗位责任制度和不相容职务分离制度，防范利用计算机舞弊和犯罪。一般而言，信息系统不相容职务涉及的人员可以分为三类——系统开发建设人员、系统管理和维护人员、系统操作使用人员。开发人员在运行阶段不能使用信息系统，否则就可能掌握其中的涉密数据，进行非法利用。系统管理和维护人员担任密码保管、授权、系统变更等关键任务。如果允许其使用信息系统，就可能较为容易地篡改数据，从而达到侵吞财产或滥用计算机信息的目的。此外，信息系统使用人员也需要区分不同岗位，包括业务数据录入、数据检查、业务批准等，在他们之间也进行必要的相互牵制。企业应建立用户管理制度，加强对重要业务系统的访问权限管理，避免将不相容职责授予同一用户。企业应当采用密码控制等技术手段进行用户身份识别。重要的业务系统应当采用数字证书、生物识别等可靠性强的技术手段来识别用户身份。对于发生岗位变化或离岗的用户，用户部门应当及时通知系统管理人员调整其在系统中的访问权限或者关闭账号。企业应当定期对系统中的账号进行审阅，避免存在授权不当或非权账号。对于超级用户，企业应当严格规定其使用条件和操作程序，并对其在系统中的操作全程进行监控或审计。

（9）企业应积极开展信息系统风险评估工作，定期对信息系统进行安全评估，及时发现系统安全问题并加以整改。

4. 系统终结的主要措施。针对系统终结环节的关键控制点，应采取如下主要控制措施：第一，要做好善后工作。不论因何种情况导致系统停止运行，都应将废弃系统中有价值的涉密的信息进行销毁、转移。第二，严格按照国家有关法规制度和对电子档案的管理规定（例如审计准则对审计证据保管年限的要求），妥善保管信息档案。

【复习与思考】

1. 内部信息传递的基本流程和传递原则是什么？
2. 内部信息传递各环节的主要风险点及其控制措施有哪些？
3. 信息系统开发方式有哪几种？
4. 信息系统开发的主要风险点有哪些？相应的控制措施是什么？
5. 信息系统运营与维护的主要风险点有哪些？相应的控制措施是什么？

6. 针对企业以战略和管理模式为指导设计内部报告及指标体系这一风险，应该有怎样的控制措施呢？请结合上一章《控制活动》中的授权审批控制、绩效考评控制，谈谈自己的看法。

7. 结合自己使用电子设备过程中的信息保密经验，谈谈企业如何在信息系统运行和维护环节采取措施，防范数据遭受破坏、更改和泄露的风险。

【案例分析】

A 公司财务共享服务中心模式下的信息与沟通

A 公司成立于 19 世纪 80 年代，是一家信息与通信技术解决方案的供应商，为电信运营商和企业提供 ICT 解决方案、产品和服务。目前公司内部有超 10 万名职工，业务遍及 100 多个国家，服务超 20 亿人口。随着 A 公司不断发展，业务形态也不断丰富，组织结构更加复杂，子公司采集信息和归纳信息能力薄弱，导致财务信息的处理反馈耗时长，效率低。建立财务共享服务中心，是 A 公司的必要举措。A 公司于 2016 年成立了财务共享服务中心，并且直接向首席财务官汇报，管控公司财务经营情况，实施全方位的财务管理，提供公司经营决策方面的参考，提供可持续发展的保障。自 A 公司成立财务共享服务中心之后，会计业务的处理效率得到了明显提高，业务质量也大幅提升，由于中心内部多为计算机操作，减少了部分人员操作失误带来的风险损失。

财务共享服务中心的发展离不开信息系统的支持，可以说是高度依赖于信息系统，所以信息与沟通在财务共享服务中心模式下至关重要，主要分为内部沟通和外部沟通。A 公司建立了多种信息与沟通的渠道，能够及时采集来自客户、供应商等的外部信息，并建立公司内部信息的传递渠道，确保业务可以顺利进行，并且在沟通过程中若发现问题可以及时上报解决。

A 公司由于跨国业务的因素，工作人员面临着时差、民族文化等不同的差异，在日常工作中会出现很多问题。就时差的差异而言，一套合理的工作时间表对企业员工来说是至关重要的，财务共享服务中心的财务人员可以按照工时表进行排班，共享服务中心也可以保持每个时间段都有人在岗，实现沟通二十四小时顺畅；与此同时，聘请具备语言专业的人才，成立专业的翻译小组，以实现不同国家客户对财务共享服务中心的需求，或者统一相关术语，可减少翻译工作以及文化差异带来的资源浪费；鼓励员工自我学习，对于通过例如 ACCA 等考试的员工予以报销书本费、考试费用等，也可与培训机构合作，定期对员工进行在线课程培训。

由于 A 公司对于信息传递主要依赖通信软件，具有泄露商业机密风险，并且有一定的时效性，因此内部沟通系统应当得到完善，建立全体交流平台，信息传递可直接面对面，也可以直接点对点，即个人到个人，也能增强财务人员和业务前端人员的互动，提高信息传递的准确与及时。另外，A 公司应该定期召开部门会议，例如销售部应该定期和生产部以及财务部沟通并反馈相关信息，针对本部门在经营活动中产生的问题，应及时召开部门内部会议进行报告反馈。

资料来源：张玮，王紫微. A 公司财务共享服务中心内部控制案例研究［J］. 科技经济导刊，2020.

思考：A 公司财务共享服务中心模式下的信息与沟通有哪些可借鉴的经验，这些经验适用于哪些企业？

【拓展阅读】

1. 《内部控制基本规范》第五章信息与沟通.

2. 歌尔股份有限公司重大信息内部报告制度，https：//www.goertek.com/Upload/202206/20220606103630_4835.pdf.

3. 阿里巴巴企业 ERP 系统.

阿里巴巴企业 ERP 系统在信息流方面主要是对运营中积累的海量营销交易和客户信息实施数据挖掘，通过对卖家、供应商和买家逐一信用评级画像，在掌控风险的同时构建三维客户服务矩阵；资金流方面主要涉及围绕核心企业的中小企业集群互联网供应链金融和产融结合围绕消费目的的互联网消费金融领域，方便供应商和消费者进行小额融资和分期付款；物流整合则主要致力于菜鸟物流体系的构建，并与第三方物流互利双赢合作。

资料来源：满春. 电子发票系统与企业 ERP 系统协同对接研究——以阿里巴巴为例［J］. 财会通讯，2019（34）：99-104.

练习题及答案

第七章

业务循环控制

■ **【知识与技能要求】**

通过本章的学习，使学生能够：

1. 解释企业中各项业务活动的具体循环流程。

2. 举例说明资金活动的关键风险点及控制措施。

3. 举例说明采购业务控制的关键风险点及控制措施。

4. 举例说明资产管理控制的关键风险点及控制措施。

5. 举例说明销售业务控制的关键风险点及控制措施。

6. 举例说明研究和开发控制的关键风险点及控制措施。

7. 举例说明工程项目控制的关键风险点及控制措施。

8. 举例说明担保业务控制的关键风险点及控制措施。

9. 举例说明业务外包控制的关键风险点及控制措施。

10. 举例说明财务报告控制的关键风险点及控制措施。

■ **【思政目标】**

分析业务循环控制对于完善中国特色现代企业制度的意义。

■ **【关键术语】**

业务循环控制 资金活动控制 采购业务控制 资产管理控制 销售业务控制 研究与开发控制 工程项目控制 担保业务控制 业务外包控制 财务报告控制

【案例 7 - 1】

安信信托及其控股股东等被上交所予以纪律处分：

公司内控存在重大缺陷，信息披露严重滞后

6 月 10 日，ST 安信（SH600816，股价 4.36 元，市值 238.45 亿元）发布公告，上交所对该公司及其控股股东、相关负责人予以纪律处分。

根据有关规定，上交所做出如下纪律处分决定：对安信信托和控股股东上海国之杰投资发展有限公司（以下简称"上海国之杰"），时任董事长王少钦，时任董事长、总裁邵明安，时任总裁杨晓波、王荣武予以公开谴责，并公开认定王少钦、杨晓波 5 年内不适合担任上市公司董事、监事和高级管理人员；对时任主管会计工作负责人赵宝英和时任董事会秘书武国建、陶瑾宇、王岗予以通报批评。

另外，纪律处分实施过程中，实际控制人高天国已因病去世，根据相关规定，上交所终止对其的纪律处分程序。同时，因安信信托 2018 年年报财务信息披露不准确，时任财务总监庄海燕也被上交所予以监管警示：内控存在重大缺陷，信息披露不及时、不准确。

经查明，安信信托、控股股东上海国之杰在信息披露、规范操作方面，有关责任人在职责履行方面存在以下违规行为：第一，未及时披露提供大额保底承诺事项，公司内部控制存在重大缺陷；第二，多笔重大诉讼事项披露不及时；第三，主要资产受限情况披露不及时、不完整；第四，2018 年年度报告财务信息披露不准确。

具体来看，公司对外提供大额保底承诺，未能及时履行信息披露义务，迟至披露 2019 年和 2020 年年度报告及相关诉讼公告时才予以披露，相关信息披露严重滞后。公司未能建立健全有效的内部控制机制，未有效执行合同用印审批流程，导致未及时发现前述大额保底承诺事项，相关内部控制存在重大缺陷。

另经查明，根据公司于 2021 年 7 月 28 日披露的收购报告书摘要及董事会关于消除部分经营风险措施的意见，公司以与部分第三方签署《信托受益权转让协议》或出具《流动性支持函》等形式提供信托项目的保底承诺，是由于控股股东国之杰和实际控制人高天国深度介入公司经营管理、涉嫌开展违法违规行为和经营不当导致。

上交所表示，公司应当引以为戒，严格按照法律、法规和《股票上市规则》的规定规范运作，认真履行信息披露义务；上市公司控股股东、实际控制人应当严格遵守法律法规和上交所业务规则，自觉维护证券市场秩序，认真履行信息披露义务，及时告知公司相关重大事项，积极配合上市公司做好信息披露工作；董事、监事和高级管理人员应当履行忠实、勤勉义务，促使公司规范运作，并保证公司及时、公平、真实、准确和完整地披露所有重大信息。

资料来源：经济观察报. 安信信托及其控股股东等被上交所予以纪律处分：公司内控存在重大缺陷，信息披露严重滞后 [EB/OL]. [2022 - 06 - 11]. https：//baijiahao. baidu. com/s?id = 1735326812376003838&wfr = spider&for = pc.

第一节　业务循环控制概述

一、业务活动

根据财政部、证监会等五部委 2010 年联合发布的 18 项内部控制应用指引的规定，其中涉及企业业务活动的一共有9项，具体包括资金活动、采购业务、资产管理、销售业务、研究与开发、工程项目、担保业务、业务外包、财务报表等，本章将对这9项业务活动的内部控制进行重点讲解。

二、各业务活动的具体流程

（一）资金活动业务流程

企业资金活动包括筹资、投资和资金营运活动。筹资活动的业务流程主要包括拟订筹资方案、筹资方案论证、筹资方案审批、筹资计划的编制与实施等。投资活动的业务流程主要包括拟订投资方案、投资方案可行性论证、决策审批、投资计划的编制与实施以及投资项目的到期处置。资金营运活动主要是指从资金流入形成货币资金开始，经过采购业务、生产业务、销售业务、还本付息、利润分配以及税收等不断循环的过程。资金活动业务流程如图7－1所示。

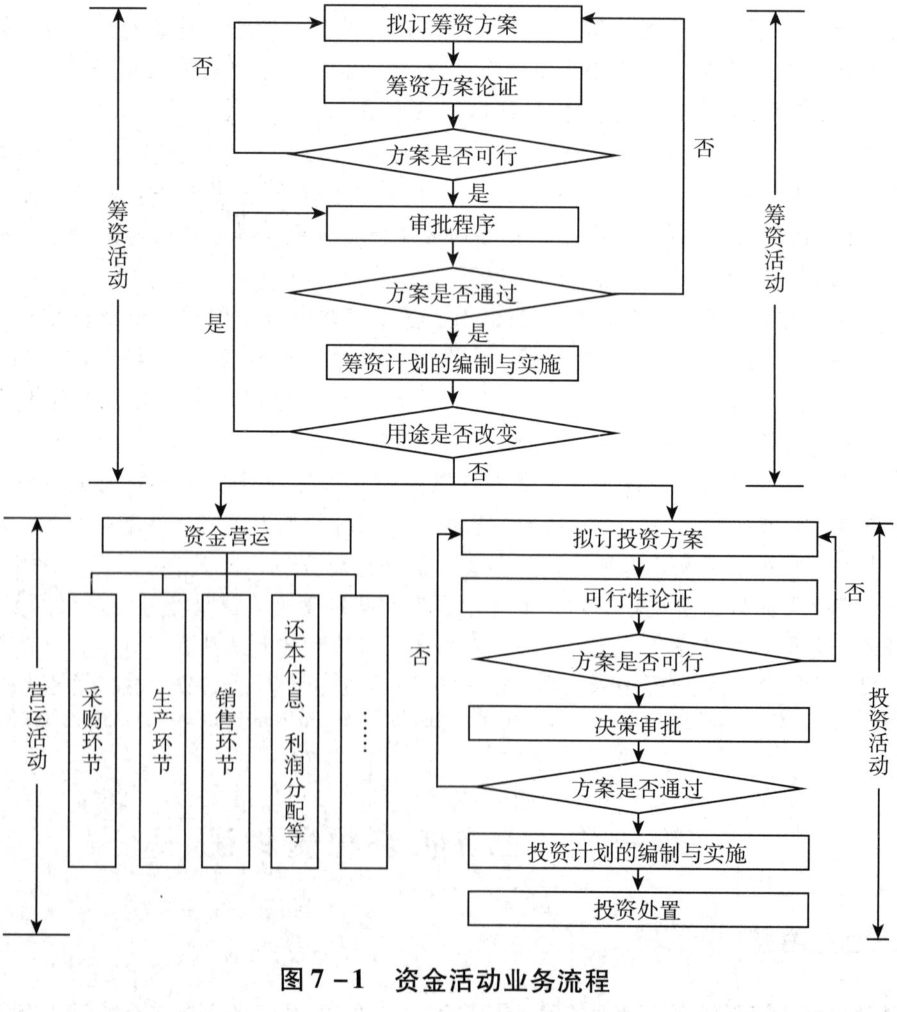

图7－1 资金活动业务流程

（二）采购业务流程

采购业务流程主要包括请购与审批、购买、验收与付款三大环节，具体如图 7-2 所示。

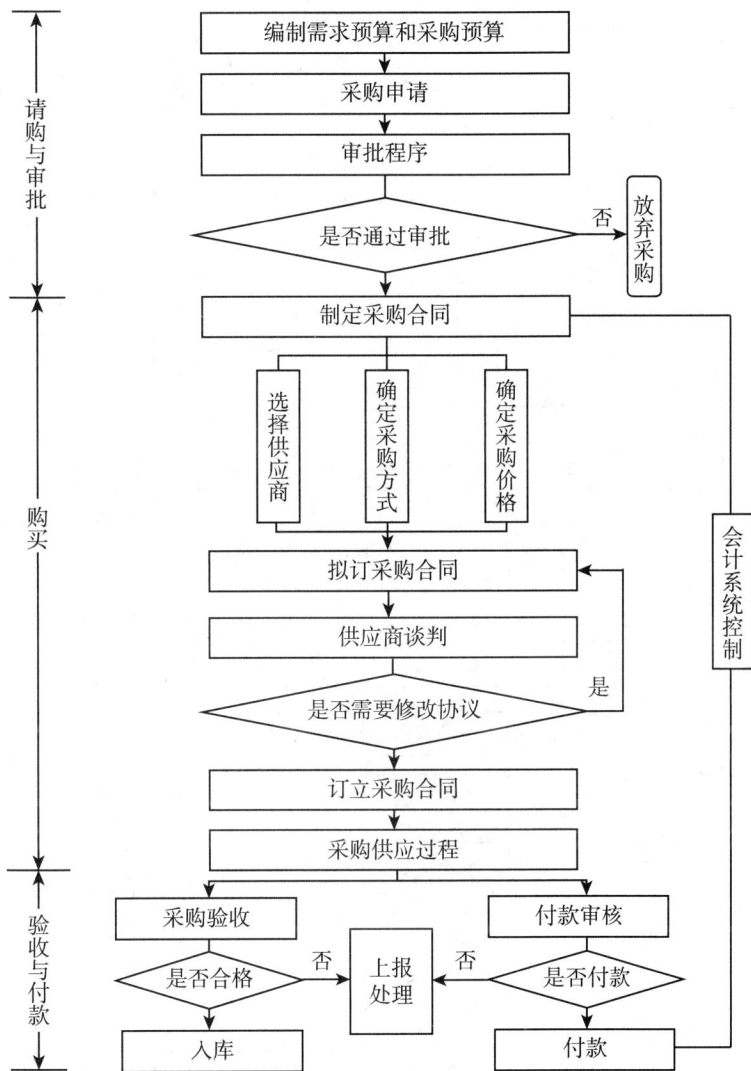

图 7-2 采购业务流程

（三）资产管理流程

1. 存货管理的业务流程。存货管理的业务流程主要有存货取得、验收入库、存货报关、领用发出以及销售处置等，具体如图 7-3 所示。

2. 固定资产管理的业务流程。固定资产管理的业务流程主要包括资产取得、资产验收、登记造册、资产投保、运行维护、定期评估、更新改造以及淘汰处置等，具体如图 7-4 所示。

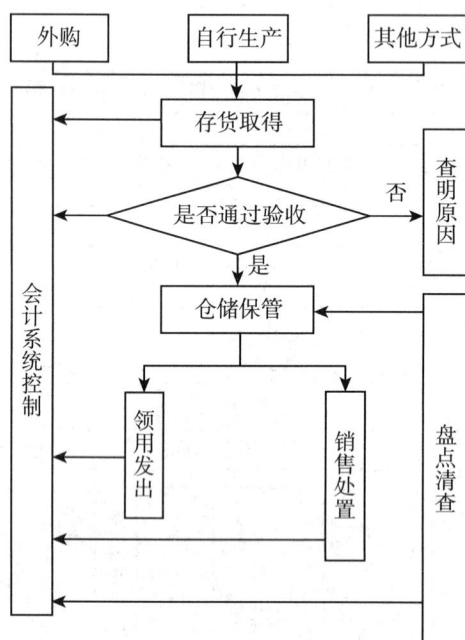

图 7 - 3 存货管理业务流程

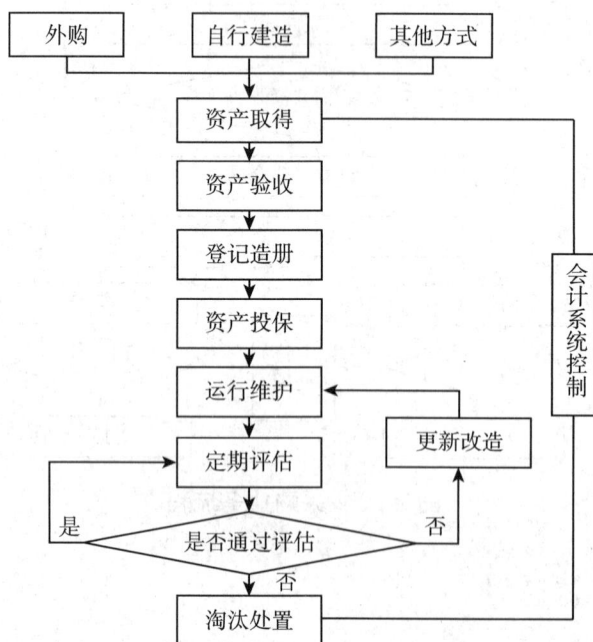

图 7 - 4 固定资产管理业务流程

3. 无形资产管理的业务流程。无形资产管理的业务流程主要包括无形资产的取得与验收、资产的使用与保护、技术升级和更新换代、资产处置等,具体如图 7 - 5 所示。

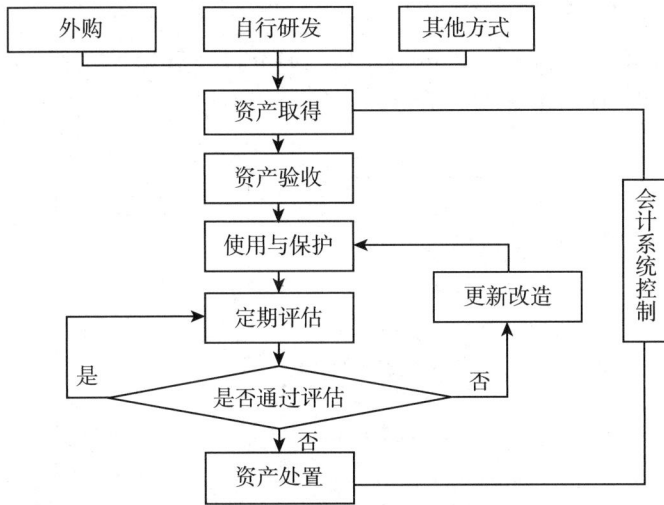

图 7 - 5 无形资产管理业务流程

（四）销售业务流程

销售业务的基本流程包括销售计划管理、客户信用管理、确定定价机制和信用方式、销售业务谈判、订立销售合同、开具销售通知、发货、收款、客户服务等，具体如图 7 - 6 所示。

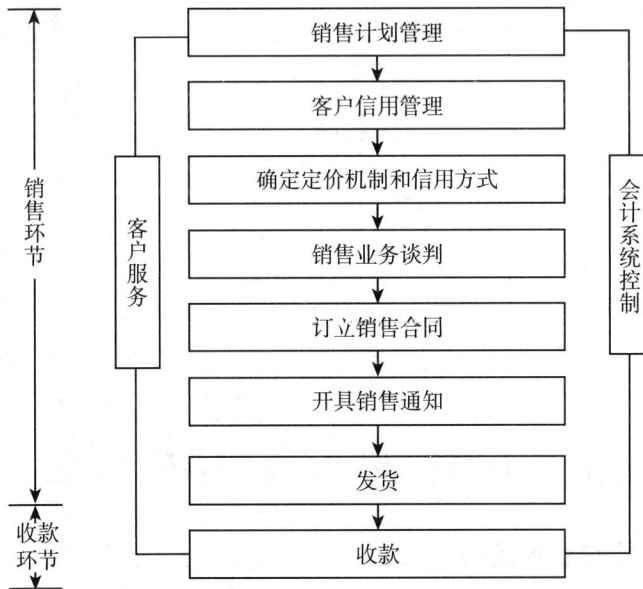

图 7 - 6 销售业务流程

（五）研究与开发业务流程

研究与开发业务的基本流程主要包括立项、研究过程管理、验收、研究成果开发与保护、研发活动评估等，具体如图7-7所示。

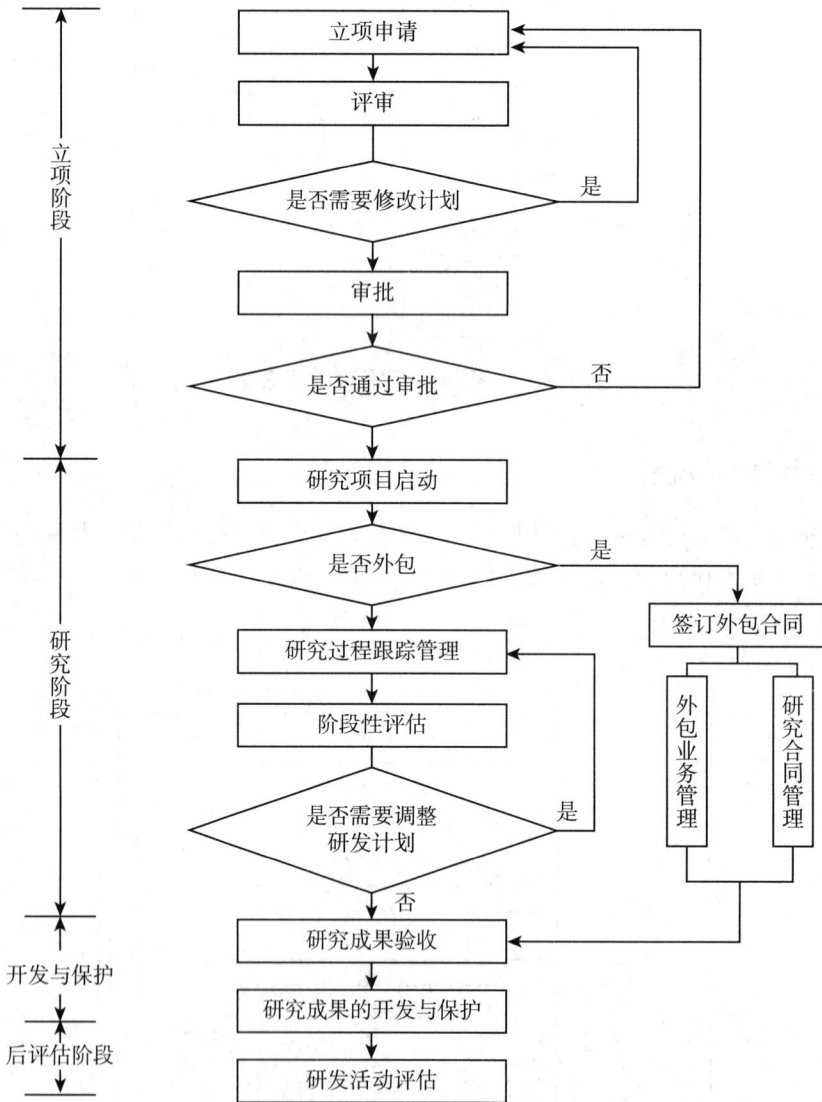

图7-7　研究与开发业务流程

（六）工程项目的业务流程

工程项目的基本流程包括工程立项、工程设计、工程招标、工程建设、工程验收和项目后评估六大环节，具体如图7-8所示。

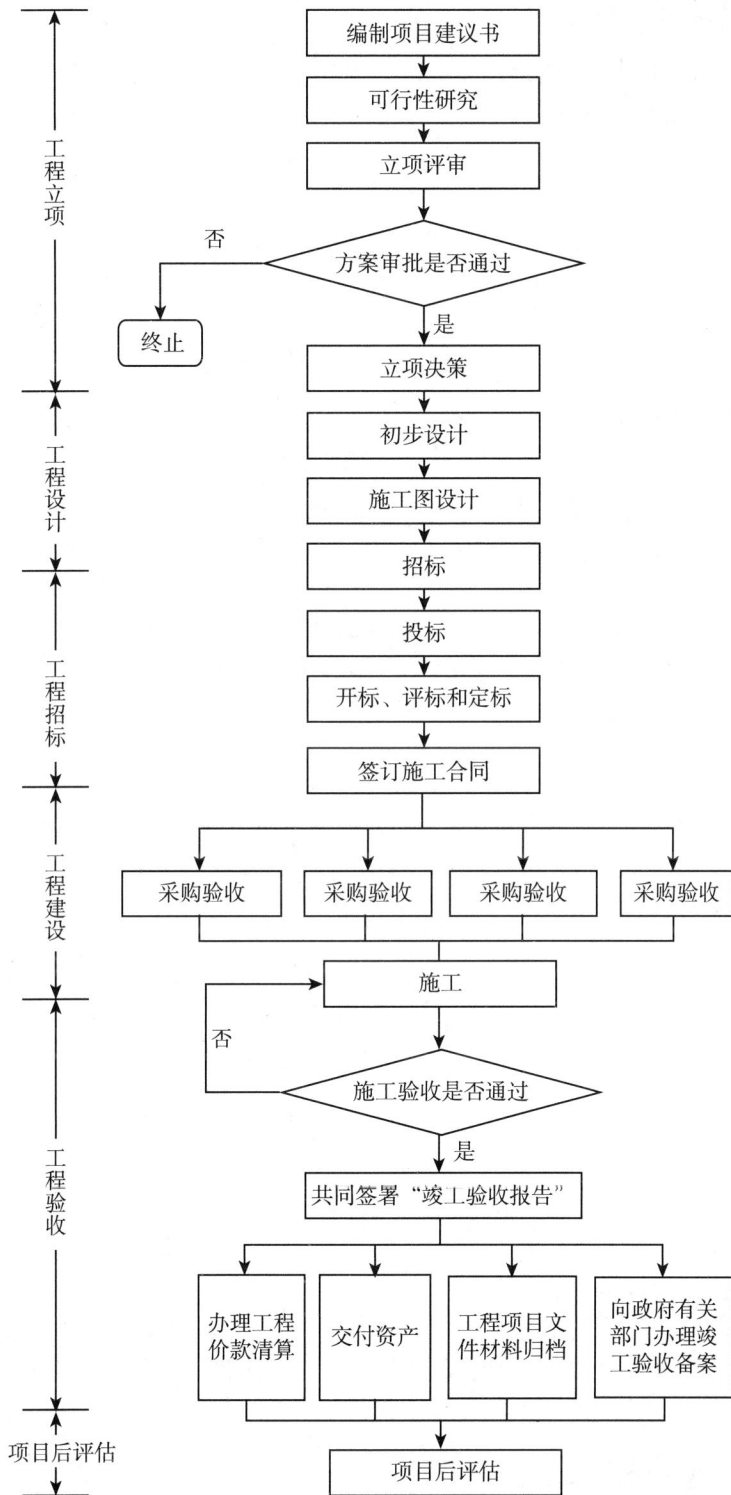

图 7-8 工程项目业务流程

（七）担保业务流程

担保业务的基本流程包括受理担保申请、调查评估、审批、订立担保合同、担保合同执行与监控等，具体如图 7 – 9 所示。

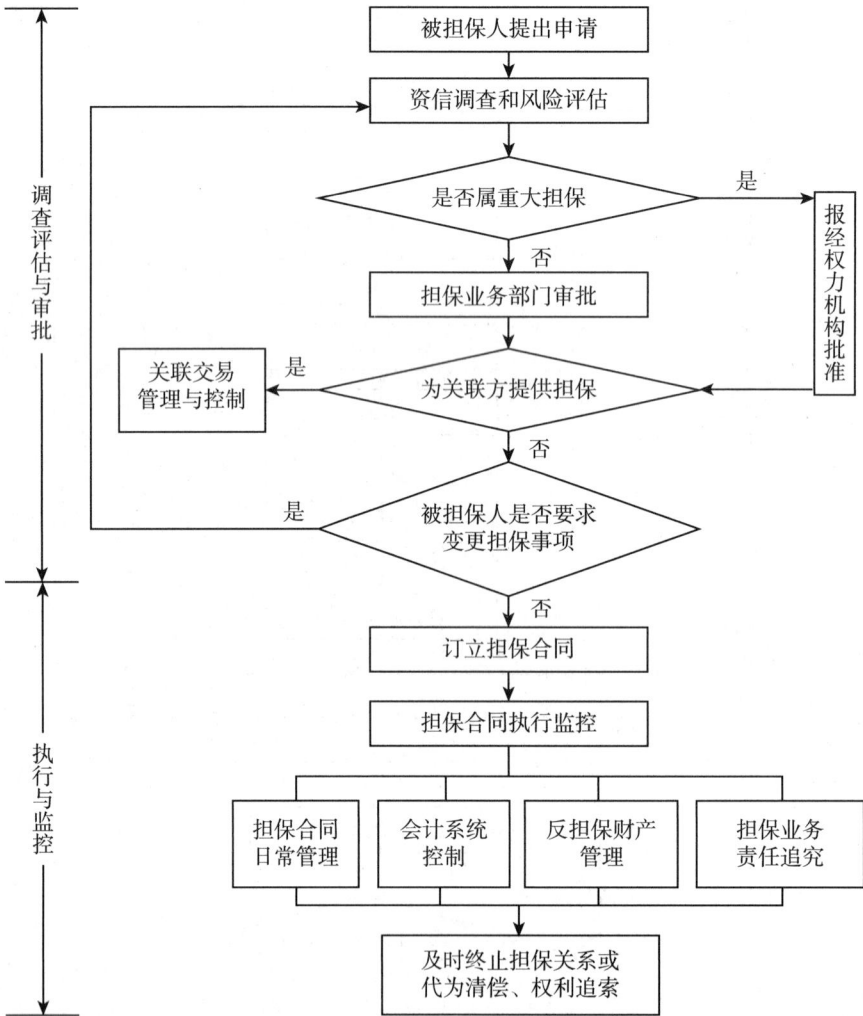

图 7 – 9 担保业务流程

（八）业务外包流程

业务外包的基本流程包括制订业务外包实施方案、审批、选择承包商、签订业务外包合同、外包合同执行与监控、验收及付款等，具体如图 7 – 10 所示。

（九）财务报告业务流程

财务报告业务流程主要包括制订财务报告编制方案、确定重大事项的会计处理、查实资产和负债、编制财务报告、财务报告的对外提供以及分析利用等，具体如图 7 – 11 所示。

制订业务外包实施方案

审批

审批是否通过 ——否

是

承包方的选择

外包业务谈判

签订外包合同

外包合同执行与监控

外包合同是否完整履行 ——否—— 追究责任

是

验收

是否合格

是

付款

策略制订与审批

执行与监控

会计系统控制

否

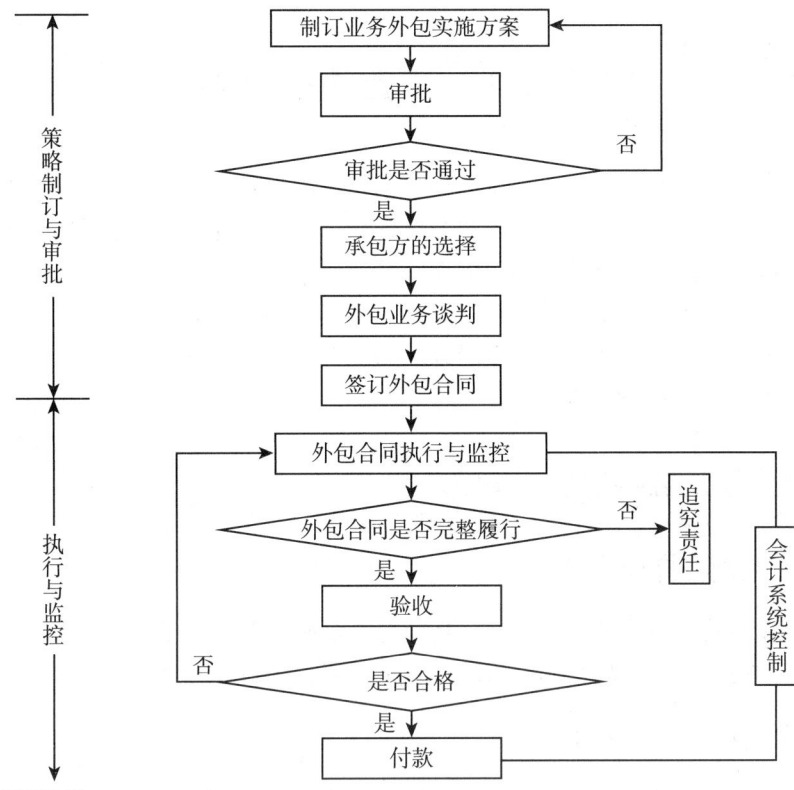

图 7 - 10　业务外包流程

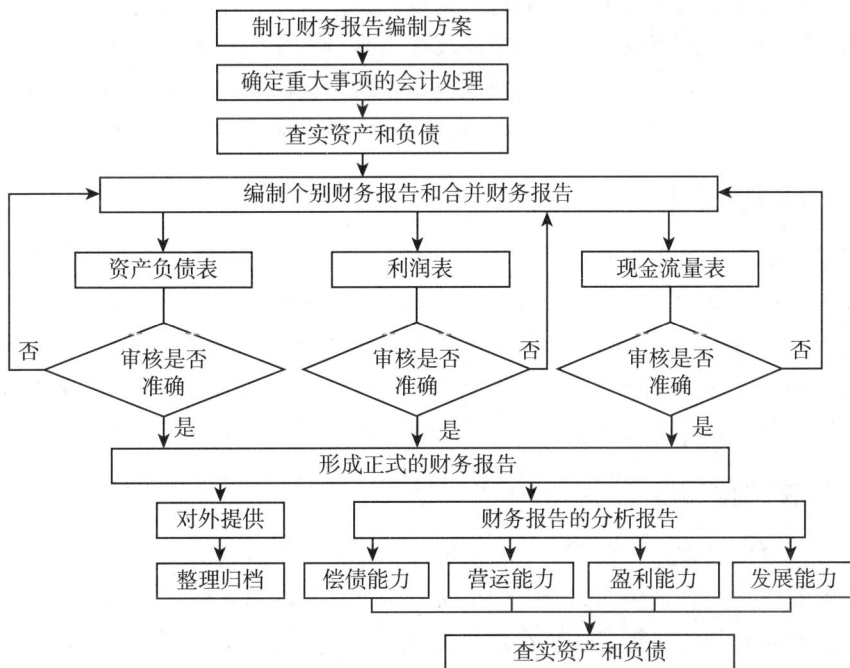

制订财务报告编制方案

确定重大事项的会计处理

查实资产和负债

编制个别财务报告和合并财务报告

资产负债表　　利润表　　现金流量表

审核是否准确　审核是否准确　审核是否准确

否　　　　　否　　　　　否

是　　　　　是　　　　　是

形成正式的财务报告

对外提供　　财务报告的分析报告

整理归档　偿债能力　营运能力　盈利能力　发展能力

查实资产和负债

图 7 - 11　财务报告业务流程

第二节 资金活动控制

资金是企业生产经营的血液，是企业生存和发展的重要基础，决定着企业的竞争能力和可持续发展能力。资金活动，是企业筹资、投资和资金营运等活动的总称。影响资金活动的因素众多且不确定性较大。资金活动中的潜在风险大多为重要风险。一旦风险转变为现实，对企业危害重大，不仅影响企业的可持续发展，甚至事关企业的生死存亡。加强资金活动风险控制，对于促进企业有效地组织资金活动、防范和控制资金风险、保证资金完整和安全、提高资金使用效益等具有重要意义。

一、资金活动内部控制的总体要求

（一）树立战略导向观念

战略是企业经营和发展的总体导向。在资金活动中，企业应当遵循相关的法律及监管要求，根据自身的发展战略，科学确定投融资及资金营运的目标和规划。

（二）建立科学决策机制

管理的中心活动是决策，决策的正确与否事关企业的生存和发展，特别是企业的筹资、投资决策，更是决定了企业经营活动的整体格局。加强企业资金活动的内控，应该围绕决策这个核心，建立起科学的决策机制，通过各种措施提高决策科学性与决策效率。企业在资金活动战略规划决策上，应当根据自身的发展规律，综合考虑宏观经济政策、市场环境、环保要求等因素，结合本企业发展实际，科学地确定投融资目标和规划。如果目标不明确，决策不正确，控制措施就难以准确、到位，资金活动也就难以顺利、有效地进行。

（三）完善管控制度

根据《企业内部控制应用指引第6号——资金活动》的要求，企业应建立和完善严格的资金授权、批准、审验、责任追究等相关管理制度，加强资金活动的集中归口管理，明确筹资、投资、营运等各环节的职责权限和不相容岗位相分离的要求，规范资金活动的执行。建立完善的监督检查和项目完成后的评价制度，跟踪资金活动内部控制的实际效果据以修正制度、完善内部控制，并通过责任追究制度，确保资金活动安全有效地进行。

（四）严格执行制度

企业资金活动的管控，不仅需要完善的制度，还要严格执行。为了使资金活动内部控制制度得到切实有效的实施，企业财会部门应负责资金活动的日常管理，参与投融资方案等的可行性研究。总会计师或分管会计工作的负责人应当参与投融资决策过程。企业必须识别并关注资金活动的主要风险来源和主要风险控制点，然后针对关键风险控制点制定有效的控制措施，集中精力管控关键风险。

（五）实行资金集中管控

企业加强资金的集中管控，有利于实现资金在企业内部的相互调剂，降低整体资金成本，提高资金使用效率。企业有子公司的，应当采取合法有效措施，强化对子公司资金业务的统一监控。信息技术的发展为企业实现资金集中管控提供了便利条件。有条件的企业集团，应当探索财务公司、资金结算中心等资金集中管控模式。

（六）合理设计流程

企业在设计资金活动相关内控制度时，其本质是对资金业务的控制方法进行设计，所以应重点明确各种资金活动的业务流程，确定每一个环节、每一个步骤的工作内容和应该履行的程序，并将其具体到部门和人员。

（七）抓住关键控制点

企业对资金活动的内部控制不可能面面俱到，因此，企业必须识别并关注主要风险来源和主要风险控制点，以提高内部控制的效率。具体而言，企业应该针对流程中的每一个环节、每一个步骤，认真细致地进行分析，根据不确定性的大小、危害性的严重程度明确关键的业务、关键的程序、关键的人员和岗位等，从而确定关键的风险控制点，并制定有效的控制措施。

【案例 7 - 2】

华工科技集团资金管理一体化模式的探索与实践

华工科技产业股份有限公司（以下简称"华工科技"，股票代码 000988）脱胎于中国知名学府——华中科技大学，是"中国激光第一股"、中国高校成果产业化的先行者。经过多年的技术、产品积淀，形成了以激光加工技术为重要支撑的智能制造装备业务、以信息通信技术为重要支撑的光连接、无线连接业务，以敏感电子技术为重要支撑的传感器业务格局，产业基地近 2 000 亩。

华工集团 2019 年提出"积极发展，有效管控，全面提升经营质量"的经营方针。在该方针指引下，集团财务部门系统分析和评估了公司的资金管理状况、风险，遵循"集中资源、优化成本、提高收益、安全高效"的原则，决定打造一体化的集团资金管理体系，实行"统一平台、集中管理、分级授权"的资金运营新模式。

1. 协调统一资金筹措与资金运营。

H 集团多年一直保持着较低的负债水平，债务融资空间较大，近几年业务快速增长，营运资金缺口主要通过债务融资补充。集团统筹债券发行、银行授信、统贷统还等融资事宜，子公司日常开具票据、保函的业务在授权额度范围内自主操作，贷款类的融资需求全部报集团审批，子公司为贷款主体时由集团母公司提供担保。集团拥有 AA + 主体信用评级，可根据市场行情，比较选择发行债券或者银行贷款方式，给子公司提供了充足、快捷、便宜的融资。资金运营在不改变各家子公司自有资金的所有权、使用权和收益权的前提下，由集团统一建设资金管理信息系统，统筹合作方选择和议价，执行月度资金计划，采取定时归集和下拨。当外部融资成本不符合预期时，可以在集团内部贷款。

2. 组合运用外汇风险管理方式。集团财务部分析了各子公司进出口业务特征和规律后，提出采用资产负债表中性化加锁汇的组合方式来管理公司的外汇风险。资产负债表中性化是指在外币应收账款大于外币应付账款的情况下，预计一年内顺差的均值，按该均值提取同币种的外币贷款，保持同币种资产和负债的平衡。中性化方式主要运用在以美元交易产生的资产和负债上，当出现其他币种的外汇风险敞口，以及美元交易产生预计外的风险敞口时，公司就采用远期锁汇方式规避汇率波动风险。为便于集中统一管理，集团进出口业务按区域集中度归并至两个主体。两个主体在集团财务部统筹下按既定的外汇风险管理原则开展外币融资、低风险的外汇衍生品交易。另外，公司也向境外客户和供应商力推人民币结算方式，并开通人民币跨境支付系统（CIPS），提高人民币结算效率。

3. 实行机会和收益均等的原则进行制度设计时，充分考虑每一个参与主体的权力和利益。母公司以服务者和支持者的角色参与其中，母子公司在资金中心享有平等的机会和权益，并且资金中心的服务不收取任何费用。例如在集团票据池业务中实行"双额度控制"和"先开先占"原则，集团根据平均质押票据总量设定一个全集团开票总额度，再与每家子公司商定一个单家开票额度，单家额度之和大于总额度，两个额度同时有效，因此谁先开票谁就先占用了总额度，这种规则可以保障入池票据资源得到最大化利用。

4. 打造数字化平台。

资金运营要了解资金流动的规律和特点，掌握资金时点和时期的准确信息，高效组织资金收付结算，还要防控操作风险、舞弊风险、外汇风险、流动性风险等。实现上述目标和设想必须依托移动互联网、云计算等现代信息技术，搭建数字化平台，加强数据治理，并且要逐步完善信息系统集成，将资金管理系统与流程审批系统与财务系统无缝对接。

5. 推行资金预算管理。

H集团的全面预算管理强调以现金预算为核心。因为投资、筹资、销售、采购、研发、生产等经营活动最终都会映射到资金流，经营结果和损益最终也表现为资金的增减。资金管理必须将资金预算作为关键手段，通过加强资金计划的执行跟踪、监测和分析，及时纠偏。坚决执行预算控制，没有计划不能使用资金，严格控制计划外的经济行为。还要强化预算执行结果考核，增强刚性约束，实现闭环管理。

资料来源：王霞. H集团资金管理一体化模式的探索与实践［J］. 财务与会计，2022（17）：3.

二、资金活动的关键风险点及控制措施

（一）筹资活动的关键风险点及控制措施

筹资活动作为企业资金活动的起点，筹集企业投资和日常生产经营活动所需的资金。筹资活动的内部控制，不仅决定着企业是否能够筹集到投资、生产经营以及未来发展所需的资金，还决定着筹资成本和筹资风险，进而影响企业的发展状况。

筹资活动的关键风险点及控制措施包括以下几方面内容：

1. 拟订筹资方案。该环节的主要风险有缺乏经营战略规划、对企业资金现状认识不清、筹资方案内容不完整、考虑不够周密、测算不准确等。

企业首先应该制定经营发展战略，这样才能有效地指导企业的各项活动。企业筹资应当根据经营战略，确立筹资目标和规划，结合年度全面预算与资金现状等因素，拟订筹资方案，明确筹资用途、规模、结构、方式和期限等相关内容，对筹资成本和潜在风险作出充分估计。境外筹资还应考虑所在地的政治、经济、法律、市场等因素。一个完整的筹资方案应包括筹资金额、筹资形式、利率、筹资期限、资金用途等内容。

2. 筹资方案论证。该环节的主要风险有对筹资方案论证不科学、不全面等。

企业应当对筹资方案进行科学论证，进行可行性研究，防范筹资风险。筹资方案论证应从以下几个方面进行：

（1）筹资方案的战略评估：主要评估筹资方案是否符合企业发展战略，筹资规模是否适当等。筹资的目的是满足企业经营发展需要，因此筹资方案要符合企业整体发展战略。确定筹资规模时也应考虑战略。既不可盲目筹集过多资金，因为资金都是有成本的，资金闲置会增加企业财务负担；同时也应避免筹资不足，以免影响投资和生产经营活动的开展。

（2）筹资方案的经济性评估：主要分析筹资方案是否经济，是否以最低的筹资成本获得到所需资金。因此，应合理地选择股票、债券等筹资方式以及筹资期限。在风险相同的情况下，应尽可能地降低筹资成本。筹资期限也应考虑实施战略过程中资金的流入量和流出量，避免过长或过短，从而导致资金闲置或多次筹资。

（3）筹资方案的风险评估：对筹资方案面临的风险，例如利率、汇率、宏观经济形势、货币政策等因素进行预测分析。例如债权方式带来的到期还本付息压力以及股权方式带来控制权转移或稀释的风险等，并对可能出现的风险采取有效的防范措施。

重大筹资方案应当形成可行性研究报告，全面反映风险评估情况。企业可以根据实际需要，聘请具有相应资质的专业机构进行可行性研究。

3. 筹资方案审批。该环节的主要风险有缺乏完善的授权审批制度、审批不严等。

主要控制措施包括：第一，企业应当按照分级授权审批的原则对筹资方案进行严格审批，重点关注筹资用途的可行性和相应的偿债能力。重大筹资方案，应当按照规定的权限和程序实行集体决策或者联签制度。筹资方案需经有关部门批准的，应当履行相应的报批程序。第二，筹资方案发生重大变更的，应当重新进行可行性研究并履行相应的审批程序。

4. 筹资计划的编制与实施。该环节的主要风险有筹资计划不完整、筹资成本支付不力、缺乏对筹资活动的严密的跟踪管理等。

主要控制措施包括：

第一，财务部门应根据批准的筹资方案制订严密的筹资计划。严格按照规定权限和筹资计划筹集资金。企业通过银行借款方式筹资的，应当与有关金融机构进行洽谈，明确借款规模、利率、期限、担保、还款安排、相关的权利义务和违约责任等内容。双方达成一致意见后，签署借款合同，并据此办理相关借款业务。企业通过发行债券方式筹资的，应当合理选择债券种类，对还本付息方案做出系统安排，确保按期、足额偿还到期本金和利息。企业通过发行股票方式筹资的，应当依照《证券法》等有关法律、法规和证券监管部门的规定，优化企业组织架构，进行业务整合，并选择具备相应资质的中介机构协助企业做好相关工作，以确保符合股票发行条件和要求。

第二，企业应当加强债务偿还和股利支付环节的管理，对偿还本息和支付股利等做出适当安排。企业应当按照筹资方案或合同约定的本金、利率、期限、汇率及币种，准确计算应付利息，与债权人核对无误后按期支付。企业应当选择合理的股利分配政策，兼顾投资者近期和长远利益，避免分配过度或不足。股利分配方案应当经过股东（大）会批准并按规定履行披露义务。

5. 会计系统控制。该环节的主要风险有缺乏有效的筹资会计系统控制、会计记录和处理不准确等，导致未能如实反映筹资状况。

主要控制措施包括：第一，企业应当加强筹资业务的会计系统控制，建立筹资业务的记录、凭证和账簿，按照国家统一会计准则和制度，正确核算和监督资金筹集、本息偿还、股利支付等相关业务。第二，妥善保管筹资合同或协议、收款凭证、入库凭证等资料，定期与资金提供方进行账务核对，确保筹资活动符合筹资方案的要求。

（二）投资活动的关键风险点及控制措施

投资活动作为企业的一种重要的营利活动，它的开展情况对于筹资成本的补偿、企业利润的创造和企业发展战略的实现等具有重要意义

投资活动的关键风险点及控制措施包括以下几方面内容：

1. 拟订投资方案。该环节的主要风险有投资方案与公司发展战略不符、风险与收益不匹配、投资项目未突出主业等。

主要控制措施包括：第一，企业应当根据发展战略、投资目标和规划，合理安排资金投放结构，科学确定投资项目，拟订投资方案，合理确定投资规模，权衡投资项目的收益和风险。第二，企业选择投资项目应当突出主业，谨慎从事股票投资或衍生金融产品等高风险投资。境外投资还应考虑政治、经济、法律、市场等因素的影响。第三，企业采用并购方式进行投资的，应当严格控制并购风险，重点关注并购对象的隐性债务、承诺事项、可持续发展能力、员工状况及其与本企业治理层及管理层的关联关系，合理确定支付对价，确保实现并购目标。

2. 投资方案可行性论证。该环节的主要风险有论证不全面、不科学，例如未对投资目标、规模、方式、资金来源、风险与收益等作出客观评价。

主要控制措施包括：第一，企业应当加强对投资方案的可行性研究，重点评价投资方案是否符合企业发展战略、投资规模是否合适、投资方式是否恰当、资金来源是否可靠，风险是否处于可承担范围内以及收益是否稳定可观等，保证筹资成本的足额补偿和投资的盈利性。第二，对于重大投资项目，应该委托具备相应资质的专业机构进行可行性研究并提供独立的可行性研究报告。

3. 投资方案决策审批。该环节的主要风险有缺乏严密的授权审批制度、审批不严等。

主要控制措施包括：第一，企业应当按照职责分工、审批权限以及规定的程序对投资项目进行决策审批，重点审查投资方案是否可行，投资项目是否符合国家产业政策及相关法律、法规的规定，是否符合企业投资战略目标和规划，是否具有充足的资金支持，投入资金能否按时收回，预期收益能否实现，以及投资和并购风险是否可控等。第二，重大投资项目，应当按照规定的权限和程序实行集体决策或者联签制度。投资方案需经有关管理部门批准的，应当履行相应的报批程序。

4. 投资计划的编制与实施。该环节的主要风险有投资计划不科学、缺乏对项目的跟踪管理。

主要控制措施包括：第一，企业应根据审批通过的投资方案编制详细的投资计划，确定不同阶段的资金投入数量、项目进度、完成时间、质量要求等，并报经有关部门批准。投资活动需与被投资方签订投资合同或协议的，应签订合同并在合同中明确出资时间、金额、方式、双方权利义务和违约责任等内容。第二，企业应当指定专门机构或人员对投资项目进行跟踪管理，做好投资项目的会计记录和处理，及时收集被投资方经审计的财务报告等相关资料，定期组织投资效益分析。关注被投资方的财务状况、经营成果、现金流量以及投资合同的履行情况；发现异常情况，应当及时报告并妥善处理。

5. 投资项目的到期处置。该环节的主要风险有处理不符合企业利益、缺乏责任追究制度等。

主要控制措施包括：企业应当加强投资收回和处置环节的控制，对投资收回、转让核销等决策和审批程序做出明确规定。重视投资到期本金的回收；转让投资应当由相关机构或人员合理确定转让价格，报授权批准部门批准，必要时可委托具有相应资质的专门机构进行评估；核销投资应当取得不能收回投资的法律文书和相关证明文件。对于到期无法收回的投资，企业应当建立责任追究制度。

6. 会计系统控制。该环节的主要风险有缺乏有效的投资会计系统控制，会计记录和处理不及时、不准确等。

主要控制措施包括：第一，企业应当加强对投资项目的会计系统控制，根据对被投资方的影响程度，合理确定投资会计政策，建立投资管理台账，详细记录投资对象、金额、持股比例、期限、收益等事项，妥善保管投资合同或协议、出资证明等资料。第二，企业财会部门对于被投资方出现财务状况恶化、市价当期大幅下跌等情形的，应当根据国家统一的会计准则和制度规定，合理计提减值准备、确认减值损失。

（三）资金营运活动的关键风险点及控制措施

资金营运是指企业日常生产经营中各类资金的组织和调度，保证资金正常循环周转的活动。资金营运有广义与狭义之分。广义的资金营运是企业利用筹资取得的资金营利的活动；狭义的资金营运是与投资活动相对立的活动，是企业投资形成项目或资产后，有效利用项目或资产营利的活动，包括采购、生产、销售、成本补偿和利润分配的全部过程。在本节中，资金营运指的是狭义的资金营运。

资金营运活动中的主要风险有资金调度不合理、营运不畅（可能导致企业陷入财务困境或资金冗余）、资金活动管控不严（可能导致资金被挪用、侵占、抽逃或遭受欺诈）。

资金营运活动内部控制应注意以下几点：

1. 资金平衡。企业应当加强对资金营运全过程的管理，统筹协调内部各机构在生产经营过程中的资金需求，切实做好资金在采购、生产、销售等各环节的综合平衡，注意资金流在数量和时间上的合理配置，全面提升资金营运效率。

2. 预算管理。企业应该充分发挥全面预算管理在资金营运中的作用，严格按照年度全面预算的要求组织协调资金，确保资金及时收付，实现资金的合理占用和营运良性循环。企业应当严禁资金的体外循环，切实防范资金营运中的风险。

3. 有效调度。通过内部资金的有效调度，可以调剂余缺，提高资金使用效率。企业应当定期组织召开资金调度会或资金安全检查，对资金预算的执行情况进行综合分析。发现异常情况，应及时采取措施妥善处理，避免资金冗余或资金链断裂。企业在营运过程中出现临时性资金短缺，可以通过短期融资等方式获取资金；出现短期闲置资金，在保证安全性和流动性的前提下，可以通过购买国债等多种方式来提高资金效益。

4. 会计系统控制。企业应当加强对营运资金的会计系统控制，严格规范资金的收支条件、程序和审批权限。营运资金应及时入账，不得账外设账。严禁收款不入账、设立"小金库"。办理资金收付业务，应当明确支出款项的用途、金额、预算、限额、支付方式等内容，并附原始单据或相关证明；履行严格的授权审批程序后，方可安排资金支出。办理资金收付业务，应当遵守现金和银行存款管理的有关规定，严禁将办理资金支出业务的相关印章集中于一人保管。

第三节　采购业务控制

采购，是指购买物资（或接受劳务）及支付款项等相关活动。采购环节是企业生产经营活动的起点，是企业"实物流"的重要组成部分，同时又与"资金流"密切相关。企业采购业务涉及请购、审批、供应商选择、物资质量和价格、采购合同订立、验收和支付等众多环节，出现差错和舞弊的风险较大，决定了企业的生存和可持续发展。企业应根据《企业内部控制应用指引第 7 号——采购业务》的规定，梳理采购流程、明确采购业务的关键风险点、提出针对性的控制措施。

一、采购业务的总体要求

（一）完善采购管理制度

企业应当结合实际情况，全面梳理采购业务流程，完善采购业务相关管理制度，统筹安排采购计划，明确请购、审批、购买、验收、付款、采购后评估等环节的职责和审批权限。确保管理流程科学合理，能够较好地保证物资和劳务供应顺畅。

（二）严格执行与监控

企业各部门按照规定的审批权限和程序办理采购业务，落实责任制，建立价格监督机制，定期检查和评价采购过程中的薄弱环节，采取有效控制措施，确保物资和劳务采购能够经济、高效地满足企业的生产经营需要。

二、采购业务的关键风险点及控制措施

（一）编制需求预算和采购预算

采购业务从预算开始，包括需求预算和采购预算。需求部门根据生产经营需要向采购部门提出物资需求预算。采购部门根据需求预算和现有库存物资情况，统筹安排采购预算。该环节的主要风险有需求预算和采购预算安排不合理、采购与生产经营计划不协调等。

主要控制措施包括：第一，需求部门应根据实际生产经营需要，准确、及时地编制需求预算，并且不能在提出需求计划时指定或变相指定供应商。第二，采购部门根据需求预算和现有库存情况，统筹安排采购预算，并按规定的权限和程序经相关负责人审批后将其作为企业刚性指令严格执行。

（二）采购申请与审批

该环节的主要风险包括：缺乏采购申请制度，请购审批不当或越权审批；对市场变化趋势预测不准确，造成库存短缺或积压、企业生产停滞或资源浪费等情形。

主要控制措施包括：第一，企业应当建立采购申请制度，依据购买物资或接受劳务的类型，确定归口管理部门，授予相应的请购权，明确相关部门或人员的职责权限及相应的请购和审批程序。第二，企业可以根据实际需要设置专门的请购部门，对需求部门提出的采购需求进行审核，并进行归类汇总，统筹安排企业的采购计划。第三，具有请购权的部门对于预算内采购项目，应当严格按照预算执行进度办理请购手续，并根据市场变化提出合理的采购申请。对于超预算和预算外采购项目，应先履行预算调整程序，由具备相应审批权限的部门或人员审批后，再行办理请购手续。

（三）选择供应商

该环节的主要风险包括：缺乏供应商评估和准入制度以及供应商管理系统和淘汰制度，供应商评估不严、供应商选择不当、采购物资质次价高、采购舞弊行为等。

主要控制措施包括：第一，企业应当建立科学的供应商评估和准入制度，确定合格供应商清单，并按规定的权限和程序审核批准后，将其纳入供应商网络。第二，择优选定供应商，与选定的供应商签订质量保证协议。第三，建立供应商管理信息系统和供应商淘汰制度，对供应商提供物资或劳务的质量、价格、交货及时性、供货条件及其资信、经营情况等进行实时管理和综合评价，并根据评价结果对供应商进行合理选择和调整。

（四）确定采购方式和采购价格

该环节的主要风险包括：采购方式选择不当、招投标或定价机制不科学、定价方式不合理、缺乏对重要物资价格的跟踪监控、采购价格过高等。

主要控制措施包括：

第一，企业应当根据市场情况和采购计划合理选择采购方式。大宗采购应当采用招标方式，合理确定招投标的范围、标准、实施程序和评价规则；一般物资或劳务等的采购可以采用询价或定向采购的方式并签订合同协议；小额零星物资或劳务等的采购可以采用直接购买等方式。

第二，企业应当建立采购物资定价机制，采取协议采购、招标采购、谈判采购、询比价采购等多种方式合理确定采购价格，最大限度地降低市场变化对企业采购价格的影响，实现以最优性价比采购到需求的物资的目标。大宗采购等应当采用招投标方式确定采购价格；其他商品或劳务的采购，应当根据市场行情制定最高采购限价，并对最高采购限价适时调整。

（五）订立采购合同

该环节的主要风险包括：未订立采购合同或未经授权对外订立采购合同、合同内容存在重大疏漏和欺诈等。

主要控制措施包括：企业应当根据采购需要、确定的供应商、采购方式、采购价格等情况拟订采购合同，准确描述合同条款，明确双方权利、义务和违约责任，按照规定权限签订采购合同。对于影响重大、涉及较高专业技术的合同或法律关系复杂的合同，应当组织法律、技术、财会等专业人员参与谈判，必要时可聘请外部专家参与相关工作。

（六）管理供应过程

该环节的主要风险有缺乏对采购合同履行的跟踪管理、运输工具和方式选择不当、忽视投保等，造成采购物资损失或无法保证供应。

主要控制措施包括：第一，企业应建立严格的采购合同跟踪制度，依据采购合同中确定的主要条款跟踪合同的履行情况，对有可能影响生产或工程进度的异常情况，出具书面报告并及时提出解决方案。第二，评价供应商供货情况，并根据生产建设进度和采购物资特性，选择合理的运输工具和运输方式，办理运输投保，尽可能地降低采购物资损失，保证物资及时供应。第三，对采购过程实行全程登记制度，确保各项责任可追究。

（七）验收

该环节的主要风险有缺乏验收制度、验收程序不规范、验收标准不明确、对验收过程中的异常情况未作处理等，可能造成采购损失或影响生产。

主要控制措施包括：第一，企业应当建立严格的采购验收制度，明确验收程序和验收标准，确定检验方式，由专门的验收机构或验收人员对采购项目的品种、规格、数量、质量等相关内容进行验收，出具验收证明。涉及大宗和新、特物资采购的，还应进行专业测试。第二，对于验收过程中发现的异常情况，负责验收的机构或人员应当立即向企业有权管理的相关机构报告，相关机构应当查明原因并及时处理。第三，对于不合格物资，采购部门依据检验结果办理让步接收（例如降级使用、挑选使用、返工使用等）、退货、索赔等事宜。

（八）付款

该环节的主要风险有付款审核不严、付款不及时、付款方式不当、预付款项损失等，可能造成企业资金损失或信用损失。

主要控制措施包括：第一，企业应当加强采购付款的管理，完善付款流程，明确付款审核人的责任和权力，严格审核采购预算、合同、相关单据凭证、审批程序等，审核无误后按照合同规定及时办理付款。第二，严格审查采购发票的真实性、合法性和有效性。发现虚假发票的，应查明原因，及时报告处理。第三，重视采购付款的过程控制和跟踪管理。发现异常情况的，应当拒绝付款，避免出现资金损失和信用受损。第四，合理选择付款方式，并严格遵循合同规定，防范付款方式不当带来的法律风险，保证资金安全。超过转账起点金额的采购应通过银行办理转账。第五，加强预付账款和定金的管理。对涉及大额或长期的预付款项，应当定期进行追踪核查，综合分析预付账款的期限、占用款项的合理性、不可收回风险等情况。发现有疑问的预付款项，应当及时采取措施。

（九）退货

该环节的主要风险有缺乏退货管理制度、退货不及时等，给企业造成损失。

主要控制措施包括：企业应当建立退货管理制度，对退货条件、退货手续、货物出库、退货货款回收等做出明确规定，并在与供应商的合同中明确退货事宜，及时收回退货货款。涉及符合索赔条件的退货，应在索赔期内及时办理索赔。

（十）会计系统控制

该环节的主要风险有缺乏有效的采购会计系统控制，会计记录、采购记录与仓储记录不一致，会计处理不准确、不及时等，导致未能如实反映采购业务以及采购物资和资金损失。

主要控制措施包括：第一，企业应当加强对购买、验收、付款业务的会计系统控制。详细记录供应商情况、请购申请、采购合同、采购通知、验收证明、入库凭证、商业票据、款项支付等情况，确保会计记录、采购记录与仓储记录一致。第二，指定专人通过函证等方式，定期与供应商核对应付账款、应付票据、预付账款等往来款项。

【案例 7 - 3】

不当确认供应商返利的内控问题及反思——以卡夫亨氏案为例

卡夫亨氏食品公司（the kraft heinz company，KHC）是一家全球著名的食品和饮料公司，是 2015 年 7 月亨氏并购了卡夫后成立的，其股票在美国纳斯达克交易所挂牌交易。根据资料，公司采购团队会对全球供应和成本趋势进行监控，以确保公司能够以具有竞争力的价格来获得生产所需的原材料及包装物。一方面公司会寻求大量的供应商来保证这些原料的可获得性，另一方面还会通过套期保值等技术来减轻价格波动对主要原材料价格的影响，并积极监控商品成本的变动趋势，以寻求通过定价及其他运营措施来减轻对公司绩效的影响。

2018 年 10 月，公司收到美国证券交易委员会（SEC）的传票，主要针对公司采购领域存在的问题，尤其是与采购职能相关的特定会计政策、程序和内部控制，包括但不限于合同、附属合同、供应商相关变化或调整事宜等。收到传票后，公司与外部顾问、司法会计等合作，在审计委员会的监督下，发起了针对采购领域的专项调查，并在 2019 年 2 月发布了初步的调查报告，认为公司采购部门的员工存在不当行为，导致报表的生产成本有误。2019 年 6 月，公司发布会计差错更正公告，对 2015 年至 2018 年前三季度的财务报告进行了重述。

2021 年 9 月，SEC 发布处罚公告：卡夫亨氏同意支付 6 200 万美元就该案达成和解，公司的首席运营官（COO）佩雷松（Pelleissone）除了被收缴 14 211.31 美元的非法所得和判决前利息之外，还支付了 30 万美元的民事罚款；前任首席采购主管（CPO）霍夫曼（Hofmann）支付了 10 万美元的罚款。

根据上市公司发布的公告以及 SEC 发布的处罚公告，公司主要存在以下问题：

1. 不当确认供应商的返利。

如前所述，KHC 在运营过程中需要采购大量的原材料，某些供应商为保证能够和 KHC

签约，会承诺给予金额不等的返利或折扣，而 KHC 不当地把这些返利或折扣记入公司的账内，作为主营业务成本的减项，从而实现所谓的"成本节约"目标。

这主要是由于 2015 年亨氏并购卡夫的时候，公司预期到合并后的规模经济效应，曾将这种潜在的成本节约向市场大幅宣传。当公司迫于完成"预期"的压力时，就通过会计手段不当确认了来自供应商的、尚未赚取的折扣，以起到美化财务报表、实现部门和个人绩效的目的。

2018 年 10 月 SEC 发出传票后，公司进行了自查自纠。根据 2019 年 6 月 KHC 发布的会计差错更正公告以及 2020 年 2 月发布的年报信息，公司总共更正了大约 300 笔交易、总额为 2.08 亿美元的不当成本节约。

2. 不当确认成本节约以进行费用管理。

从已经披露的资料看，采购部的员工通过多种不同方法进行不当费用管理行为，其中涉及的交易有 59 笔导致了公司的会计差错及更正。具体的手段主要有以下三种：

（1）预先退款交易（prebate transactions）。KHC 的采购部员工为了获得供应商的返利，向供应商承诺公司会在未来会计期间增加采购量，或者与供应商续签未来几年的采购合同，以此换取供应商提供相应的折扣或返利。

（2）回收交易（clawback transactions）。这种合同相当于供应商先给返利（类似于鱼饵），但将来 KHC 承诺会通过提价或增加购买量的方式，把这些返利再"返还"给供应商。换句话说，KHC 存在一个"偿还"义务，如果未来期间没有达到合同承诺的价格或数量，就需要把已经收到的返利再返还给供应商。

（3）价格分段交易（price phasing transactions）。这与供应商的定价策略有关。在当前期间供应商同意进行降价，但这种降价是有条件的，即以本期的返利来换取未来期间的价格增长，类似于以本期"低价"抵销未来期间"涨价"。

尽管这些手段形式上各异，但整体而言，可以理解为 KHC 在相关会计期间所获取的供应商价格方面的优惠是附有条件的，即公司必须承担未来的义务。根据美国一般公认会计原则的规定，如果说前期所收取的现金和折扣与未来的义务绑定在一起，那么公司应将这些节省的费用在未来义务得到履行的会计期间再予以确认。

采购部的员工通过谈判与供应商签订了具有误导性的协议，这些协议的条款让公司看起来已经得到了供应商的返利（这些返利看起来像是换取过去或当期 KHC 的履约义务），而事实上供应商的返利是一种"预付款"，用来换取 KHC 未来的履约义务。采购部员工之所以这么做，目的就是提前确认"成本节约"。

3. 不当费用管理行为有阶段性特征。

如前所述，卡夫和亨氏是在 2015 年 7 月完成合并的。那么在合并谈判及交易的那几个月，一方面公司可能有美化报表的需求（以换取在谈判中的优势地位），另一方面供应商可能面临被合并后的公司替换掉的压力，在这种情况下，原材料的买卖双方就有动机去签署新的协议以绑定各自的权利义务。

处罚公告显示，在与卡夫并购的那几个月，亨氏采购部面临 1 000 万美元的成本节约缺口。因此亨氏的采购部经理就与某个包装材料的供应商进行沟通，希望通过变更以前签署的采购协议方式来确认额外的成本节约额。以某采购合同为例，根据采购经理当年早些时候代表亨氏所签署的原始协议，供应商需要提前支付 350 万美元的返利（即前文的预先退款交易）给到亨氏账上，来换取在 2015 年签署一份新的未来三年的供货协议。合同文本的相关条款进一步明确，如果双方因各种原因未能执行该份新协议，那么供应商就没有支付 350 万美元预退款的"法定义务"。此后，采购经理将一份书面材料提交给了 COO 佩雷松，明确这笔 350 万美元的预退款，是与未来三年的采购期义务联系在一起的。

到了 2015 年的下半年，随着卡夫和亨氏两家公司的合并完成，新公司 KHC 开始通过重新谈判来明确合同中相关的条款，并就这笔 350 万美元的预退款签订了一份新合同，其中明确这笔款项是"一笔不予退还的 2015 年付款"，即这笔钱对应的是为 2015 年采购交易而支付的退款，从而导致 KHC 在 2015 年当年在报表中确认了这笔成本节约款项。但这种会计处理是错误的，因为根据采购经理批准并签署的最终合同，公司仍然需要与供应商维系未来 3 年的采购关系，但业务部门隐藏了 350 万美元预退款与未来 3 年供货协议相关联的事实，在 2015 年当年提前确认了这笔款项。

当然，因为卡夫和亨氏的合并，原来的供应商是否仍保留在供应商名录中，原来提供的返利，可能还涉及未来期间的优先续约权，相关的返利能否确认以及如何在不同期间进行分步确认等都存在一定的职业判断成分。例如合并前卡夫与供应商有一份合同涉及 200 万美元的返利，但因为公司发生了合并，采购部员工就需要与供应商开展新的谈判，一是卡夫将返利退还给供应商；二是供应商再将 200 万美元返利支付给合并后的公司，以换取未来续约的权利。问题是这笔 200 万美元的款项性质发生了变化，原来是换取未来续约的权利，现在被描述成了当年采购达到一定数量的奖金。同样一笔交易，因为谈判、合同修正的原因，就把原本应该分期摊销进入账簿的资金，全部在当年进入报表，而且公司采购部、COO 佩雷松都没有采取步骤来解决该笔返利是否准确在公司新合约中得以反映的问题。

显然，早期的不当费用管理，大多与公司合并所带来的供应商合同重新谈判紧密相关，很多供应商返利都与未来的续约、合同的展期等相关。但 2017 年之后，公司的费用管理不当行为的原因发生了变化。这主要是因为并购交易已经完成，并购后的整合也基本结束，因并购所带来的规模经济效应也逐步被消化。但公司每年都会制定当年的"成本节省"目标，这个目标每年都在增加，而且年复一年都需要设定，再加上通货膨胀以及外汇汇率的不利影响，公司采购部面临的压力日益增加。在此背景下，采购部员工仅 2017 ~ 2018 年就操纵了约 59 笔交易，以实现提前确认成本节约的目标。

基于调查报告得出的结论，KHC 于 2019 年 6 月提供的格式 10 - K 年报中对相关错报进行了重述，同时承认"相关会计期间，公司未能设计并维系有效的采购部相关控制，包括由财务和控制组执行的控制以及与供应商合约和相关安排关联的内部控制。"

资料来源：袁敏. 不当确认供应商返利的内控问题及反思——以卡夫亨氏案为例［J］. 财务与会计，2022（02）：4.

第四节　资产管理控制

资产是企业生产经营活动的物质基础。《企业内部控制应用指引第 8 号——资产管理》中所称的资产，是指企业拥有或控制的存货、固定资产和无形资产。资产管理贯穿于企业生产经营的全过程，是企业生产经营活动平稳有序进行的重要保障。企业的资产管理不仅包括防范资产被偷被盗、非法占用，还包括提高资产使用效能等。加强各项资产管理，保证资产安全完整，提高资产使用效能，对于维持企业正常生产经营以及促进企业发展战略的实现有重要的意义。在2017年制定的《小企业内部控制规范（试行）》中，提及对重要资产进行相应管理，具体体现在本节的无形资产内容中，对作为企业核心技术的无形资产进行重点管理。

一、资产管理的总体要求

（一）全面梳理资产管理流程

企业应当加强各项资产管理，全面梳理资产管理流程，包括各类存货、固定资产和无形资产"从进入到退出"的各个环节，例如固定资产可以从取得、验收、登记造册、投保、运行维护、更新改造、盘点、处置等环节进行梳理，确保管理流程科学合理、管理要求有效落实。

（二）查找管理薄弱环节

通过全面梳理资产管理流程，应及时发现资产管理中的薄弱环节，并采取切实有效的措施加以改进。在资产管理中，应重点关注下列风险：存货积压或短缺，可能导致流动资金占用过量、存货价值贬损或生产中断；固定资产更新改造不够、使用效能低下、维护不当、产能过剩，可能导致企业缺乏竞争力、资产价值贬损、安全事故频发或资源浪费；无形资产缺乏核心技术、权属不清、技术落后、存在重大技术安全隐患，可能导致企业法律纠纷、缺乏可持续发展能力。

（三）重视投保

企业应当重视和加强各项资产的投保工作，采用招标等方式确定保险人，降低资产损失风险，同时要防范资产投保舞弊。企业尤其应该注重固定资产的投保管理，严格按照固定资产投保管理制度要求，安全投保。

二、存货管理的关键风险点及控制措施

（一）存货取得

存货取得方式有外购、委托加工、自制等。该环节的主要风险有：存货预算编制不科学、采购计划不合理，可能造成存货积压或短缺；取得方式不合理，不符合成本效益原则。

主要控制措施包括：第一，企业应当根据各种存货采购间隔期和当前库存，综合考虑企业生产经营计划、市场供求等因素，充分利用信息系统，合理确定存货采购日期和数量，确保存货处于最佳库存状态。第二，企业应当本着成本效益原则，确定不同类型存货的取得方式。

（二）验收入库

该环节的主要风险有：验收程序和方法不规范、标准不明确，可能造成账实不符、质量不合格等问题。

主要控制措施包括：企业应当重视存货验收工作，规范存货验收程序和方法，对入库存货的数量、质量、技术规格等方面进行查验，验收无误方可入库。企业应针对不同的存货取得方式，关注不同的验收重点：（1）外购存货的验收，应当重点关注合同、发票等原始单据与存货的数量、质量、规格等的核对是否一致。涉及技术含量较高的货物，必要时可委托具有检验资质的机构或聘请外部专家协助验收。（2）自制存货的验收，应当重点关注产品质量。只有通过检验合格的半成品、产成品才能办理入库手续；不合格品应及时查明原因、落实责任、报告处理。（3）其他方式取得存货的验收，应当重点关注存货来源质量状况、实际价值是否符合有关合同或协议的约定。

（三）存货保管

该环节的主要风险有：存货储存保管方式不当、监管不严，可能造成存货被盗、流失、变质、损坏、贬损、浪费等。

主要控制措施包括：企业应当建立存货保管制度，定期对存货进行检查。重点关注下列事项：企业内部除存货管理、监督部门及仓储人员外，其他部门和人员接触存货，应当经过相关部门特别授权；存货在不同仓库之间流动时应当办理出入库手续；应当按仓储物资所要求的储存条件贮存，并健全防火、防洪、防盗、防潮、防病虫害和防变质等管理规范；加强生产现场的材料、周转材料、半成品等物资的管理，防止浪费、被盗和流失；对代管、代销、暂存、受托加工的存货，应单独存放和记录，避免与本单位存货混淆；结合企业实际情况，加强存货的保险投保，保证存货安全，合理降低意外事件造成的存货损失风险。

（四）领用发出

该环节的主要风险有：存货领用发出审核不严、程序不规范，造成存货流失。

主要控制措施包括：第一，企业应当明确存货发出和领用的审批权限，大批存货、贵重商品或危险品的发出应当实行特别授权。第二，仓储部门应当根据经审批的销售（出库）通知单发出货物。第三，仓储部门应当详细记录存货入库、出库及库存情况，做到存货记录与实际库存相符，并定期与财会等部门进行核对。

（五）盘点清查

存货盘点清查既要关注数量，又要关注存货质量。该环节的主要风险有：盘点清查度不完善、盘点计划不合理以及执行不严等，造成盘点工作流于形式、无法查清存货的实际情况。

主要控制措施包括：第一，企业应当建立存货盘点清查制度，结合本企业的实际情况确定盘点周期、盘点方法、盘点流程等相关内容。第二，企业至少应当于每年年度终了开展全面盘点清查，存货盘点前要拟订详细的盘点计划，确定盘点方法、时间、人员等。第三，严格按照盘点计划进行盘点清查，核查存货数量，及时发现存货减值迹象。盘点清查结果应当形成书面报告。盘点清查中发现的存货盘盈、盘亏、毁损、闲置以及需要报废的存货，应当查明原因、落实并追究责任，按照规定权限批准后处置。

（六）销售处置

销售处置是指存货的正常对外销售以及存货因变质、毁损等进行的处置。存货销售环节的控制参照本章第五节——销售业务控制。存货报废处置环节的主要风险有处置责任不明确、审批不严等，可能导致企业利益受损。

主要控制措施包括：企业应定期对存货进行检查，及时了解存货的存储状态，对于存货变质、毁损、报废或流失，要分清责任，分析原因，并编制存货处置单，报经批准后及时处置。

（七）会计系统控制

该环节的主要风险有：会计记录和处理不及时、不准确，不能反映存货的实际情况，不能起到加强存货管理的作用。

主要控制措施包括：财务部门应根据原始凭证对各环节存货数量和金额进行及时登记；定期与仓储部门等其他相关部门核对，确保账实相符；对于账实不符或减值现象，及时做出账务处理。

【案例 7-4】

存货内部控制缺陷及改进建议——基于广州浪奇的案例研究

近年来，不少行业都曝出存货丢失事件，日化行业也在其中。广州浪奇作为老牌的日化企业，在 2020 年 9 月 28 日发布关于部分库存货物可能涉及风险的提示性公告。当日的公告内容中，涉及丢失存货的金额就已高达 5.72 亿元。继而在当年的 10 月 31 日，更是曝出 8.6 亿元的存货出现账实不一致的情形。

广州浪奇外部存放存货占比高达 80%，并且此次存货遗失价值高达 8.6 亿元，占总存货的 60% 左右。对于资金雄厚的公司而言，损失几亿元的存货可能无伤大体，但对于广州浪奇来说却可能是致命的。2019 年，广州浪奇全年实现净利润为 6 237 万元，然而价值 8.6 亿元的存货减值却是 2019 年净利润的近 14 倍。进一步追溯广州浪奇年报数据发现，这一损失大于广州浪奇上市 27 年的累积总利润。自 1993 年上市以来，广州浪奇截至 2019 年获得的净利润总额才 482 亿元，还不及此次存货损失的一半。数据显示，存货对于盈利能力本就不强的广州浪奇影响重大。

1. 有缺陷的存货管理模式。

一般情况下，存货的采购与保管应该是由相互独立的部门或人员分别负责。然而通过对广州浪奇存货管理模式的分析发现，在 2020 年 4 月以前，广州浪奇的外部仓库货物的管理一直由商务拓展部业务人员负责，没有第三方人员参与其中，未形成有效的监督机制，存在相关人员利用职务之便进行舞弊的风险。而在 2020 年 4 月之后，公司派遣供应链管理部根据商业拓展部提供的第三方贸易仓库联系方式，向仓库方索取每月盘点确认表，对外部存货实施管理。果不其然，在 5 月的定期存货盘点中就发现了端倪，进而在 9 月确定了 5.72 亿元存货的丢失，引起外界轰动。

在没有监督的情况下，单一部门或人员对存货流动的各个环节都有操作空间。对于自有仓库来说，首先，在存货的采购过程中，相关人员可能虚报采购价格。其次，在验收入库时，可能出现存货品种、数量、规格与原始凭证不一致的情况。再次，在盘点过程中，相关人员可能提供虚假的存货盘点表。同样，对于外部仓库来说，在存货采购环节也会出现虚报价格的情况；在存货存储环节，相关人员可能会与外部仓库的管理人员串通提供虚假的存货库存单据，甚至可能会无中生有，伪造与外部仓库的仓储合同。

2. 具有特殊化学属性的存货难以盘点。

农业类企业的消耗性生物资产因为其生产受自然环境影响大，存货价值差异性大，导致难以准确计量，盘点困难，例如因扇贝消失而备受关注的獐子岛，作为其存货扇贝在水下基本无法看见，数量难以评估，质量难以检测，导致盘点流程形同虚设。无独有偶，化学类企业也常常由于化工材料独特的化学属性使得盘点人员无法进行正常的存货盘点工作。

大多化学材料有严格的储存规定，密封、防火、防潮需专门储罐，这使正常存货盘点的取样和计数变得困难甚至对于许多存放危险化学材料的仓库，盘点人员无法进入其中进行实地盘点。例如广州浪奇存储于瑞丽仓的三氯乙酰氯由于其具有腐蚀性、强刺激性等特点，因此需要密封储存，在存货盘点时因储罐无取样口而无法取样，也就无法对其进行管理控制。

3. 公司与外部仓库相距甚远。

由于广州浪奇的贸易业务涉及全国各地，为了降低运输成本，广州浪奇的存货大多存放在外部仓库，在2019年底广州浪奇的外部仓库存放存货占总存货比重就已高达84.06%。在本次丢失存货的外部仓库中，辉丰仓距离广州浪奇公司1 689公里，瑞丽仓距离广州浪奇公司1 571公里。

那么，如此远距离的存货仓储会带来什么问题呢？首先，遥远的距离会提高实地盘点成本例如盘点人员的差旅费，同时会延长每次盘点工作的时长。为了控制成本，企业往往会减少盘点人员的数量，这可能影响企业盘点工作的质量。其次，由于不是自有仓库，企业对外部存货的盘点需要烦琐的申请程序，这可能使企业降低存货实地盘点频率，削弱企业对外部存货的控制，导致存货盘点的及时性失效，对存货的真实情况无法核实。

资料来源：蒋秋菊，陈敏，窦宇等. 存货内部控制缺陷及改进建议——基于广州浪奇的案例研究[J]. 会计之友，2021（16）：5.

三、固定资产管理的关键风险点及控制措施

（一）资产取得

固定资产的取得方式有投资者投入外购、自行建造、非货币性资产交换以及捐赠等。该环节的主要风险有固定资产预算不科学、审批不严等，造成固定资产购建不符合企业发展战略、利用率不高等问题。

主要控制措施包括：第一，企业应建立固定资产预算制度，固定资产的购建应符合企业的发展战略和投资计划。第二，对于固定资产建造项目应开展可行性研究，提出项目方案，报经批准后确定工程立项。具体控制措施参照本章第七节——工程项目控制。

（二）资产验收

不同取得方式以及不同类型的固定资产，其验收程序和技术要求也不同。该环节的主要风险是固定资产验收程序不规范，可能造成资产质量不符合要求，影响资产正常运作。企业应当建立严格的固定资产交付验收制度，确保固定资产数量、质量、规格等符合使用要求。固定资产交付使用的验收工作应由固定资产管理部门、使用部门及建造部门共同实施。

主要控制措施包括：第一，外购固定资产验收时应重点关注固定资产的品种、数量规格、质量等是否与合同、供应商的发货单一致，并出具验收单或验收报告。第二，自行建造固定资产应由建造部门、固定资产管理部门和使用部门联合验收，编制书面验收报告，并在验收合格后填制固定资产移交使用单，移交使用部门投入使用。第三，对于需要安装的固定资产，收到固定资产经初步验收后要进行安装调试，安装完成后须进行第二次验收。第四，对于未通过验收的固定资产，不得接收，应按照合同等有关规定办理退货等弥补措施。验收合格的固定资产应及时办理入库、编号、建卡、调配等手续。第五，对于具有权属证明的资产，取得时必须有合法的权属证书。

（三）登记造册

企业取得资产后应编制固定资产目录，建立固定资产卡片。该环节的主要风险是固定资产登记内容不完整，造成固定资产流失、信息失真等问题。

主要控制措施包括：企业应当制定固定资产目录，对每项固定资产进行编号，按照单项资产建立固定资产卡片，详细记录各项固定资产的来源、验收、使用地点、责任单位和责任人、运转、维修、改造、折旧、盘点等相关内容。

（四）资产投保

该环节的主要风险是固定资产投保制度不健全，造成应投保资产未投保、投保舞弊、索赔不力等问题。

主要控制措施包括：第一，企业应健全固定资产投保制度，根据固定资产的性质和特点，确定固定资产投保范围和政策。投保范围和政策应足以应对固定资产因各种原因发生损失的风险。第二，严格执行固定资产投保政策和投保范围，对应投保的固定资产项目按规定程序进行审批，及时办理投保手续。第三，对重大投保项目，应考虑采取招标方式确定保险人，防范投保舞弊。第四，已投保资产发生损失的，应及时调查原因，办理相关索赔手续。

（五）运行维护

该环节的主要风险有固定资产操作不当、维修保养不到位，造成固定资产运作不良、使用效率低下、产品残次率高、生产停顿，甚至出现生产事故等。

主要控制措施包括：第一，企业应对固定资产实行归口管理和分级管理，坚持"谁使用、谁管理、谁负责"的原则。第二，企业应当强化对关键设备运转的监控，严格操作程序，实行岗前培训和岗位许可制度，确保设备安全运转。第三，严格执行固定资产日常维修和大修理计划，定期对固定资产进行维护保养，切实消除安全隐患。

（六）更新改造

该环节的主要风险有固定资产更新改造不及时、技术落后，造成设备落后、市场竞争力下降。

主要控制措施包括：第一，企业应当定期对固定资产的技术先进性进行评估，结合企业发展的需要，提出技改方案，并经审核批准后执行。第二，根据发展战略，充分利用国家有关自主创新政策，加大技改投入，不断促进固定资产技术升级，淘汰落后设备，切实做到保持本企业固定资产技术的先进性和企业发展的可持续性。第三，管理部门需对技改方案实施过程适时监督，加强管理，有条件的企业可以建立技改专项资金并进行定期或不定期审计。

（七）盘点清查

该环节的主要风险是清查制度不完善，造成固定资产流失、毁损等账实不符与资产贬值等问题。

主要控制措施包括：第一，企业应当建立固定资产清查制度，至少每年进行一次全面清查。第二，清查结束后应编制清查报告，对清查中发现的问题，应当查明原因，追究责任，妥善处理。

（八）抵押质押

该环节的主要风险是固定资产抵押制度不完善，可能导致抵押资产价值低估和资产流失。

主要控制措施包括：加强固定资产抵押、质押的管理，明晰固定资产抵押、质押流程，规定固定资产抵押、质押的程序和审批权限等，确保资产抵押、质押经过授权审批及适当程序。同时，应做好相应记录，保障企业资产安全。财务部门办理资产抵押时，如需要委托专业中介机构鉴定评估固定资产的实际价值，应当会同金融机构有关人员、固定资产管理部门、固定资产使用部门现场勘验抵押品，对抵押资产的价值进行评估。对于抵押资产，应编制专门的抵押资产目录。

（九）淘汰处置

该环节的主要风险有处置制度不完善、处置方式不合理、处置定价不恰当等，可能给企业造成损失。

主要控制措施包括：企业应建立健全固定资产处置制度，加强固定资产处置的控制，按规定程序对处置申请进行严格审批，关注固定资产处置中的关联交易和处置定价，防范资产流失。第一，对使用期满、正常报废的固定资产，应由固定资产使用部门或管理部门填制固定资产报废单，经本单位授权部门或人员批准后对该固定资产进行报废清理。第二，对使用期限未满、非正常报废的固定资产，应由固定资产使用部门提出报废申请，注明报废理由、估计清理费用以及可回收残值、预计出售价值等。单位应组织有关部门进行技术鉴定，按规定程序审批后进行报废清理。第三，对拟出售或投资转出的固定资产，应由有关部门或人员提出处置申请，对固定资产价值进行评估，并出具固定资产评估报告，报经企业授权部门或人员批准后予以出售或转让。企业应特别关注固定资产处置中的关联交易和处置定价。

（十）会计系统控制

该环节的主要风险有会计记录和处理不及时、不准确，不能反映固定资产的实际情况。

主要控制措施包括：财务部门应及时对固定资产增加、处置等变动情况进行会计记录和处理，根据固定资产的实际使用情况合理地确定计提折旧、减值准备的方法，并定期对折旧和减值进行复核。

【案例 7 - 5】

联动销售模式下医药公司固定资产内部控制分析——以万孚生物为例

广州万孚生物技术有限公司（以下简称"万孚生物"）成立于 1992 年，于 2015 年 6 月在深交所创业板上市，总部位于广州科学城，拥有 33 000 平方米的快速诊断产品产业化基地，配备 5 000 平方米的洁净生产车间和具有国际先进水平的快速诊断试剂生产线，日产量达 150 万人份。公司致力于生物医药体外诊断行业中快速检测产品（包括试剂和仪器）的研发、生产和销售，为顾客提供专业的快速诊断与慢病管理的产品和服务。在美国成立了子公司和研发中心，在德国、肯尼亚、印尼成立了营销中心，并与欧洲零售巨头 BOOTS、亚洲零售巨头 WATSONS、南欧零售连锁著名品牌 SONAE，以及国内海王星辰、金象、老百姓大药房等建立了稳定的合作关系，为全球 140 多个国家和地区客户提供产品解决方案和技术支持。

1. 万孚生物固定资产内部控制流程及部门设置。

万孚生物固定资产内部控制主要由请购、审批、采购、验收、日常使用、报废与处置等环节，是万孚生物公司内部控制主要的控制点。据此，公司制定了《内部控制实施细则》。

2. 联动销售模式下万孚生物固定资产内部控制。

（1）固定资产请购与审批内部控制现状。财务部要在每年年末将各部门的采购计划进行汇总整理并编制固定资产预算，然后将预算情况上报总经理办公会，待审核后将预算情况反馈给各部门。相关部门需要购置固定资产时要向归口管理部门进行书面申请，由归口管理部门确定是否可以采购，归口部门要对至少两家供应商的价格、售后服务等进行比较，并将相关信息汇总整理到资产购置申请报告中，经领导审核后提交到财务部门。联动销售模式下企业固定资产除按照预算情况采购和生产外，还要根据客户需求以及市场变动等因素，具有很大的随意性。

（2）固定资产采购内部控制现状。资产采购申请批准后，首先由资产归口管理部门安排人员进行固定资产采购。进行采购时，归口管理部门需要综合比较至少两家厂商的报价信息，并将相关信息汇总整理到资产购置申请报告中，初步确定合作厂商，待有关领导审核批准后再与该厂商进一步协商，确定最终固定资产的采购价格、售后服务和支付方式等。归口管理部门将双方认可的合同文本报送总经理，总经理在审批权限内进行审批，超出审批权限的需要由董事长或董事会进行审批。归口管理部门将采购相关文件、合同复印件等进行妥善保管，合同原件则由人力资源部门进行保管。由于联动销售模式下销售人员经常会根据客户需求发起临时采购申请，而时间又通常较为紧迫，这导致采购的有关环节可能执行不力或相关环节缺乏，出现采购内控管理不善等问题。

（3）固定资产验收与入账内部控制现状。对于不经安装即可使用的固定资产，归口管理部门要根据发货单等验证固定资产的数量是否符合合同规定，使用部门则要对固定资产的使用效果进行验收。两部门验收合格后，需要在验收单上签字。需要安装才可使用的设备首先要经过车间设备使用人员的验收，再由设备厂商帮助生产车间进行设备的安装与调试，然后由车间技术人员根据调试结果进行审核、填制调试验收单。待设备可正常使用后，生产部要及时编制固定资产台账，并进行归档保管。

财务部门要在设备达到可使用状态后及时对设备进行账务处理，取得相关发票的，按照发票标示金额进行入账，而未取得发票的按照合同约定价格暂估入账。付款时归口部门发出付款申请，并报请领导审核，审核通过后由财务部门进行付款。万孚生物联动销售模式下的仪器均需安装调试后才可正常使用，其中一部分仪器严格按照相关规定进行验收入账；而另一部分则直接投放到了客户所在地。

（4）固定资产日常使用内部控制现状。

一是固定资产使用环节内部控制现状。固定资产的使用由归口管理部门与财务部门进行管理，其中归口管理部门负责编制固定资产增加报告单，根据审核后的报告单编制固定资产台账，填写固定资产的相关使用信息；财务部门主要负责审核固定资产增加报告单和进行会计处理。如果有部门需要调拨使用固定资产，先要提出申请并编制固定资产移交申请单，经归口管理部门审批后才可调拨使用。万孚生物采用联动销售模式对外提供仪器时，要与仪器使用一方签订相关的投放协议，以界定双方的权利以及义务。

二是固定资产维修保养环节内部控制现状。需要进行维修保养的仪器属于电子设备，要由使用人员提出申请，批准后由信息中心的人员进行维修，如若信息中心的人员无法进行维修，则要由设备的生产厂商或者公司以外的维修人员进行维修。其他固定资产则需要每天进行检查并进行记录。当出现故障时，由生产部的机修班人员进行维修，故障不能解决时要及时联系设备生产厂商进行维修，并做好维修记录。

万孚生物在收到客户的维修通知后会及时联系设备销售人员，由销售人员通知技术人员对设备进行维修。然而，万孚生物的客户众多且较为分散，公司存在维修不及时的问题，导致部分资产出现遗失和毁损的现象。

三是固定资产清查环节内部控制现状。不同的设备由不同的部门负责盘点，例如生产专用设备由生产部进行盘点，电子设备由信息中心盘点等。除此之外，公司的审计部与财务部也要及时审查固定资产台账，与归口管理部门进行实物核对，对发现的问题及时进行处理并上报财务部经理进行审核。企业还要在资产负债表日查验固定资产是否存在减值现象，存在减值现象的经财务部领导审批后进行相应会计处理。

联动销售模式下，固定资产的清查则较为困难。主要是由两方面原因导致的，一方面仪器位于客户所在地，而客户可能不愿意万孚生物对仪器进行审查；另一方面则是由于审查成本较高，导致万孚生物不能每年都进行详细的审查。

（5）固定资产报废与处置环节内部控制现状。使用部门在综合考虑固定资产的相关情况后，认为需要进行处置的要提出报废处置申请，由归口管理部门进行核实，并编制固定资产减少报告单，再由相关部门进行审核批准。如果固定资产不能再继续使用，应当作为废品进行变卖，并编制废品称重表；如果损耗不严重，则可以将固定资产整个或进行拆分变卖，在相关网站上发布出售信息，依据买方报价信息确定成交价格。

联动销售模式下，位于客户处的固定资产如果需要提前报废处理，客户要根据协议及时与相关销售人员联系，由销售人员上报万孚生物进行处理。但是客户往往不重视协议规定，自行进行处理，给万孚生物造成一定的损失。

资料来源：林晓红．联动销售模式下医药公司固定资产内部控制分析——以万孚生物为例［J］．财会通讯，2020（04）：5.

四、无形资产管理的关键风险点及控制措施

（一）无形资产的取得与验收

该环节的主要风险包括：无形资产购建审批不严、没有自主权、取得的资产不具先进性、无形资产权属不清等，造成购建不符合发展战略、竞争力不强、浪费企业资源、引发法律诉讼等问题。

主要控制措施包括：第一，无形资产购建应符合企业的发展战略，并进行可行性研究。第二，建立严格的无形资产交付验收制度，全面梳理外购、自行研发以及其他方式取得的各类无形资产的权属关系，及时办理产权登记手续。权属关系发生变动时，应按规定及时办理权证转移手续。第三，企业购入或者以支付土地出让金等方式取得的土地使用权，应当取得土地使用权的有效证明文件。

（二）无形资产的使用与保护

该环节的主要风险包括：无形资产使用效率低下；缺乏严格的保密措施，导致商业秘密泄露；其他企业的侵权行为损害企业利益等。

主要控制措施包括：第一，企业应当加强对品牌、商标、专利、专有技术、土地使用权等无形资产的管理，分类制定无形资产管理办法，落实无形资产管理责任制，促进无形资产的有效利用，充分发挥无形资产对提升企业核心竞争力的作用。第二，企业应加强对无形资产所有权的保护，防范侵权行为和法律风险。第三，无形资产具有保密性质的，应当采取严格的保密措施，严防泄露商业秘密。

（三）技术升级和更新换代

该环节的主要风险包括：无形资产未及时更新换代，造成技术落后、自主创新能力或存在重大技术安全隐患以及忽视品牌建设、社会认可度低等。

主要控制措施包括：第一，企业应当定期对专利、专有技术等无形资产的先进性进行评估。淘汰落后技术，加大研发投入，促进技术更新换代，不断提升自主创新能力，做到核心技术处于同行业领先水平。第二，企业应当重视品牌建设，加强商誉管理，通过提供高质量产品和优质服务等多种方式不断打造和培育主业品牌，切实维护和提升企业品牌的社会认可度。

（四）无形资产处置

该环节的主要风险包括：缺乏处置制度、无形资产处置不当等，造成企业资产流失。主要控制措施包括：第一，企业应建立无形资产处置的相关制度，明确处置程序、审批权限

等。第二，合理确定处置价格，按规定程序对处置进行严格审批。第三，重大无形资产处置应委托具有资质的中介机构进行资产评估。

（五）会计系统控制

该环节的主要风险包括：会计记录和处理不及时、不准确，不能反映无形资产的实际情况。

主要控制措施包括：财务部门应对无形资产的增加、摊销、处置等及时进行账务处理，及时发现减值情况并进行处理。

第五节　销售业务控制

销售是指企业出售商品（或提供劳务）及收取款项等相关活动。规范销售行为、防范销售风险，可以促进企业扩大销售、拓宽销售渠道、提高市场占有率，对增加收入、实现企业经营目标和发展战略具有重要意义。

一、销售业务控制的总体要求

（一）全面梳理销售业务流程

根据《企业内部控制应用指引第9号——销售业务》的规定，企业应当结合实际情况，全面梳理销售业务流程。企业的销售业务流程包括销售计划管理、客户信用管理等环节。企业应确保管理流程科学合理，保证销售顺畅进行。

（二）完善相关管理制度

企业应当完善销售业务的相关管理制度，包括销售、发货、收款等方面的制度，有效防范经营风险。

（三）查清薄弱环节

在全面梳理相关业务流程的基础上，定期检查、分析销售过程的薄弱环节，采取有效控制措施，确保实现销售目标。应重点关注以下风险：销售政策和策略不当、市场预测不准确、销售渠道管理不当等，可能导致销售不畅、库存积压、经营难以为继；客户信用管理不到位、结算方式选择不当、账款回收不力等，可能导致销售款项不能收回或遭受欺诈；销售过程存在舞弊行为，可能导致企业利益受损。

二、销售业务的关键风险点及控制措施

（一）销售计划管理

企业应结合销售预测和生产能力，设定销售总体目标额以及不同产品的销售目标额，并

据此制订销售方案，实现销售目标。该环节的主要风险包括：销售计划缺乏或不合理、未经授权审批等，导致产品结构和生产安排不合理、库存积压。

主要控制措施包括：第一，企业应根据发展战略，结合销售预测、生产能力以及客户订单情况，制订年度、月度销售计划。第二，要不断根据实际情况，及时调整销售计划，并按程序进行审批。

（二）客户信用管理

该环节的主要风险包括：客户信用档案不健全、缺乏对客户资信的持续评估，可能造成客户选择不当、款项不能及时收回甚至遭受欺诈，影响企业现金流和正常经营。

主要控制措施包括：企业应当建立和不断更新、维护客户信用动态档案，关注重要客户的资信变动情况，采取有效措施，防范信用风险。对于境外客户和新开发客户，应当建立严格的信用保证制度。

（三）确定定价机制和信用方式

该环节的主要风险包括：定价不合理、销售价格未经适当审批或存在舞弊、信用方式不当等，造成销售受损，损害企业经济利益或企业形象。

主要控制措施包括：第一，企业应当加强市场调查，合理确定定价机制和信用方式。根据市场变化及时调整销售策略，灵活运用销售折扣、销售折让、信用销售、代销和广告宣传等多种策略和营销方式，促进销售目标的实现，不断提高市场占有率。第二，产品基础价格以及销售折扣、销售折让等政策的制定，应按规定程序与权限进行审核批准。第三，对于某些商品可以授予销售部门一定限度的价格浮动权，销售部门结合产品市场特点，将权力逐级分配并明确权限执行人。

（四）订立销售合同

该环节的主要风险包括：销售价格、结算方式、收款期限等不符合企业销售政策，导致企业经济利益受损；合同内容存在重大疏漏或欺诈、订立合同未经授权，导致侵害企业的合法权益。

主要控制措施包括：第一，企业在销售合同订立前，应当结合企业的销售政策，与客户进行业务洽谈、磋商或谈判，关注客户的信用状况、销售定价、结算方式等相关内容。重大的销售业务谈判应当吸收财会、法律等专业人员参加，并形成完整的书面记录。第二，销售合同应当明确双方的权利和义务，审批人员应当对销售合同草案进行严格审核。对于重要的销售合同，应当征询法律顾问或专家的意见。第三，销售合同草案经审批同意后，企业应授权有关人员与客户签订正式销售合同。

（五）发货

该环节的主要风险包括：未经授权发货、发货不符合合同约定或者发货程序不规范可能造成货物损失或发货错误，引发销售争议，影响货款收回。

主要控制措施包括：第一，企业销售部门应当按照经批准的销售合同开具相关销售通知。发货和仓储部门应当对销售通知进行审核，严格按照所列项目组织发货，确保货物的安全发运。第二，企业应当严格按照发票管理规定开具销售发票，严禁开具虚假发票。第三，应当以运输合同或条款等形式明确运输方式、商品短缺、毁损或变质的责任、到货验收方式、运输费用承担、保险等内容，货物交接环节应做好装卸和检验工作，确保货物的安全发运，由客户验收确认。

（六）客户服务

该环节的主要风险包括：服务水平低，影响客户满意度和忠诚度，造成客户流失。主要控制措施包括：第一，根据企业自身状况与行业整体情况，企业应当完善客户服务制度（包括服务内容、方式、标准等），加强客户服务和跟踪，提升客户满意度和忠诚度。第二，做好客户回访工作，建立客户投诉制度，不断改进产品质量和服务水平。第三，企业应当加强销售退回管理，分析销售退回原因，并及时妥善处理。

（七）收款

该环节的主要风险包括：结算方式选择不当、账款回收不力、票据审查和管理不善，使企业经济利益受损。

主要控制措施包括：第一，企业应结合销售政策和信用政策，选择恰当的结算方式。第二，企业应当完善应收款项管理制度，落实责任，严格考核，实行奖惩制度。销售部门负责应收款项的催收，妥善保存催收记录（包括往来函电）；财会部门负责办理资金结算并监督款项回收。第三，企业应当加强商业票据管理，明确商业票据的受理范围，严格自查商业票据的真实性和合法性，防止票据欺诈，并关注商业票据的取得、贴现和背书。对已贴现但仍承担收款风险的票据以及逾期票据，应当进行追索监控和跟踪管理。

（八）会计系统控制

该环节的主要风险包括：销售业务会计记录和处理不及时、不准确，造成企业账实不符、账账不符、账证不符等，不能反映企业利润和经济资源的真实情况。

主要控制措施包括：第一，企业应当加强对销售、发货、收款业务的会计系统控制，详细记录销售客户、销售合同、销售通知、发运凭证、商业票据、款项收回等情况，确保会计记录、销售记录与仓储记录核对一致。第二，建立应收账款清收核查制度，指定专人通过函证等方式定期与客户核对应收账款、应收票据、预收账款等往来款项。第三，加强应收款项坏账的管理。应收款项全部或部分无法收回的，应当查明原因，明确责任，并严格履行审批程序，按照国家统一的会计准则和制度处理。

【案例 7－6】

国药集团应收账款精益化管控的探索与实践

医药流通业务是中国医药集团有限公司（以下简称国药集团）最大的业务板块，主要由香港上市子公司国药控股股份有限公司（以下简称国药控股）开展。受业务规模大、业务网络下沉影响，集团面临的应收账款压力尤为突出。国药集团应收账款精益化管控的具体实践如下：

1. 资信一体化平台。

国药控股正在搭建的省级资信平台最终将实现省级公司总部对省内所属全部子公司的所有客户资信统一审批，实现风险客户信息在全省所有公司的互联互通，避免出现多头授信（即某一客户在一家子公司取得授信的同时与另外一家子公司开展业务，额外获得该公司的授信额度），从而避免可能出现的风险和损失。

省级资信平台分三个阶段进行搭建。第一阶段：所有客户评级、授信每年至少调整一次，并汇总报省级公司审批；所有客户授信按风险等级分类管理、由各级公司自行审批；所有客户超资信按风险等级分类管理、由各级公司自行审批；同时与多家子公司开展业务的客户授信由省级公司统一管理、层层拆分；首营客户授信由各级公司自行审批并报省级公司备案。第二阶段：省级公司所属各子公司所有客户授信分层管理、分级审批、高风险授信由省级公司统一审批；所有客户超资信分层管理、分级审批、高风险授信由省级公司审批，业务系统解锁权限收归省级公司。第三阶段：所有客户资信由省级公司统一审批；所有客户超资信审批及解锁权限由省级公司统一执行；建立满足管理需要的资信及应收账款数据分析体系，风险客户和多头客户应收账款信息在全省范围内共享，最终实现业务系统和审批系统互联互通和省级一体化。

2. 客户价值度分析模型。

应收账款回款期长最终会损害公司价值。在价值度分析模型中，对于应收账款的管控主要体现在对公司业务的价值度贡献上。集团所属国药控股吉林有限公司在业务开展前进行客户价值度分析，利用净利率和财务费用率之间的关系建立价值度分析模型。结合公司自身业务特点，以提升有利润的销售、有现金流的销售为主要目标，将销管费用、财务费用项目进行细分，考虑最小核算单元的个体差异，以客户为基础提升其价值度。客户价值度模型计算公式如下：净利率＝（毛利率－销管费用率－财务费用率－附加税费率）×（1－企业所得税税率）。其中：财务费用率＝运营周期÷360×银行利率＋保证金成本率＋保理手续费率＋一年以上应收账款资金成本率＋应收票据贴现率－应付票据成本节约率；运营周期＝应收账款周转天数＋存货周转天数－应付账款周转天数。该模型将应收账款回款期与客户价值度进行了有机结合，应收账款回款期将直接影响企业净利率和价值实现。对于确属公司战略供应商、战略品种的长账期客户，可利用此模型测算其价值度，通过谈判提升毛利率以弥补财务成本的损失，实现该品种下的价值创造。对于非战略供应商、非战略品种的长账期客户，经谈判无法提高毛利率的则果断放弃。

3. 设置客户服务部专职管理应收账款。

通常情况下，收款由销售部门直接负责，但销售部门通常将销售业绩放在第一位，容易忽视对客户信用的评估，对涉及合同审批、单据传递、货款结算所需的法律、财务和内部控制知识也有所欠缺；财务部门则缺乏和客户的沟通。若由销售部门和财务部门共同负责应收账款催收和回款，则会存在财务部门侧重于事后监督，对应收账款形成之前的环节介入不够，而销售部门侧重于销售和回款、应收账款管理的其他环节相对弱化等问题。集团所属国药集团四川省医疗器械有限公司设立客户服务部专职负责应收账款管理，较好地解决了这一问题。客户服务部主要职责有：客户信用管理，包括公司信用政策的执行，超账期预警；催收应收账款，包括建立应收账款台账，定期与客户核对应收账款并负责催收，函证管理；发货单及发票传递与结算管理，包括发货单与发票的核对、签收，在客户单位内部的传递与督促结算；定期组织应收账款分析协调会议，及时向公司领导、销售部门、财务部门通报情况，做好沟通协调工作，及时解决收款过程中的问题；对应收账款管理进行绩效考核，包括公司对客户服务部和销售部的考核以及客户服务部对销售部相关工作的考核。

4. 提升信息化管控手段在应收账款管控中的应用。

（1）微信移动端的应收账款管理操作平台。集团所属国药集团江西医疗器械有限公司自行开发了"微信移动端的应收账款管理操作平台"，该平台可将开票信息导入，方便业务员及时与客户对账，并具有逾期推送、核销推送和货款到账提示功能。微信应收管理平台分为应收款、核销、统计三个模块可将开票信息导入，方便业务员及时与终端客户对账。财务人员可以在微信后台发送当天收到客户的到款金额，及时通知业务人员。平台可以及时提醒业务人员客户应收款逾期情况，便于业务人员及时跟进催款。公司管理层可以通过平台了解销售部门应收账款回款情况，督促销售部门加大应收账款催收力度，控制应收账款坏账风险，实现自上而下的应收账款全节点管控，提升应收账款回款效率。

（2）信用管理全面信息化。集团所属国药集团药业股份有限公司实现了信用管理全面信息化。该公司每年一季度根据收集到的客户信用资料，提取客户相关财务指标（包括逾期账款率、销售增长率、销售回笼率等），结合公司评估客户信用等级的指标体系，拟订客户信用等级。信控管理岗审批《年度客户信控审批单》后录入系统，客户信用等级正式执行。利用人工结合系统处理，合理控制授信规模，实现业务系统、信控系统、OA办公系统数据联动。超资信由信控系统自动触动业务订单停发，超资信审批单从业务系统自动获取信息到OA办公系统进入审批程序。当发现风险客户时自动提示，推送上级公司及内部发布风险客户提示信息，并向各子公司及公司业务部门进行转发，提醒公司业务部门规避与风险客户的业务风险。

资料来源：丁燕，杨珊华. 国药集团应收账款精益化管控的探索与实践［J］. 财务与会计，2022（17）：4.

第六节 研究与开发控制

研究与开发，是指企业为获取新产品、新技术、新工艺等所开展的各种研发活动。随着市场竞争的加剧，能否创新已成为企业成败的关键。但是，研发活动具有投入大、周期长、不确定性高的特点，因此研发活动的成败对企业生产经营影响较大。加强研发活动控制，有利于促进企业自主创新、增强核心竞争力、有效控制研发风险以及实现发展战略。

一、研究与开发控制的总体要求

（一）以战略为导向

根据《企业内部控制应用指引第10号——研究与开发》的要求，企业应当重视研发工作，根据发展战略，结合市场开拓和技术进步的要求，科学制订研发计划，强化研发全过程管理，规范研发行为。

（二）注重研发成果的转化

企业研发的目的，最终是将研发成果转化为促进企业发展的动力。企业应促进研发成果的转化和有效利用，不断提升企业的自主创新能力。

二、研究与开发业务的关键风险点及控制措施

（一）立项

立项主要包括立项申请、评审和审批。该环节的主要风险包括：研发项目与国家或企业的科技发展战略不符，项目评审和审批不严可能造成项目创新不足、项目必要性不大或资源浪费等。

主要控制措施包括：第一，企业应当结合发展战略、实际需要以及技术现状，制订研发计划，提出研究项目立项申请，开展可行性研究，编制可行性研究报告。第二，企业可以组织独立于申请及立项审批之外的专业机构和人员进行评估论证，出具评审意见。第三，研究项目应当按照规定的权限和程序进行审批。重大研究项目应当报经董事会或类似权力机构集体审议决策。审批应当重点关注研究项目促进企业发展的必要性、技术的先进性以及成果转化的可行性。

（二）研究过程管理

研发可以采取自主研发和研发外包两种方式。

1. 自主研发。自主研发是指企业依靠自身的人力、物力和财力，独立完成科研项目。该环节的主要风险包括：研发人员配备不合理，导致研发成本过高或者研发失败；缺乏对研发项目的跟踪管理，造成费用失控或项目未能按期、保质完成。

主要控制措施包括：第一，企业应当加强对研究过程的管理，合理配备专业人员，严格落实岗位责任制，确保研究过程高效、可控。第二，跟踪检查研究项目的进展情况，评估各阶段研究成果，确保项目按期、保质完成。第三，建立研发费用报销制度，加强费用控制。第四，开展阶段性评估。需适当调整研发计划的，经批准，应及时予以调整。

2. 研发外包。根据外包程度不同，研发外包可以分为委托研发和合作研发。委托研发是指企业委托具有研发能力的企业或机构等开展研发工作，委托人全额承担研发经费、受托人交付研发成果的研发形式。合作研发是指企业联合其他企业或机构共同开展研发工作，合作方共同参与、共享效益、共担风险的研发形式。

该环节的主要风险包括：外包单位选择不当、未签订外包合同、合同内容存在重大疏漏或欺诈等，给企业带来知识产权风险与法律诉讼风险等。

主要控制措施包括：第一，企业应遵循技术互补性原则、成本最低原则、诚信原则等甄选合作伙伴。第二，对于委托研发，企业应同受托方签订外包合同，主要约定研究成果的产权归属、研究进度和质量标准等相关内容。第三，合作研发，企业与合作方签订书面合作研究合同，主要明确双方投资、分工、权利义务、研究成果的产权归属等。

（三）验收

该环节的主要风险包括：验收制度不完善；验收人员的技术、能力、独立性等缺乏，造成验收结果与事实不符；测试与鉴定投入不足，造成测试与鉴定不充分。

主要控制措施包括：第一，企业应当建立和完善研究成果验收制度，组织专业人员对研究成果进行独立评审和验收。第二，加大测试和鉴定阶段的投入，切实降低技术失败的风险。第三，对于通过验收的研究成果，可以委托相关机构进行审查，确认是否申请专利或作为非专利技术、商业秘密等进行管理。企业对于需要申请专利的研究成果，应当及时办理有关专利申请手续。

（四）核心研发人员的管理

该环节的主要风险包括：缺乏核心研发人员管理制度；研发人员不勤勉或泄露核心技术等职业道德风险；核心研发人员离职，影响研发活动的进行；未签订劳动合同或劳动合同有重大疏漏，例如对研发成果归属和离职后的保密义务等规定不清，给企业造成损失。

主要控制措施包括：第一，企业应当建立严格的核心研究人员管理制度，明确界定核心研究人员的范围和名册清单，签署国家有关法律、法规要求的保密协议，从制度上约束核心研发人员可能出现的道德风险。第二，应实施合理、有效的研发绩效管理，例如采取股权分享方式对研发人员进行持续激励，减少离职现象。第三，企业与核心研究人员签订劳动合同时，应当特别约定研究成果归属、离职条件、离职移交程序、离职后的保密义务、离职后的竞业限制年限及违约责任等内容。

（五）研究成果开发

研究成果开发是技术研究的目的。如果开发成功，就可以获取技术优势，促进企业发展和盈利。但是，研究成果开发也存在失败的风险。该环节的主要风险包括：第一，技术风险。例如，科学技术发展速度较快，新产品开发速度赶不上科技发展速度，使新产品在开发过程中夭折；在研究成果开发中由于技术能力有限，遇到技术障碍，延误开发时机。第二，市场风险。例如，对产品性能验证不够，开发过快，产品市场潜力不大。

主要控制措施包括：第一，企业应当加强研究成果的开发，形成科研、生产、市场三位一体的自主创新机制，促进研究成果转化。第二，加强技术管理，攻克关键技术障碍。第三，研究成果的开发应当分步推进，通过试生产，充分验证产品性能，经过市场认可方可进行批量生产。

（六）研发成果保护

该环节的风险主要包括：第一，立项时的风险。例如，立项时未进行专利信息的详细检索，自主开发的成果却不能使用。第二，研发过程中的风险。由于研发人员泄密、离职等，使阶段性成果被竞争对手获得。第三，研发成功后的风险。例如，对新开发的技术或产品未进行有效保护，而竞争对手抢先申请专利保护，导致自主开发成果被限制使用；合作研发中未明确产权归属，导致自树竞争对手。

主要控制措施包括：第一，立项申请、评估和审批阶段都应详细检索专利信息，以防自主研发成果不能使用。第二，加强研发人员管理，签订保密协议，在劳动合同中明确离职后的保密义务等。第三，合作研发合同中明确产权归属。第四，建立研究成果保护制度，加强对专利权、非专利技术、商业秘密及在研发过程中形成的各类涉密图纸、程序、资料的管理，严格按照制度规定借阅和使用，禁止无关人员接触研究成果，以及依靠法律保护合法权益。

（七）研发活动评估

研发活动评估是指在研发项目通过验收一定时间之后，对立项与研究、开发与保护等过程进行全面评估，衡量研发价值，总结经验，查清薄弱环节，以不断提高研发水平。该环节的主要风险包括：缺乏对研发活动的评估；对评估不重视；评估指标过于片面而导致评估失败等。

主要控制措施包括：第一，企业应当建立研发活动评估制度，加强对立项与研究、开发与保护等过程的全面评估，认真总结研发管理经验，分析研发管理的薄弱环节，完善相关制度和办法，不断改进和提升研发活动的管理水平。第二，增强管理者对评估作用的认可。第三，在人员和经费方面给予保证。第四，根据不同类型的项目分别构建评估指标体系。

【资料阅读 7-1】

内部控制专业胜任能力对研发资金管控的影响

董事会是企业创新活动的引领者，亦是研发资金内部控制和风险管理的领导者。通过运用 2011~2018 年度上市公司年度报告披露的研发活动和董事会成员相关数据，探索董事会"内部控制专业胜任能力"对企业研发资金管控行为和管控效果的影响。研究发现：（1）董事会内部控制专业胜任能力愈强，企业研发资金管控行为愈自信，包括管控方式自信、投入力度自信。（2）董事会内部控制专业胜任能力的正向变动，同样正向影响企业研发资金管控行为的自信程度。（3）进一步研究发现，董事会内部控制专业胜任能力愈强，企业研发投入增长更快，研发专利申请和授权数量均增长更快。研究建议监管部门出台利好政策、企业股东大会和董事会完善激励机制，引导和培育公司所有董事会成员提升"内部控制专业胜任能力"，以期更好地在企业研发资金管控中履职尽责。

资料来源：刘斌. 内部控制专业胜任能力对研发资金管控的影响 [J]. 科研管理，2022，43（10）：10.

第七节　工程项目控制

工程项目，是指企业自行或者委托其他单位进行的建造、安装工程。工程项目体现着企业发展战略，对企业提高生产能力、促进产业升级和技术进步有重要作用。同时，由于工程项目一般投入大、周期长、涉及环节和部门单位多，出现问题的可能性也较大，因而对企业的发展影响重大。加强工程项目管理，对提高工程质量、保证工程进度、控制工程成本、防范商业贿赂等舞弊行为，从而实现企业战略和中长期发展规划有重要意义。

一、工程项目控制的总体要求

（一）全面梳理工程项目工作流程

根据《企业内部控制应用指引第 11 号——工程项目》的要求，企业应当建立和完善工程项目各项管理制度，全面梳理各个环节可能存在的风险点，规范工程立项、招标、造价、建设、验收等环节的工作流程，明确相关部门和岗位的职责权限，做到可行性研究与决策、预算编制与审核、项目实施与价款支付、竣工决算与审计等不相容职务相互分离，强化工程建设全过程的监控，确保工程项目的质量、进度和资金安全。

（二）明确职责权限和不相容岗位分离

工程项目业务复杂，不仅涉及众多内部职能部门，例如规划发展部门、工程管理部门、设计部门、物资采购部门、财会部门等，还涉及外包施工单位、监理单位等外部相关主体。应当明确相关部门和岗位的职责权限，做到可行性研究与决策、概预算编制与审核、项目实施与价款支付、竣工决算与审计等不相容职务相互分离。

（三）完善工程项目的各项管理制度

结合业务流程、职责权限、工程项目运行中的薄弱环节以及管理要求，形成具有规范性和约束力的工程项目管理制度，可以更好地实行管控职能。企业应当建立和完善工程项目质量控制制度、进度控制制度、预算控制制度、招投标制度、物资采购制度等，并强化工程建设全过程的监控，以确保制度的有效执行，保证工程项目的质量、进度和资金安全。

二、工程项目的关键风险点及控制措施

（一）工程立项

工程立项阶段主要包括编制项目建议书、可行性研究、立项评审和立项决策等 4 个环节。

1. 编制项目建议书。项目建议书主要对拟建项目提出框架性总体设想。该环节的主要风险包括：工程项目与企业发展战略及国家产业政策不符；项目建议书内容不完整、不合规，例如拟建规模不明确以及投资估算、资金筹措与项目进度安排不协调等。

主要控制措施包括：第一，企业应当指定专门机构归口管理工程项目，并根据发展战略和年度投资计划，结合国家产业政策，提出项目建议书。第二，应规定项目建议书的主要内容和编制要求，对项目建议书的内容充分地进行分析论证。

2. 可行性研究。可行性研究是对建设项目在技术、财务、经济、政策支持、外部协作等方面进行全面分析，为立项决策提供依据。该环节的主要风险包括：缺乏可行性研究、可行性研究流于形式或深度不够等，无法为立项决策提供充分、可靠的依据，盲目上马，可能导致难以实现预期效益或项目失败。

主要控制措施包括：第一，企业应当明确可行性研究报告的内容和编制要求，对项目可

行性进行深入分析。第二，可以委托具有相应资质的专业机构开展可行性研究，并按照有关要求形成可行性研究报告。

3. 立项评审。企业应当组织规划、工程、技术、财会、法律等部门的专家对项目建议书和可行性研究报告进行充分论证和评审，出具评审意见，作为项目决策的重要依据。该环节的主要风险包括：项目评审流于形式、评审不科学等，可能造成决策失误。

主要控制措施包括：第一，在项目评审过程中，应当重点关注项目投资方案、投资规模、资金筹措、生产规模、投资效益、布局选址、技术、安全、设备、环境保护等方面，核实相关资料的来源和取得途径是否真实、可靠和完整。第二，企业可以委托具有相应资质的专业机构对可行性研究报告进行评审，并出具评审意见。第三，从事项目可行性研究的专业机构不得再从事可行性研究报告的评审。

4. 立项决策。企业应当按照规定的权限和程序对工程项目进行决策。该环节的主要风险包括：决策程序不规范，造成决策失误；缺乏责任追究制度等。

主要控制措施包括：第一，按规定权限和程序对工程项目进行决策。决策过程应有完整的书面记录。第二，重大工程项目的立项应当报经董事会或类似权力机构集体审议批准。总会计师或分管会计工作的负责人应当参与项目决策。任何个人不得单独决策或者擅自改变集体决策意见。工程项目决策失误应当实行责任追究制度。第三，企业应当在工程项目立项后、正式施工前，依法取得建设用地、城市规划、环境保护、安全、施工等方面的许可，并核实取得材料的合法合规性。

（二）工程设计和造价

工程立项后，要进行工程设计。设计阶段是影响工程投资最主要的阶段，一般可分为初步设计和施工图设计两个阶段。

1. 初步设计。初步设计是整个设计构思基本形成的过程，主要明确建设的技术可行性和经济合理性，同时确定主要技术方案、工程总造价等。编制初步设计概算是初步设计阶段的一项重要工作，即计算从筹建到竣工验收、交付使用的预期造价。

该环节的主要风险包括：设计单位资质达不到项目要求；审计人员研究不透彻，设计出现较大疏漏；未进行多方案比选；设计深度不够，影响施工。

主要控制措施包括：第一，应选择有资质、有经验的设计单位，可以外聘设计单位。第二，应当向招标确定的设计单位提供详细的设计要求和基础资料，进行有效的技术、经济交流，并在此基础上，采用先进的设计管理实务技术，进行多方案对比。第三，建立严格的初步设计审查和批准制度，确保评审质量。

2. 施工图设计。施工图设计是通过图纸把设计者的意图和设计结果呈现出来，作为施工的依据。与施工图设计关联的是施工图预算。施工图预算是施工单位投标报价的重要参考依据。

该环节的主要风险包括：预算严重脱离实际，可能导致项目投资失控；设计深度不足、设计缺陷，造成施工组织、工期、工程质量、投资失控以及生产运行成本过高；工程设计与后续施工衔接不当，导致技术方案未得到有效落实。

主要控制措施包括：第一，企业应当建立严格的概预算编制与审核制度。应当组织工程、技术、财会等部门的相关专业人员或委托具有相应资质的中介机构对编制的概预算进行审核，重点审查编制依据、项目内容、工程量的计算、定额套用等是否真实、完整和准确，确保概预算的科学合理。第二，建立严格的施工图设计管理制度和交底制度，且按项目要求的进度交付施工图设计深度及图纸，提高设计质量，防止设计深度不足或设计缺陷带来的问题。第三，建立设计变更管理制度。设计单位应当提供全面、及时的现场服务，避免设计与施工相脱节的现象发生。因过失造成设计变更的，应当进行责任追究。

（三）工程招标

企业的工程项目一般应当采用公开招标的方式，择优选择具有相应资质的承包单位和监理单位。招标过程包括招标，投标，开标、评标和定标，签订施工合同四个主要环节。

1. 招标。招标工作包括招标前期准备、招标公告和资格预审公告的编制与发布等。该环节的主要风险包括：违背工程施工组织设计和招标设计计划，将工程肢解，投标资格不公平、不合理，违法违规泄露标底等。

主要控制措施包括：第一，不得违背工程施工组织设计和招标设计计划，将应由一个承包单位完成的工程肢解为若干部分发包给几个承包单位。第二，遵循公开、公正、平等竞争的原则，发布招标公告，提供包含招标工程的主要技术要求、主要合同条款、评标的标准和方法以及开标、评标、定标的程序等内容的招标文件。第三，严格根据项目特点确定投标人的资格要求，做到公平合理。第四，企业可以根据项目特点决定是否编制标底。需要编制标底的，标底的编制过程和标底应当严格保密。

2. 投标。投标阶段包括现场考察、投标预备会以及投标文件的编制和送达。该环节的主要风险包括：招标人与投标人串通投标或投标人之间串通舞弊；投标人资质不符合要求、以他人名义投标等，影响工程质量。

主要控制措施包括：第一，在确定中标人前，企业不得与投标人就投标价格、投标方案等实质性内容进行谈判。第二，对投标人的信息采取严格的保密措施，防止投标人之间串通舞弊。第三，按照招标公告或资格预审文件中的投标人资格条件对投标人进行严格审查，预防假资质中标或借资质串标。

3. 开标、评标和定标。企业应当依法组建评标委员会。评标委员会应当按照招标文件确定的标准和方法对投标文件进行评审和比较，择优选择中标候选人，及时向中标人发出中标通知书。

该环节的主要风险包括：评标委员会专业水平差，出现定标失误；评标委员会与投标人之间存在舞弊行为，损害建设单位利益。

主要控制措施包括：第一，企业应当依法组织工程招标的开标、评标和定标，并接受有关部门的监督。第二，评标委员会应由企业的代表和有关技术、经济方面的专家组成，应客观、公正地提出评审意见，并对评审意见承担责任。第三，评标委员会成员和参与评标的有关工作人员不得透露对投标文件的评审和比较、中标候选人的推荐情况以及与评标有关的其他情况，不得私下接触投标人，不得收受投标人的财物或者其他好处。

4. 签订施工合同。该环节的主要风险包括：合同内容不完整、不清楚，或者订立了背离招标文件实质性内容的合同。

主要控制措施包括：第一，企业应当在规定的期限内与中标人订立书面合同，明确双方的权利、义务和违约责任，例如质量、进度、结算方式等。第二，企业和中标人不得再行订立背离合同实质性内容的其他协议。

（四）工程建设

工程建设阶段包括的重要工作有工程物资采购、工程监理、工程价款结算、工程变更。

1. 工程物资采购。工程物资采购分为自行采购和承包单位采购。该环节的主要风险包括：采购控制不力，质次价高；对承包单位采购物资监督不足，影响工程质量与进度。

主要控制措施包括：第一，企业自行采购工程物资的，可以参照本章第三节采购业务控制的相关内容办理。重大设备和大宗材料的采购应当根据有关招标采购的规定执行。第二，由承包单位采购工程物资的，企业应当加强监督，确保工程物资采购符合设计标准和合同要求。严禁不合格工程物资投入工程项目建设。

2. 工程监理。该环节的主要风险包括：监理单位监督不力，流于形式，不利于确保工程的进度、质量和安全。

主要控制措施包括：第一，工程监理单位应当依照国家法律、法规及相关技术标准、设计文件和工程承包合同，对承包单位在施工质量、工期、进度、安全和资金使用等方面实施监督。第二，工程监理人员应当具备良好的职业操守，客观公正地执行监理任务。发现工程施工不符合设计要求、施工技术标准和合同约定的，应当要求承包单位改正；发现工程设计不符合建筑工程质量标准或者合同约定的质量要求的，应当报告企业，要求设计单位改正。第三，未经工程监理人员签字，工程物资不得在工程上使用或者安装，不得进行下一道施工工序，不得拨付工程价款，不得进行竣工验收。

3. 工程价款结算。该环节的主要风险包括：建设资金使用管理混乱、项目资金不落实，影响工程进度；工程进度计算不准确、价款结算不及时等。

主要控制措施包括：第一，建立成本费用支出审批制度，对建设资金的使用进行管理。第二，资金筹集应与工程进度协调一致，以免影响工程进度。第三，企业财会部门应当加强与承包单位的沟通，准确掌握工程进度，开展工程项目核算，并根据合同约定，按照规定的审批权限和程序办理工程价款结算，不得无故拖欠。第四，施工过程中，如果工程的实际成本突破了工程项目预算，建设单位应当及时分析原因，按照规定的程序予以处理。

4. 工程变更。该环节的主要风险包括：工程变更频繁、变更程序不规范、变更缺乏审核或审核不严等。

主要控制措施包括：第一，企业应当建立严格的工程变更审批制度，严格控制工程变更。确需变更的，应当按照规定的权限和程序进行审批。第二，重大的项目变更应当按照项目决策和概预算控制的有关程序和要求重新履行审批手续。第三，因工程变更等原因造成价款支付方式及金额发生变动的，应当提供完整的书面文件和其他相关资料，并对工程变更价款的支付进行严格审核。第四，因人为原因导致的工程变更，应当追究当事单位和人员的责任。

（五）工程验收

企业收到承包单位的工程竣工报告后，应当及时编制竣工决算，开展竣工决算审计，组织设计、施工、监理等有关单位进行竣工验收。该环节的主要风险包括：竣工验收不规范，竣工决算审核不严，例如质量检验不严或者相关资料不齐全等；竣工决算失真，例如虚报项目投资完成额、虚列建设成本等。

主要控制措施包括：第一，企业应当组织审核竣工决算，重点审查决算依据是否完备、相关文件资料是否齐全、竣工清理是否完成、决算编制是否正确。第二，未实施竣工决算审计的工程项目，不得办理竣工验收手续。第三，交付竣工验收的工程项目，应当符合规定的质量标准，有完整的工程技术经济资料，并具备国家规定的其他竣工条件。第四，应当按照国家有关档案管理的规定，及时收集、整理工程建设各环节的文件资料，建立完整的工程项目档案。

（六）项目后评估

企业应当建立完工项目后评估制度，在项目完成并运行一段时间后，对项目执行过程、效益等进行系统、客观的分析，重点评价工程项目预期目标的实现情况和项目投资效益等，并以此作为绩效考核和责任追究的依据。

【资料阅读 7 - 2】

基于 **WSR** 系统方法论的企业境外工程项目档案管理风险识别与防控

1. WSR 方法论。

"物理—事理—人理" 方法论（wuli-shili-renli system approach，简称 WSR 方法论）是由中国系统科学专家顾基发等根据钱学森、徐国志等学者的系统理论总结并提出的系统方法论。WSR 系统方法论主要运用已有的科学技术知识，整合社会科学、行为科学等多个学科知识，实现对某一复杂系统的有效管理。在处理复杂问题的过程中，WSR 系统方法论从事实、事物之间的联系以及人在事物发展过程中所起的作用三方面展开分析。

2. 基于 WSR 系统方法论的企业境外工程项目档案管理风险识别。

（1）物理层面的风险识别。物理层面是整个档案管理风险识别的前提，是系统所面临的自然环境、物质运动等客观存在。本文提出的企业境外工程项目档案管理物理风险，是指建设过程所面对的主客观环境以及建设主体及其所处的社会和制度环境等，主要包括政治风险、法律风险、社会文化风险、所处环境风险等。

一是政治风险。是指企业境外项目所在东道国的政治环境或东道国与其他国家政治关系变化以及外国资本的态度变动所带来的不确定性。在全球地缘政治格局和经济贸易关系复杂化和网络化的背景下，无论是境外国家政治机构、经济政策的压力，还是东道国内部战争战乱等不可预测性的危机，都可能对境外工程项目档案产生一定程度的物理破坏。例如中东地区的叙利亚、阿富汗、伊拉克，南亚地区的巴基斯坦等地局势紧张，境外工程项目档案安全受到严重威胁。

二是法律风险。我国企业获得"走出去"机会后，受到所在国家或地区的监管和约束，面临着完全被动的法律环境。不同国家和地区的档案法律存在差异，对档案的处置和流动要求各有侧重。例如针对档案管辖权的归属问题会在工程项目档案管理过程中产生冲突，跨境移交档案和传输数据都会受到所在国家和地区的法律限制。

三是社会文化风险。不同国家和地区的社会文化受到政治、经济、风俗习惯、宗教以及价值观念等因素的影响，企业境外工程项目不同的参与和经营模式也给工程项目档案管理带来不确定性。由于所在国家或地区缺少档案管理的历史文化传统，企业境外工程项目档案管理意识不强，未形成明确的档案移交程序和要求，导致归档不及时、档案不完整。

四是所处环境风险。洪涝、台风、地震、火灾等灾害会对企业境外工程项目档案安全管理带来巨大风险，环境风险的不确定性和危害性使得企业境外工程项目档案管理风险进一步加大。

（2）事理层面的风险识别。事理是风险管理的关键，企业境外档案管理事理风险包括基础业务风险、基础设施风险以及资源建设风险。

第一，基础业务风险。首先，在形成环节，由于企业境外工程项目很少设置专门的档案管理机构或安排专职的档案管理人员，各部门形成的档案由自己保管，在档案形成阶段缺乏统一的档案管理规范，导致项目档案资源分散、文档管控不严格。其次，在归档环节，企业境外工程项目中较重视工程档案综合文件，例如与项目业主、监理、分包间的往来信件、项目最终的竣工验收以及各种类型的证明材料，而容易忽视其他档案材料。再次，在利用环节，由于工程项目档案分散保管，大量文件未整理成档案，加之地域运输的限制，导致境外工程档案的信息化工作尚未有效开展，无法提供国内开发利用。

第二，基础设施风险。受到成本控制和项目规模的影响，企业境外工程项目档案管理环境不太理想。境外工程项目一般租用办公场所，档案管理场所受限，有些甚至并未设立专门的库房，与办公场所合二为一，导致档案实体和档案信息安全无法得到有效保障。除此之外，多数企业境外工程档案管理属于"手工作坊"的管理阶段，缺少先进的管理设备，一些技术防范措施不易到位，针对敏感档案的数据和信息也无法与普通文件材料实施物理隔离和网络隔离。

第三，资源建设风险。一方面，企业境外工程项目档案面临着所在国的法律法规、海关监管、运输条件和成本的限制，很难将档案进行有效集中整理、归档和保存，在运输过程中可能受到各种因素影响和限制，导致档案资源损毁或流失。另一方面，由于境外工程项目所在国家和地区可能存在网络、通信和交通等基础设施不完善的情况，档案无法实现有效数字化，档案信息无法实现实时和有效的网络传输和利用，使得企业境外工程档案资源成为漂浮在异国的"孤岛"。

（3）人理层面的风险识别。人理元是管理的核心保障，是对物理元和事理元的统一协调，在整个风险管理过程中起到至关重要的协调作用。企业境外档案管理人理风险包括人员能力风险、人员数量风险、人员保密风险。

第一，人员能力风险。人员能力风险包括项目管理人员与档案管理人员经验知识和技术水平在档案管理过程中可能造成的风险。由于外部自然环境和社会环境的不稳定性，处理各种突发事件以及保护档案的应变能力也是重要影响因素。但由于企业境外工程项目周期较长，项目档案管理工作可能会因人员离职、流动频繁、工作交接不彻底等因素呈现无序状态。

第二，人员数量风险。企业境外工程的工作条件与国内往往具有一定差距，诸多主客观因素会导致档案人员的配备不足，有些项目部门甚至未设置专职档案管理岗位。在现实工作中，档案人员除了要负责参建单位移交档案的规范性和完整性，还要负责相关人员的培训。而测量单位、监理单位、施工单位等多个参建单位移交的文件材料多达上千卷，档案人员数量的不足会严重影响档案工作进程和质量。

第三，人员保密风险。企业境外工程项目档案可能包含企业资信证明等凭证性档案或技术说明、仪器设备等重要价值性档案资料。因此，档案保密工作也是风险管理中不容忽视的重要内容。受企业境外工程项目档案管理环境的影响，大部分档案人员是未取得岗位资格证书或是未经过专业培训的，这都将为档案保密工作带来潜在风险。

资料来源：国测，戴柏清. 基于WSR系统方法论的企业境外工程项目档案管理风险识别与防控［J］. 浙江档案，2022（11）：34－37.

第八节　担保业务控制

《企业内部控制应用指引第12号——担保业务》中所称"担保"，是指企业作为担保按照公平、自愿、互利的原则与债权人约定，当债务人不履行债务时，依照法律规定和合同协议承担相应法律责任的行为。担保有利于债务人的融资，但是我们也应该看到，因担保陷入担保圈和诉讼的案件层出不穷，对外担保的风险是很大的。因此，加强企业担保业务管理，防范担保业务风险，对于维护企业利益和维持正常经营有重要的意义。

一、担保业务控制的总体要求

（一）完善担保业务管理制度

企业应当依法制定和完善担保业务政策及相关管理制度，例如调查评估制度、审批制度、担保合同管理制度等，明确担保的对象、范围、方式、条件、程序、担保限额和禁止担保等事项。

（二）规范各环节工作流程

企业应规范调查评估、审核批准、担保执行等环节的工作流程，按照政策、制度、流程办理担保业务，定期检查担保政策的执行情况及效果，切实防范担保业务风险。

二、担保业务的关键风险点及控制措施

（一）受理申请

受理申请是办理担保业务的第一步，是控制的起点。该环节的主要风险包括：企业担保政策和相关管理制度不健全，不能规范担保申请的受理；受理申请审查不严。

主要控制措施包括：第一，企业应依法制定和完善担保业务政策及相关管理制度，明确担保的对象、范围、方式、条件、程序、担保限额和禁止担保等事项。第二，受理人员应严格按照担保政策和相关管理制度对担保申请进行审查，例如对与本企业有密切业务关系的企业、有潜在重要业务关系的企业、子公司等提出的申请可予受理；反之，则必须慎重处理。

（二）调查评估

企业应当指定相关部门负责办理担保业务，对担保申请人进行资信调查和风险评估。该

环节的主要风险包括：资信调查和风险评估不深入、不细致，造成担保决策失误，给企业带来担保损失。

主要控制措施包括：

第一，企业在对担保申请人进行资信调查和风险评估时，应当重点关注以下事项：（1）担保业务是否符合国家法律、法规和本企业担保政策等相关要求。（2）担保申请人的资信状况，一般包括基本情况、资产质量、经营情况、偿债能力、盈利水平、信用程度、行业前景等。（3）担保申请人用于担保和第三方担保的资产状况及其权利归属。（4）企业要求担保申请人提供反担保的，还应当对与反担保有关的资产状况进行评估。

第二，明确不予担保的情况。对于以下几种情形不予担保：（1）担保项目不符合国家法律、法规和本企业担保政策的。（2）已进入重组、托管、兼并或破产清算程序的。（3）财务状况恶化、资不抵债、管理混乱、经营风险较大的。（4）与其他企业存在较大经济纠纷，面临法律诉讼且可能承担较大赔偿责任的。（5）与本企业已经发生过担保纠纷且仍未妥善解决的，或不能及时足额交纳担保费用的。

第三，委派具备胜任能力的专业人员开展调查和评估，调查评估人员与担保业务审批人员应当分离，调查评估结果应出具书面报告。企业也可委托中介机构对担保业务进行资信调查和风险评估工作。

（三）审批

该环节的主要风险包括：授权审批制度不完善，造成担保审批不规范；审批不严或越权审批，可能导致企业担保决策失误或遭受欺诈；对关联方的担保审批不规范等。

主要控制措施包括：第一，企业应当建立担保授权和审批制度，规定担保业务的授权批准方式、权限、程序、责任和相关控制措施，在授权范围内进行审批，不得超越权限审批。对于审批人超越权限审批的担保业务，经办人员应当拒绝办理。第二，重大担保业务，应当报经董事会或类似权力机构批准。第三，企业为关联方提供担保的，与关联方存在经济利益或近亲属关系的有关人员在评估与审批环节应当回避。第四，加强对变更担保的管理。被担保人要求变更担保事项的，企业应当重新履行调查评估与审批程序。

（四）订立担保合同

该环节的主要风险包括：未经授权订立担保合同、未订立担保合同、担保合同存在重大疏漏或欺诈，增加了担保风险。

主要控制措施包括：第一，企业应当根据审核批准的担保业务订立担保合同。担保合同应明确被担保人的权利、义务、违约责任等相关内容，并要求被担保人定期提供财务报告与有关资料，及时通报担保事项的实施情况；担保申请人同时向多方申请担保的，企业应当在担保合同中明确约定本企业的担保份额和相应的责任。第二，实行担保合同会审联签。应鼓励担保业务经办单位会同企业法律部门、财会部门、内审部门进行担保合同会审联签，以降低担保合同存在重大疏漏或欺诈的风险。第三，加强对身份证明和印章的管理，杜绝身份证明和印章被盗用而进行对外担保，从而造成担保损失。第四，规范担保合同记录、传递和保管过程，确保担保合同运转轨迹清晰完整、有案可查。

（五）日常管理

该环节的主要风险包括：缺乏对担保合同的跟踪管理或监控不力，无法对被担保人出现的异常情况及时地进行报告和处理，给企业造成损失。

主要控制措施包括：第一，加强担保合同的日常管理。定期监测被担保人的经营情况和财务状况，对被担保人进行跟踪和监督，了解担保项目的执行、资金的使用、贷款的归还、财务运行及风险等情况，确保担保合同有效履行。第二，及时报告和处理被担保人的异常情况。在担保合同的履行过程中，如果被担保人出现经营困难等异常情况，应当及时向有关管理人员报告，并妥善处理。

（六）会计系统控制

该环节的主要风险包括：会计记录和处理不及时、不准确，不利于对担保业务的日常监控，或者披露不符合有关监管要求，遭受行政处罚。

主要控制措施包括：第一，及时、足额收取担保费用，建立担保事项台账，详细记录担保对象、金额、期限、用于抵押和质押的物品或权利以及其他有关事项。第二，企业财会部门应当及时收集、分析被担保人担保期内经审计的财务报告等相关资料，持续关注担保人的财务状况、经营成果、现金流量以及担保合同的履行情况，积极配合担保经办部门防范担保业务风险。第三，及时进行会计记录、会计处理以及相关披露。对于被担保人出现财务状况恶化、资不抵债、破产清算等情形，企业应当根据国家统一的会计准则和制度规定，合理确认预计负债和损失。属于上市公司的，应根据相关制度对担保事项进行公告。

（七）反担保财产管理

该环节的主要风险包括：对反担保的权利凭证保管不善、缺乏对反担保财产的有效监控等。

企业应当加强对反担保财产的管理，妥善保管被担保人用于反担保的权利凭证，定期核实财产的存续状况和价值，发现问题及时处理，确保反担保财产安全、完整。

（八）责任追究

该环节的主要风险包括：缺乏担保业务责任追究制度，或者制度执行流于形式。

企业应当建立担保业务责任追究制度，对在担保中出现重大决策失误、未履行集体审批程序或不按规定管理担保业务的部门及人员，应当严格追究其责任。

（九）及时终止担保关系或代为清偿、权利追索

该环节的主要风险包括：未及时终止担保关系，使担保展期等；违背担保合同约定不履行代偿义务，被起诉，影响企业形象；代为清偿后对权利追索不力，造成经济损失。

主要控制措施包括：第一，企业应当在担保合同到期时，全面清查用于担保的财产、权利凭证，按照合同约定及时终止担保关系，并妥善保管担保合同、与担保合同相关的主合同、反担保函或反担保合同，以及抵押、质押的权利凭证和有关原始资料，切实做到担保业务档案完整无缺。第二，自觉承担代为清偿义务，维护企业形象和信誉。第三，利用法律武

器向被担保人追索赔偿；依法处置反担保财产，减少企业损失。

【案例 7 - 7】

涉嫌违规担保 虎年首家被实施风险警示上市公司浮现

虎年首家被实施风险警示的上市公司出现。2 月 7 日晚，超讯通信发布公告称，自 2022 年 2 月 9 日起，公司股票被实施其他风险警示，股票简称由"超讯通信"变更为"ST 超讯（603322）"，股票价格的日涨跌幅限制为 5%。公司股票 2022 年 2 月 8 日停牌 1 天。

超讯通信被实施其他风险警示是因为其涉嫌违规担保。除了超讯通信之外，新潮能源（600777）也披露公司涉嫌违规担保，若一个月之内不能解决该担保问题，将被实施 ST。另外，在 2021 年年报预告披露的高峰期，不少 ST 上市公司涉嫌调节利润规避退市收到交易所问询函。

根据其公告，超讯通信控股子公司上海桑锐电子科技股份有限公司及其全资子公司辽宁民生智能仪表有限公司法定代表人、董事长、执行董事孟繁鼎，在未获得公司任何授权的情况下，私自以桑锐电子和民生智能名义，为其控制的调兵山市鸿鼎泰松房地产开发有限公司和其关联方控制的调兵山顺通煤业有限公司，提供违规担保合计约 4.21 亿元，约占公司 2020 年经审计净资产的 100.09%。

广东证监局认为，超讯通信对上述担保事项未履行必要审批程序并及时披露，违反了《上市公司信息披露管理办法》第二条、第三十条、第三十三条等相关规定。超讯通信董事长梁建华、董事会秘书邹文，未按照《上市公司信息披露管理办法》第三条的规定履行勤勉尽责义务，对公司上述违规行为负有主要责任。

今年年初，超讯通信已经披露了违规担保情况，并且在年前最后一个交易日发布了业绩预亏公告。公司表示，经财务部门初步测算，公司业绩预计亏损 2.1 亿元到 2.5 亿元。扣除非经常性损益事项后，公司业绩预计亏损 2.4 亿元到 2.8 亿元。

此外，新潮能源也因为涉嫌违规担保，或被实施其他风险警示。2 月 8 日晚间，新潮能源公告称，公司涉嫌违规担保，该事项或致公司可能承担的债务本金约为 15.94 亿元，约为公司最近一期经审计净资产的 12.82%。根据上交所《股票上市规则》相关规定，在 2 月 8 日披露的"新潮能源涉及诉讼进展公告"之日起的 1 个月内，新潮能源不能解决违规担保问题，公司股票可能被实施其他风险警示。

资料来源：中国金融新闻网. 涉嫌违规担保 虎年首家被实施风险警示上市公司浮现 [EB/OL]. [2022 - 02 - 10]. http://stock.10jqka.com.cn/20220210/c636592415.shtml.

第九节 业务外包控制

业务外包，是指企业利用专业化分工优势，将日常经营中的部分业务委托给本企业以外的专业服务机构或经济组织（以下简称"承包方"）完成的经营行为，通常包括研发、资信调查、可行性研究、委托加工、物业管理、客户服务、IT 服务等。随着社会主义市场发展及国际产业分工呈细化趋势，我国业务外包市场必将有较大发展。

一、业务外包控制的总体要求

1. 完善业务外包管理制度。根据《企业内部控制应用指引第 13 号——业务外包》的要求，企业应当建立和完善业务外包管理制度，规定业务外包的范围、方式、条件、程序和实施等内容，明确相关部门和岗位的职责权限，强化业务外包全过程的监控，防范外包风险，充分发挥业务外包的优势。

2. 强化监控。强化业务外包全过程的监控，包括对制订外包实施方案、审核批准、选择承包方、签订业务外包合同、外包过程管理、验收等环节的监控，防范外包风险，充分发挥业务外包的优势。

3. 避免核心业务外包。企业应当权衡利弊，避免核心业务外包。

二、业务外包的关键风险点及控制措施

（一）制订业务外包实施方案

制订业务外包实施方案是指根据年度生产经营计划和业务外包管理制度，结合确定的业务外包范围，拟订实施方案。

该环节的主要风险包括：缺乏业务外包管理制度，无法指导业务外包实施方案的制订；外包范围不明确，出现将核心业务外包的风险；实施方案不合理，可能导致业务外包失败。

主要控制措施包括：第一，建立和完善业务外包管理制度。规定业务外包的范围、方式、条件、程序和实施等相关内容，明确相关部门和岗位的职责权限。第二，企业应当权衡利弊，避免核心业务外包。第三，结合年度生产经营计划，拟订实施方案，对外包业务的成本和风险、外包方式等重要方面进行深入评估和复核，确保方案的可行性。

（二）审核批准

该环节的主要风险包括：审批制度不健全，审批程序不规范；审批不严，例如未对业务外包的成本和风险进行深入权衡等，造成业务外包决策失误。

主要控制措施包括：第一，建立和完善审核批准制度。明确审核批准的权限、程序等，规范审核批准工作。第二，总会计师或分管会计工作的负责人应当参与重大业务外包的决策。重大业务外包方案应当提交董事会或类似权力机构审批。第三，在对业务外包实施方案进行审查和评价时，应当着重对比分析该业务项目在自营与外包情况下的风险和收益，确定外包的合理性和可行性。

（三）选择承包方

该环节的主要风险包括：承包方不具备相应条件，例如不具备相应专业资质、技术及经验水平达不到本企业要求等；外包价格不合理，成本过高，不符合成本效益原则；存在收受贿赂、回扣等舞弊行为，导致企业相关人员涉案。

主要控制措施包括：

第一，选择的承包方至少应当具备下列条件：（1）承包方是依法成立和合法经营的专业服务机构或其他经济组织，具有相应的经营范围和固定的办公场所。（2）承包方应当具备相应的专业资质，其从业人员符合岗位要求和任职条件，并具有相应的专业技术资格。（3）承包方的技术及经验水平符合本企业业务外包的要求。

第二，综合考虑内外部因素，合理确定外包价格，严格控制业务外包成本，切实做到符合成本效益原则。

第三，引入竞争机制，遵循公开、公平、公正的原则，采用适当的方式，择优选择外包业务的承包方。

第四，建立严格的回避制度和监督处罚制度，避免企业及相关人员在选择承包方的过程中收受贿赂、回扣或者索取其他好处等行为。

（四）签订业务外包合同

该环节的主要风险包括：合同内容存在重大疏漏或欺诈；业务外包需要保密的，承包方的保密义务和责任不明确。

主要控制措施包括：第一，与承包方签订业务外包合同，明确外包业务的内容和范围、双方权利和义务、服务和质量标准、保密事项、费用结算标准和违约责任等事项。第二，企业外包业务需要保密的，应当在业务外包合同或者另行签订的保密协议中明确规定承包方的保密义务和责任，要求承包方向其从业人员提示保密要求和应承担的责任。

（五）外包合同的执行与监控

该环节的主要风险包括：与承包方的对接工作不到位，沟通协调不力；缺乏对承包方履约能力的持续评估及应急机制，造成业务外包失败和生产经营活动中断；对承包方的索赔不力。

主要控制措施包括：第一，严格按照业务外包制度、工作流程和相关要求，组织开展业务外包，并采取有效的控制措施，确保承包方严格履行业务外包合同。第二，做好与承包方的对接工作，加强与承包方的沟通与协调，及时搜集相关信息，发现和解决外包业务日常管理中存在的问题。第三，对承包方的履约能力进行持续评估，有确凿证据表明承包方存在重大违约行为、导致业务外包合同无法履行的，应当及时终止合同。对于重大业务外包，应建立相应的应急机制，避免业务外包失败造成本企业生产经营活动中断。第四，承包方违约并造成企业损失的，企业应当按照合同对承包方进行索赔，并追究责任人的责任。

（六）验收

该环节的主要风险包括：验收标准不明确、验收程序不规范、对验收中异常情况的处理不及时，给企业造成损失。

主要控制措施包括：业务外包合同执行完成后需要验收的，企业应当组织相关部门或人员对完成的业务外包合同进行验收，并出具验收证明；根据业务外包合同的约定，结合在日常绩效评价基础上对外包业务质量是否达到预期目标的基本评价，确定验收标准；验收过程中发现异常情况的，应当立即报告，查明原因，及时处理。

（七）会计系统控制

该环节的主要风险包括：会计记录和处理不及时、不准确，不能全面、真实地反映业务外包环节的资金流和实物流情况，导致财务报告信息失真；结算审核不严格、结算方式不当等，给企业造成资金损失。

主要控制措施包括：第一，根据国家统一的会计准则和制度，对业务外包及时地进行会计记录和处理。第二，严格按照合同约定，做好业务外包费用的结算工作。

【资料阅读 7-3】

内部审计业务外包的风险分析

第一，存在独立性缺失的风险。独立性是内部审计最重要的性质，虽然实施内部审计业务外包可以避免内幕欺诈，体现外部审计人员的客观公正，在形式上保持独立。但是，由于职业道德缺失等原因，也可能使审计的实质独立性受到影响，对这种风险的控制，我国还没有特别完善的法律法规。

第二，存在泄露商业秘密的风险。企业是通过特有业务治理体系、独特的经营管理方法、特色化的生产手段等来提高自己在同行业中的竞争力的，而这些特有的资源往往是企业的商业秘密。内部审计过程包括了企业业务的日常经营活动的每个方面，将内部审计外包可能会引起商业机密的泄露。也就是说，在实施业务外包的过程中，外包商掌握了企业的商业机密，如果违反职业道德规范，不能依照规定保密，很有可能泄露给竞争对手，对企业造成不利。

第三，存在文化融合的风险。所有公司都有自己的文化特征，外部审计人员进入企业进行内部审计可能因为不熟悉企业的文化而造成各种各样的问题，从而浪费时间，降低审计效率。

第四，过度依赖导致成本增加的风险。会计师事务所通过低报价来吸引业务，而当客户已经习惯其工作并降低对自身内审部门的投入时，对会计师事务所的依赖程度就会越来越高，后续会计师事务所将内部审计的收费逐步提高，就会增加企业的内部审计成本。

资料来源：赵凯，王砚书，张春林. 内部审计业务外包的风险分析与建议［J］. 财务与会计，2019（17）：2.

第十节　财务报告控制

财务报告，是指反映企业某一特定日期财务状况和某一会计期间经营成果、现金流量的文件。加强财务报告内部控制有助于提高会计信息质量，确保财务报告的真实完整，满足财务报告使用者的需求，还有助于确保财务报告的合法合规，防范和化解企业的法律风险。总之，加强财务报告控制，确保财务报告的真实、完整，对于改进经营管理、促进资本市场稳定等至关重要。

一、财务报告控制的总体要求

1. 规范财务报告控制流程。按照《企业内部控制应用指引第 14 号——财务报告》的要求，企业应当严格执行国家相关会计法律法规，加强对财务报告编制、对外提供和分析利用全过程的管理，明确相关工作流程和要求，落实责任制。总会计师或分管会计工作的负责人负责组织领导财务报告的编制、对外提供和分析利用等相关工作。企业负责人对财务报告的真实性、完整性负责。

2. 健全各环节的授权批准制度。企业应健全财务报告编制、对外提供和分析利用全过程的授权批准制度，例如重大会计事项的审批、会计政策与会计估计的审批等。

3. 加强信息核对。企业应建立日常信息核对制度，保证账证相符、账账相符、账实相符、账表相符等，确保会计记录真实、完整。

4. 充分利用信息技术。企业应当充分利用信息技术，提高工作效率和工作质量，减少或避免编制差错和人为调整因素。同时，企业也应当注意防范信息技术所带来的特有风险。

二、财务报告的关键风险点及控制措施

（一）制订财务报告编制方案

财会部门应在财务报告编制前制订财务报告编制方案，明确财务报告编制方法、编制程序、职责分工以及时间安排等。

该环节的主要风险包括：会计政策和会计估计使用不当或不符合法律、法规；重要会计政策、会计估计变更未经审批；各部门职责分工不清、时间安排不明确、延误编制进度等。

主要控制措施包括：第一，按照国家最新会计准则和制度，结合企业实际情况，选择恰当的会计政策和会计估计方法。第二，重要会计政策和会计估计的调整要按照规定的权限审批。第三，明确各部门职责分工。总会计师或分管会计工作的领导负责组织领导，财会部门负责编制，相关部门负责提供所需信息；合理安排编制时间，保证编制进度。

（二）确定重大事项的会计处理

该环节的主要风险包括：对重大事项，例如债务重组、收购兼并等的会计处理不合理，未经过审批，影响会计信息质量。

对财务报告产生重大影响的交易和事项的处理应当按照规定的权限和程序进行审批，审批后下达给各相关单位执行。

（三）查实资产和负债

该环节的主要风险包括：资产、负债账实不符，例如虚增或虚减资产、负债，未进行减值测试等。主要控制措施包括：第一，制订资产、负债核实计划，明确人员配备、时间进度、方法等。第二，核实资产、负债。进行银行对账、现金盘点、固定资产盘点，明确资产权属，与债权债务单位通过函证等进行结算款项核查。第三，对于清查中发现的问题，应分

析原因，提出处理意见。

（四）编制个别财务报告

该环节的主要风险包括：报表数据不完整、不真实；附注内容不完整、不真实等。主要控制措施包括：第一，各项资产计价方法不得随意变更，如有减值，应当合理计提减值准备，严禁虚增或虚减资产。第二，各项负债应当反映企业的现时义务，不得提前、推迟或不确认负债，严禁虚增或虚减负债。第三，所有者权益应当反映企业资产扣除负债后由所有者享有的剩余权益，由实收资本、资本公积、留存收益等构成。企业应当做好所有者权益的保值增值工作，严禁虚假出资、抽逃出资、资本不实等。第四，各项收入的确认应当遵循规定的标准，不得虚列或者隐瞒收入，推迟或提前确认收入。第五，各项费用、成本的确认应当符合规定，不得随意改变费用、成本的确认标准或计量方法，虚列、多列、不列或者少列费用、成本。第六，利润由收入减去费用后的净额、直接计入当期利润的利得和损失等构成。不得随意调整利润的计算、分配方法，编造虚假利润。第七，企业财务报告列示的各种现金流量由经营活动、投资活动和筹资活动的现金流量构成，应当按照规定划清各类交易和事项的现金流量的界限。第八，附注是财务报告的重要组成部分，对反映企业财务状况、经营成果、现金流量的报表中需要说明的事项作出真实、完整、清晰的说明。企业应当按照国家统一的会计准则和制度编制附注。

（五）编制合并财务报告

该环节的主要风险包括：合并范围不完整、合并方法不正确、内部交易和事项不完整、合并抵销处理不正确等。

主要控制措施包括：第一，按照会计准则和制度，明确合并财务报表的合并范围和合并方法。第二，财会部门制定内部交易和事项的核对表，报财会部门负责人审批后，下发给纳入合并范围的各单位进行核对。第三，合并抵销分录编制应有相应的文件和证据支持，并提交复核人审核，保证其正确性。

（六）财务报告的对外提供

1. 财务报告对外提供前的审核。财务报告对外提供前，财务部门负责人需要审核财务报告的准确性；总会计师或分管会计工作的负责人需要审核财务报告的真实性、完整性、合法合规性；企业负责人需要审核财务报告整体的合法合规性，并分别签名盖章。该环节的主要风险包括：对外提供前，对财务报告内容的真实性、完整性以及合规性等审核不充分。

主要控制措施包括：企业财务报告编制完成后，应当装订成册，加盖公章，由财会部门负责人、总会计师或分管会计工作的负责人、企业负责人审核后，签名并盖章。

2. 财务报告对外提供前的审计。财务报告须经注册会计师审计的，注册会计师及其所在的事务所应出具审计报告，并随同财务报告一并提供。该环节的主要风险有未按有关规定接受审计、审计机构与被审单位串通舞弊等。

主要控制措施包括：第一，财务报告须经注册会计师审计的，应聘请符合资质的会计师事务所对财务报告进行审计，并出具审计报告，并将其与财务报告一同提供。第二，企业不应影响审计人员的独立性，应加强与审计人员的沟通，及时落实审计人员的意见。

（七）财务报告的分析利用

该环节的主要风险包括：不重视财务报告的分析和利用、财务分析不全面、财务分析报告内容不完整、财务分析报告未经审核、财务分析报告中的意见未落实等。

主要控制措施包括：

第一，企业应当重视财务报告的分析工作，定期召开财务分析会议，充分利用财务报告反映的综合信息，全面分析企业的经营管理状况和存在的问题，不断提高经营管理水平。企业财务分析会议应吸收有关部门负责人参加。总会计师或分管会计工作的负责人应当在财务分析和利用工作中发挥主导作用。

第二，企业应当分析自身的资产分布、负债水平和所有者权益结构，通过资产负债率、流动比率、资产周转率等指标分析企业的偿债能力和营运能力；分析企业净资产的增减变化，了解和掌握企业规模和净资产的不断变化过程；企业应当分析各项收入、费用的构成及其增减变动情况，通过净资产收益率、每股收益等指标，分析企业的盈利能力和发展能力，了解和掌握当期利润增减变化的原因和未来发展趋势；企业应当分析经营活动、投资活动、筹资活动现金流量的运转情况，重点关注现金流量能否保证生产经营过程的正常运行，防止现金短缺或闲置。

第三，财务分析报告结果应当及时传递给企业内部有关管理层级，并根据分析报告的意见，明确各部门的职责，予以落实。财务部门负责监督责任部门的落实情况。

【资料阅读 7-4】

强制性、自愿性财务报告内部控制审计提高了公司内部控制质量吗？

我国自 2011 年起在主板上市公司中分类分批实施强制性财务报告内部控制（ICFR）审计，非主板上市公司可以自愿选择 ICFR 审计，这为比较两种审计制度的效果提供了机会。

ICFR 审计的主要目标之一是监督并改进公司内部控制质量。本文手工搜集 2007～2017年 A 股公司 ICFR 审计数据，采用截面分析和双重差分模型，比较了强制性、自愿性 ICFR 审计对公司内部控制质量的影响。研究发现，截面上强制进行 ICFR 审计的主板上市公司内控质量要显著优于自愿性 ICFR 审计的公司。而且，强制性 ICFR 审计能够提高以往未进行 ICFR 审计的主板上市公司的内部控制质量，而对于之前自愿进行过 ICFR 审计的主板上市公司内部控制质量提升并不明显。进一步检验发现，强制性 ICFR 审计通过更多的审计努力和促使公司整改内部控制缺陷而监督、激励公司提升内部控制质量。本文首次对比了强制性、自愿性 ICFR 审计的相对效果，探索了 ICFR 审计制度提高公司内部控制质量的机制，并为我国 ICFR 审计制度变迁效应提供了佐证。

资料来源：张国清，马威伟. 强制性. 自愿性财务报告内部控制审计提高了公司内部控制质量吗? [J]. 会计研究，2020 (07)：13.

【复习与思考】

1. 资金活动的关键风险点有哪些？

2. 采购业务控制的总体要求是什么？

3. 简要描述资产管理的基本流程。

4. 销售业务的关键风险点有哪些？如何进行控制？

5. 简要描述研究与开发项目立项环节存在的主要风险。

6. 在工程项目管理中，哪些不相容岗位应分离？

7. 担保业务的基本流程一般如何划分？对担保业务进行控制的总体要求是什么？

8. 业务外包审核批准环节的关键风险有哪些？一般应该采取哪些基本控制措施？

9. 财务报告对外提供应经过哪些人员的审核？他们审核的目的分别是什么？

【案例分析】

数智化背景下集团资金管理模式转型

数字化、智能化的企业集团司库运行模式实施基础是数字化管理，技术支撑是智能化运行规则。具体而言，跨国企业集团将数字化、智能化技术应用于未来企业集团司库管理，主要实施路径包括：

一是全面应用数字化支付。全面实施数字支付是未来数字化、智能化集团司库管理的前提。随着移动互联网的全面普及、手机等智能终端支付功能的不断创新以及交易电子结算效率和安全保障的提高，企业资金收支更多向数字化、无纸化方向发展，有形的货币结算方式将逐渐退出市场，这将重塑企、财、银三方关系，进而从根本上推动企业资金流动和管理模式的升级。

二是资金相关业务自动化处理。机器人流程自动化（RPA）软件是企业实现数字化转型的必要手段。通过对财务共享中心、组织机构、标准化流程、非正常付款流程的甄别及关键绩效指标（KPI）的设计进行机器学习，同时通过对RPA的重复迭代和巩固联系，RPA机器人可以将企业内部烦琐、固化的流程利用机器学习实现企业资金集团账户头寸调整、交易后路径和结算的自动化，为银行实时存款的可视化以及实施流动性智能化管理奠定基础。

三是信息传递API端口全面对接。通过API数据端口对接重新整合工作流程，是贯通业务数据链条、实现数字化管理的重要环节。具体来说，首先应用程序端口对接实现日间收支头寸、交易指令、交易确认等信息实时转移，再通过更换不同工作场景以及固定的工作流程实现机器与机器之间API端口工作流程的整合。同时，API端口的对接，还能实现在业务流、商务流、资金流的$7 \times 24 \times 365$跨境实时支付，数据全球无休实时反馈。对于境内业务主体，可通过开发与银行之间的API应用程序接口，实现银企直连；对于境外业务主体，可通过加入SWIFT做好中转信息接入，间接实现境外银行内部系统与企业的财务系统直接连接，使企业可通过自身财务系统的界面直接对其银行账户资金进行管理，彻底打破信息传递过程中的时滞和断点，为集团司库业务数字化管理信息实时归集、下达提供技术保障。

四是大数据分析、人工智能技术应用于决策支持。大数据分析和人工智能技术的应用是集团司库智能化管理落地的主要技术支撑。功能实施路径方面，首先通过处理大型数据集进行现金流预测，然后结合货币政策、资金市场供求以及利率、汇率政策的变化，形成自我完善算法交易策略，进而实现小型交易的自动化智能决策，通过对交易异常值以及支付异常值进行机器学习和实时监控实现安全控制，并通过对市场环境进行数据分析支持及时融资决策。此外，分布式账本技术（DLT）以及区块链技术在跨境支付的应用，推进交易信息无纸化和交易记录实时化，已成为热点研究领域。虽然该技术在公司资金管理应用的具体时间仍旧难以预测，但其应用会对企业集团司库管理带来巨大的技术变革已形成共识。

资料来源：刘粮，王刚，邓欣晨等．集团型企业数字化、智能化司库管理探析［J］．财务与会计，2019（13）：60－63．

思考： 上述资金管控流程的控制效果受到哪些因素限制？

【拓展阅读】

《内部控制应用指引》第 6～14 号.

练习题及答案

第八章

内部监督

■ 【知识与技能要求】

通过本章的学习，使学生能够：

1. 辨别内部监督与内部控制的联系与区别。
2. 说明内部监督的机构及其职责权限。
3. 解释内部监督的基本要求。
4. 解析内部监督的程序。
5. 举例说明内部监督的方式。
6. 辨识日常监督和专项监督的不同侧重点。

■ 【思政目标】

阐述我国传统文化中的内部监督理论与实践，坚定文化自信。

■ 【关键术语】

内部监督　日常监督　专项监督

【案例 8 – 1】

民国时期慈善治理监督机制的历史经验与借鉴启示

在慈善监督机制建设中，政府监督与社会监督不可或缺，慈善组织内部监督也必不可少。慈善组织只有建立完善的监督机构，才能履行内部监督职责。中国红十字会作为民国时期著名慈善组织，十分注重内部监督。1912 年，中国红十字会公布《中国红十字会章程》，章程明确规定建立常议会，"常议会应举会计，管理账目，按照定章收支，届大会时备具详册报告"，此外"常议会公举查账员，查核收支账目，届大会时备具报告"。1922 年 6 月 27 日，中国红十字会公布《修正中国红十字会章程》，修正章程中规定了常议会的职权，主要包括审查预算决算、审查会员入会资格、刊印征信录等。1935 年，《中国红十字会总会章程草案》规定，监事会为本会最高监察机关，在全国会员代表大会闭幕后，依照会章监察一切会务。1912 ~ 1935 年，中国红十字会数次修改章程，从常议会到监事会，不断强化监督机构建设，强化内部监督。

资料来源：周秋光，张翰林．民国时期慈善治理监督机制的历史经验与借鉴启示［J］．思想战线，2023，49（06）：135 – 145.

第一节　内部监督的机构及职责

一、内部监督的定义

按照《企业内部控制基本规范》的定义，内部监督是企业对内部控制建立与实施情况进行监督检查，评价内部控制的有效性，发现内部控制缺陷，并及时加以改进。关于内部监督的定义，理论界还存在其他观点。例如，公司的内部监督，是指股东自己直接进行监督或者推举专司监督职能的人对公司经营者实施监督。无论是股东自己监督还是通过独立董事或者监事会进行监督，由于这些监督者均属于公司内部监督机构或人员，或者说他们构成公司组织体的一部分，所以将其称为内部监督。本书的"内部监督"概念，是指内部控制意义上的内部监督。

二、内部监督的意义

内部监督作为内部控制的基本要素之一，对于内部控制的有效运行以及内部控制的不断完善起着重要的作用。我国的《企业内部控制基本规范》、美国 COSO 委员会的《内部控制——整合框架》和《企业风险管理——整合框架》中均规定监督为其构成要素。

内部控制作为由企业各层级员工共同参与实施的完整系统，是一个不断调整、逐步完善、持续优化的动态过程。因此，不论是内部控制制度的建立与实施，还是内部控制系统的评价与报告，在此过程中均离不开恰当的监督，促使董事会及经理层预防、发现和整改内部控制设计与运行中存在的问题和薄弱环节，以便及时加以改进，确保内部控制有效运行。内部监督与内部控制其他要素相互联系、互为补充，共同促进企业实现控制目标。

首先，内部监督以内部环境为基础，并与内部环境有极强的互动关系。例如，管理层就内部控制及监督的重要性传达积极的基调，要求定期沟通、对于发现的控制问题积极采取措施等，将直接有益于内部监督的开展。反过来，加大内部监督力度，又有利于进一步优化企业的内部环境，为实现控制目标提供充分保障。

其次，内部监督与风险评估、控制活动形成了"三位一体"的闭环控制系统。企业根据风险评估结果和风险应对策略，制定并实施控制活动，再通过事前、事中和事后的内部监督，对风险评估的适当性和控制活动的有效性进行检查评价和优化调整，进而形成了一套严密、高效的闭环控制系统。

最后，内部监督离不开信息与沟通的支持。我国《企业内部控制基本规范》第四十四条规定，企业应当制定内部控制监督制度，明确内部审计机构（或经授权的其他监督机构）和其他内部机构在内部监督中的职责权限，规范内部监督的程序、方法和要求。

【案例 8-2】

三只松鼠内部监督部门

三只松鼠都是开放式办公，但有一个"神秘部门"，设在封闭式办公室内，还装置了门禁卡。传说员工接到这个部门的电话，"不做亏心事也要惊一惊"。它就是 2015 年组建、专职廉洁事务部门的"松鼠廉署"，由章燎原直接负责。

"松鼠廉署下设生态关系组、合规检查组、调查执行组，'预防''监察''调查'三道廉洁防线的全链条的监察治理。"松鼠廉署的邹丹说，廉洁的问题，不仅存在于采购部门和采购环节，公司全员全过程都需要警惕，"松鼠廉署"实现了以过程追结果，严监察促管理的全链条监管。

"我们花了巨大的成本，用于健全链条监管所需的技术支持。"相关技术人员介绍，三只松鼠对于高风险点位的员工，会在他们手机上装 App，用于卫星定位。与供应商的 QQ 聊天记录被全部保存，与供应商的交谈过程需录音。廉政专员会随时监督，要求员工对与供应商谈判、就餐环境进行拍摄，并上传到公司平台进行监管。

资料来源：曾勋. 民企反腐：个人理想与现实环境如何博弈？——"三只松鼠"廉洁体系实验观察[J]. 廉政瞭望，2020（11）：46-47.

三、内部监督体系的构成及各机构的职责

（一）内部监督体系的构成

1. 专职的内部监督机构。为保证内部监督的客观性，内部监督应由独立于内部控制执行的机构进行内部监督。一般情况下，企业可以授权内部审计机构具体承担内部控制监督检查的职能。当企业内部审计机构因人手不足、力量薄弱等原因无法有效对内部控制履行监督职责时，企业可以成立专门的内部监督机构，或授权其他监督机构（例如监察部门等）履行相应的职责。专职内部监督机构根据需要开展日常监督和专项监督，对内部控制有效性作

出整体评价，提出整改计划，督促其他有关机构整改。

2. 其他机构。内部监督不仅是内部审计机构（或经授权的其他监督机构）的职责，企业内部任何一个机构甚至个人在控制执行中，都应当在内部控制建立与实施过程中承担起相应的监督职责。例如，财会部门对销售部门的赊销行为负有财务方面的监督职能；财会部门负责人对本部门的资产、业务、财务和人事具有监督职责；财会部门内部的会计岗位和出纳岗位也具有相互监督的职责，等等。企业应当在组织架构设计与运行环节明确内部各机构、各岗位的内部监督关系，以便于监督职能的履行。内部各机构监督应在其职责范围内，承担内部控制相关具体业务操作规程及权限设计的责任，并在日常工作中严格执行。进行定期的管理活动，利用内部和外部数据所做的同行业比较和趋势分析及其他日常活动，将监督嵌入企业常规的、循环发生的经营活动中；企业应进行定期的测试、监督活动，及时发现环境变化、执行中出现的偏差，及时更新初始控制；企业应建立、保持与内部控制机构有效的信息沟通机制，及时传递内部控制设计和执行是否有效的相关信息。

我国现行的企业内部监督体系规范主要体现在《公司法》《上市公司治理准则》《企业内部控制基本规范》三项法律法规中，通过这三项法律法规的有关规定可以发现，我国企业内部监督体系是由审计委员会、监事会和内部审计共同组成的。

（二）各内部监督机构的具体职责

1. 审计委员会的监督职责。我国《上市公司治理准则》和《企业内部控制基本规范》及《企业内部控制应用指引》确立了董事会中的审计委员会在企业内部监督体系中的重要地位。《上市公司治理准则》第五十四条规定，审计委员会的主要职责包括：（1）提议聘请或更换外部审计机构；（2）监督公司的内部审计制度及其实施；（3）负责内部审计与外部审计之间的沟通；（4）审核公司的财务信息及其披露；（5）审查公司的内控制度。

《企业内部控制基本规范》第十三条规定，审计委员会负责审查企业内部控制，监督内部控制的有效实施和内部控制自我评价情况，协调内部控制审计及其他相关事宜等。审计委员会在企业内部控制建立和实施中承担的职责一般包括：审核企业内部控制及其实施情况，并向董事会作出报告；指导企业内部审计机构的工作，监督检查企业的内部审计制度及其实施情况；处理有关投诉与举报，督促企业建立畅通的投诉与举报途径；审核企业的财务报告及有关信息披露内容；负责内部审计与外部审计之间的沟通协调。

【案例 8 - 3】

由企业内部发起的调查

从 2020 年 2 月 1 日浑水研究发布匿名者针对 R 公司的做空报告以来，R 公司已经遭到来自多个方面的调查。首先是来自安永华明会计师事务所，事实上，今年春节前，安永已开始对 R 公司 2019 年度财务报表进行现场审计，注意到 R 公司从 2019 年第二季度起增加了大量的 B 端大客户。

R 公司的业务模式突然由 2C 变成 2B，引起了安永审计团队的关注和怀疑，于是指派一个由十几人组成的反舞弊法务会计团队介入，发现了 R 公司通过 B 端大客户购买巨额消费代金券的造假行为。

3月中下旬，安永华明会计师事务所将审计出来的公司财务问题报告给R公司的审计委员会，刘某和邵某作为审计委员会成员，立刻向董事会做了汇报。"可以说，R造假这件事情的调查，是刘某和邵某合力推动的。"一位接近董事会的人士说。

按照R公司4月2日发布的公告，R公司成立特别委员会，由邵某、濮某和庄某三名独立董事组成，并聘请了独立的法律顾问和法务会计师，在专业咨询机构FTI Consulting协助下，开启对R公司的内部调查。

资料来源：《中国新闻周刊》百家号，https：//baijiahao.baidu.com/s?id=1671696355878362372&wfr=spider&for=pc.原载于《中国新闻周刊》2020年7月13日总第955期.

2. 监事会的监督职责。我国《公司法》《上市公司治理准则》和《企业内部控制基本规范》对监事会的监督职能均有明确规定，足见监事会在我国企业内部监督体系中的重要性。

2023年修订后的《公司法》规定：有限责任公司设监事会，其成员不得少于三人。监事会有权"对董事、高级管理人员执行公司职务的行为进行监督，当董事、高级管理人员的行为损害公司的利益时，要求董事、高级管理人员予以纠正。监事会有权对董事、高级管理人员提起诉讼；监事可以列席董事会会议，并对董事会决议事项提出质询或者建议。监事会、不设监事会的公司的监事发现公司经营情况异常，可以进行调查。必要时，可以聘请会计师事务所等协助其工作，费用由公司承担。

2002年《上市公司治理准则》根据上市公司的特殊性，对《公司法》中有关监事会的条款进行了细化和补充。《上市公司治理准则》第五十九条明确规定，上市公司监事会应向全体股东负责，对公司财务以及公司董事、经理和其他高级管理人员履行职责的合法合规性进行监督，维护公司及股东的合法权益。第六十三条规定，监事会发现董事、经理和其他高级管理人员存在违反法律、法规或公司章程的行为，可以向董事会、股东（大）会反映，也可以直接向证券监管机构及其他有关部门报告。

我国《企业内部控制基本规范》从内部控制的角度，在第十二条中对《公司法》中有关监事会的职能作了补充规定，"监事会对董事会建立与实施内部控制进行监督"。

3. 内部审计机构的监督职责。中国内部审计协会发布的《第1101号——内部审计基本准则（2023年修订)》指出，内部审计，是一种独立、客观的确认和咨询活动，它通过运用系统、规范的方法，审查和评价组织的业务活动、内部控制和风险管理的适当性和有效性，以促进组织完善治理、增加价值和实现目标。

内部审计机构和内部审计人员应当全面关注组织风险，以风险为基础组织实施内部审计业务。内部审计机构根据内部审计准则及相关规定，结合本组织的实际情况制定内部审计工作手册，指导内部审计人员的工作。内部审计机构对内部审计质量实施有效控制，建立指导、监督、分级复核和内部审计质量评估制度，并接受内部审计质量外部评估，做好与外部审计的协调工作。内部审计机构跟踪审计发现问题和审计意见建议的落实情况，督促被审计单位做好审计整改工作。

4. 会计机构的监督职责。会计监督，是指会计机构和会计人员凭借经授权的特殊地位和职权，依照特定主体制定的合法制度，对特定主体经济活动过程及其资金运动进行综合、全面、连续、及时的监督，以确保各项经济活动的合规性、合理性，保障会计信息的相关性、可靠性和可比性，从而达到提高特定主体工作效益的目的。

会计监督是会计的基本职能之一，会计监督是企业内部监督体系的重要组成部分。1999年我国修订颁布的《会计法》确立了我国会计监督的基本框架。

四、内部监督的基本要求

（一）监督人员应具有胜任能力和独立性

负责监督的人员应具有胜任能力和独立性。胜任能力，是指监督人员在内部控制和相关流程方面的知识、技能和经验。独立性，是指在不考虑可能的个人后果，而且不会为了追求个人利益或者自我保护而操纵结果，负责监督的人员执行监督和提供信息的公允程度。一般而言，独立性依自我监督、同级监督、上级监督和完全独立监督而逐级增强。

（二）关注关键控制

企业应根据风险评估，识别内部控制中的关键控制，收集判断内部控制有效性的相关有力证据，确定需采取的监督程序，以及需执行的频率。

关键控制应考虑以下因素：复杂程度较高的控制；需要高度判断力的控制；已知的控制失效；相关人员缺少实施某一控制所必需的资质或经验；管理层凌驾于某一控制活动之上；某一项控制失效是重大的，且无法被及时地识别并整改。

识别并实施关键控制所需的信息必须是相关的、可靠的、及时的和充分的。

第二节 内部监督的程序

一、建立健全内部监督制度

随着企业的不断壮大，主体结构或发展方向、员工人数及素质、生产技术或流程等方面会相应地发生变化。企业风险管理的有效性受其影响，曾经有效的风险应对策略可能变得不相关，控制活动可能不再有效甚至不被执行。面对这些变化，企业管理层需要实施必要的监督检查来确保内部控制的持续和有效运行。为此，企业需要首先建立健全内部监督制度。内部监督制度的主要内容包括但不限于：明确监督的组织架构、岗位设置、岗位职责、相关权限、工作方法、信息沟通的方式，以及各种表格及报告样本等。

【案例 8-4】

上市公司内部监督机构的责任规则完善——以康美药业案为例

2021 年 11 月 12 日，康美药业特别代表人诉讼一审判决书指出：

……虽然前述被告作为董事、监事或高级管理人员并未直接参与财务造假，却未勤勉尽责，存在较大过失，且均在案涉定期财务报告中签字，保证财务报告真实、准确、完整，所以前述被告是康美药业信息披露违法行为的其他直接责任人员。故依据《中华人民共和国证券法》规定，……被告应当承担与其过错程度相适应的赔偿责任。其中，……均非财务工作负责人，过失相对较小，本院酌情判令其在投资者损失的 20% 范围内承担连带赔偿责任；……为兼职的独立董事，不参与康美药业日常经营管理，过失相对较小，本院酌情判令其在投资者损失的 10% 范围内承担连带赔偿责任；……为兼职的独立董事，过失相对较小，且仅在《2018 年半年度报告》中签字，本院酌情判令其在投资者损失的 5% 范围内承担连带赔偿责任。

资料来源：《广东省广州市中级人民法院民事判决书》（2020）粤 01 民初 2171 号.

（说明：《中华人民共和国证券法》于 2019 年修订，其中第八十五条规定与上述《中华人民共和国证券法》（2014 年修正）第六十九条内容基本相似，无实质性变化）

二、制定内部控制缺陷标准

具有内部控制监督职能的部门在执行监督和检查工作之前，首先是要明确监督的目的和要求，监督的直接目的是检验内部控制制度的执行效果，最终结果是服务于内部控制目标。内部监督的基本要求是查找内部控制缺陷，因此，明确内部控制缺陷的认定标准是内部监督工作的关键步骤，它直接影响内部监督工作的效率和效果。

内部控制缺陷，是指内部控制的设计存在漏洞，不能有效防范错误与舞弊，或者内部控制的运行存在弱点和偏差，不能及时发现并纠正错误与舞弊的情形。内部控制缺陷的认定大致可以分为三个层次：有无内部控制缺陷、有无重要内部控制缺陷和有无重大内部控制缺陷。以上三个层次是按照内部控制缺陷的重要程度来划分的，与之相对应，内部控制缺陷可以分为一般缺陷、重要缺陷和重大缺陷。按照缺陷的来源，内部控制缺陷也可分为设计缺陷与执行缺陷。在内部监督过程中，监督部门要对缺陷的种类、性质和重要程度进行初步认定。

三、实施监督

对内部控制建立情况与实施情况进行监督检查，最直接的动机是查找出企业内部控制存在的问题和薄弱环节。一方面，针对已经存在的内部控制缺陷，及时采取应对措施，减少控制缺陷可能给企业带来的损害。例如，在监督检查中发现销售人员直接收取货款的控制缺陷，应采取对客户进行核查和对应收账款进行分析等方法加以补救。另一方面，针对潜在的内部控制缺陷，采取相应的预防性控制措施，尽量阻止缺陷的产生，或者当缺陷发生时，尽可能降低风险和损失，例如，在监督检查中发现企业对汇率风险缺少控制，经理层应及时设立外汇交易止损系统，预防风险扩大。

对于为实现单个或整体控制目标而设计与运行的控制不存在重大缺陷的情形，企业应当认定针对这些整体控制目标的内部控制是有效的。内部控制的有效性，是指企业的内部控制政策和措施应符合国家法律、法规的相关规定，同时内部控制制度也要设计完整、合理，在企业生产过程中能够得到有效的贯彻执行，并实现内部控制的目标。有效性以其完整性与合理性为基础；内部控制的完整性和合理性则以其有效性为目的。

对于为实现某一整体控制目标而设计与运行的控制存在一个或多个重大缺陷的情形，企业应当认定针对该项整体控制目标的内部控制是无效的。内部控制的无效性，是指企业的内部控制政策和措施可能有与法律、法规相抵触的地方，或者内部控制制度设计不够完整、合理，在企业生产过程中没有得到有效的贯彻执行，从而无法实现内部控制的目标。

四、记录和报告内部控制缺陷

《企业内部控制基本规范》第四十七条规定，"企业应当以书面或者其他适当的形式，妥善保存内部控制建立与实施过程中的相关记录或者资料，确保内部控制建立与实施过程的可验证性"。换言之，内部控制建立与实施过程应当"留有痕迹"。按照内部控制要素分类，相关文档记录包括：（1）内部环境文档，一般包括组织结构图、权限体系表、岗位职责说明、员工守则等；（2）风险评估文档，一般包括风险评估流程、风险评估过程记录、风险评估报告等；（3）控制活动文档，一般包括系列应用指引中的各项流程控制文档；（4）信息与沟通文档，一般包括客户调查问卷、财务报告、经营分析报告、董事会、经理办公会等主要会议纪要；（5）内部监督文档，一般包括往来询证函、资产盘点报告、审计计划、审计项目计划、审计意见书、整改情况说明书、员工合理化建议记录、专项监督实施方案和过程记录、专项监督报告等。

企业应制定相关的管理规定，明确缺陷报告的职责、报告的内容，对缺陷报告程序及跟进措施等方面进行规范。例如，企业下属业务部门和其他控制人员在工作中发现内部控制的缺陷，应及时以书面形式向其上级主管部门和内部控制主管部门报告；内部控制主管部门向管理层随时或定期汇报新出现的风险，或业务活动中存在的风险控制缺陷，涉及重要风险的控制方案及重大整改事项由内部控制委员会审查；内部控制主管部门在对企业内部控制体系进行评价的基础上，编制企业内部控制综合评价报告，经内部控制委员会审核确认后报董事会审议。

内部控制缺陷的报告对象至少应包括与该缺陷直接相关的责任单位、负责执行整改措施的人员、责任单位的上级单位。针对重大缺陷，内部监督机构有权直接上报董事会及其审计委员会和监事会。

五、内部控制缺陷整改

通过内部监督，可以发现内部控制在建立与实施中存在的问题和缺陷，进而采取相应的整改计划和措施，切实落实整改，促进内部控制系统的改进。

第三节　内部监督的方法

一、日常监督

（一）日常监督的定义

《企业内部控制基本规范》将内部监督分为日常监督和专项监督两种方法。日常监督，是指企业对建立与实施内部控制的情况进行常规、持续的监督检查。日常监督通常存在于单位基层管理活动之中，能较快地辨别问题，日常监督的程度越大，其有效性就越高，企业所需的专项监督就越少。日常监督是内部控制实施的重要保证。

【案例 8 - 5】

金陵电厂的全过程监督和全流程规范

华能南京金陵发电有限公司（以下简称"金陵电厂"）以"全过程监督和全流程规范"为动力保障，驱动企业电热光储耦"五驱车"（发电、供热、光伏、储能、污泥耦合）在绿色高效发展的"快车道"上行稳致远。

制度化明确监督"控点"。金陵电厂坚持把权力关进制度的笼子里，全面梳理监督工作制度，厘清业务流程，修订发布《纪委议事规则》《纪委关于落实党风廉政建设监督责任实施细则》等一系列制度文件，做到"党的工作部署到哪里，监督就延伸到哪里"。建立完善规章制度查询平台，持续动态更新，方便党员干部职工群众查询学习，进一步推动高效率高质量执行制度。

流程化消除监督"盲点"。金陵电厂结合推进巡视巡察整改落实工作，整改组织体系，强化组织领导，规范工作流程，落实职责分工。针对日常监督检查中出现的监督"盲点"，建立问题、任务和责任"三合一"清单，坚持问题导向和结果导向，倒逼日常监督检查工作流程规范化。实行台账化销号式管理，确保整改工作落地落细。开展党政主要负责人、纪委书记"双约谈"，督促主责部门责任落实。融合审计、财务、内控等监督和检查成果，持续深化大监督管理，增强监督治理效能。

模块化解决监督"痛点"。金陵电厂有效运用华能江苏公司"监督+123"平台大数据，推行"大数据、铁脚板"抓监督，贯通集成纪委监督、职能监督、审计监督等监督成果，将小微权力关进"数据铁笼"。建立纪检靠前监督机制，纪委书记和纪检部门负责人靠前监督，每天参加生产调度会，定期深入基层党支部、部门和班组调研，及时了解生产经营情况，提出监督建议。建立月度党风廉政建设考核和监督专项考评机制，考核结果与部门月度奖金挂钩，逐级压实监督责任。

资料来源：诸纪红，王羽. 金陵电厂：精准监督助力企业绿色转型［J］. 企业文明，2022（11）：81-82.

（二）日常监督的主体

按照监督的主体，一般分为管理层监督、单位（机构）监督、内部控制机构监督、内部审计监督等。

1. 管理层监督。董事会和经理层充分利用内部信息与沟通机制，获取适当的、足够的相关信息来验证内部控制是否有效地设计和运行，并对日常经营管理活动进行持续监督，包括但不限于以下措施：

（1）董事会召开董事会议或专业委员会会议，获取来自经理层的风险评估与控制活动信息。也可以利用内部审计、外聘专家及外部审计师、政府监管的力量，或者通过询问非管理层员工、客户（供应商）等方式，持续监督经理层权力的行使情况。

（2）经理层召开经理办公会、生产例会、经济活动分析例会等，收集、汇总内部各机构的经营管理信息，持续监督内部各机构的工作进展、风险评估和控制情况。经理层听取员工的合理化建议，不断完善员工合理化建议机制，明确相应的责任部门的征集方式、评审办法、奖励措施等内容，对员工提出的问题予以及时解决。

（3）董事会（或授权审计委员会）、经理层组织实施内部控制评价，听取内部控制评价报告，获取内部控制设计和运行中存在的缺陷，积极采取整改措施并督促整改，促进实现内部控制目标。

2. 单位（机构）监督。企业所属单位及内部各机构定期对职权范围内的经济活动实施自我监督，向经理层直接负责，包括但不限于以下措施：

（1）企业所属单位及内部各机构召开部门例会或运营分析会等，汇集来自本单位（机构）内外部的有关信息，分析并报告存在的问题，对日常经营管理活动进行监控。

（2）企业所属单位及内部各机构对内部控制设计与运行情况开展自我测评，至少每年检查一次。企业所属单位及内部各机构对与本单位（机构）环境变化、相关的新增业务单元以及业务性质变化、业务变更等导致重要性改变的业务活动进行跟进确认，进一步评价并完善相关的内部控制。

3. 内部控制机构监督。有条件的企业，应当设置专门的内控机构。内部控制机构结合单位（机构）监督、内外部审计、政府监管部门的意见等情况，根据风险评估结果，对企业认定的重大风险的管控情况及成效开展持续性的监督。

内部控制机构还可以通过控制自我评估的方法，召集有关管理层和员工就企业内控制度设计和执行中存在的特定问题进行面谈和讨论，同时可以通过开展问卷调查和管理结果分析等方式进行监督测试。

4. 内部审计监督。内部审计机构接受董事会或经理层委托，对日常生产经营活动实施审计检查，包括但不限于以下措施：

（1）制订内部审计计划，定期组织生产经营审计、内部控制专项审计和专项调查等，主要对企业董事、高级管理人员和下属单位负责人的廉洁从业状况、管理制度的落实情况、内部控制的实际效果等进行监督检查，并向董事会或经理层提出管理建议。

（2）内部审计机构对审计中发现的违反国家法律、法规和企业章程规定的事项提出审计建议，作出审计决定，并对审计建议和审计决定的落实情况进行跟踪监督。

（3）内部审计机构应当接受审计委员会的监督指导，定期或应要求向董事会及其审计委员会、监事会、经理层报告工作。

（三）日常监督的具体方式

1. 获得内部控制执行的证据。即企业员工在实施日常生产经营活动时，取得必要的、相关的证据证明内部控制系统发挥功能的程度。内部控制执行的证据包括：企业管理层搜集汇总的各部门信息、出现的问题；相关职能部门进行自我检查、监督时发现问题的记录及解决方案等。

2. 内外信息印证。内外信息印证，是指来自外部相关方的信息支持内部产生的结果或反映出内部的问题。主要包括来自监管部门的信息和来自客户的信息。来自监管部门的信息，是指企业接受监管部门的监督，汇总、分析监管反馈信息；来自客户的信息，是指企业通过各种方式与客户沟通所搜集的信息。

例如，与外部有关监管部门沟通，以验证单位遵循各项法律、法规的情况；定期与客户沟通，以验证单位销售交易处理及采购业务处理是否正确，验证应收、应付账款记录是否完整、正确。

3. 数据记录与实物资产的核对。例如，企业定期将会计记录中的数据与实物资产进行比较并记录存在的差额，对产生差额的原因进行分析。

4. 内外部审计定期提供建议。审计人员评估内部控制的设计以及测试其有效性，识别潜在的缺陷并向管理层建议采取替代方案，同时为作出决策提供有用的信息。

5. 管理层对内部控制执行的监督。管理层主要通过以下渠道进行监督：审计委员会接收、保留及处理各种投诉及举报并保证其保密性；管理层在培训、会议等活动中了解内部控制的执行情况；管理层审核员工提出的各项合理建议等。

二、专项监督

（一）专项监督的定义

专项监督，是指在企业发展战略、组织结构、经营活动、业务流程、关键岗位员工等发生较大调整或变化的情况下，对内部控制的某一或者某些方面进行有针对性的监督检查。

【案例 8−6】

热电企业的专项监督

精准把脉，关注重点领域。专项监督的有效性必须与企业的管理和业务流程相结合，要在燃料管理、物资采购、重点工程项目建设等生产经营层面以及企业"三重一大"决策等方面，选题立项，开展监督检查。例如，对于热电公司这样的生产型企业来说，燃料管理和设备材料采购以及供应商管理等业务，就具有以上特点。

在工作方式上，由企业纪委成立工作小组，紧盯重点环节，坚持监督部门为主体、业务部门配合的工作模式。坚持以监督部门为实施主体，体现了专项监督的本质特征。专项监督是对管理者履职行为的监督检查，这就决定了它由监督部门牵头实施，是业务流程之外的"管理的再管理，监督的再监督"。具体实施过程中，要避免两种错误倾向，一是避免将业务部门自身的管理改善项目作为专项监督项目，失去了监督部门应有的地位、职能和作用，难以从管理体系之外发现和解决问题。二是避免监督部门直接参与业务部门的业务活动，越俎代庖。专项监督项目，不是包办和直接插手业务活动，要把着眼点放在管理制度、业务流程和职责履行方面的问题上，提出切合实际的监督建议，督促业务部门落实整改。

资料来源：张承翔. 浅谈热电企业如何开展专项监督工作［J］. 当代电力文化，2022（02）：62−63.

（二）专项监督的主体

企业内部控制（审计）机构、财务机构和其他内部机构都有权参与专项监督工作，也可以聘请外部中介机构参与其中，但参与专项监督的人员必须具备相关专业知识和一定的工作经验，而且不得参与对自身负责的业务活动的评价监督。

（三）专项监督的范围和频率

尽管日常监督可以持续地提供内部控制其他组成要素是否有效的信息，但是针对重要业务和事项而实施的控制活动进行重点监督也是必不可少的。专项监督的范围和频率应根据风险评估结果以及日常监督的有效性等予以确定。一般来说，风险水平较高并且重要的控制，企业对其进行专项监督的频率应较高。

专项监督的范围和频率取决于以下因素：（1）风险评估的结果。重要业务事项和高风险领域所需的专项监督频率通常较高；对于风险发生的可能性较低但影响程度大的业务事项（突发事件），进行日常监督的成本很高，为此应更多地依赖专项监督。（2）变化发生的性质和程度。当内部控制各要素发生变化，可能对内部控制的有效性产生较大影响的情形下，企业应当组织实施独立的专项监督，专门就该变化的影响程度进行分析研究。（3）日常监督的有效性。日常监督根植于企业日常、反复发生的经营活动中，如果日常监督扎实有效，可以迅速应对环境的变化，对专项监督的需要程度就越低。反之，对专项监督的需要程度就越高。

（四）专项监督的重点

进行专项监督主要应关注以下两个方面：

1. 高风险且重要的项目。审计部门依据日常监督的结果，对风险较高且重要的项目要进行专项监督。考虑到成本效益原则，对风险很高但不重要的项目或很重要但是风险很小的项目可以减少个别评估的次数。应该将高风险且重要的项目作为个别评估对象。

2. 内控环境变化。当内控环境发生变化时，要进行专项监督，以确定内部控制是否还能适应新的内控环境。例如，业务流程的改变和关键员工发生变化时，就要进行个别评估，以确保内控体系能正常运行。

（五）专项监督的步骤

专项监督一般包括三个阶段：

1. 计划阶段。主要任务包括规定监督的目标和范围；确定具有该项监督权力的主管部门和人员；确定监督小组、辅助人员和主要业务单元联系人；规定监督方法、时间、实施步骤；就监督计划达成一致意见。

2. 执行阶段。主要任务包括获得对业务单元或业务流程活动的了解；了解业务单元或流程的内部控制程序是如何设计运作的；应用可比、一致的方法评价内部控制程序；通过与企业内部审计标准的比较来分析结果，并在必要时采取后续措施；记录内部控制缺陷和拟订纠正措施；与适当的人员复核并验证调查结果。

3. 报告和纠正措施阶段。主要任务包括与业务单元或业务流程的管理人员以及其他适当的管理人员复核结果；从业务单元或业务流程的管理人员处获得情况说明和纠正措施；将管理反馈写入最终的评价报告。

总之，日常监督和专项监督应当有机结合。前者是后者的基础；后者是前者的有效补充。如果发现某些专项监督活动需要经常性地开展，那么企业有必要将其纳入日常监督中，以便进行持续的监控。通常，二者的某种组合会使企业内部控制在一定时期内保持其有效性。

【复习与思考】

1. 何谓内部监督? 内部监督与内部控制的联系与区别有哪些?
2. 内部监督的机构及其职责有哪些?
3. 内部监督的基本要求有哪些?
4. 内部监督的程序如何?
5. 内部监督的方式有哪几种?
6. 专项监督主要关注哪些方面?

【案例分析】

数字人民币发行对企业内部会计监督制度的挑战与发展

企业内部会计监督是会计监督体系的基础,是内部监督、社会监督、政府监督"三位一体"会计监督体系中最直接、最主要的监督手段,也是实现企业健康可持续发展的必要保障。基于企业内部会计监督的重要性和数字人民币存储、支付的特殊性,企业要对内部会计监督制度进行相应的改革。

第一,要重新配置会计岗位及其职责和权限。随着数字人民币在企业支付中的广泛使用,企业需要对会计岗位及其职责和权限重新配置,要建立适应数字人民币发行与流通的业务岗位责任制度。

一是要重新配置出纳岗位及其职责和权限。目前,企业出纳岗位职责主要包括现金收付和保管、银行结算、印章保管、日记账登记等。在数字人民币发行与流通的背景下,要在现有出纳岗位职责的基础上新增企业数字人民币钱包管理职责,要赋予出纳人员数字人民币收付、兑换、兑回等权利。但是,要对出纳人员的权力进行必要的限制,以避免出纳人员对企业资金掌控力度过大而引发道德风险问题。为防止出纳人员超越其岗位职责和权限,要建立数字人民币兑换和支付分级审批制度、审批权与经办权相分离制度、人员定期轮岗制度,形成不同会计岗位之间的制约和监督机制。

二是要增设系统安全维护岗位。企业要增设网络安全、数据安全、财务软件开发、系统维护等岗位。这些岗位的主要职责是对会计信息系统、数字人民币支付网络环境、硬件设备等进行实时监测和维护,以应对可能出现的系统性风险和保障会计信息系统、数字人民币支付系统安全运行。

第二,要转变传统现金风险管控模式。数字人民币实现了货币形态的颠覆性改变,因此传统现金风险管控模式也应同步转变。

一是要建立与数字人民币相匹配的现金核查制度。由于数字人民币是存储于数字人民币钱包中,因此企业内部会计监督部门要定期和不定期查询数字人民币钱包余额,并与数字人民币现金日记账相核对,以保证账实相符。在账实相符的基础上,要查证数字人民币交易流水,避免以虚构交易进行平账等舞弊行为。这可以确保数字人民币每笔收付业务与企业真实的交易活动相符,实现由"事后监督"向"实时控制"转变、由"纠错监督"向"预防监督"转变,从而达到对风险进行前瞻性管控的目的。

二是要改造升级企业会计核算系统。要在会计核算系统中嵌入数字人民币管理模块，增加数字人民币自动记账、数据存储、真假辨别、收付控制、智能对账、差错预警、重复花费验证等功能，实现与数字人民币支付系统的无缝衔接与融合。

三是要强化企业会计信息系统的内部审计。随着会计信息系统智能化程度的提升，内部审计人员不仅要延承传统内部审计的核心要素，还要借助人工智能和机器学习创新审计方法和路径。要综合运用大数据、云计算等信息科技对会计信息系统与数字人民币支付系统的融合性进行自动化、智能化的审计，保证二者之间数据传输、转换和存储的精确性、安全性，以提升内部审计的价值功效。

资料来源：巫文勇，李泽军．数字人民币发行对财务会计制度的影响与发展研究［J］．当代财经，2024（2）：139－153.

思考：数字人民币发行对企业内部监督提出哪些要求？

【拓展阅读】

1. 《内部控制基本规范》第六章内部监督.
2. 《行政事业单位内部控制规范（试行)》第五章评价与监督.

练习题及答案

内部控制评价

■ **【知识与技能要求】**

通过本章的学习，使学生能够：

1. 解释内部控制评价的主要内容。
2. 解释内部控制评价的原则与方法。
3. 解释说明内部控制评价的组织机构。
4. 举例说明内部控制评价程序。
5. 举例说明内部控制缺陷的认定标准和处理办法。
6. 举例说明内部控制评价工作底稿与报告。

■ **【思政目标】**

在内部控制评价中引入我国传统文化、传统思想价值体系，提振学生的文化自信与民族自豪感，加强学生对现阶段我国面对世界局势变化措施的理解，激发学生的学习情绪。

■ **【关键术语】**

内部控制评价　内部控制评价的组织与实施　内部控制缺陷　内部控制评价工作底稿与报告

【案例 9-1】

公立医院内部控制评价体系构建

1. 内部控制评价体系构建的整体思路。

四川省×医院采用"分类事项管控设计"的方法，整理出公立医院与经济行为密切相关的关键管理指标。并以《行政事业单位内部控制规范》（以下简称《内控规范》）和公立医院内控体系框架为依据，梳理公立医院预算管理、收支管理、采购管理、建设项目管理、资产管理、合同管理、药品管理和科研项目管理八类专项经济业务内控机制和管理流程，建立分析框架。在此基础上，明确单位层面和业务层面各关键内控指标的名称、评价分值、指标说明、操作细则、支撑材料及其要素。

2. 内部控制评价体系的构建过程。

内部控制评价体系的构建过程先后包括：根据《内控规范》形成公立医院内控运行评价指标体系框架，按照公立医院单位层面和业务层面进行分类；通过对中医院内控建设成果（包括内控基本制度、具体业务制度、具体业务流程、数据分析、流程梳理、制度梳理等）的问卷调研和深入沟通，系统分析公立医院内控建设管理目标清单；根据各管理目标的重要性、时间顺序和管理逻辑，对管理目标进行排序整理，制定公立医院内控运行指标评价体系的指标名称细化清单；将指标名称细化清单与评价指标体系框架进行对标，形成细化的公立医院内控运行评价指标名称清单（指标体系）；通过分析细化的运行评价指标内容进行穿行测试，明确每项指标涉及的流程、岗位、部门及相关的材料要求；通过穿行测试找到该指标能够明确的关键控制要素及支撑材料，作为指标的支撑材料及其要素；进行试点单位运行评价验证，根据验证反馈结果修改迭代。

资料来源：张海，李俊忠，廖军. 公立医院内控评价体系的构建及应用 [J]. 财务与会计，2020 (04)：78-79. 有删改.

第一节 内部控制评价概述

一、内部控制评价的定义

内部控制评价作为优化内部控制自我监督机制的一项重要制度安排，是内部控制体系的重要组成部分。依据《企业内部控制评价指引》第二条的相关规定，企业内部控制评价，是指企业董事会或类似权力机构对内部控制的有效性进行全面评价、形成评价结论、出具评价报告的过程。对于这一定义，可从以下三个角度进行理解。

（一）内部控制评价的主体是董事会或类似权力机构

内部控制评价的主体是董事会或类似权力机构，也就是说董事会或类似权力机构是内部控制设计和运行的责任主体。董事会可指定审计委员会来承担对内部控制评价的组织、领导、监督职责，并通过授权内部审计部门或独立的内部控制评价机构执行内部控制评价的具体工作，但董事会仍对内部控制评价承担最终的责任，对内部控制评价报告的真实性负责。对内部控制的设计和运行的有效性进行自我评价并对外披露是管理层解除受托责任的一种方式，董事会可以聘请会计师事务所对其内部控制的有效性进行审计，但其承担的责任不能因此减轻或消除。

（二）内部控制评价的对象是内部控制的有效性

内部控制评价的对象是内部控制的有效性。所谓内部控制的有效性，是指企业建立与实施内部控制对实现控制目标提供合理保证的程度。

从控制过程的不同角度来看，内部控制的有效性可分为内部控制设计的有效性和内部控制运行的有效性。内部控制设计的有效性，是指为实现控制目标所必需的内部控制程序都存在并且设计恰当，能够为控制目标的实现提供合理保证；内部控制运行的有效性，是指在内部控制设计有效的前提下，内部控制能够按照设计的内部控制程序被正确地执行，从而为控制目标的实现提供合理保证。内部控制运行的有效性离不开设计的有效性，如果内部控制在设计上存在漏洞，即使这些内部控制制度能够得到一贯的执行，也不能认为其运行是有效的。当然，如果评价证据表明内部控制的设计是有效的，但是没有按照设计的那样得到一贯执行，那么就可以得出其不符合运行有效性的结论。

1. 评价内部控制设计的有效性，可以考虑以下三个方面：（1）内部控制的设计是否做到了以内部控制的基本原理为前提，以我国《企业内部控制基本规范》及其配套指引为依据。（2）内部控制的设计是否覆盖了所有关键的业务与环节，对董事会、监事会、经理层和员工具有普遍的约束力。（3）内部控制的设计是否与企业自身的经营特点、业务模式以及风险管理要求相匹配。

2. 评价内部控制运行的有效性，也可以从三个方面进行考察：（1）相关控制在评价期内是如何运行的。（2）相关控制是否得到了持续一致的运行。（3）实施控制的人员是否具备必要的权限和能力。

从控制目标的角度来看，内部控制的有效性可分为合规目标内部控制的有效性、资产目标内部控制的有效性、报告目标内部控制的有效性、经营目标内部控制的有效性、战略目标内部控制的有效性。其中，合规目标内部控制的有效性，是指相关的内部控制能够合理保证企业遵循国家相关法律、法规，不进行违法活动或违规交易；资产目标内部控制的有效性，是指相关的内部控制能够合理保证资产的安全与完整，防止资产流失；报告目标内部控制的有效性，是指相关的内部控制能够及时防止（或发现）并纠正财务报告的重要错报；经营目标内部控制的有效性，是指相关的内部控制能够合理保证经营活动的效率和效果及时被董事会和经理层所了解或控制；战略目标内部控制的有效性，是指相关的内部控制能够合理保证董事会和经理层及时了解战略定位的合理性、实现程度，并适时进行战略调整。

需要说明的是，由于受内部控制固有局限性（例如评价人员的职业判断、成本效益原则等）的影响，内部控制评价只能为内部控制目标的实现提供合理保证，而不能提供绝对保证。

（三）内部控制评价是一个过程

内部控制评价是一个过程，是指内部控制评价要遵照一定的流程来进行。内部控制评价工作不是一蹴而就的，它是一个涵盖计划、实施、编报等多个阶段、包含多个步骤的动态过程。关于内部控制评价流程的内容，详见本章第二节。

二、内部控制评价的作用

企业内部控制评价是对企业内部控制制度的完整性、合理性和有效性进行分析和评定的工作，作为内部控制体系的重要组成部分，对于企业而言，内部控制评价有着重要的意义。

（一）内部控制评价有助于企业自我完善内控体系

内部控制评价是通过评价、反馈、再评价，报告企业在内部控制建立与实施中存在的问题，并持续地进行自我完善的过程。通过内部控制评价查找、分析内部控制缺陷并有针对性地督促落实修改，可以及时堵塞管理漏洞，防范偏离目标的各种风险，并举一反三，从设计和执行等全方位健全优化管控制度，从而促进企业内控体系的不断完善。

（二）内部控制评价有助于提升企业市场形象和公众认可度

企业开展内部控制评价，须形成评价结论，出具评价报告。通过自我评价报告，将企业的风险管理水平、内部控制状况以及与此相关的发展战略、竞争优势、可持续发展能力等公布于众，树立诚信、透明、负责任的企业形象，有利于增强投资者、债权人以及其他利益相关者的信任度和认可度，为自己创造更为有利的外部环境，促进企业的长远可持续发展。

（三）内部控制评价有助于实现与政府监管的协调互动

政府监管部门有权对企业内部控制建立与实施的有效性进行监督检查。事实上，有关政府部门在审计机关开展的国有企业负责人离任经济责任审计中，就已将企业内部控制的有效性，以及企业负责人组织领导内控体系的建立与实施情况纳入审计范围，并日益成为十分重要的部分。尽管政府部门实施企业内控监督检查有其自身的做法和特点，但监督检查的重点部位是基本一致的，例如大多数涉及重大经营决策的科学性、合规性以及重要业务事项管控的有效性等。实施企业内控自我评价，能够通过自查及早排查风险、发现问题，并积极整改，有利于在配合政府监管中赢得主动，并借助政府监管成果进一步改进企业内控实施和评价工作，促进自我评价与政府监管的协调互动。

三、内部控制评价的内容

内部控制评价的内容是内部控制对象的具体化。上一部分已经述及，内部控制评价的对象是内部控制的有效性，而内部控制的有效性，是企业建立与实施内部控制，对实现控制目标提供合理保证的程度。内部控制的目标包括合规目标、资产目标、报告目标、经营目标和战略目标。因此，内部控制评价的内容应是对以上五个目标的内控有效性进行全面评价。具体地说，内部控制评价应紧紧围绕内部环境、风险评估、控制活动、信息与沟通、内部监督五要素进行。

（一）内部环境评价

企业组织开展内部环境评价，应当以组织架构、发展战略、人力资源、企业文化和社会责任等应用指引为依据。其中，组织架构评价可以重点从组织架构的设计和运行等方面进行；发展战略评价可以重点从发展战略的合理制定、有效实施和适当调整三个方面进行；人力资源评价应当重点从企业人力资源引进结构的合理性、开发机制和激励约束机制等方面进行；企业文化评价应从建设和评估两方面进行；社会评价从全生产、产品质量、环境保护与资源节约、促进就业、员工权益保护等方面进行。

（二）风险评估评价

企业组织开展风险评估评价，应当以《企业内部控制基本规范》有关风险评估的要求，以及各项应用指引中所列主要风险为依据，结合本企业的内部控制制度，对日常经营管理过程中的目标设定、风险识别、风险分析和应对策略等进行认定和评价。

（三）控制活动评价

企业组织开展控制活动评价，应当以《企业内部控制基本规范》和各项应用指引中的控制措施为依据，结合本企业的内部控制制度，对相关控制措施的设计和运行情况进行认定和评价。

（四）信息与沟通评价

企业组织开展信息与沟通评价，应当以内部信息传递、财务报告、信息系统等相关指引为依据，结合本企业的内部控制制度，对信息收集、处理和传递的及时性，反舞弊机制的健全性，财务报告的真实性，信息系统的安全性，以及利用信息系统实施内部控制的有效性进行认定和评价。

（五）内部监督评价

企业组织开展内部监督评价，应当以《企业内部控制基本规范》有关内部监督的要求，以及各项应用指引中有关日常管控的规定为依据，结合本企业的内部控制制度，对于内部监督机制的有效性进行认定和评价，重点关注监事会、审计委员会、内部审计机构等是否在内部控制设计和运行中有效发挥监督作用。

四、内部控制评价的原则与方法

内部控制评价的原则与方法是内部控制评价工作的方法论基础。内部控制评价的原则是开展评价工作应该遵循的基本要求与准则，内部评价的方法是执行内部控制评价工作时具体采用的技术手段。

（一）内部控制评价的原则

与内部控制的原则不完全相同，企业对内部控制评价至少应当遵循下列原则。

1. 全面性原则。全面性原则强调的是内部控制评价的涵盖范围应当全面。具体来说，是指内部控制评价工作应当包括内部控制的设计与运行，涵盖企业及其所属单位的各种业务和事项。

2. 重要性原则。重要性原则强调内部控制评价应当在全面性的基础之上，着眼于风险业务和事项，突出重点。具体来说，主要体现在制订和实施评价工作方案、分配评价资源的过程之中，应贯彻以下两个方面的核心要求：（1）要坚持风险导向的思路，重点关注那些影响内部控制目标实现的高风险领域和风险点；（2）要坚持重点突出的思路，重点关注那些重要的业务事项和关键的控制环节，以及重要的业务单位。

2012年9月，财政部等六部委印发的《企业内部控制规范体系实施中相关问题解释第2号》指出，集团性企业在确认内部控制评价范围时，应当遵循全面性、重要性、客观性原则，在对集团总部及下属不同业务类型、不同规模的企业进行全面、客观评价的基础上，关注重要业务单位、重大事项和高风险业务。

（1）重要业务单位一般以资产、收入、利润等作为判定标准，包括集团总部，资产占合并资产总额比例较高的分公司和子公司，营业收入占合并营业收入比例较高的分公司和子公司，以及利润占合并利润比例较高的分公司和子公司等。

（2）重大事项一般是指重大投资决策项目，兼并重组、资产调整、产权转让项目，期权、期货等金融衍生业务，融资、担保项目，重大的生产经营安排，重要设备和技术引进，采购大宗物资和购买服务，重大工程建设项目，年度预算内大额度资金调动和使用，以及其他大额度资金运作事项等。

（3）高风险业务一般是指经过风险评估后确定为较高或高风险的业务，也包括特殊行业及特殊业务，国家法律、法规有特殊管制或监管要求的业务等。

3. 客观性原则。客观性原则强调内部控制评价工作应当准确地揭示经营管理的风险状况，如实反映内部控制设计和运行的有效性。只有在内部控制评价工作方案制订、实施的全过程中始终坚持客观性，才能保证评价结果的客观性。

（二）内部控制评价方法

《企业内部控制评价指引》第十五条规定，"内部控制评价工作组应当对被评价单位进行现场测试，综合运用个别访谈、调查问卷、专题讨论、穿行测试、实地查验、抽样和比较分析等方法，充分收集被评价单位内部控制设计和运行是否有效的证据，按照评价的具体内容，如实填写评价工作底稿，研究分析内部控制缺陷"。

1. 个别访谈法，是指评价人员根据内部控制评价的需要，对被评价单位员工进行单独访谈，获取有关信息，以此来了解、测试内部控制的一种方法。访谈的总体目的是收集关于内部控制制度运行有效性的证据。

2. 调查问卷法，是指评价人员按照内部控制的一般要求，考虑理想的控制模式，将需调查的全部内容以提问的方式列出并制成固定式样的表格，然后交由被评价有关部门和员工回答，以此来了解、测试内部控制的一种方法。

3. 专题讨论法，是指通过召集与业务流程相关的管理人员，就业务流程的特定项目或具体问题进行讨论及评估的一种方法。

4. 穿行测试法，是指在对企业进行内部控制评价时，通过抽取一份全过程的文件，来了解整个业务流程执行情况的评估评价方法。例如，为了评价采购内部控制，评价人员选取一笔或若干笔材料采购业务，依据"请购单→订货→验收入库→库存保管→核准发票→付款→记账"的业务流程，对整个采购程序进行详细检查，以确定材料采购各个环节的实际执行情况是否与其所了解的内部控制一致。

5. 实地查验法，是指企业对财产进行盘点、清查，并对存货出、入库等控制环节进行现场查验，以检查验证其规定的控制措施是否得到严格执行的一种方法。例如，评价人员实地察看存货仓库，判断仓储物资是否按要求的储存条件储存，除存货管理部门及仓储人员以外的其他部门和人员是否可以接触存货等。

6. 抽样法，是指针对具体的内部控制业务流程，按照业务发生频率及固有风险的高低，从确定的抽样总体中抽取一定比例的业务样本，对业务样本的符合性进行判断，进而评价业务流程控制运行的有效性的方法。

7. 比较分析法，是指通过分析、比较数据间的关系、趋势或比率来取得评价证据的方法。作为评价方法的一部分，有些公司把它们的内部控制体系与其他主体进行比较，这种方法通常被称为"对标"。

在实际评价工作中，以上这些方法可以配合使用。此外，还可以使用观察、检查等方法，也可以利用信息系统开发检查的方法，或利用实际工作的检查测试经验。对于企业通过系统采用自动控制、预防控制的，应在方法上注意与人工控制、发现性控制的区别。

【案例 9-2】

四川省×公立医院内部控制评价实施

1. 内部控制测评内容。

测评内容覆盖医院业务领域管理机制建设与运行情况，包括医院的预算管理、收支管理、政府采购管理、资产管理、建设项目管理、合同管理、医院药品管理和科研管理8个业务活动相关制度建立、流程梳理、实际执行情况，以及信息化建设与系统运行情况。重点对上述业务活动实际执行过程中制度流程、岗位职责、授权审批、风险点识别、管控措施执行、表单流转、关键点审核等方面是否与操作流程一致进行测评。

2. 内部控制测评准备及组织实施。

考虑到项目组需要通过参与具体工作获得更直观的内控规范操作体会以保证内控建设推进路线合理性，此次内控评价采用分工协作、共同推进的工作方式。在评价期间尤其是指标论证阶段，邀请医院财务管理人员，定期召开项目阶段性论证会，在项目推进的同时培养更多的专业内控建设人才。

3. 内部控制测评程序及工具。

内部控制测评的程序分为三个阶段：第一阶段为医院内控测评交流阶段。医院、测评组参与测评交流会，对医院内控建设要点做交流探讨，并对测评工作做简单阐述。第二阶段为医院自评阶段，由各业务部门负责人根据本部门实际情况填写自评得分表，进行自我评估。第三阶段为内控测评组测评阶段。测评组对各科室主要业务的相关制度、流程进行合规性、完整性测评，并以各科室发布的内部控制操作流程为依据，通过现场抽取实施证据及现场询问访谈的方式开展评价，并对存在的问题提出建议。测评工具为包括预算管理、收支管理、政府采购、资产管理、建设项目、合同管理、药品管理、科研管理在内的内部控制体系测评表。

资料来源：张海，李俊忠，廖军.公立医院内控评价体系的构建及应用［J］.财务与会计，2020（04）：78 – 79.有删改.

第二节 内部控制评价的组织与实施

内部控制评价是合理保证内部控制有效性的关键步骤，而内部控制评价工作组织方式的合理性则直接关系到内部控制工作能否科学、有序开展。组织方式的得当与否，取决于两个方面：其一，合理的组织机构；其二，科学、精简、高效的内部控制评价程序。

一、内部控制评价的组织机构

内部控制评价的组织机构大致可以分为三个层次：内部控制评价的责任主体、内部控制评价的具体组织实施主体、其他相关部门。

（一）内部控制评价的责任主体及其职责

董事会是内部控制评价的责任主体，对内部控制评价承担最终的责任，对内部控制评价报告的真实性负责。董事会可以通过审计委员会来承担对内部控制评价的组织、领导、监督职责。董事会或审计委员会应听取内部控制评价报告，审定内控重大缺陷、重要缺陷整改意见，对内部控制部门在督促整改中遇到的困难，积极协调，排除障碍。

（二）内部控制评价的具体组织实施主体及其职责

内部控制评价工作的具体组织实施主体一般为内部审计机构或专门的内部控制评价机构。企业可根据自身的经营规模、机构设置、经营性质、制度状况等特点，决定是否单独设置专门的内部控制评价机构。内部控制评价机构必须具备一定的设置条件：（1）具备独立性，即能够独立地行使对内部控制系统建立与运行过程及结果进行监督的权力；（2）具备与监督和评价内部控制系统相适应的专业胜任能力和职业道德素质；（3）与企业其他职能机构就监督与评价内部控制系统方面应当保持协调一致，在工作中相互配合、相互制约，在效率效果上满足企业对内部控制系统进行监督与评价所提出的有关要求；（4）能够得到企业董事会和经理层的支持，有足够的权威性来保证内部控制评价工作的顺利开展。对于单独设有专门内部控制机构的企业，可由内部控制机构来负责内部控制评价的具体组织实施工作，但为了保证评价的独立性，负责内部控制设计和评价的部门应适当分离。

企业内部控制评价部门应当拟订评价工作方案，明确评价范围、工作任务、人员组织、进度安排和费用预算等相关内容，报经董事会或其授权机构审批后实施。对于评价过程中发现的重大问题，应及时与董事会、审计委员会或经理层沟通，并认定内部控制缺陷，拟订整改方案，编写内部控制评价报告，并报经董事会或类似权力机构批准后对外披露或报送相关部门；与外部审计师沟通，督促各部门、所属企业对内控缺陷进行整改；根据评价和整改的具体情况拟订内部控制考核方案。

在实践中，也有组织成立内部控制评价机构，例如组成内部控制评价小组。评价工作小组应当吸收企业内部相关机构熟悉情况的业务骨干参加。评价工作小组成员对本部门的内部控制评价工作应当实行回避制度。

企业也可以委托会计师事务所等中介机构实施内部控制评价，但中介机构受托为企业实施内部控制评价是一种非保证服务，内部控制评价报告的责任仍然应由企业董事会承担。另外，为保证审计的独立性，为企业提供内部控制审计的会计师事务所，不得同时为同一家企业提供内部控制评价服务。

（三）其他相关部门及其职责

1. 经理层。经理层负责组织实施内部控制评价工作，一方面授权内部控制评价机构组织实施；另一方面积极支持和配合内部控制评价工作的开展，为其创造良好的环境和条件。经理层应结合日常掌握的业务情况，为内部控制评价方案提出应重点关注的业务或事项，审定内部控制评价方案和听取内部控制评价报告；对于内部控制评价中发现的问题或报告的缺陷，要按照董事会或审计委员会的整改意见积极采取有效措施予以整改。

2. 各专业部门。各专业部门负责组织本部门的内控自查、测试和评价工作，对发现的设计和运行缺陷提出整改方案及具体整改计划，积极整改，并报送内部控制机构复核，配合内控机构（部门）及外部审计师开展企业层面的内控评价工作。

中国内部审计协会发布的《第1101号——内部审计基本准则（2023年修订）》指出，内部审计机构和内部审计人员应当全面关注组织风险，以风险为基础组织实施内部审计业务。内部审计机构根据内部审计准则及相关规定，结合本组织的实际情况制定内部审计工作手册，指导内部审计人员的工作；对内部审计质量实施有效控制，建立指导、监督、分级复核和内部审计质量评估制度，接受内部审计质量外部评估；做好与外部审计的协调工作；跟踪审计发现问题和审计意见建议的落实情况，督促被审计单位做好审计整改工作。

3. 企业所属单位。各所属单位也要逐级落实内部控制评价责任，建立日常监控机制，开展内控自查、测试和定期检查评价，对于发现的问题并认定为内部控制缺陷的，需拟订整改方案和计划报本级管理层审定后，督促整改，编制本单位内部控制评价报告，对内部控制的执行和整改情况进行考核。

4. 监事会。监事会作为内部监督机制的重要组成部分，在内部控制评价过程中起监督作用。监事会审议内部控制评价报告，对董事会建立与实施内部控制进行监督。

二、内部控制评价程序

内部控制评价程序一般包括制订评价工作方案、组成评价工作组、实施现场测试、汇总评价结果、编报评价报告等。这些程序环环相扣、相互衔接、相互作用，构成了内部控制评价的基本流程（见图9-1）。

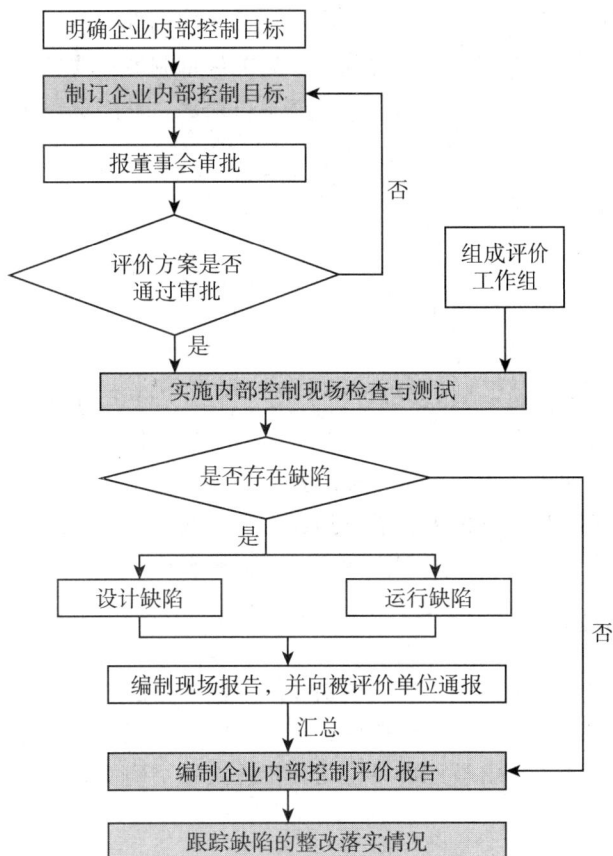

图 9 – 1　内部控制评价流程

注：图中阴影部分代表内部控制评价流程中的关键步骤。

（一）制订评价工作方案

内部控制评价机构应当以内部控制目标为依据，结合企业内部监督情况和管理要求分析企业经营管理过程中影响内部控制目标实现的高风险领域和重要业务事项，确定检查评价方法，制订科学合理的评价工作方案，经董事会批准后实施。评价工作方案应当明确评价主体范围、工作任务、人员组织、进度安排和费用预算等相关内容。评价工作方案既可以全面评价为主，又可根据需要采用重点评价的方式。一般而言，内部控制建立实施初期，实施全面综合评价有利于推动内部控制工作的深入有效展开；内部控制系统趋于成熟后，企业可在全面评价的基础上，更多地采用重点评价或专项评价，以提高内部控制评价的效率和效果。

（二）组成评价工作组

评价工作组在内部控制评价机构的领导下，具体承担内部控制检查评价任务。内部控制评价机构根据经批准的评价方案，挑选具备独立性、业务胜任能力和职业道德素养的评价人员实施评价。评价工作组成员应当吸收企业内部相关机构熟悉情况、参与日常监控的负责人或业务骨干参加。企业应根据自身条件，尽量建立长效的内部控制评价培训机制培养内部控制评价专业人员，使其熟悉内部控制专业知识及相关规章制度、业务流程及需要重点关注的问题、评价工作流程、检查评价方法、工作底稿填写要求、缺陷认定标准、评价人员的权利和义务等内容。

（三）实施现场检查测试

首先，充分了解企业文化和发展战略、组织机构设置及职责分工、领导层成员构成及分工等基本情况；在此基础上，评价工作组根据掌握的情况进一步确定评价范围、检查重点和抽样数量，并结合评价人员的专业背景进行合理分工（检查重点和分工情况可以根据需要进行适当调整）。其次，评价工作组根据评价人员分工，综合运用各种评价方法对内部控制设计与运行的有效性进行现场检查测试，按要求填写工作底稿、记录相关测试结果，并对发现的内部控制缺陷进行初步认定。评价人员应遵循客观、公正、公平原则，如实反映检查测试中发现的问题，并及时与被评价单位进行沟通。因为内部控制通过纵向检查测试流程，所以工作中各成员之间应注意互相沟通、协调，以获得更有价值的发现。

（四）汇总评价结果

评价工作组汇总评价人员的工作底稿，初步认定内部控制缺陷。评价工作底稿应进行交叉复核签字，并由评价工作组负责人审核后签字确认。评价工作组将评价结果及现场评价的结果向被评价单位进行通报，由被评价单位相关责任人签字确认后，提交企业内部控制评价机构。

（五）编制企业内控评价报告

内部控制评价机构汇总各评价工作组的评价结果，对工作组现场初步认定的内部控制缺陷进行全面复核、分类汇总，对缺陷的成因、表现形式及风险程度进行定量或定性的综合分析，按照对控制目标的影响程度判定缺陷等级；内部控制评价机构以汇总的评价结果和认定的内部控制缺陷为基础，综合内部控制工作整体情况，客观、公正、完整地编制内部控制评价报告，并报送企业经理层、董事会和监事会，由董事会最终审定后对外披露。

（六）报告反馈与追踪

对于认定的内部控制缺陷，内部控制评价机构应当结合董事会和审计委员会的要求。提出整改建议，要求责任单位及时整改，并跟踪其整改落实情况；已经造成损失或负面影响的，企业应当追究相关人员的责任。

【案例9-3】

互联网企业采购业务内部控制研究

内部控制是企业为了实现经营目标而设计并运行的一系列管理活动的动态过程，是实施企业战略的有效控制，而采购业务是公司经营中至关重要的环节，采购业务的内部控制会直接影响企业业绩。本文借助 KPY 公司采购业务内部控制案例，由点及面，对互联网企业采购业务内部控制的发展现状进行分析、评价，探究当前互联网企业采购业务内部控制发展过程中存在的问题，据此提出相应的优化建议。结论如下：

第一，基于 KPY 公司对互联网企业的采购业务内部控制现状进行说明。包括请购与审批、采购方式及供应商选择、合同订立及签订、供应商管理、验收环节、付款、监督及检查七个方面的主要内容。整体而言，当前针对采购业务的内部控制制度体系设计是比较合理的。

第二，通过发放调查问卷搜集数据，并结合层次分析法与模糊综合评价法，对 KPY 公司采购业务内部控制案例进行评价指标权重确定与打分。依据评分结果，互联网企业采购业务内部控制在风险评估和监督两方面较好，达到优秀水平；控制环境为良好；而在控制活动、信息与沟通两方面还有很大提升空间。

第三，运用扎根分析对案例资料进行提炼，从人力资源建设、采购方式、供应商管理、验收环节、信息与沟通五个方面归纳了互联网企业采购业务内部控制存在的问题。具体而言，人力资源建设包括采购人才储备不足、不重视采购员工培训、采购人员绩效考核制度不完善等问题；采购方式涉及供应商选择不合理与采购拆分问题；供应商管理存在供应商筛选准入制度形式化、未实现供应商动态管理等问题；验收环节未区分产品类型制定差异化的采购验收标准；信息与沟通方面，企业与供应商沟通待加强。

第四，探讨针对互联网企业采购业务内部控制薄弱环节的优化策略。包括加强人力资源建设、完善采购方式、重视供应商管理、加强交付验收的控制管理、建设电子采购信息化平台五个方面的主要内容。

资料来源：黄立新，程昱，程新生，李娜. 互联网企业采购业务内部控制研究［J］. 管理评论，2021，33（10）：325-339.

第三节　内部控制缺陷的认定

一、内部控制缺陷的定义和种类

内部控制缺陷是内部控制在设计和运行中存在的漏洞，这些漏洞将不同程度地影响内部控制的有效性，影响控制目标的实现。内部控制缺陷的评估与认定是内部控制评价的重点，衡量内部控制有效性的关键步骤就是查找内部控制在设计或运行环节中是否存在重大缺陷。因此，内部控制缺陷的认定通常被视作判断内部控制有效性的一个负向维度。企业开展内部控制评价，主要工作内容之一就是要找出内部控制缺陷并有针对性地进行整改。

内部控制缺陷按照不同的标准可以有不同的分类。一般来说，内部控制缺陷可按照以下标准分类。

（一）按照内部控制缺陷的成因分类

按照内部控制缺陷的成因分类，内部控制缺陷包括设计缺陷和运行缺陷。设计缺陷，是指企业缺少为实现控制目标所必需的控制措施，或现存控制设计不适当，即使正常运行也难以实现控制目标。运行缺陷，是指设计有效（合理且适当）的内部控制由于运行不当（包括由不恰当的人执行、未按设计的方式运行、运行的时间或频率不当、没有得到一贯有效运行等）而影响控制目标的实现所形成的内部控制缺陷。内部控制存在设计缺陷和运行缺陷，会影响内部控制的设计有效性和运行有效性。

（二）按照内部控制缺陷的性质分类

按照内部控制缺陷的性质，即影响内部控制目标实现的严重程度分类，内部控制缺陷分为重大缺陷、重要缺陷和一般缺陷。重大缺陷，是指一个或多个内部控制缺陷的组合，可能导致企业严重偏离控制目标。当存在任何一个或多个内部控制重大缺陷时，应当在内部控制评价报告中作出内部控制无效的结论。重要缺陷，是指一个或多个内部控制缺陷的组合，其严重程度低于重大缺陷，但仍有可能导致企业偏离控制目标，不会严重危及内部控制的整体有效性，但也应当引起董事会、经理层的充分关注。一般缺陷，是指除重大缺陷、重要缺陷以外的其他控制缺陷。

（三）按照内部控制缺陷的形式分类

按照影响内部控制目标的具体表现形式，内部控制缺陷还可以分为财务报告内部控制缺陷和非财务报告内部控制缺陷。财务报告内部控制缺陷是指有关企业财务报告可靠性的内部控制制度方面的缺陷，这些缺陷的存在使企业不能保证财务报告的可靠性，或者不能防止或及时发现并纠正财务报告错报。非财务报告内部控制缺陷是指除财务报告内部控制缺陷外的内部控制缺陷。

二、内部控制缺陷的认定标准

对内部控制缺陷的认定是对内部控制缺陷的重要程度进行识别和确定的过程，即判定一项缺陷是属于重大缺陷、重要缺陷还是一般缺陷的过程。内部控制缺陷一经认定为重大缺陷，内部控制评价报告中应得出"内部控制无效"的结论。而被认定为存在重大缺陷的企业内部控制系统是不能被投资者等利益相关者所相信的。此外，内部控制缺陷，尤其是重大缺陷，代表着内部控制的薄弱环节，是未来内部控制修补和完善的重点。因此对内部控制缺陷的重要程度进行认定十分重要，它直接关系到外界的利益相关者对企业的认可度，同时有助于明确企业今后内部控制工作的重点所在，而对内部控制缺陷进行正确认定的关键在于形成一套系统、可行的认定标准。

2012 年，财政部会同证监会、审计署、银监会、保监会制定了《企业内部控制规范体系实施中相关问题解释第 1 号》。对于内部控制缺陷的认定，文件中指出，查找并纠正企业内部控制设计和运行中的缺陷，是开展企业内部控制评价的一项重要工作，是不断完善企业内部控制的重要手段。由于企业所处行业、经营规模、发展阶段、风险偏好等存在差异，《企业内部控制基本规范》及其配套指引没有对内部控制缺陷的认定标准进行统一规定。企业可以根据《企业内部控制基本规范》及其配套指引，结合企业规模、行业特征、风险水平等因素，研究确定适合本企业的内部控制重大缺陷、重要缺陷和一般缺陷的具体认定标准。企业确定的内部控制缺陷标准应当从定性和定量的角度综合考虑，并保持相对稳定。通过不断的实践，总结经验，形成一套行之有效的内部控制缺陷认定方法。

企业在开展内部控制监督检查的过程中，对发现的内部控制缺陷，应当及时分析缺陷性质和产生原因，并提出整改方案，采取适当形式向董事会、监事会或者管理层报告。对于重大缺陷，企业应当在内部控制评价报告中进行披露。

由于内部控制缺陷的重要性和影响程度是相对于内部控制目标而言的，按照对财务报告目标和其他内部控制目标实现影响的具体表现形式不同，内部控制缺陷可以区分为财务报告内部控制缺陷和非财务报告内部控制缺陷，以下将分别阐述这两种性质的内部控制缺陷的认定标准。

（一）财务报告内部控制缺陷的认定标准

与财务报告内部控制相关的内部控制缺陷所采用的认定标准直接取决于由于该内部控制缺陷的存在可能导致的财务报告错报的重要程度。其中，所谓"重要程度"主要取决于两个方面的因素：第一，该缺陷是否具备合理可能性导致企业的内部控制不能及时防止（或发现）并纠正财务报表错报。第二，该缺陷单独或连同其他缺陷可能导致的潜在错报金额的大小。

一般而言，如果一项内部控制缺陷单独或连同其他缺陷具备合理可能性，导致不能及时防止（或发现）并纠正财务报表中的重大错报，就应将该财务报告内部控制缺陷认定重大缺陷。一项内部控制缺陷单独或连同其他缺陷具备合理可能性，导致不能及时防范（或发现）并纠正财务报表中错报的金额虽然未达到和超过重要性水平，但仍应引起董事会和管理层的重视，应将该财务报告内部控制缺陷认定为重要缺陷。不构成重大缺陷和重要缺陷的财务报告内部控制缺陷，应被认定为一般缺陷。

一旦企业的财务报告内部控制存在一项或多项重大缺陷，就不能得出该企业的财务报告内部控制有效的结论。因此，财务报告内部控制重大缺陷的认定十分关键，而区分一项内部控制缺陷是否构成重大缺陷的分水岭是重要性水平，重要性水平之上的为重大缺陷；重要性水平之下的为重要缺陷或者一般缺陷。重要性水平的确定有两种方法：绝对金额法和相对比例法。绝对金额法即直接将某一绝对金额作为重要性水平，例如将 10 000 元作为重要性水平，则导致错报金额超过 10 000 元的缺陷应该被认定为重大缺陷。相对比例法是某一总体金额的一定比例作为重要性水平，例如导致错报金额超过收入总额 1% 的缺陷应当被认定为重大缺陷。

然而，重大缺陷、重要缺陷的界定是相对的。对于有下属单位的集团公司，如果下属单位存在重大缺陷，并不能表明集团公司存在重大缺陷，但至少应作为重要缺陷向董事会、管理层汇报；而下属单位的重要缺陷则应视对整个集团的影响及普遍程度确定是否属于集团的重要缺陷，但下属单位重要缺陷至少应该向经理层汇报。

出现以下迹象之一的，通常表明财务报告内部控制可能存在重大缺陷：（1）董事、监事和高级管理人员舞弊；（2）企业更正已公布的财务报告；（3）注册会计师发现当期财务报告存在重大错报，而内部控制在运行过程中未能发现该错报；（4）企业审计委员会和内部审计机构对内部控制的监督无效。

需要说明的是，内部控制缺陷的严重程度并不取决于是否实际发生了错报，而是取决于该控制不能及时防止（或发现）并纠正潜在错报的可能性，即只要存在这种合理可能性，不论企业的财务报告是否真正发生了错报，都意味着财务报告内部控制存在缺陷。

（二）非财务报告内部控制缺陷的认定标准

非财务报告内部控制缺陷，是指除财务报告目标之外的与其他目标相关的内部控制缺陷，包括战略内部控制缺陷、经营内部控制缺陷、合规内部控制缺陷、资产内部控制缺陷。非财务报告内部控制缺陷的认定具有涉及面广、认定难度大的特点，尤其是战略内部控制缺陷和经营内部控制缺陷。这是因为战略目标和经营目标的实现往往受到企业不可控的诸多外部因素的影响，所设计的内部控制只能合理保证董事会和经理层了解这些目标的实现程度。因此，在认定与这些目标相关的内部控制缺陷时，不能只考虑最终的结果，而应主要考察企业制定战略、开展经营活动的机制和程序是否符合内部控制要求，以及不适当的机制和制度对战略目标和经营目标的实现可能造成的影响。

非财务报告内部控制缺陷的认定可以采用定性或定量的认定标准，企业可以根据风险评估的结果，结合自身的实际情况、管理现状和发展要求合理确定。定量标准（涉及金额的大小）既可以根据造成直接财产损失的绝对金额制定，也可以根据直接损失占本企业资产、销售收入及利润等的比率确定；定性标准（涉及业务性质的严重程度）可根据其直接或潜在负面影响的性质、影响的范围等因素确定。

以下迹象通常表明非财务报告内部控制可能存在重大缺陷：（1）违反法律、法规；（2）除政策性亏损原因外，企业连年亏损，持续经营受到挑战；（3）缺乏制度控制或制度系统性失效，例如企业财务部、销售部控制点全部不能执行；（4）并购重组失败，或新扩充下属单位的经营难以为继；（5）子公司缺乏内部控制建设，管理散乱；（6）企业管理层人员纷纷离开或关键岗位人员流失严重；（7）被媒体频频曝光负面新闻；（8）内部控制评价的结果特别是重大缺陷或重要缺陷未得到整改。

内控缺陷定性评级如图9-2所示。

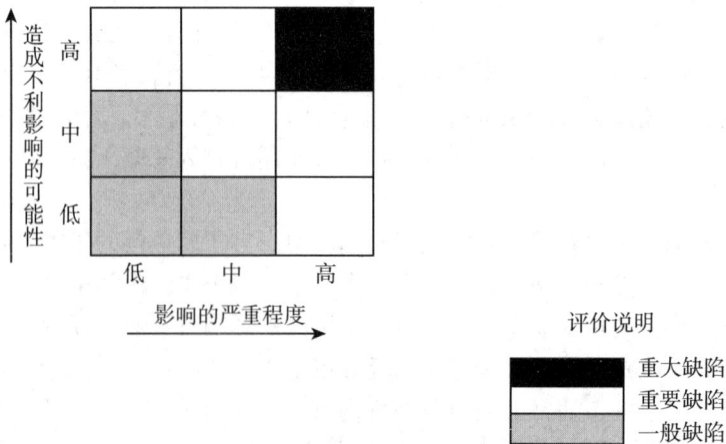

图9-2 内控缺陷定性评级

财务报告内部控制缺陷和非财务报告内部控制缺陷，其实难以作严格的区分。例如，内部环境、重大安全事故等。如果对一项缺陷应属于财务报告内部控制缺陷还是非财务报告内部控制缺陷难以准确区分的，制定标准时应本着是否影响财务报告目标的原则来区分。

三、内部控制缺陷的认定步骤

(一) 财务报告内部控制缺陷的认定步骤

结合财务报告内部控制缺陷的认定标准，财务报告内部控制缺陷的认定步骤如下：第一步，结合财务报告内部控制缺陷的迹象，判断是否可能存在财务报告内部控制缺陷。第二步，确定重要性水平和一般水平，以此作为判断缺陷类型的临界值。可采用绝对金额法或者相对比例法进行确定。

第三步，抽样。按照业务发生频率的高低和账户的重要性确定抽样数量。

第四步，计算潜在错报金额。根据控制点错报样本数量和样本量，在潜在错报率对照表中查找对应的潜在错报率，之后统计出相应账户的同向累计发生额，计算控制点潜在错报金额。其计算公式为：

$$潜在错报金额 = 潜在错报率 \times 相应账户的同向累计发生额$$

第五步，如果重要性水平和一般水平是绝对金额，那么可直接将潜在错报金额合计数与其进行比较，判断缺陷类型；如果重要性水平和一般水平是相对数，需进一步计算错报指标再进行比较判断。错报指标的计算公式如下：

$$错报指标 = 潜在错报金额合计数 \div 当期主营业务收入(或期末资产)$$

其中，分母所选用的指标应与确定重要性水平的指标保持一致。

(二) 非财务报告内部控制缺陷的认定步骤

第一步，结合相关迹象，判断是否可能存在非财务报告内部控制缺陷。第二步，采用定性或者定量方法确定认定标准。

四、内部控制缺陷的处理办法

内部控制缺陷按照成因分为设计缺陷和运行缺陷。对于设计缺陷，应从企业内部的管理制度入手查找原因，对需要更新、调整废止的制度要及时进行处理，并同时改进内部控制体系的设计，弥补设计缺陷的漏洞。对于运行缺陷，则应分析出现的原因，查清责任人，并有针对性地进行整改。

内部控制缺陷按照影响程度分为重大缺陷、重要缺陷和一般缺陷。对于重大缺陷，应当由董事会予以最终认定，企业要及时采取应对策略，切实将风险控制在可承受范围之内。对于重要缺陷和一般缺陷，企业应当及时采取措施，避免发生损失。企业应当编制内部控制缺陷认定汇总表，结合实际情况对内部控制缺陷的成因、表现形式和影响程度进行综合分析和全面复核，提出认定意见和改进建议，确保整改到位，并以适当形式向董事会、监事会或者经理层报告。

对于因内部控制缺陷造成经济损失的，企业应当查明原因，追究相关部门和人员的责任。

【案例 9 - 4】

上市公司 2022 年内控白皮书发布 提五项建议优化上市公司内控体系

《中国上市公司 2022 年内部控制白皮书》（以下简称《白皮书》）近日正式发布。《白皮书》显示，目前上市公司仍存在内控信息披露质量有待提升、内控制度建设亟须加强等问题。就此，《白皮书》提出五项政策建议，包括以数智化赋能监管、逐步规范统一信息披露准则要求、强化内控审计质量管理体系等。《白皮书》由深圳市迪博企业风险管理技术有限公司（以下简称"迪博公司"）编制。此次是该系列报告连续第 14 年发布。

《白皮书》分析，2021 年上市公司内部控制缺陷主要集中在资金活动、资产管理、采购业务、销售业务、财务报告、合同管理、组织架构、工程项目、关联交易、人力资源等领域。

其中，资金活动、资产管理、采购业务、销售业务仍是公司内控缺陷高发领域。其中，资金活动相关缺陷主要表现为控股股东、实际控制人及其关联方存在非经营性资金占用、对外投资管理制度不完善、大额应收款项未能有效回收等；资产管理相关缺陷主要表现为未定期进行资产盘点或资产盘点不到位、未及时完整记录资产出入库信息、存货核算不准确等；采购业务相关缺陷主要表现为供应商准入评审不规范、供应商费用结算管理疏漏、采购部门与财务部门对账不及时、采购验收资料不完备等；销售业务相关缺陷主要表现为销售人员代收代付款、销售记录资料不完整、定价管理不清晰等。与此同时，财务报告、合同管理领域的内控缺陷较上年有所增多，组织机构、关联交易、人力资源的内控缺陷较上年有所下降。

《白皮书》提出五项政策建议。针对 2021 年度上市公司内控信息披露及内控建设中存在的问题，《白皮书》提出了五方面政策建议，以优化完善上市公司内控体系。

一是以数智化赋能监管，提升内控整体水平。《白皮书》建议在日常监管工作中充分引入和利用大数据等技术，构建形成"事前有标准、事中有执行、事后有评价、持续有改进"的内控监管体系，充分发挥内控在上市公司财务报告中的控制关口前移、提升披露透明度、保护投资者权益等重要作用。

二是逐步规范统一信息披露准则要求，提高内控信息披露质量。建议逐步构建统一的内控信息披露框架体系，形成统一的披露准则，规范内控、强化信披，提升内控信息披露质量和规范可用性。

三是充分发挥日常监督作用，构建重大缺陷、重要缺陷专项评价及内控责任回溯机制。建议上市公司强化内部审计监督和外审监督职能，定期开展缺陷整改有效性专项评价工作，建立内控缺陷数据库和缺陷整改台账，督促整改责任部门及相关责任人及时整改。同时，实施内控责任可回溯的管理机制。

四是强化内控审计质量管理体系，提升审计执业水平。建议会计师事务所严把"看门人"职责，将作风正派、责任心强、业务素质高的干部充实到各级会计师队伍中。同时，建议各部门加强统筹协调与监督合力，及时规范内控审计或整合审计实施过程中遇到的新情况、新问题，并予以指导。

五是加强对原中小板上市公司的内控监督，进一步扩展内控体系强制性实施范围。

资料来源：中国证券网. 上市公司 2022 年内控白皮书发布 提五项建议优化上市公司内控体系［EB/OL］.［2022 - 10 - 24］. http：//stock. 10jqka. com. cn/20221024/c642430390. shtml. 有删改。

第四节　内部控制评价工作底稿与报告

企业内部控制评价部门应根据日常监督与专项监督的工作，结合内部控制缺陷的认定与整改结果，形成一系列评价工作底稿，最终形成内部控制评价报告。内部控制评价报告是内部控制评价的最终体现。

一、内部控制评价工作底稿

内部控制评价工作底稿是内部控制工作的载体，也是内部控制评价报告形成的基础。在实际工作中，评价工作底稿一般是通过一系列的评价表格来实现的。一般来说，评价工作底稿包括业务流程评价表、控制要素评价表、内部控制评价汇总表三个层次，其中，业务流程评价表形成控制要素评价表的"控制活动汇总评价表"部分；控制要素评价表连同内部控制缺陷认定汇总表一起构成内部控制评价汇总表；内部控制评价汇总表是形成内部控制评价报告的直接依据。内部控制评价报告的形成过程如图9-3所示。

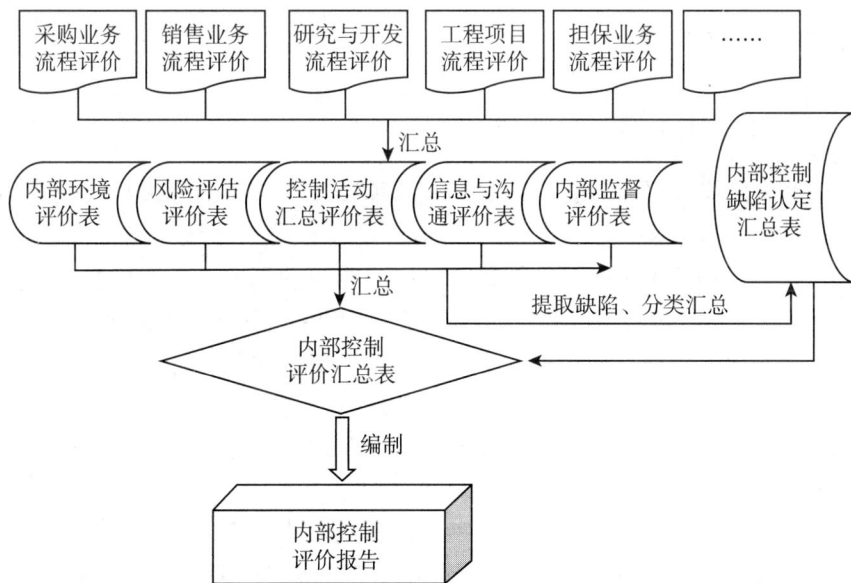

图9-3　内部控制评价报告的形成过程

（一）业务流程评价表

企业的经营活动涉及多个业务流程，包括采购业务流程、销售业务流程、研究与开发流程、工程项目流程、担保业务流程等。企业应根据自身业务特点，设计合理的业务流程模块，由相对独立的评价小组对每个业务流程进行测试与评价，形成业务流程评价表。对各类业务流程的评价应包括设计有效性和运行有效性。各业务流程评价表应包括评价指标（即对控制点的描述）、评价标准（检查是否符合控制要求）、评价证据（例如××规定或实施办法或抽取的样本对应的凭证号等）、评价结果（评价得分）、未有效执行的原因等。

（二）控制要素评价表

控制要素评价表包括内部环境评价表、风险评估评价表、控制活动评价表、信息与沟通评价表和内部监督评价表。其中，内部环境评价表、风险评估评价表、信息与沟通评价表和内部监督评价表都是根据现场评价结果直接形成的，而控制活动评价表是在对各业务流程评价表的基础上汇总而成的。内部控制要素评价表的内容包括评价指标、评价标准、评价证据和评价结果等。

（三）内部控制评价汇总表

内部控制评价汇总表包括以下几个部分：内部环境评价及评分、控制活动评价及其评分、信息与沟通评价及其评分、内部监督评价及评分、缺陷的认定、综合评价得分。内部控制评价汇总表是在内部控制五大要素评价表的基础上汇总形成的，并将缺陷的认定单列项目，作为最后评价得分的减项。为了更清楚地了解缺陷的基本情况，应分类反映缺陷数量、等级等项目。在实践当中，不同的企业有不同的做法。

二、内部控制评价报告

（一）内部控制评价报告的内容

根据《企业内部控制评价指引》第二十一条和第二十二条的相关规定，内部控制评价对外报告一般包括以下内容：

1. 董事会声明。声明董事会及全体董事对报告内容的真实性、准确性、完整性承担个别及连带责任，保证报告内容不存在任何虚假记载、误导性陈述或重大遗漏。

2. 内部控制评价工作的总体情况。明确企业内部控制评价工作的组织、领导体制、进度安排，是否聘请会计师事务所对内部控制的有效性进行独立审计。

3. 内部控制评价的依据。说明企业开展内部控制评价工作所依据的法律、法规和规章制度。

4. 内部控制评价的范围。描述内部控制评价所涵盖的被评价单位，以及纳入评价范围的业务事项及重点关注的高风险领域。内部控制评价的范围有所遗漏的，应说明原因及其对内部控制评价报告真实完整性产生的重大影响等。

5. 内部控制评价的程序和方法。描述内部控制评价工作遵循的基本流程，以及在评价过程中采用的主要方法。

6. 内部控制缺陷及其认定。描述适用本企业的内部控制缺陷具体认定标准，并声明与以前年度保持一致或作出的调整及相应的原因；根据内部控制缺陷认定标准，确定评价期末存在的重大缺陷、重要缺陷和一般缺陷。

7. 内部控制缺陷的整改情况。对于评价期间发现、期末已完成整改的重大缺陷，说明企业有足够的测试样本，显示与该重大缺陷相关的内部控制设计合理且运行有效。针对评价期末存在的内部控制缺陷，公司拟采取的整改措施及预期效果。

8. 内部控制有效性的结论。对不存在重大缺陷的情形，出具评价期末内部控制有效的结论；对存在重大缺陷的情形，不得得出内部控制有效的结论，并需描述该重大缺陷的性质及其对实现相关控制目标的影响程度，以及可能给公司未来生产经营带来的相关风险等。自内部控制评价报告基准日至内部控制评价报告发出日，发生重大缺陷的，企业须责成内部控制评价机构予以核实，并根据核查结果对评价结论进行相应的调整，说明董事会拟采取的措施。

（二）内部控制评价报告的编制要求

内部控制评价报告可分为对外报告和对内报告，对外报告是为了满足外部信息使用者的需求，在时间上具有强制性，披露内容和格式需要符合披露要求；对内报告主要是为了满足管理层或治理层改善管控水平的需要，不具有强制性，内容、格式和披露时间由企业自行决定。

企业因外部环境和内部条件的变化，内部控制系统不可能是一成不变的，而是一个不断更新和自我完善的动态体系，因此对内部控制需要经常展开评价，在实际工作中可以采用定期与不定期相结合的方式。

对外报告一般采用定期的方式，公司编制的年度内部控制评价报告经董事会审议通过，并按定期报告相关要求审核后，与年度报告一并对外披露。年度内部控制评价报告应当以12月31日为基准日。值得说明的是，根据2014年证监会会同财政部联合制定颁布的《公开发行证券的公司信息披露编报规则第21号——年度内部控制评价报告的一般规定》，公司内部控制评价结论认定公司于内部控制评价报告基准日存在内部控制重大缺陷，或者公司内部控制被会计师事务所出具了非标准内部控制审计报告，以及标准内部控制审计报告披露了非财务报告内部控制重大缺陷的，公司应当在年度报告"重要提示"中对以上情况作出声明，并提示投资者注意阅读年度报告内部控制相关章节中内部控制评价和审计的相关信息。

内部报告一般采用不定期的方式，即企业可以持续地开展内部控制的监督与评价，并根据结果的重要性随时向董事会（审计委员会）或经理层报送评价报告。从广义上讲，企业针对发现的重大缺陷等向董事会（审计委员会）或经理层报送的内部报告（内部控制缺陷报告）也属于非定期的报告。

根据《企业内部控制基本规范》和《企业内部控制评价指引》的要求，财政部会同证监会联合制定了《公开发行证券的公司信息披露编报规则第21号——年度内部控制评价报告的一般规定》，对公开发行证券的公司内部控制信息披露的原则、方法、内容与格式作出了具体规定，对于指导与规范上市公司的内部控制信息披露行为，提高内部控制信息质量，保护投资者的利益，具有重大意义。根据《关于2012年主板上市公司分类分批实施企业内部控制规范体系的通知》的规定，到2014年，所有主板上市公司都应在披露2014年公司年报的同时，披露公司内部控制的自我评价报告以及注册会计师出具的财务报告内部控制审计报告。对于中小板和创业板上市公司，则没有强制要求。对于需要披露内部控制评价报告的上市公司，在发布年度报告时应遵照执行。鼓励自愿披露内部控制评价报告的其他上市公司参照执行。需要说明的是，该规则是对年度内部控制评价报告披露的最低要求，不论规则是否有明确要求，凡对投资者投资决策有重大影响的内部控制信息，公司均应充分披露。该规则还对内部控制评价报告的格式作出了具体的要求。

（三）内部控制评价报告的披露与报送

在我国，随着《企业内部控制基本规范》以及配套指引的陆续推出，内部控制信息披露已经逐渐步入强制性阶段。《企业内部控制评价指引》规定，企业编制的内部控制评价报告应当报经董事会或类似权力机构批准后对外披露或报送相关部门。企业应以每年的12月31日为年度内部控制评价报告的基准日，于基准日后4个月内对外披露或报送内部控制评价报告。对于委托注册会计师对内部控制的有效性进行审计的公司，应同时将内部控制审计报告对外披露或报送。对于自内部控制评价报告基准日至内部控制评价报告报出日发生的影响内部控制有效性的因素，内部控制评价部门应予以关注，并根据其性质和影响程度对评价结论进行相应调整。企业内部控制评价报告应按规定报送有关监管部门，对于国有控股企业，应按要求报送国有资产监督管理部门和财政部门；对于金融企业，应按规定报送银行业监督管理部门和保险监督管理部门；对于公开发行证券的企业应报送证券监督管理部门。

【复习与思考】

1. 谈谈你对内部控制评价定义的理解。
2. 在开展内部控制评价工作时，全面性和重要性哪个更重要？二者应如何权衡？
3. 内部控制评价具体内容有哪些？
4. 试说明内部控制评价方法及其适用范围。
5. 内部控制的缺陷如何分类？财务报告内部控制缺陷的认定标准是什么？
6. 根据《企业内部控制评价指引》的规定，内部控制评价报告包含哪些基本内容？

【案例分析】

中国移动有限公司2022年度内部控制评价报告

中国移动有限公司全体股东：

根据《企业内部控制基本规范》及其配套指引的规定和其他内部控制监管要求（以下简称"企业内部控制规范体系"），结合中国移动有限公司（以下简称"公司"）内部控制制度和评价办法，在内部控制日常监督和专项监督的基础上，我们对公司2022年12月31日（内部控制评价报告基准日）的内部控制有效性进行了评价。

一、重要声明

按照企业内部控制规范体系的规定，建立健全和有效实施内部控制，评价其有效性，并如实披露内部控制评价报告是公司董事会的责任。公司董事会及董事、高级管理人员保证本报告内容不存在任何虚假记载、误导性陈述或重大遗漏，并对报告内容的真实性、准确性和完整性承担个别及连带法律责任。

公司内部控制的目标是合理保证经营管理合法合规、资产安全、财务报告及相关信息真实完整，提高经营效率和效果，促进实现发展战略。由于内部控制存在的固有局限性，故仅能为实现上述目标提供合理保证。此外，由于情况的变化可能导致内部控制变得不恰当，或对控制政策和程序遵循的程度降低，根据内部控制评价结果推测未来内部控制的有效性具有一定的风险。

二、内部控制评价结论

1. 公司于内部控制评价报告基准日,是否存在财务报告内部控制重大缺陷。

　　□是　　　　　　　　　　　　　　　√否

2. 财务报告内部控制评价结论。

　　√有效　　　　　　　　　　　　　□无效

根据公司财务报告内部控制重大缺陷的认定情况,于内部控制评价报告基准日,不存在财务报告内部控制重大缺陷,董事会认为,公司已按照企业内部控制规范体系和相关规定的要求在所有重大方面保持了有效的财务报告内部控制。

3. 是否发现非财务报告内部控制重大缺陷。

　　□是　　　　　　　　　　　　　　√否

根据公司非财务报告内部控制重大缺陷认定情况,于内部控制评价报告基准日,公司未发现非财务报告内部控制重大缺陷。

4. 自内部控制评价报告基准日至内部控制评价报告发出日之间影响内部控制有效性评价结论的因素。

　　□适用　　　　　　　　　　　　　√不适用

自内部控制评价报告基准日至内部控制评价报告发出日之间未发生影响内部控制有效性评价结论的因素。

5. 内部控制审计意见是否与公司对财务报告内部控制有效性的评价结论一致。

　　√是　　　　　　　　　　　　　　□否

6. 内部控制审计报告对非财务报告内部控制重大缺陷的披露是否与公司内部控制评价报告披露一致。

　　√是　　　　　　　　　　　　　　□否

三、内部控制评价工作情况

(一)内部控制评价范围

公司按照风险导向原则确定纳入评价范围的主要单位、业务和事项以及高风险领域。

1. 纳入评价范围的主要单位包括:中国移动有限公司及所属全部子企业。

2. 纳入评价范围的单位占比情况见表1。

表1　　　　　　　　　　　　纳入评价范围的单位占比情况

指标	占比(%)
纳入评价范围单位的资产总额占公司合并财务报表资产总额之比	100
纳入评价范围单位的营业收入合计占公司合并财务报表营业收入总额之比	100

3. 纳入评价范围的主要业务和事项包括:

公司治理层面:健全公司治理机制;培育诚信和道德价值观;完善权力运行和监督管理机制;加强内控风险管理。

业务流程层面:涵盖采购管理、工程项目管理、资产管理、生产运维管理、收入计费、营销管理、预算管理、会计与财务报告管理、资金管理、人工成本管理、关联方交易管理、税务管理、法律法规遵循业务及其他专业公司特有业务流程。

信息技术整体控制：信息系统策略和政策的制定；程序开发和变更管理；对程序和数据的访问；系统运行和安全管理。

4. 重点关注的高风险领域主要包括：

公司在全面评价的基础上，重点关注了影响财务信息真实性、经营效率及效益性、资金资产的安全性、法律法规遵循性等关键业务控制环节，实现了内控评价工作的全面覆盖与高风险领域的重点覆盖。

5. 上述纳入评价范围的单位、业务和事项以及高风险领域涵盖了公司经营管理的主要方面，是否存在重大遗漏。

　　□是　　　　　　　　　　√否

6. 是否存在法定豁免。

　　□是　　　　　　　　　　√否

7. 其他说明事项无。

（二）内部控制评价工作依据及内部控制缺陷认定标准

公司依据企业内部控制规范体系及公司内部控制制度和评价办法，组织开展内部控制评价工作。

1. 内部控制缺陷具体认定标准是否与以前年度存在调整。

　　□是　　　　　　　　　　√否

公司董事会根据企业内部控制规范体系对重大缺陷、重要缺陷和一般缺陷的认定要求，结合公司规模、行业特征、风险偏好和风险承受度等因素，区分财务报告内部控制和非财务报告内部控制，研究确定了适用于本公司的内部控制缺陷具体认定标准，并与以前年度保持一致。

2. 财务报告内部控制缺陷认定标准。公司确定的财务报告内部控制缺陷评价的定量标准见表2。

表2　　　　　　　　公司确定的财务报告内部控制缺陷评价的定量标准

指标名称	重大缺陷定量标准	重要缺陷定量标准	一般缺陷定量标准
税前利润总额错报金额	5%以上	3%（含）~5%（含）	3%以下
所有者权益总额错报金额	3%以上	1%（含）~3%（含）	1%以下

说明：无。

公司确定的财务报告内部控制缺陷评价的定性标准见表3。

表3　　　　　　　　公司确定的财务报告内部控制缺陷评价的定性标准

缺陷性质	定性标准
重大缺陷	董事和高级管理人员重大舞弊并给企业造成重要损失和不利影响；财务报告存在重大错报，且对应的控制活动未能识别该错报，或需要更正已公布的财务报告；财务报告相关重要业务缺乏制度控制或制度系统性失效，严重影响公司目标的实现；董事会、审计和风险管理委员会及内审部对公司财务报告相关内部控制缺乏有效监督

续表

缺陷性质	定性标准
重要缺陷	未依照公认会计准则选择和应用会计政策；反舞弊程序和控制措施不足，导致公司发生重要舞弊事件；合规性监管职能失效
一般缺陷	个别单位的个别控制点现有控制设计不能或不足达到控制目的；个别单位的个别控制点实际执行未能达到控制目的；已与各单位管理层沟通的个别内部控制缺陷，经过合理时间后，未加以整改

说明：无。

3. 非财务报告内部控制缺陷认定标准。公司确定的非财务报告内部控制缺陷评价的定量标准见表4。

表4　　　　公司确定的非财务报告内部控制缺陷评价的定量标准

指标名称	重大缺陷定量标准	重要缺陷定量标准	一般缺陷定量标准
税前利润总额损失金额	5%以上	3%（含）~5%（含）	3%以下

说明：无。

公司确定的非财务报告内部控制缺陷评价的定性标准见表5。

表5　　　　公司确定的非财务报告内部控制缺陷评价的定性标准

缺陷性质	定性标准
重大缺陷	严重违反国家法律、法规，遭受重大法律制裁；非财务报告相关重要业务缺乏制度控制或制度系统性失效，严重影响公司目标的实现；已向管理层汇报的非财务报告内部控制重大缺陷在经过合理时间后未得到整改
重要缺陷	生产运营环节存在明显违规，存在重大舞弊风险；决策程序存在缺陷，造成公司重大损失

说明：无。

（三）内部控制缺陷认定及整改情况

1. 财务报告内部控制缺陷认定及整改情况。

（1）重大缺陷。报告期内公司是否存在财务报告内部控制重大缺陷。
　　□是　　　　　　√否

（2）重要缺陷。报告期内公司是否存在财务报告内部控制重要缺陷。
　　□是　　　　　　√否

（3）一般缺陷。根据上述公司内部控制缺陷的认定标准，报告期内公司不存在财务报告内部控制重大缺陷和重要缺陷。财务报告内部控制一般缺陷均属个别单位的局部问题，所涉及业务量不大，影响比例较小，未对公司生产经营产生重大影响，并已经或正在落实整改，对公司内部控制目标的实现不构成实质性影响。

（4）经过上述整改，于内部控制评价报告基准日，公司是否存在未完成整改的财务报告内部控制重大缺陷。
　　□是　　　　　　√否

（5）经过上述整改，于内部控制评价报告基准日，公司是否存在未完成整改的财务报告内部控制重要缺陷。

□是　　　　　　　√否

2. 非财务报告内部控制缺陷认定及整改情况。

（1）重大缺陷。报告期内公司是否发现非财务报告内部控制重大缺陷。

□是　　　　　　　√否

（2）重要缺陷。报告期内公司是否发现非财务报告内部控制重要缺陷。

□是　　　　　　　√否

（3）一般缺陷。根据上述公司内部控制缺陷的认定标准，报告期内公司不存在非财务报告内部控制重大缺陷和重要缺陷。非财务报告内部控制一般缺陷均属个别单位的局部问题，所涉及业务量不大，影响比例较小，未对公司生产经营产生重大影响，并已经或正在落实整改，对公司内部控制目标的实现不构成实质性影响。

（4）经过上述整改，于内部控制评价报告基准日，公司是否发现未完成整改的非财务报告内部控制重大缺陷。

□是　　　　　　　√否

（5）经过上述整改，于内部控制评价报告基准日，公司是否发现未完成整改的非财务报告内部控制重要缺陷。

□是　　　　　　　√否

四、其他内部控制相关重大事项说明

1. 上一年度内部控制缺陷整改情况。

□适用　　　　　　　√不适用

2. 本年度内部控制运行情况及下一年度改进方向。

□适用　　　　　　　√不适用

3. 其他重大事项说明。

□适用　　　　　　　√不适用

董事长（已经董事会授权）：杨杰
中国移动有限公司 2023 年 3 月 23 日

思考：根据以上资料，理解分析内部控制评价报告都包含了哪些基本内容。

【拓展阅读】

《内部控制评价指引》.

练习题及答案

第十章

内部控制审计

■ 【知识与技能要求】

通过本章的学习，使学生能够：

1. 解释内部控制审计的定义。

2. 分析内部控制审计中的责任关系。

3. 知道内部控制审计的步骤。

4. 分析内部控制审计与财务报表审计的联系和区别。

5. 解释审计业务约定书。

6. 解释制订计划审计工作的总体要求。

7. 运用自上而下的方法实施审计工作。

8. 举例说明内部控制缺陷的评价及其处理。

9. 知道完成审计工作阶段主要工作内容。

10. 举例说明企业认可的书面声明应当包括的内容。

11. 知道出具各种内部控制审计报告的条件和各种内部控制审计报告所包括的要素。

12. 根据企业内部控制审计的情况，出具相应的内部控制审计报告。

■ 【思政目标】

坚持和广泛践行社会主义核心价值观，严格按照相关法律法规的要求开展内部控制审计工作，助力企业加强改革顶层设计治理体系和治理能力现代化水平明显提高，着力推动企业高质量发展。

■ 【关键术语】

内部控制审计 整合审计 自上而下的方法 审计工作底稿 内部控制审计报告

【案例 10 - 1】

中注协发布上市公司 **2022** 年年报审计情况快报（第二期）

2023 年 3 月 16 日，中注协发布上市公司 2022 年年报审计情况快报（第二期），全文如下：

1. 会计师事务所出具上市公司年报审计报告总体情况。

2023 年 3 月 10 ~ 15 日，21 家事务所共为 61 家上市公司出具了财务报表审计报告，其中，沪市主板 36 家，深市主板 15 家，创业板 4 家，科创板 4 家，北交所 2 家。从审计报告意见类型看，61 家均被出具了无保留意见审计报告。

截至 2023 年 3 月 15 日，28 家事务所共为 120 家上市公司出具了财务报表审计报告，其中，沪市主板 57 家，深市主板 37 家，创业板 17 家，科创板 7 家，北交所 2 家。从审计报告意见类型看，120 家均被出具了无保留意见审计报告。

2023 年 3 月 10 ~ 15 日，20 家事务所共为 52 家上市公司出具了内部控制审计报告，其中，沪市主板 34 家，深市主板 15 家，科创板 3 家。从审计报告意见类型看，52 家均被出具了无保留意见审计报告。

截至 2023 年 3 月 15 日，25 家事务所共为 99 家上市公司出具了内部控制审计报告，其中，沪市主板 55 家，深市主板 37 家，创业板 1 家，科创板 6 家。从审计报告意见类型看，99 家均被出具了无保留意见审计报告。

2. 上市公司审计机构变更总体情况。

截至 2023 年 3 月 15 日，共有 49 家事务所向中注协报备了上市公司财务报表审计机构变更信息，涉及上市公司 392 家。后任事务所尚未报备变更信息的有 44 家，前任事务所尚未报备变更信息的有 28 家，前后任事务所均已报备变更信息的有 320 家。对于变更原因，有 201 家表示，是因上市公司业务发展或审计需要；有 68 家表示，是因前任事务所提供审计服务年限较长或聘期届满；有 51 家表示，是因根据规定需要轮换；有 3 家表示，是因上市公司根据集团、控股股东要求更换审计机构。

截至 2023 年 3 月 15 日，共有 42 家事务所向中注协报备了上市公司内部控制审计机构变更信息，涉及上市公司 305 家。后任事务所尚未报备变更信息的有 50 家，前任事务所尚未报备变更信息的有 67 家，前后任事务所均已报备变更信息的有 188 家。

资料来源：中国注册会计师协会，https：//www.cicpa.org.cn/xxtb/news/202303/t20230317_64005.html. 有删改.

第一节　内部控制审计概述

一、内部控制审计的定义

所谓内部控制审计，是指会计师事务所接受委托，对特定基准日内部控制设计与运行的有效性进行审计。

注册会计师基于特定基准日（例如 12 月 31 日）内部控制的有效性发表意见，而非基于对财务报表涵盖的整个期间（例如一年）的内部控制有效性发表意见，这并不意味着注册会计师仅仅只关注被审计单位特定基准日当天的内部控制，而是还要考查被审计单位一段时期内（足够长的一段时间）内部控制的设计和运行情况。例如，注册会计师可能在 5 月份对被审计单位的内部控制进行测试，发现问题后提请被审计单位进行整改。如果被审计单位在 6 月份整改，其内部控制在整改后要运行一段时间（例如 1 个月），注册会计师 8 月份再对整改后的内部控制进行测试。

注册会计师可以将内部控制审计单独进行，也可以将其与财务报表审计整合进行。当注册会计师将内部控制审计与财务报表审计整合进行时，即是整合审计。

二、内部控制审计中的责任关系

为了实现企业内部控制的健全和有效实施，我国《企业内部控制审计指引》对企业内部控制审计有关各方的责任进行了规定。

（一）被审计单位的内部控制责任

在内部控制审计中，被审计单位也承担着相应的责任。我国《企业内部控制审计指引》第一章第三条明确指出，建立健全和有效实施内部控制，评价内部控制的有效性是企业董事会的责任。由此可见，企业内部控制本身有效与否是被审计单位的责任。

因此，被审计单位应当根据《企业内部控制基本规范》等法律法规的要求，结合本单位自身实际情况，积极建立健全有效的内部控制制度，并适时评价内部控制实施的有效性。

（二）注册会计师的内部控制审计责任

注册会计师是内部控制审计中非常重要的责任主体，我国《企业内部控制审计指引》第一章第三条同时也明确指出，按照本指引的要求，在实施审计工作的基础上对内部控制的有效性发表审计意见，是注册会计师的责任。换言之，开展内部控制审计并发表恰当的审计意见，是注册会计师的责任。

应当注意的是，注册会计师应当对发表的审计意见独立承担责任。所谓注册会计师独立承担责任是指注册会计师在实施内部控制审计工作的过程中，即使利用了被审计单位内部审计人员、内部控制评价人员和其他相关人员的工作，其应当承担的责任也不会因之而有所减轻。所以，注册会计师在实施内部控制审计之前，应当在业务约定书中明确双方的责任；同时，在发表内部控制审计意见之前，应当取得有关内部控制的管理层声明书。

三、内部控制审计的步骤

根据《企业内部控制基本规范》和《企业内部控制审计指引》的有关规定，我国的内部控制审计，是注册会计师针对被审计单位的内部控制实施合理保证（高水平保证）的鉴证业务。注册会计师应当按照如图 10-1 所示的步骤完成企业内部控制审计，同时也应记录自己开展的审计工作。

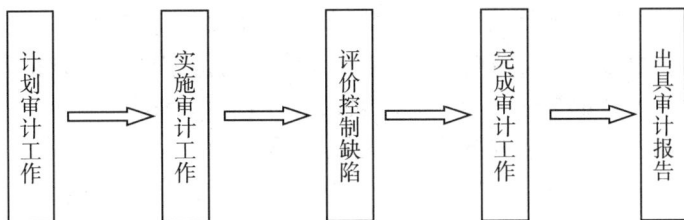

图 10 - 1   内部控制审计的步骤

第二节   审计范围与审计目标

一、内部控制审计的范围

所谓内部控制审计范围,是指注册会计师开展内部控制审计工作的客体的范围。它决定了内部控制审计的质量、成本、责任和可行性。内部控制审计范围可以从时间和业务两个维度进行界定。

(一) 内部控制审计的时间范围

内部控制审计时间范围是指内部控制审计客体的时间范围,主要有三种模式。

第一种是时点模式,这种模式是仅对特定基准日内部控制的有效性进行审计,对特定时点相关内部控制的有效性发表意见;第二种是时期模式,这种模式是对特定时期内部控制的有效性进行审计,针对特定时期相关内部控制的有效性发表意见;第三种可以称为混合模式,这种模式是对特定时期内部控制设计与运行的有效性进行审计,针对特定基准日相关内部控制的有效性发表意见。

从《企业内部控制审计指引》来看,我国内部控制审计时间范围的界定是在多种界定方式的互动中寻求平衡,在程序上要求注册会计师在特定期间对内部控制进行了解和有限测试,在结果上要求注册会计师针对特定时点内部控制的有效性发表意见。由此可知,在内部控制审计时间范围上,我国注册会计师所采用的内部控制审计的程序和方法,体现了内部控制这个过程向前的延续性。

(二) 内部控制审计的业务范围

内部控制审计的业务范围问题,主要指注册会计师是对被审计单位财务报告内部控制进行审计,还是对被审计单位整个内部控制进行审计。为了防止内部控制各种可能的外部性,为财务报表使用者提供尽可能多的附加信息、促进被审计单位全面加强内部控制建设,内部控制审计理应以被审计单位整个内部控制为审计的业务范围。

但是,由于内部控制是一个广泛的概念,其内容也较为宽广,没有较为明确的边界,若以被审计单位整个内部控制作为内部控制审计的业务范围,将会使得内部控制审计的可行性较低。因此,如何确定内部控制审计的业务范围,还需要考虑以下四种因素。

第一，注册会计师的胜任能力。一般情况下，注册会计师的专长主要表现在会计、审计、税法、财务成本管理、公司战略、财务报告内部控制等方面。其他领域的内部控制，例如生产安全内部控制、产品质量内部控制、环境保护内部控制等，超出了注册会计师的知识、技能和经验范围，需要其他领域的专家进行鉴证。

第二，成本效益的约束。美国公众公司会计监督委员会（PCAOB）通过对审计准则第2号《与财务报表审计相关的财务报告内部控制审计》（以下简称"AS2"）实施情况的研究表明：注册会计师对财务报告内部控制的审计会给公司带来巨大的效益，推进公司治理和内部控制的完善，提高公司财务报告的质量；但是，执行财务报告内部控制审计的费用超出了预期，大幅增加了公司的成本。因此，PCAOB对AS2的要求进行了修改，并简化了程序，提出了新的第5号审计准则，即《与财务报表审计整合的财务报告内部控制审计》（以下简称"AS5"）。由此可见，较高的收益通常会伴随着较高的成本，如果将内部控制审计的业务范围扩展至财务报告内部控制以外的其他方面，势必会进一步加剧审计的成本效益矛盾。

第三，投资者的需求。注册会计师对内部控制进行审计的主要目的是满足投资者等信息使用者的需求，保护他们的权益。如果财务报告内部控制有效，可以使投资者对上市公司财务报告的可靠性有较强的信心，从而帮助投资者进行投资决策。并且，如果注册会计师认为财务报告内部控制没有问题，则意味着财务报表有重大问题的可能性将会大幅度降低。这使得前述两种范围不仅仅在逻辑上是一致的，而且在给投资者的信息方面也是一致的。

第四，对非财务报告内部控制审计的做法。从国外的情况看，内部控制审计主要局限在财务报告内部控制。目前，国际上尚未形成对非财务报告内部控制有效性进行评价的依据或标准，在判断上存在较大的主观性，其结果也缺乏可比性，对投资者的作用也不是很确定。

综上所述，内部控制审计只能重点解决内部控制弱化可能产生虚假财务信息的问题。有鉴于此，目前国内外已颁布的内部控制审计相关规范普遍规定，内部控制审计的业务范围应当限于与财务报告有关的内部控制。

但是，如果企业仅仅关注财务报告内部控制，不利于企业全面实施内部控制规范和提升风险管控能力。因此，我国《企业内部控制审计指引》第四条第二款规定，注册会计师应当对财务报告内部控制的有效性发表审计意见，并对内部控制审计过程中注意到的非财务报告内部控制的重大缺陷，在内部控制审计报告中增加"非财务报告内部控制重大缺陷描述段"予以披露。由此可见，我国内部控制审计的定位是主要针对财务报告内部控制，同时也合理涵盖非财务报告内部控制。

所谓财务报告内部控制，是指企业为了合理保证财务报告及相关信息真实完整而设计和运行的内部控制，以及用于保护资产安全的内部控制中与财务报告可靠性目标相关的控制。主要包括下列方面的政策和程序：（1）保存充分、适当的记录，准确、公允地反映企业的交易和事项；（2）合理保证按照企业会计准则的规定编制财务报表；（3）合理保证收入和支出的发生以及资产的取得、使用或处置经过适当授权；（4）合理保证及时防止或发现并纠正未经授权的、对财务报表有重大影响的交易和事项。

所谓非财务报告内部控制，是指除财务报告内部控制之外的其他控制，通常是指为了合理保证经营的效率效果、遵守法律法规、实现发展战略而设计和运行的控制，以及用于保护资产安全的内部控制中与财务报告可靠性目标无关的控制。

二、内部控制审计的目标

内部控制审计的目标是对被审计单位的财务报告内部控制的有效性发表审计意见。我国《企业内部控制审计指引》和 PCAOB 公布的 AS5 均对此做了相应表述。如果注册会计师在管理层评估日取得了被审计单位内部控制存在重大缺陷的证据，那么被审计单位财务报告内部控制自然是无效的。但是，什么样的财务报告内部控制是有效的呢，或者说有效的财务报告内部控制应该满足哪些条件呢？

如果从内部控制审计目标的角度来看，公司的财务报告内部控制如果为财务报告的可靠性和对外财务报表的编制符合公认会计原则提供了合理保证，就可认为它是有效的。COSO委员会认为，如果公司董事会和管理层能够合理保证下述三点事项：（1）他们了解公司的经营目标在何种程度上得到了实现；（2）公布的财务报表是可信赖的；（3）应该适用的法律和规章得到了遵循，那么就可以认为其内部控制是有效的。一般而言，可以从设计有效性和运行有效性两个方面判断财务报告内部控制的有效性。

（一）设计有效性

设计有效性是指公司是否适当地设计了能够防止或发现财务报表中存在重大错报的有关控制政策和程序。判断设计有效性的根本标准是设计出来的内部控制制度能否为内部控制目标的实现提供合理保证。

设计有效的财务报告内部控制，不仅有助于防止或及时发现引起财务报表产生重大错报的错误或舞弊，而且能够使得那些可以合理保证财务报表公允性的所有控制政策和程序都处在其位，且由称职的人员执行和监督。当缺乏实现控制目标的必要控制，或即使按照设计的控制运行仍无法实现控制目标时，财务报告内部控制的设计就存在缺陷。

（二）运行有效性

运行有效性是指有关的控制政策和程序是否能够如其设计的一样发挥机能。它不仅涉及公司如何运用这些控制政策和程序，而且还涉及由谁来执行这些政策和程序等。当设计合理的控制没有按照设计要求运行，或者执行控制者没有必要的授权或资格，财务报告内部控制的运行就存在缺陷。

具体而言，在评价内部控制的运行有效性时，应当着重考虑以下三个方面：（1）内部控制由谁执行；（2）内部控制以何种方式执行（例如，是人工控制还是智能控制）；（3）内部控制执行的连贯性，例如在所评价期间内的不同时点是如何运行的，是否得到了一贯执行。上述有关判断财务报告内部控制有效性的要点内容，如表 10 - 1 所示。

表 10 - 1　　　　　　　　　　**财务报告内部控制有效性的判断要点**

角度	要点
设计有效性	能够防止或发现财务报表中存在重大错报
	所有控制政策和程序都处在其位，且由称职的人员执行和监督

续表

角度	要点
运行有效性	内部控制由谁执行
	内部控制以何种方式执行
	内部控制执行的连贯性

三、内部控制审计与财务报表审计的比较

《企业内部控制审计指引》第五条规定，注册会计师可以单独进行内部控制审计，也可以将内部控制审计与财务报表审计整合进行（以下简称"整合审计"）。这一规定表明了两点：（1）内部控制审计与财务报表审计是两种不同的审计业务，两种审计的目标不同；（2）内部控制审计与财务报表审计可以整合起来进行。这说明内部控制审计与财务报表审计既相互联系，又有所区别。

（一）内部控制审计与财务报表审计的联系

首先，内部控制审计与财务报表审计通常使用相同的重要性水平，而且，审计准则所要求的风险导向审计与内部控制规范体系所要求的风险评估，在理念和方法上是趋于一致的。因此，整合审计具有较强的经济性与可行性。

其次，实务中，注册会计师可以利用在一种审计中获得的结果为另一种审计中的判断和拟实施的程序提供信息。例如，注册会计师在审计财务报表时需要获得的信息，在很大程度上依赖注册会计师对内部控制有效性得出的结论。整合审计中，注册会计师在内部控制审计中获取充分且适当的证据支持注册会计师在财务报表审计中对内部控制的风险评估结果；同时，注册会计师在财务报表审计中获取充分且适当的证据，支持注册会计师在内部控制审计中对内部控制的有效性发表意见。整合审计的互动关系如图 10－2 所示。

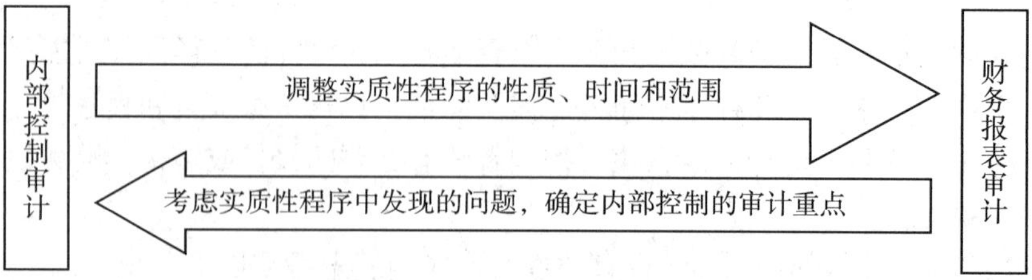

内部控制审计 → 调整实质性程序的性质、时间和范围 → 财务报表审计
内部控制审计 ← 考虑实质性程序中发现的问题，确定内部控制的审计重点 ← 财务报表审计

图 10－2　整合审计的互动关系

（二）内部控制审计与财务报表审计的区别

内部控制审计与财务报表审计的区别主要表现在以下六个方面。

1. 审计目标不同。内部控制审计的审计目标是对财务报告内部控制的有效性发表审计意见，并对内部控制审计过程中注意到的非财务报告内部控制的重大缺陷，在内部控制审计报告中增加"非财务报告内部控制重大缺陷描述段"予以披露。而财务报表审计的审计目标是对财务报表是否符合企业会计准则，是否公允反映被审计单位的财务状况、经营成果和

现金流量发表意见。

2. 了解和测试内部控制的目的不同。内部控制审计了解和测试内部控制的直接目的是对内部控制设计和运行的有效性发表意见。而财务报表审计则是按风险导向审计模式进行，了解内部控制是为了评估重大错报风险，测试内部控制是为了进一步证明了解内部控制时得出的初步结论，了解和测试内部控制的最终目的是服务于对财务报表发表审计意见的目的。

3. 测试范围不同。内部控制审计要求对所有重要账户、各类交易和列报的相关认定，都要了解和测试相关的内部控制。而在财务报表审计过程中，只有在以下两种情况下才强制要求对内部控制进行测试：（1）在评估认定存在重大错报风险时，预期控制的运行是有效的，即在确定实质性程序的性质、时间安排和范围时，注册会计师拟信赖控制运行的有效性；（2）仅实施实质性程序并不能够提供认定层次充分、适当的审计证据时，注册会计师应当实施控制测试，以获取内部控制运行有效性的审计证据。在其他情况下，注册会计师可以不测试内部控制。

4. 测试时间不同。内部控制审计要求对特定基准日内部控制的有效性发表意见，不需要测试整个会计期间，但要测试足够长的期间。而财务报表审计则一旦确定需要测试，则需要测试内部控制在整个审计期间的运行有效性。

5. 测试样本量不同。内部控制审计对结论可靠性的要求高，要求测试的样本量较大。而财务报表审计对结论可靠性的要求取决于计划从控制测试中得到的保证程度，或者是减少实质性程序工作量的程度，所以要求测试的样本量相对较小。

6. 报告结果不同。内部控制审计要求以正面、积极的方式对内部控制是否有效发表审计意见，并进行对外披露。财务报表审计则以管理建议书的方式向公司管理层或治理层报告财务报表审计过程中发现的内部控制重大缺陷，但是注册会计师没有义务专门实施审计程序，以发现和报告内部控制重大缺陷。另外，财务报表审计通常不对外披露内部控制的情况，除非内部控制影响到对财务报表发表的审计意见。

第三节　计划审计工作

审计人员根据内部控制环境及其对财务报告完整性的影响，制订计划审计工作的总体要求。同时，将对风险的考虑贯穿整个计划过程，并适当考虑利用其他相关人员的工作。

一、审计业务约定书

符合独立性要求且具备专业胜任能力的会计师事务所在接受或保持内部控制审计业务时，需要确定内部控制审计的前提条件是否得到满足，同时签订单独的内部控制审计业务约定书。

（一）内部控制审计的前提条件

内部控制审计的前提条件主要有两点：一是确定被审计单位采用的内部控制标准是否适当；二是就被审计单位认可并理解其责任与治理层和管理层达成一致意见。

被审计单位的责任主要包括以下三个方面：（1）按照适用的内部控制标准，建立健全和有效实施内部控制，以使财务报表不存在由于舞弊或错误导致的重大错报；（2）对内部控制的有效性进行评价并编制内部控制评价报告；（3）向注册会计师提供必要的工作条件，包括允许注册会计师接触与内部控制审计相关的所有信息（例如记录、文件和其他事项），允许注册会计师在获取审计证据时不受限制地接触其认为必要的内部人员和其他相关人员等。

（二）签订单独的内部控制审计业务约定书

如果决定接受或保持内部控制审计业务，会计师事务所应当与被审计单位签订单独的内部控制审计业务约定书。审计业务约定书应当至少包括下列内容：（1）内部控制审计的目标和范围；（2）注册会计师的责任；（3）被审计单位的责任；（4）指出被审计单位采用的内部控制标准；（5）提及注册会计师拟出具的内部控制审计报告的形式和内容，以及对在特定情况下出具的内部控制审计报告可能不同于预期形式和内容的说明；（6）审计收费。

【案例 10 - 2】

洪都航空续聘会计师事务所公告节选

一、拟聘任会计师事务所的基本情况

1. 诚信记录。项目合伙人、签字注册会计师、项目质量控制复核人近三年未因执业行为受到刑事处罚，受到证监会及其派出机构、行业主管部门等的行政处罚、监督管理措施，受到证券交易所、行业协会等自律组织的自律监管措施、纪律处分。

2. 独立性。大华会计师事务所及项目合伙人、签字注册会计师、项目质量控制复核人能够在执行本项目审计工作时保持独立性。

3. 审计收费。公司 2022 年度审计费用为 74 万元（年报审计费用 54 万元、内部控制审计费用 20 万元），系按照大华会计师事务所提供审计服务所需工作人日数和每个工作人日收费标准收取服务费用。工作人日数根据审计服务的性质、繁简程度等确定；每个工作人日收费标准根据执业人员专业技能水平等分别确定。

公司董事会已同意提请股东大会授权公司管理层，根据实际情况与大华会计师事务所协商确定 2023 年度审计费用。

二、拟续聘会计师事务所履行的程序

审计委员会的履职情况。公司董事会审计委员会对大华会计师事务所审计工作及其执业质量进行了综合评价，认为大华会计师事务所能够按照双方签订的《审计业务约定书》完成审计工作；审计工作中展现出的专业胜任能力、投资者保护能力、诚信状况和独立性等，符合国家有关规定和公司审计工作要求。

2023 年 3 月 2 日，公司董事会审计委员会 2023 年第三次会议审议通过了《关于续聘大华会计师事务所（特殊普通合伙）担任公司 2023 年度财务审计和内部控制审计机构的议案》。公司董事会审计委员会同意向董事会提议继续聘任大华会计师事务所担任公司 2023 年度审计机构，继续为公司提供 2023 年度财务报表审计和内部控制审计服务。

资料来源：江西洪都航空工业股份有限公司关于续聘会计师事务所的公告，http://www.cninfo.com.cn/new/disclosure/detail?orgId=gssh0600316&announcementId=1216128755&announcementTime=2023 - 03 - 16. 有删改.

二、配备人员评估重要事项

《企业内部控制审计指引》第六条指出，注册会计师应当恰当地计划内部控制审计工作，配备具有专业胜任能力的项目组，并对助理人员进行适当的督导。

整合审计中，项目组人员的配备比较关键。在计划审计工作时，项目合伙人需要统筹考虑审计工作，挑选相关领域的人员组成项目组，同时对项目组成员进行培训和督导，以合理安排审计工作。一般而言，审计项目小组成员应当符合以下要求：（1）具有性质和复杂程度类似的内部控制审计经验；（2）熟悉企业内部控制相关规范和指引要求；（3）掌握《企业内部控制审计指引》和中国注册会计师执业准则的相关要求；（4）拥有与被审计单位所处行业相关的知识；（5）具有职业判断能力。

另外，在计划审计工作时，注册会计师需要评价下列事项对财务报表和内部控制是否有重要影响，以及有重要影响的事项将如何影响审计工作。它们分别是：（1）与企业相关的风险，包括在评价是否接受与保持客户和业务时，注册会计师了解的与企业相关的风险情况以及在执行其他业务时了解的情况；（2）相关法律、法规和行业概况；（3）企业组织结构、经营特点和资本结构等相关重要事项；（4）企业内部控制最近发生变化的程度；（5）与企业沟通过的内部控制缺陷；（6）重要性、风险等与确定内部控制重大缺陷相关的因素；（7）对内部控制有效性的初步判断；（8）可获取的、与内部控制有效性相关的证据类型和范围。

此外，注册会计师还需要关注与评价财务报表发生重大错报的可能性和内部控制有效性相关的公开信息，以及企业经营活动的相对复杂程度。

在评价企业经营活动的相对复杂程度时，不能仅仅只考虑"企业规模"一个指标，因为不只是规模较小的企业经营活动比较简单，一些规模较大和较复杂的企业，其某些业务单元或流程也可能比较简单。表明企业经营活动比较简单的因素通常包括：（1）经营范围较小；（2）经营流程及财务报告系统较简单；（3）会计职能较集中；（4）高级管理人员广泛参与日常经营活动；（5）管理层级较少，每个层级都有较大的管理范围。

三、重视风险评估

风险评估贯穿整个审计过程。《企业内部控制审计指引》第八条规定，在内部控制审计中，注册会计师应当以风险评估为基础，确定重要账户、列报及其相关认定，选择拟测试的控制，以及确定针对所选定控制所需收集的证据。

风险评估的理念及思路应当贯穿整个审计过程的始终。在实施风险评估时，可以考虑固有风险及控制风险。在计划审计工作阶段，对内部控制的固有风险进行评估，作为编制审计计划的依据之一。根据对控制风险评估的结果，调整计划阶段对固有风险的判断这是个持续的过程。

通常，对企业整体风险的评估和把握由富有经验的项目管理人员完成。风险评估结果的变化将体现在具体审计步骤及关注点的变化中。

内部控制的特定领域存在重大缺陷的风险越高，给予该领域的审计关注就越多。内部控制不能防止或发现并纠正由于舞弊导致的错报风险，通常高于其不能防止或发现并纠正错误导致的错报风险。注册会计师应当更多地关注高风险领域，而没有必要测试那些即使有缺陷、也不可能导致财务报表重大错报的控制。

在进行风险评估以及确定审计程序时，企业的组织结构、业务流程或业务单元的复杂程度可能产生的重要影响均是注册会计师应当考虑的因素。

在计划和实施内部控制审计工作时，财务报表审计中对舞弊风险的评估结果是注册会计师应当考虑的因素。在识别和测试企业整体层面控制以及选择其他控制进行测试时，注册会计师应当评价被审计单位的内部控制是否足以应对识别出的，由于舞弊导致的重大错报风险，并评价为应对管理层和治理层凌驾于控制之上的风险而设计的控制。被审计单位为应对这些风险可能设计的控制应当包括：（1）针对重大的非常规交易的控制，尤其是针对导致会计处理延迟或异常的交易的控制；（2）针对期末财务报告流程中编制的分录和做出的调整的控制；（3）针对关联方交易的控制；（4）与管理层的重大估计相关的控制；（5）能够减弱管理层和治理层伪造或不恰当操纵财务结果的动机和压力的控制。

四、利用其他相关人员的工作

在计划审计工作时，注册会计师需要评估是否利用他人（包括企业的内部审计人员、内部控制评价人员、其他人员以及在董事会及其审计委员会指导下的第三方）的工作以及利用的程度，以减少可能本应由注册会计师执行的工作。

如果决定利用内部审计人员的工作，注册会计师应当按照《中国注册会计师审计准则第 1411 号——利用内部审计人员的工作》的规定办理。

如果拟利用他人的工作，注册会计师则需要评价该人员的专业胜任能力和客观性。专业胜任能力即具备某种专业技能、知识或经验，有能力完成分派的任务；客观性则是公正、诚实地执行任务的能力。专业胜任能力和客观性越高，可利用程度就越高，注册会计师就可以越多地利用其工作。当然，无论人员的专业胜任能力如何，注册会计师都不应利用那些客观程度较低的人员的工作。同样的，无论人员的客观性如何，注册会计师都不应利用那些专业胜任能力较低的人员的工作。通常认为，企业的内部控制审计人员拥有更多的专业胜任能力和客观性，注册会计师可以考虑更多地利用这些人员的相关工作。

在内部控制审计中，注册会计师利用他人工作的程度还受到与被测试控制相关的风险的影响。与某项控制相关的风险越高，可利用他人工作的程度就越低，注册会计师就需要更多地对该项控制亲自进行测试。

如果其他注册会计师负责审计企业的一个或多个分部、分支机构、子公司等组成部分的财务报表和内部控制，注册会计师应当按照《中国注册会计师审计准则第 1401 号——对集团财务报表审计的特殊考虑》的规定，确定是否利用其他注册会计师的工作。

五、总体策略与具体计划

注册会计师应当在总体审计策略中体现下列五项内容。

第一，确定内部控制审计业务特征，以界定审计范围。例如，被审计单位采用的内部控制标准、注册会计师预期内部控制审计工作涵盖的范围、对组成部分注册会计师工作的参与程度、注册会计师对被审计单位内部控制评价工作的了解以及拟利用被审计单位内部相关人员工作的程度等。

第二，明确内部控制审计业务的报告目标，以计划审计的时间安排和所需沟通的性质。例如，被审计单位对外公布或报送内部控制审计报告的时间、注册会计师与管理层和治理层讨论内部控制审计工作的性质、时间安排和范围，注册会计师与管理层和治理层讨论拟出具内部控制审计报告的类型和时间安排以及沟通的其他事项等。

第三，根据职业判断，考虑用以指导项目组工作方向的重要因素。例如，财务报表整体的重要性和实际执行的重要性、初步识别的可能存在重大错报的风险领域、内部控制最近发生变化的程度、与被审计单位沟通过的内部控制缺陷、对内部控制有效性的初步判断、信息技术和业务流程的变化等。

第四，考虑初步业务活动的结果，并考虑对被审计单位执行其他业务时获得的经验是否与内部控制审计业务相关（如适用）。

第五，确定执行内部控制审计业务所需资源的性质、时间安排和范围。例如，项目组成员的选择以及对项目组成员审计工作的分派、项目时间预算等。

另外，注册会计师应当在具体审计计划中体现下列内容：（1）了解和识别内部控制的程序的性质、时间安排和范围；（2）测试内部控制设计有效性的程序的性质、时间安排和范围；（3）测试内部控制运行有效性的程序的性质、时间安排和范围。

六、编制审计工作底稿

内部控制审计工作底稿，是注册会计师对制订的审计计划、实施的审计程序、获取的相关审计证据，以及得出的审计结论等的记录。《企业内部控制审计指引》第三十四条规定，"注册会计师应当按照《中国注册会计师审计准则第 1131 号——审计工作底稿》规定，编制内部控制审计工作底稿，完整地记录审计工作情况。"注册会计师编制审计工作底稿可以为审计工作提供充分、适当的记录，作为出具审计报告的基础；也为其按照相关法律规范的规定执行了审计工作提供证据。

由于内部控制审计更多的是采用整合审计，对如何形成内部控制审计工作底稿主要有两种观点。一种观点是，无论是否实施整合审计，内部控制审计工作底稿应单独归档，形成独立的工作底稿。另一种观点是，将内部控制审计工作底稿并入财务报表审计工作底稿，形成一套工作底稿。《企业内部控制审计指引》采纳了第一种观点。企业如果聘请两家会计师事务所分别对其内部控制和财务报表进行审计，毫无疑问，两家会计师事务所应当分别形成内部控制审计工作底稿和财务报表审计工作底稿；如果聘请一家会计师事务所同时对其内部控制和财务报表进行审计，那么注册会计师还是应当分别形成内部控制审计工作底稿和财务报表审计工作底稿。归档时，整合审计部分形成的工作底稿既可以归档到内部控制审计工作底稿中，又可以归档到财务报表审计工作底稿中，两套工作底稿之间应建立交叉索引。

《企业内部控制审计指引》第三十五条规定，注册会计师应当在审计工作底稿中记录下列内容：（1）内部控制审计计划及重大修改情况；（2）相关风险评估和选择拟测试的内部控制的主要过程及结果；（3）测试内部控制设计与运行有效性的程序及结果；（4）对识别的控制缺陷的评价；（5）形成的审计结论和意见；（6）其他重要事项。

【案例 10 – 3】

承接上市公司审计业务的风险

2023 年 2 月 28 日，中注协会同财政部会计司、监督评价局召开监管约谈会，对新备案首次承接上市公司 2022 年度财务报表审计业务的 4 家会计师事务所进行集体监管约谈。北京、深圳注册会计师协会有关负责同志参加了约谈。

2021 年，中注协修订发布了《上市公司年报审计监管工作规程》，丰富监管约谈方式，增加质询程序，以更好地发挥行业自律监管抓早抓小、防微杜渐的作用。2022 年，中注协累计约谈事务所 19 家次，涉及上市公司 22 家次。通过年报审计约谈，上市公司被出具非标意见的比例高达 47.62%，远高于全部上市公司 3.1%，表明通过约谈提示相关审计项目可能面对的重大风险领域以及相关质量控制可能存在的问题，相关会计师事务所的风险意识显著增强，监管成效大，约谈已经成为年报审计监管的重要手段。

会上，北京澄宇、深圳永信瑞和、深圳正一、深圳中炘国际等 4 家会计师事务所汇报了上市公司审计项目承接时的风险评估和应对、项目组成员的证券业务审计经验和团队配备、项目质量复核安排、审计收费安排以及质量管理体系建设等基本情况。中注协、财政部会计司以及监督评价局分别对 4 家会计师事务所进行了风险提示并提出了明确要求。

会议强调，各会计师事务所要认真学习对照中注协发布的《关于做好上市公司 2022 年年报审计工作的通知》，全面评估新承接上市公司年报审计业务的风险领域，充分考虑相关公司业务复杂程度等因素，分派具有适当胜任能力的项目合伙人和成员，保持应有的职业怀疑，严格遵守执业准则规则，坚持诚信执业、审慎执业、勤勉执业，有效防范审计失败风险。

会议要求，各会计师事务所要认真贯彻《中共中央办公厅 国务院办公厅关于进一步加强财会监督工作的意见》和《关于进一步规范财务审计秩序 促进注册会计师行业健康发展的意见》（国办发〔2021〕30 号）文件精神，切实加强对执业质量的把控，完善内部控制制度，建立内部风险防控机制，加强风险分类防控，提升内部管理水平，规范承揽和开展业务，建立健全事前评估、事中跟踪、事后评价管理体系，强化质量管理责任，严格依法履行审计鉴证职责，确保独立、客观、公正、规范执业。

集体约谈还对及时开展证券服务业务备案、上市公司变更审计机构备案等作出了提示。

资料来源：中注协会同财政部会计司、监督评价局约谈新备案会计师事务所 提示首次承接上市公司审计业务的风险，https://www.cicpa.org.cn/xxfb/news/202303/t20230301_63956.html.

第四节　实施审计工作

在实施审计工作阶段，注册会计师应当采用自上而下的方法。自上而下的方法是注册会计师识别风险、选择拟测试控制的基本思路。

一、自上而下的方法

如何对内部控制进行审计，涉及内部控制审计的基本思路。自上而下的方法的基本思路如下：（1）从财务报表层次初步了解内部控制整体风险；（2）识别企业层面控制；（3）识别重要账户、列报及其相关认定；（4）了解错报的可能来源；（5）选择拟测试的控制。

（一）从财务报表层次初步了解内部控制整体风险

在财务报告内部控制审计中，自上而下的方法始于财务报表层次，从注册会计师对财务报告内部控制整体风险的了解开始。其次，注册会计师将关注重点放在企业层面的控制上，并将工作逐渐下移至重大账户、列报及相关的认定。这种方法引导注册会计师将注意力放在显示有可能导致财务报表及相关列报发生重大错报的账户、列报及认定上。然后，注册会计师验证其了解到的业务流程中存在的风险，并就已评估的每个相关认定的错报风险，选择足以应对这些风险的业务层面控制进行测试。

在非财务报告内控审计中，自上而下的方法始于企业整体层面控制，并将审计测试工作逐步下移到业务层面控制。

自上而下的审计方法，描述了注册会计师在识别风险以及拟测试的控制时的连续思维过程，但并不一定是注册会计师执行审计程序的顺序。

（二）识别企业层面控制

从财务报表层次初步了解财务报告内部控制整体风险，是自上而下方法的第一步。通过了解企业与财务报告相关的整体风险，注册会计师可以识别出为保持有效的财务报告内部控制而必需的企业层面内部控制。由于对企业层面内部控制的评价结果将影响注册会计师测试其他控制的性质、时间安排和范围，因此，注册会计师可以考虑在执行业务的早期阶段对企业层面内部控制进行评价。

1. 评价企业层面控制的精确度。不同的企业层面控制在性质和精确度上存在着差异，这些差异可能对其他控制及其测试产生影响。

第一，某些企业层面控制（例如企业经营理念、管理层的管理风格等与控制环境相关的控制），对及时防止或发现并纠正相关认定的错报的可能性有重要影响。虽然这种影响是间接的，但这些控制仍然可能影响注册会计师拟测试的其他控制，以及测试程序的性质、时间安排和范围。

第二，某些企业层面控制旨在识别其他控制可能出现的失效情况，能够监督其他控制的有效性，但还不足以精确到及时防止或发现并纠正相关认定的错报。当这些控制运行有效时，注册会计师可以减少对其他控制的测试。

第三，某些企业层面控制本身能够精确到足以及时防止或发现并纠正相关认定的错报。如果一项企业层面控制足以应对已评估的错报风险，注册会计师就不必测试与该风险相关的其他控制。

2. 企业层面控制的内容。企业层面控制主要包括下列五项内容。

第一，与内部环境相关的控制。内部环境，即控制环境，包括治理职能和管理职能，以及治理层和管理层对内部控制及其重要性的态度、认识和措施。良好的控制环境是实施有效内部控制的基础。

第二，针对管理层（董事会、经理层）凌驾于控制之上的风险而设计的控制。该控制对所有企业保持有效的内部控制都有重要影响。注册会计师可以根据对企业舞弊风险的评估作出判断，选择相关的企业层面控制进行测试，并评价这些控制能否有效应对管理层凌驾于控制之上的风险。

第三，企业的风险评估过程。风险评估过程包括识别与财务报告相关的经营风险和其他经营管理风险，以及针对这些风险采取的措施。首先，企业的内部控制能够充分识别企业外部环境（例如在经济、政治、法律法规、竞争者行为、债权人需求、技术变革等方面）存在的风险；其次，充分且适当的风险评估过程需要包括对重大风险的估计、对风险发生可能性的评估以及确定应对风险的方法。注册会计师可以先了解企业及其内部环境的其他方面信息，以初步了解企业的风险评估过程。

第四，对内部信息传递和财务报告流程的控制。财务报告流程的控制可以确保管理层按照适当的会计准则编制合理、可靠的财务报告并对外报告。

第五，对控制有效性的内部监督（即监督其他控制的控制）和自我评价。企业对控制有效性的内部监督和自我评价可以在企业层面上实施，也可以在业务流程层面上实施，包括：对运行报告的复核和核对、与外部人士的沟通、对其他未参与控制执行人员的监控活动，以及将信息系统记录数据与实物资产进行核对等。

此外，集中化的处理和控制（包括共享的服务环境）、监控经营成果的控制、针对重大经营控制以及风险管理实务而采取的政策等也是企业层面控制的内容。同时，财务报告流程对内部控制审计和财务报表审计有重要影响，注册会计师亦应对财务报告流程进行评价。财务报告流程包括：（1）将交易总额登入总分类账的程序；（2）与会计政策的选择和运用相关的程序；（3）总分类账中会计分录的编制、批准等处理程序；（4）对财务报表进行调整的程序；（5）编制财务报表的程序。

（三）识别重要账户、列报及其相关认定

注册会计师应当基于财务报表层次识别重要账户、列报及其相关认定。如果某账户或列报可能存在一个错报，该错报（单独或连同其他错报）将导致财务报表发生重大错报，则该账户或列报为重要账户或列报。判断某账户或列报是否重要，应当依据其固有风险，而不应考虑相关控制的影响。如果某财务报表认定可能存在一个或多个错报，这些错报将导致财务报表发生重大错报，则该认定为相关认定。判断某认定是否为相关认定，也应当依据其固有风险，而不应考虑相关控制的影响。

在内部控制审计中，注册会计师在识别重要账户、列报及其相关认定时应当评价的风险因素，与财务报表审计中考虑的因素相同。因此，在这两种审计中识别的重要账户、列报及其相关认定应当相同。如果某账户或列报的各组成部分存在的风险差异较大，被审计单位可能需要采用不同的控制应对这些风险，注册会计师应当分别予以考虑。

在识别重要账户、列报及其相关认定时，注册会计师还应当确定重大错报的可能来源。注册会计师可以通过考虑在特定的重要账户或列报中错报可能发生的领域和原因，确定重大错报的可能来源。

（四）了解错报的可能来源

为了进一步了解潜在错报的来源，以及为选择拟测试的控制做准备，注册会计师应当实现下列目标：（1）了解与相关认定有关的交易的处理流程，包括这些交易如何生成、批准、

处理及记录；（2）验证注册会计师识别出的业务流程中可能发生重大错报（包括由于舞弊导致的错报）的环节；（3）识别被审计单位用于应对这些错报或潜在错报的控制；（4）识别被审计单位用于及时防止或发现并纠正未经授权的、导致重大错报的资产取得、使用或处置的控制。注册会计师应当亲自执行能够实现这些目标的程序，或对提供直接帮助的人员的工作进行督导。

穿行测试通常是实现上述目标的最有效方法，它是指追踪某笔交易从发生到最终被反映在财务报表中的整个处理过程。注册会计师进行穿行测试时，通常需要综合运用询问、观察、检查相关文件及重新执行等方法。这些方法可以帮助注册会计师充分了解业务流程，识别必要控制设计无效或出现缺失的重要环节。例如，针对重要处理程序发生的环节，注册会计师可以询问被审计单位员工对规定程序及控制的了解程度。为有助于了解业务流程处理的不同类型的重大交易，在询问时，注册会计师不应局限于关注穿行测试所选定的单笔交易。

（五）选择拟测试的控制

由于须对内部控制整体的有效性发表意见（没有责任对单项控制的有效性发表意见），注册会计师应当针对每一相关认定获取控制有效性的审计证据。由于须对被审计单位的控制是否足以应对评估的每一相关认定的错报风险形成结论，注册会计师应当选择对形成这一评价结论具有重要影响的控制进行测试。

一项控制可能应对多项相关认定的评估的错报风险；反之，一项相关认定的评估的错报风险可能由多项控制应对。所以，注册会计师可以不必测试与某项相关认定有关的所有控制。在确定是否测试某项控制时，注册会计师应当考虑该项控制（单独或连同其他控制）是否足以应对评估的某项相关认定的错报风险，而不应考虑其名称和分类等如何。

二、测试控制的有效性

《企业内部控制审计指引》第十四条规定，注册会计师应当测试内部控制设计与运行的有效性。

（一）有效性的含义

内部控制的有效性通常包含两个方面，即内部控制设计有效和内部控制运行有效。所谓内部控制设计有效，是指某项内部控制由拥有必要授权和专业胜任能力的人员按照规定的程序与要求执行，能够实现内部控制的目标。所谓内部控制运行有效，是指某项内部控制正在按照设计运行，执行人员拥有必要授权和专业胜任能力，能够实现内部控制的目标。

由此可见，内部控制运行的有效性是建立在内部控制设计有效性的基础之上的。设计不当的控制可能表明控制存在缺陷甚至重大缺陷，注册会计师在测试控制运行的有效性时，首先要考虑控制的设计是否有效。如果控制的设计是有效的，那么该项控制能够有效地防止或发现并纠正可能导致财务报表发生重大的错误或舞弊，从而实现控制目标。

如果被审计单位利用第三方的帮助完成一些财务报告工作，那么注册会计师在评价负责财务报告及相关控制的人员的专业胜任能力时，可以一并考虑第三方的专业胜任能力。

注册会计师获取的有关控制运行有效性的审计证据包括三个方面：（1）控制在所审计

期间的相关时点是如何运行的；（2）控制是否得到一贯执行；（3）控制由谁以何种方式执行。

（二）测试控制有效性的方法

注册会计师在测试控制设计与运行的有效性时，应当综合运用询问适当人员、观察经营活动、检查相关文件、穿行测试和重新执行等方法。

注册会计师测试控制有效性实施的程序，按提供证据的效力，由强到弱排序为：重新执行、检查、观察和询问。其中询问本身并不能为得出控制是否有效的结论提供充分、适当的证据；而执行穿行测试则通常足以评价控制设计的有效性。

（三）实施程序的性质、时间安排和范围

注册会计师通过测试控制有效性获取的证据，取决于其实施程序的性质、时间安排和范围的组合。就单项控制而言，注册会计师应当根据与控制相关的风险，适当确定实施程序的性质、时间安排和范围，以获取充分、适当的证据。

1. 确定实施程序的性质。测试控制有效性实施的程序，其性质在很大程度上取决于拟测试控制的性质。某些控制可能存在一些文件记录，反映其运行的有效性；而另外一些控制，例如管理理念和经营风格，可能没有书面的运行证据。

对缺乏正式的控制运行证据的企业（或企业的某个业务单元），注册会计师可以通过询问并结合运用观察活动、检查非正式的书面记录和重新执行某些控制等程序，获取有关控制有效性的充分、适当的证据。

2. 确定测试的时间安排。对控制有效性的测试实施的时间安排越接近企业内部控制自我评价基准日，提供的控制有效性的证据越有力。因此，《企业内部控制审计指引》第十七条规定，注册会计师在确定测试的时间安排时，应当在下列两个因素之间作出平衡，以获取充分、适当的证据：（一）尽量在接近企业内部控制自我评价基准日实施测试。（二）实施的测试需要涵盖足够长的期间。

在企业内部控制自我评价基准日之前，管理层可能为提高控制效率、效果或弥补控制缺陷而改变企业的控制。如果新控制实现了相关控制目标，运行了足够长的时间，且注册会计师能够测试并评价该项控制设计和运行的有效性，则无须测试被取代的控制。如果被取代控制设计和运行的有效性对控制风险的评估有重大影响，注册会计师则需要测试该项控制的有效性。

整改后的内部控制需要在基准日之前运行足够长的时间，注册会计师才能得出整改后的内部控制是否有效的结论。因此，在接受或保持内部控制审计业务时，注册会计师应当尽早与被审计单位沟通这一情况，并合理安排控制测试的时间，留出提前量。

3. 确定测试的范围。对控制有效性的测试涵盖的期间越长，提供的控制有效性的证据越多。单就内部控制审计业务而言，注册会计师应当获取内部控制在企业内部控制自我评价基准日前足够长的期间内有效运行的证据。但在整合审计中，控制测试所涵盖的期间应当尽量与财务报表审计中拟信赖内部控制的期间保持一致。

内部控制注册会计师执行内部控制审计业务通常旨在对企业内部控制自我评价基准日（通常为年末）内部控制的有效性发表意见。如果已获取有关控制在期中运行有效性的证据，注册会计师应当确定还需要获取哪些补充证据，以证实在剩余期间控制的运行情况。

在将期中测试的结果更新至年末时，注册会计师需要考虑下列四种因素，以确定需获取的补充证据。它们分别是：（1）期中测试的特定控制的有关情况，包括与控制相关的风险、控制的性质和测试的结果；（2）期中获取的有关证据的充分性、适当性；（3）剩余期间的长短；（4）期中测试之后，内部控制发生重大变化的可能性及其变化情况。

（四）与控制相关的风险和拟获取证据之间的关系

在测试所选定控制的有效性时，注册会计师需要根据与控制相关的风险，确定所需获取的证据。与控制相关的风险包括控制两个方面，一是控制可能无效的风险；二是因控制无效而导致重大缺陷的风险。与控制相关的风险越高，注册会计师需要获取的证据就越多。影响与某项控制相关的风险的因素，如表 10－2 所示。

表 10－2　　　　　　　与某项控制相关的风险的影响因素

序号	影响因素
1	该项控制拟防止或发现并纠正的错报的性质和重要程度
2	相关账户、列报及其认定的固有风险
3	相关账户或列报是否曾经出现错报
4	交易的数量和性质是否发生变化，进而可能对该项控制设计或运行的有效性产生不利影响
5	企业层面控制（特别是对控制有效性的内部监督和自我评价）的有效性
6	该项控制的性质及其执行频率
7	该项控制对其他控制（如内部环境或信息技术一般控制等）有效性的依赖程度
8	该项控制的执行或监督人员的专业胜任能力，以及其中的关键人员是否发生变化
9	该项控制是人工控制还是自动化控制
10	该项控制的复杂程度，以及在运行过程中依赖判断的程度

针对每一项相关认定，注册会计师都需要获取控制有效性的证据，以便对内部控制整体的有效性单独发表意见，但注册会计师没有责任对单项控制的有效性发表意见。

对于控制运行偏离设计的情况称为控制偏差。注册会计师需要考虑控制偏差对相关风险评估、需要获取的证据以及控制运行有效性结论的影响。例如，注册会计师在测试某项关于现金支付的控制有效性时，在抽取的 50 笔支付业务中发现某笔支付业务没有按照该项控制的设计要求由适当层级的人员签字。此时，注册会计师通常会要求企业的相关人员予以解释，并判断解释的合理性，同时相应地扩大样本容量，如果没有再发现控制偏差，则可以认为该控制偏差并不构成控制缺陷。

（五）连续审计时的特殊考虑

在连续审计中，注册会计师在确定测试的性质、时间安排和范围时，还需要考虑以前年度执行内部控制审计时了解的情况。

影响连续审计中与某项控制相关的风险的因素，除了上述第（四）部分"与控制相关的风险和拟获取证据之间的关系"中所列的 10 项因素外，还包括如下 3 项：（1）以前年度审计中所实施程序的性质、时间安排和范围；（2）以前年度对控制的测试结果；（3）上次审计之后，控制或其运行流程是否发生变化，尤其是考虑 IT 环境的变化。

在考虑上述所列的风险因素以及连续审计中可获取的进一步信息之后，只有当认为与控制相关的风险水平比以前年度有所下降时，注册会计师在本年度审计中才可以减少测试。

为了保证控制测试的有效性，使测试具有不可预见性，并能应对环境的变化，注册会计师需要每年改变控制测试的性质、时间安排和范围。每年在期中不同的时段测试控制，并增加或减少所执行测试的数量和种类，或者改变所使用测试程序的组合等。

第五节　评价控制缺陷

如果某项控制的设计、实施或运行不能及时防止或发现并纠正财务报表错报，则表明内部控制存在缺陷。如果企业缺少用以及时防止或发现并纠正财务报表错报的必要控制，同样表明存在内部控制缺陷。

一、内部控制缺陷的评价

内部控制缺陷按严重程度分为重大缺陷、重要缺陷和一般缺陷。具体到财务报告内部控制上，内部控制中存在的、可能导致不能及时防止或发现并纠正财务报表重大错报的一个或多个控制缺陷的组合是重大缺陷；内部控制中存在的、其严重程度不如重大缺陷、但足以引起企业财务报告监督人员关注的一个或多个控制缺陷的组合是重要缺陷；重大缺陷和重要缺陷之外的其他缺陷是一般缺陷。

在计划和实施审计工作时，不要求注册会计师寻找单独或组合起来不构成重大缺陷的控制缺陷。但是，注册会计师需要评价其注意到的各项控制缺陷的严重程度，以确定这些缺陷单独或组合起来是否构成重大缺陷。表明企业的内部控制可能存在重大缺陷的迹象主要有四种，如表 10-3 所示。

表 10-3　　　　　　表明企业的内部控制可能存在重大缺陷的四种迹象

序号	迹象
1	注册会计师发现董事、监事和高级管理人员舞弊
2	企业更正已经公布的财务报表
3	注册会计师发现当期财务报表存在重大错报，而内部控制在运行过程中未能发现该错报
4	企业审计委员会和内部审计机构对内部控制的监督无效

在确定一项内部控制缺陷或多项内部控制缺陷的组合是否构成重大缺陷时，注册会计师应当评价补偿性控制（替代性控制）的影响。企业执行的补偿性控制应当具有同样的效果。

财务报告内部控制缺陷的严重程度取决于两个方面，一是控制缺陷导致账户余额或列报错报的可能性；二是因一个或多个控制缺陷的组合导致潜在错报的金额大小。控制缺陷的严重程度与账户余额或列报是否发生错报无必然对应关系，而取决于控制缺陷是否可能导致错报。评价控制缺陷时，注册会计师需要根据财务报表审计中确定的重要性水平，支持对财务报告控制缺陷重要性的评价。注册会计师需要运用职业判断，考虑并衡量定量和定性因素。

同时，要对整个思考判断过程进行记录，尤其是详细记录关键判断和得出结论的理由。而且，对于"可能性"和"重大错报"的判断，注册会计师需要在评价控制缺陷严重性的记录中给予明确的考量和陈述。

二、评价控制缺陷举例

下面以未按时进行公司间对账为例，举例说明如何评价财务报告内部控制的控制缺陷。

（一）单个控制缺陷的识别示例

例1：某公司每月处理大量的公司间常规交易。公司间的单项交易并不重大，主要是涉及资产负债表的活动。公司制度要求逐月进行公司间对账，并在业务单元间函证余额。注册会计师了解到：目前公司没有按时开展对账工作，但公司管理层每月执行相应的程序对挑选出的大额公司间账目进行调查，并编制详细的营业费用差异分析表来评估其合理性。

基于上述情况，注册会计师可以确定此控制缺陷为重要缺陷。这是因为：由于公司间单项交易并不重大，这些交易仅限于资产负债表科目，而且每月执行的补偿性控制应该能够发现重大错报，该控制缺陷引起的财务报表错报可以被合理地预计为介于重要和重大之间。

例2：在例1中，如果公司每月处理的大量公司间交易涉及广泛的业务活动，包括涉及公司间利润的存货转移，研究开发成本向业务单元的分摊，公司间单项交易常常是重大的。公司制度要求逐月进行公司间对账，并在业务单元间函证余额。注册会计师了解到：目前公司没有按时开展对账工作，这些账目经常出现重大差异。而且，公司管理层没有执行任何补偿性控制来调查重大的公司间账目差异。

基于上述情况，注册会计师可以确定此控制缺陷为重大缺陷。这是因为：由于公司间单项交易常常是重大的，而且涉及大范围活动；另外，在公司间账目上尚未对账的差异是重要的，由于这种错报常常发生，财务报表错报可能出现，而且补偿性控制无效，因此该控制缺陷引起的财务报表错报可以被合理地预计为是重大的。

（二）多个控制缺陷的识别示例

例3：注册会计师识别出以下控制缺陷：（1）对特定信息系统访问控制的权限分配不当；（2）存在若干明细账不合理交易记录（交易无论单个还是合计都是不重要的）；（3）缺乏对受不合理交易记录影响的账户余额的及时对账。上述每个缺陷均单独代表一个重要缺陷。

基于这一情况，注册会计师可以确定这些重要缺陷合并构成重大缺陷。因为，就个别重要缺陷而言，这些缺陷有一定可能性，各自导致金额未达到重要性水平的财务报表错报。可是，这些重要缺陷影响同类会计账户，有一定可能性导致不能防止或发现并纠正重大错报的发生。因此，这些重要缺陷组合在一起符合重大缺陷的定义。

三、内部控制缺陷的处理

注册会计师在已执行的有限程序中发现财务报告内部控制存在重大缺陷的，应当在内部控制审计报告中对重大缺陷作出详细说明。注册会计师对在审计过程中注意到的非财务报告内部控制缺陷，应当区别具体情况予以处理。

第一，非财务报告内部控制缺陷为一般缺陷的，注册会计师应当与企业进行沟通，提醒企业加以改进，但无须在内部控制审计报告中说明。第二，非财务报告内部控制缺陷为重要缺陷的，注册会计师应当以书面形式与企业董事会和经理层沟通，提醒企业加以改进，但无须在内部控制审计报告中说明。第三，非财务报告内部控制缺陷为重大缺陷的，注册会计师应当以书面形式与企业董事会和经理层沟通，提醒企业加以改进。同时，应当在内部控制审计报告中增加"非财务报告内部控制重大缺陷描述段"，对重大缺陷的性质及其对实现相关控制目标的影响程度进行披露，提示内部控制审计报告使用者注意相关风险。

【案例 10 - 4】

广东柏堡龙股份有限公司内部控制的重大缺陷

重大缺陷是内部控制中存在的、可能导致不能及时防止或发现并纠正财务报表出现重大错报的一个或多个控制缺陷的组合，可能导致企业严重偏离控制目标。

1. 柏堡龙公司未经董事会审批，违反规定程序将 4.7 亿元银行理财产品为他方借款提供质押担保。由于被担保方偿贷能力不足，截至 2021 年 12 月 31 日，海口联合农商银行已强行划扣公司银行理财产品 4.1 亿元。

2. 截至 2021 年 12 月 31 日，柏堡龙公司未经董事会审批，用闲置公开发行募集资金暂时补充流动资金 8 000 000.00 元（南粤银行划扣偿还银行借款）；用闲置非公开发行募集资金暂时补充流动资金 137 557 879.52 元（南粤银行划扣偿还银行借款 102 239 861.11 元）。

以上合计违规超额补充流动资金 145 557 879.52 元，同时存在将募集资金在募集资金专户和一般户之间划转、部分银行理财产品的利息尚未及时转回募集资金专户、个别募集资金专户银行未签订《三方监管协议》的情况。

3. 截至 2021 年 12 月 31 日，柏堡龙公司两个募投项目累计预付工程款 10 265 万元，其中：创意展示中心建设项目累计预付工程款 5 615 万元；深圳柏堡龙衣全球项目（含创意设计中心项目及全球时尚设计生态圈项目）累计预付工程款 4 650 万元。

2019 年 9 月 24 日，柏堡龙公司与广东南华建设集团有限公司签订《合同终止协议书》，约定合同终止，不再履行，广东南华建设集团有限公司应无条件全额返还柏堡龙公司预付工程款；2019 年 11 月 15 日，柏堡龙公司与广东润盟建设有限公司签订编号为（GF - 2017 - 0201）的建设施工合同。截至 2021 年 12 月 31 日，预付给广东南华建设集团有限公司的预付工程款尚余 5 615 万元未收回。

管理层未积极推进两个募投项目正常进行，在工程停滞的状态下，未对已支付工程款进行有效管理，在更换承建商的情况下，未对预付给前承建商的工程款进行及时催收或其他处理。

4. 柏堡龙公司在本报告期内对其联营公司福建柏悦品牌运营管理有限公司未有效实施对外投资的跟踪管理，截至 2021 年 12 月 31 日，柏堡龙公司无法获取上述联营公司合法有效的审计报告、财务数据或其他相关资料，也无法影响其实际经营状况。

有效的内部控制能够为财务报告及相关信息的真实完整提供合理保证，而上述重大缺陷使柏堡龙公司内部控制失去这一功能。

在柏堡龙公司 2021 年度财务报表审计中，我们已经考虑了上述重大缺陷对审计程序的性质、时间安排和范围的影响。本报告并未对我们在 2022 年 6 月 30 日对柏堡龙公司 2021 年度财务报表出具的审计报告产生影响。

在内部控制审计过程中，我们注意到柏堡龙公司的非财务报告内部控制存在重大缺陷。2020 年柏堡龙公司新设的 3 家控股子公司：普宁市柏羿信息科技有限公司、天津柏堡龙融耕产业发展有限公司、天津柏堡龙天合产业发展有限公司，在本报告期尚未出资。未见柏堡龙公司投资设立上述子公司的项目可行性研究报告，以及相关内部决策文件，报告期柏堡龙公司也未有效实施对外投资的跟踪管理。

资料来源：广东柏堡龙股份有限公司内部控制审计报告　中兴财光华审专字（2022）第 211043 号，http：//www. szse. cn/disclosure/listed/bulletinDetail/index. html？6cd72919 - b01b - 4081 - 8f3e - 850d40c5f502.

第六节　完成审计工作

在完成审计工作阶段，主要工作包括对内部控制形成初步意见、获取管理层书面声明，以及沟通相关信息等。

一、形成审计意见

注册会计师需要评价从各种渠道获取的证据，包括对控制的测试结果、财务报表审计中发现的错报以及已识别的所有控制缺陷，以形成对内部控制有效性的意见。在评价证据时，注册会计师需要查阅本年度与内部控制相关的内部审计报告或类似报告，并评价这些报告中提到的控制缺陷。

只有在审计范围没有受到限制时，注册会计师才能对内部控制的有效性形成意见。如果审计范围受到限制，注册会计师需要解除业务约定，或者出具无法表示意见的内部控制审计报告。

二、获取管理层书面声明

注册会计师完成审计工作后，应当取得经企业认可的书面声明，书面声明应当包括的内容，如表 10 - 4 所示。

表 10 - 4　　　　　　　　企业认可的书面声明应当包括的内容

序号	应当包括的内容
1	企业董事会认可其对建立健全和有效实施内部控制负责
2	企业已对内部控制的有效性作出自我评价，并说明评价时采用的标准以及得出的结论
3	企业没有利用注册会计师执行的审计程序及其结果作为自我评价的基础

序号	应当包括的内容
4	企业已向注册会计师披露识别出的内部控制所有缺陷，并单独披露其中的重大缺陷和重要缺陷
5	对于注册会计师在以前年度审计中识别的、已与审计委员会沟通的重大缺陷和重要缺陷，企业是否已经采取措施予以解决
6	在企业内部控制自我评价基准日后，内部控制是否发生重大变化，或者存在对内部控制具有重要影响的其他因素
7	企业已向注册会计师披露导致财务报表重大错报的所有舞弊，以及不会导致财务报表重大错报，但涉及管理层（治理层）和其他在内部控制中具有重要作用的员工的所有舞弊

企业应当以编制内部控制评价报告的形式，对内部控制的有效性作出自我评价，且没有利用注册会计师在内部控制审计和财务报表审计中执行的程序及其结果作为评价的基础。书面声明中也应说明注册会计师在以前年度审计中识别出的且已与被审计单位沟通过的尚未得到解决的重大缺陷和重要缺陷，包括企业针对重大缺陷和重要缺陷采取的所有纠正措施。

如果企业拒绝提供或以其他不当理由回避书面声明，注册会计师需要将其视为审计范围受到限制，解除业务约定或出具无法表示意见的内部控制审计报告。同时，注册会计师需要评价企业拒绝提供书面声明对其他声明（包括在财务报表审计中获取的声明）的可靠性产生的影响。

注册会计师需要按照《中国注册会计师审计准则第 1341 号——书面声明》的规定，确定声明书的签署者、声明书涵盖的期间以及何时获取更新的声明书等。

三、沟通相关事项

注册会计师需要与企业沟通审计过程中识别的所有控制缺陷。对于其中的重大缺陷和重要缺陷，需要以书面形式与董事会和经理层沟通。《中国注册会计师审计准则第 1152 号——向治理层和管理层通报内部控制缺陷》要求注册会计师以书面形式及时向治理层通报在审计过程中识别出的值得关注的内部控制缺陷。其中，值得关注的内部控制缺陷包括重大缺陷和重要缺陷。

对于重大缺陷，注册会计师需要以书面形式与企业的董事会及其审计委员会进行沟通。如果认为审计委员会和内部审计机构对内部控制的监督无效，注册会计师需要就此以书面形式直接与董事会和经理层沟通。对于重要缺陷，注册会计师需要以书面形式与审计委员会沟通。在进行沟通时，注册会计师无须重复自身、内部审计人员或企业其他人员以前书面沟通过的控制缺陷。

虽然并不要求注册会计师执行足以识别所有控制缺陷的程序，但是，注册会计师需要沟通其注意到的内部控制的所有缺陷。如果发现企业存在或可能存在舞弊或违反法规行为，注册会计师需要按照《中国注册会计师审计准则第 1141 号——财务报表审计中对舞弊的考虑》《中国注册会计师审计准则第 1142 号——财务报表审计中对法律法规的考虑》的规定，确定并履行自身的责任。

第七节 出具审计报告

注册会计师在完成内部控制审计工作后，应当出具内部控制审计报告。若是整合审计，需要分别对内部控制和财务报表出具审计报告。注册会计师需要评价根据审计证据得出的结论，在审计报告中清楚地表达对内部控制有效性的意见，并对出具的审计报告负责。内部控制审计报告分为标准内部控制审计报告和非标准内部控制审计报告两大类。

一、标准内部控制审计报告

标准内部控制审计报告，是指注册会计师出具的不附加说明段、强调事项段或任何修饰性用语时的无保留意见的内部控制审计报告。标准内部控制审计报告所包括的要素如表 10-5 所示。

表 10-5 标准内部控制审计报告所包括的要素

序号	要素	释义
1	标题	内部控制审计报告的标题统一为"内部控制审计报告"
2	收件人	是指注册会计师按照业务约定书的要求致送内部控制审计报告的对象，一般是指审计业务的委托人
3	引言段	说明企业的名称和内部控制已经过审计
4	企业对内部控制的责任段	说明按照《企业内部控制基本规范》《企业内部控制应用指引》《企业内部控制评价指引》的规定，建立健全和有效实施内部控制，并评价其有效性是企业董事会的责任
5	注册会计师的责任段	说明在实施审计工作的基础上，对财务报告内部控制的有效性发表审计意见，并对注意到的非财务报告内部控制的重大缺陷进行披露是注册会计师的责任
6	内部控制固有局限性的说明段	说明内部控制具有固有局限性，存在不能防止和发现错报的可能性。根据内部控制审计结果推测未来内部控制的有效性具有一定风险
7	财务报告内部控制审计意见段	说明注册会计师对财务报告内部控制有效性的意见
8	非财务报告内部控制重大缺陷描述段	提示内部控制审计报告使用者注意相关风险
9	注册会计师的签名和盖章	表明注册会计师对内部控制审计报告负责
10	会计师事务所的名称、地址及盖章	表明会计师事务所对内部控制审计报告负责
11	报告日期	表明注册会计师出具内部控制审计报告的时间

内部控制无论如何有效，都只能为企业实现控制目标提供合理保证，因为内部控制实现目标的可能性受其固有限制（见表10-6）的影响。因此，注册会计师需要在内部控制固有局限性的说明段说明，内部控制具有固有局限性，存在不能防止和发现错报的可能性。此外，由于情况的变化可能导致内部控制变得不恰当，或对控制政策和程序遵循的程度降低，根据内部控制审计结果推测未来内部控制的有效性具有一定风险。

表10-6   内部控制的固有局限

序号	内部控制的固有局限	举例
1	决策时，主观判断失误	控制的设计和修改可能存在失误；管理层在确定控制的性质和范围时主观判断失误
2	控制的运行可能无效	由于负责复核信息的人员不了解复核的目的或没有采取适当的措施，使内部控制生成的信息没得到有效使用
3	内部控制被架空	软件中的编辑控制旨在识别报告超过赊销信用额度的交易，但这一控制可能被凌驾
4	串通舞弊	管理层可能与客户签订背后协议，修改标准的销售合同条款和条件，从而导致不适当的收入确认等
5	其他固有局限	一些其他特殊情况

在财务报告内部控制审计意见段。如果符合下列所有条件，注册会计师应当对财务报告内部控制出具无保留意见的内部控制审计报告。这些条件包括：（1）企业按照《企业内部控制基本规范》《企业内部控制应用指引》《企业内部控制评价指引》以及企业自身内部控制制度的要求，在所有重大方面保持了有效的内部控制；（2）注册会计师已经按照《企业内部控制审计指引》的要求计划和实施审计工作，在审计过程中未受到限制。

在非财务报告内部控制重大缺陷描述段。对于审计过程中注意到的非财务报告内部控制缺陷，如果发现某项或某些控制对企业发展战略、法规遵循、经营的效率效果等控制目标的实现有重大不利影响，确定该项非财务报告内部控制缺陷为重大缺陷的，应当以书面形式与企业董事会和经理层沟通，提醒企业加以改进；同时在内部控制审计报告中增加非财务报告内部控制重大缺陷描述段，对重大缺陷的性质及其对实现相关控制目标的影响程度进行披露，提示内部控制审计报告使用者注意相关风险，但无须对其发表审计意见。

在报告日期段需要注意：如果内部控制审计和财务报表审计整合进行，注册会计师对内部控制审计报告和财务报表审计报告需要签署相同的日期。

标准内部控制审计报告的参考格式如下：

内部控制审计报告

××股份有限公司全体股东：

按照《企业内部控制审计指引》及中国注册会计师执业准则的相关要求，我们审计了××股份有限公司（以下简称××公司）××××年××月××日的财务报告内部控制的有效性。

一、企业对内部控制的责任

按照《企业内部控制基本规范》《企业内部控制应用指引》《企业内部控制评价指引》的规定，建立健全和有效实施内部控制，并评价其有效性是企业董事会的责任。

二、注册会计师的责任

我们的责任是在实施审计工作的基础上，对财务报告内部控制的有效性发表审计意见，并对注意到的非财务报告内部控制的重大缺陷进行披露。

三、内部控制的固有局限性

内部控制具有固有局限性，存在不能防止和发现错报的可能性。此外，由于情况的变化可能导致内部控制变得不恰当，或对控制政策和程序遵循的程度降低，根据内部控制审计结果推测未来内部控制的有效性具有一定风险。

四、财务报告内部控制审计意见

我们认为，××公司按照《企业内部控制基本规范》和相关规定在所有重大方面保持了有效的财务报告内部控制。

五、非财务报告内部控制的重大缺陷

在内部控制审计过程中，我们注意到××公司的非财务报告内部控制存在重大缺陷［描述该缺陷的性质及其对实现相关控制目标的影响程度］。由于存在上述重大缺陷，仅提醒本报告使用者注意相关风险。需要指出的是，我们并不对××公司的非财务报告部控制发表意见或提供保证。本段内容不影响对财务报告内部控制有效性发表的审计意见。

××会计师事务所　　　　　　　　中国注册会计师：×××（签名并盖章）
　　（盖章）　　　　　　　　　　中国注册会计师：×××（签名并盖章）
地址：中国××市　　　　　　　　报告日期：××××年××月××日

二、非标准内部控制审计报告

非标准内部控制审计报告可分为带强调事项段的无保留意见内部控制审计报告、否定意见内部控制审计报告和无法表示意见内部控制审计报告三种类型。

（一）带强调事项段的无保留意见内部控制审计报告

注册会计师认为财务报告内部控制虽不存在重大缺陷，但仍有一项或者多项重大事项需要提请内部控制审计报告使用人注意的，需要在内部控制审计报告中增加强调事项段予以说明。注册会计师需要在强调事项段中指明，该段内容仅用于提醒内部控制审计报告使用者关注，并不影响对财务报告内部控制发表的审计意见。

带强调事项段的无保留意见内部控制审计报告的参考格式如下：

内部控制审计报告

××股份有限公司全体股东：

按照《企业内部控制审计指引》及中国注册会计师执业准则的相关要求，我们审计了××股份有限公司（以下简称××公司）××××年××月××日的财务报告内部控制的有效性。

[“一、企业对内部控制的责任”至“五、非财务报告内部控制的重大缺陷”参见标准内部控制审计报告相关段落表述。]

六、强调事项

我们提醒内部控制审计报告使用者关注（描述强调事项的性质及其对内部控制的重大影响）。本段内容不影响对财务报告内部控制有效性发表的审计意见。

××会计师事务所	中国注册会计师：×××（签名并盖章）
（盖章）	中国注册会计师：×××（签名并盖章）
地址：中国××市	报告日期：××××年××月××日

（二）否定意见内部控制审计报告

注册会计师认为财务报告内部控制存在一项或多项重大缺陷的，除非审计范围受到限制，需要对财务报告内部控制发表否定意见。注册会计师出具否定意见的内部控制审计报告，还需要包括下列重大缺陷的定义、重大缺陷的性质及其对财务报告内部控制的影响程度。

否定意见内部控制审计报告的参考格式如下：

内部控制审计报告

××股份有限公司全体股东：

按照《企业内部控制审计指引》及中国注册会计师执业准则的相关要求，我们审计了××股份有限公司（以下简称××公司）××××年××月××日的财务报告内部控制的有效性。

[“一、企业对内部控制的责任”至“三、内部控制的固有局限性”参见标准内部控制审计报告相关段落表述。]

四、导致否定意见的事项

重大缺陷，是指一个或多个控制缺陷的组合，可能导致企业严重偏离控制目标。

[指出注册会计师已识别出的重大缺陷，并说明重大缺陷的性质及其对财务报告内控制的影响程度。]

有效的内部控制能够为财务报告及相关信息的真实完整提供合理保证，而上述重大缺陷使××公司内部控制失去这一功能。

五、财务报告内部控制审计意见

我们认为，由于存在上述重大缺陷及其对实现控制目标的影响，××公司未能按照《企业内部控制基本规范》和相关规定在所有重大方面保持有效的财务报告内部控制。

六、非财务报告内部控制的重大缺陷

[参见标准内部控制审计报告相关段落表述。]

××会计师事务所	中国注册会计师：×××（签名并盖章）
（盖章）	中国注册会计师：×××（签名并盖章）
地址：中国××市	报告日期：××××年××月××日

（三）无法表示意见内部控制审计报告

注册会计师只有实施了必要的审计程序，才能对内部控制的有效性发表意见。注册会计师审计范围受到限制的，需要解除业务约定或出具无法表示意见的内部控制审计报告，并就审计范围受到限制的情况，以书面形式与董事会进行沟通。

注册会计师在出具无法表示意见的内部控制审计报告时，需要在内部控制审计报告中指明审计范围受到限制，无法对内部控制的有效性发表意见，并单设段落说明无法表示意见的实质性理由。注册会计师不应在内部控制审计报告中指明所执行的程序，也不应描述内部控制审计的特征，以避免对无法表示意见的误解。注册会计师在已执行的有限程序中发现财务报告内部控制存在重大缺陷的，需要在内部控制审计报告中对重大缺陷做出详细说明。

无法表示意见内部控制审计报告的参考格式如下：

内部控制审计报告

××股份有限公司全体股东：

我们接受委托，对××股份有限公司（以下简称××公司）××××年××月××日的财务报告内部控制进行审计。

［删除注册会计师的责任段，"一、企业对内部控制的责任"和"二、内部控制的固有局限性"参见标准内部控制审计报告相关段落表述。］

三、导致无法表示意见的事项

［描述审计范围受到限制的具体情况。］

四、财务报告内部控制审计意见

由于审计范围受到上述限制，我们未能实施必要的审计程序以获取发表意见所需的充分、适当证据，因此，我们无法对××公司财务报告内部控制的有效性发表意见。

五、识别的财务报告内部控制重大缺陷（如在审计范围受到限制前，执行有限程序未能识别出重大缺陷，则应到除本段）

重大缺陷，是指一个或多个控制缺陷的组合，可能导致企业严重偏离控制目标。

尽管我们无法对××公司财务报告内部控制的有效性发表意见，但在我们实施的有限程序的过程中，发现了以下重大缺陷：

［指出注册会计师已识别出的重大缺陷，并说明重大缺陷的性质及其对财务报告内部控制的影响程度。］

有效的内部控制能够为财务报告及相关信息的真实完整提供合理保证，而上述重大缺陷使××公司内部控制失去这一功能。

六、非财务报告内部控制的重大缺陷

［参见标准内部控制审计报告相关段落表述。］

××会计师事务所	中国注册会计师：×××（签名并盖章）
（盖章）	中国注册会计师：×××（签名并盖章）
地址：中国××市	报告日期：××××年××月××日

（四）期后事项与非标准内部控制审计报告

期后期间，是指企业内部控制自我评价基准日之后至审计报告日之前的一段时间。在企业内部控制自我评价基准日不存在，但在期后期间出现的其他可能对内部控制产生重要影响的因素。注册会计师需要询问是否存在这类变化或影响因素，并获取企业关于这些情况的书面声明。

注册会计师需要询问并检查下列期后事项：（1）在期后期间出具的内部审计报告或类似报告；（2）其他注册会计师出具的被审计企业内部控制缺陷的报告；（3）监管机构发布的涉及企业内部控制的报告；（4）注册会计师在执行其他业务中获取的、有关企业内部控制有效性的信息。注册会计师还需要考虑获取期后期间的其他文件，并按照《中国注册会计师审计准则第1332号——期后事项》的规定，对企业进行检查。

注册会计师知悉对企业内部控制自我评价基准日内部控制有效性有重大负面影响的期后事项的，需要对财务报告内部控制发表否定意见；不能确定期后事项对内部控制有效性的影响程度的，需要出具无法表示意见的内部控制审计报告。

在出具内部控制审计报告之后，如果知悉在审计报告日已存在的、可能对审计意见产生影响的情况，注册会计师需要按照《中国注册会计师审计准则第1332号——期后事项》的规定办理。

【复习与思考】

1. 如何理解内部控制审计的定义？
2. 如何界定内部控制审计中注册会计师的责任？
3. 如何界定内部控制审计的业务范围？
4. 内部控制审计的目标是什么？
5. 如何理解内部控制审计与财务报告审计的关系？
6. 内部控制审计与财务报告审计的区别有哪些？
7. 在计划审计工作阶段，注册会计师需要评价哪些重要事项？
8. 如何理解风险评估与内部控制审计的关系？
9. 审计工作底稿中应当记录哪些内容？
10. 自上而下的方法的基本思路是什么？
11. 注册会计师在测试控制设计与运行的有效性时，应当运用哪些方法？
12. 在完成审计工作阶段，主要包括哪些工作？
13. 管理层书面声明应当包括哪些内容？
14. 内部控制审计报告分为哪几种类型？
15. 标准内部控制审计报告的主要内容有哪些？

【案例分析】

内部控制审计报告

××审字（2022）第 440A016149 号

××股份有限公司全体股东：

按照《企业内部控制审计指引》及中国注册会计师执业准则的相关要求，我们审计了××股份有限公司（以下简称××公司）2021 年 12 月 31 日的财务报告内部控制的有效性。

一、企业对内部控制的责任

按照《企业内部控制基本规范》《企业内部控制应用指引》《企业内部控制评价指引》的规定，建立健全和有效实施内部控制，并评价其有效性是××公司董事会的责任。

二、注册会计师的责任

我们的责任是在实施审计工作的基础上，对财务报告内部控制的有效性发表审计意见，并对注意到的非财务报告内部控制的重大缺陷进行披露。

三、内部控制的固有局限性

内部控制具有固有局限性，存在不能防止和发现错报的可能性。此外，由于情况的变化可能导致内部控制变得不恰当，或对控制政策和程序遵循的程度降低，根据内部控制审计结果推测未来内部控制的有效性具有一定风险。

四、导致否定意见的事项

重大缺陷是内部控制中存在的、可能导致不能及时防止或发现并纠正财务报表出现重大错报的一项控制缺陷或多项控制缺陷的组合，××公司的财务报告内部控制存在如下重大缺陷。

（一）商誉减值相关内控存在重大缺陷

××公司于 2022 年 1 月 26 日发布了《2021 年度业绩预告》（以下简称业绩预告），预计××公司 2021 年度归属于上市公司股东的净利润为盈利 10 000 万～14 800 万元。根据××公司于 2022 年 4 月 28 日第十届董事会第七次会议审议通过的 2021 年度财务报表，经审计的归属于上市公司股东的净亏损为 50 911 万元。××公司在商誉减值测试时未充分考虑标的公司××有限公司 2021 年度未完成业绩承诺事项，商誉减值测试不审慎，导致商誉减值计提不充分，导致 2021 年度财务报表与业绩预告出现重大偏差。

（二）收入截止相关内控存在重大缺陷

××公司收入确认存在截止性问题，在客户未实质取得相关商品或服务的控制权时确认了收入，导致收入提前确认，导致 2021 年度财务报表与业绩预告出现重大偏差。

（三）员工薪酬及采购相关的内控存在重大缺陷

存在销售人员佣金从采购成本中支出的情形，导致薪酬与成本混同，影响费用的完整性和准确性。

有效的内部控制能够为财务报告及相关信息的真实完整提供合理保证，而上述重大缺陷使××公司内部控制失去这一功能。

××公司管理层已识别出部分上述重大缺陷，并将其包含在企业内部控制评价报告中。上述缺陷在所有重大方面得到公允反映。在××公司 2021 年财务报表审计中，我们已经考

虑了上述重大缺陷对审计程序的性质、时间安排和范围的影响

五、财务报告内部控制审计意见

我们认为,由于存在上述重大缺陷及其对实现控制目标的影响,××公司于2021年12月31日未能按照《企业内部控制基本规范》和相关规定在所有重大方面保持有效的财务报告内部控制。

<table>
<tr><td>××会计师事务所
中国·北京</td><td>中国注册会计师:×××
中国注册会计师:×××
××××年××月××日</td></tr>
</table>

××股份有限公司2021年度内部控制评价报告

××股份有限公司全体股东:

根据《企业内部控制基本规范》及其配套指引的规定和其他内部控制监管要求(以下简称企业内部控制规范体系),结合××股份有限公司(以下简称公司)内部控制制度和评价办法,在内部控制日常监督和专项监督的基础上,我们对公司2021年12月31日(内部控制评价报告基准日)的内部控制有效性进行了评价。

一、重要声明

按照企业内部控制规范体系的规定,建立健全和有效实施内部控制,评价其有效性,并如实披露内部控制评价报告是公司董事会的责任。监事会对董事会建立和实施内部控制进行监督。管理层负责组织领导企业内部控制的日常运行。

公司董事会、监事会及董事、监事、高级管理人员保证本报告内容不存在任何虚假记载、误导性陈述或重大遗漏,并对报告内容的真实性、准确性和完整性承担个别及连带法律责任。

公司内部控制的目标是合理保证经营管理合法合规、资产安全、财务报告及相关信息真实完整,提高经营效率和效果,促进实现发展战略。由于内部控制存在的固有局限性,故仅能为实现上述目标提供合理保证。此外,由于情况的变化可能导致内部控制变得不恰当,或对控制政策和程序遵循的程度降低,根据内部控制评价结果推测未来内部控制的有效性具有一定的风险。

二、内部控制评价结论

根据公司财务报告和非财务报告内部控制重大缺陷的认定情况,于内部控制评价报告基准日,董事会认为,公司存在财务报告内部控制重大缺陷,公司未能按照企业内部控制规范体系和相关规定的要求在所有重大方面保持与财务报表相关的有效的内部控制。

三、内部控制评价工作情况

(一)内部控制评价范围

1. 公司按照风险导向原则确定纳入评价范围的主要单位、业务和事项以及高风险领域。纳入评价范围的主要单位包括:全部纳入合并范围的控股子公司、分公司。纳入评价范围单位2021年资产总额占公司合并财务报表对应科目100%。

2. 纳入评价范围的主要业务和事项包括:公司层面控制包括组织架构、发展战略、内部监督、人力资源、社会责任、企业文化等;业务流程层面控制包括子公司管理制度、资金

管理、销售业务、财务报告、信息系统管理等。

3. 重点关注的高风险领域主要包括：资金活动风险、销售管理风险、财务报告风险等。

上述业务和事项的内部控制涵盖了公司经营管理的主要方面，不存在重大遗漏。

（二）内部控制评价工作依据及内部控制缺陷认定标准

公司依据企业内部控制规范体系及企业内部控制制度和评价办法，在内部控制日常监督和专项监督的基础上，组织开展内部控制评价工作。

公司董事会根据企业内部控制规范体系对重大缺陷、重要缺陷和一般缺陷的认定要求，结合公司规模、行业特征、风险偏好和风险承受度等因素，区分财务报告内部控制和非财务报告内部控制，研究确定了适用于本公司的内部控制缺陷具体认定标准，并与以前年度保持一致。

1. 财务报告内部控制缺陷认定标准。公司确定的财务报告内部控制缺陷评价的定量标准如下（资产总额、营业收入任何一个评定指标达到相应比例即判定为该缺陷等级）（见表1）。

表1　　　　公司确定的财务报告内部控制缺陷评价的定量标准

评定指标	一般缺陷	重要缺陷	重大缺陷
资产总额	缺陷影响或（损失）＜合并会计报表资产总额的0.5%	合并会计报表资产总额的0.5%≤缺陷影响或（损失）＜合并会计报表资产总额的1%	缺陷影响或（损失）≥合并会计报表资产总额的1%
营业收入	缺陷影响或（损失）＜合并会计报表营业收入的0.5%	合并会计报表营业收入的0.5%≤缺陷影响或（损失）＜合并会计报表营业收入的1%	缺陷影响或（损失）≥合并会计报表营业收入的1%

注：定量标准以营业收入、资产总额作为衡量指标。内部控制缺陷可能导致或导致的损失与利润表相关的，以营业收入衡量；内部控制缺陷可能导致或导致的损失与资产管理相关的，以资产总额衡量。

说明：公司确定的财务报告内部控制缺陷评价的定性标准见表2。

表2　　　　公司确定的财务报告内部控制缺陷评价的定性标准

缺陷性质	定性标准
重大缺陷	一个或多个内控缺陷，导致不能及时防止或发现并纠正财务报告中的重大错报。公司存在以下情形（包括但不限于）的缺陷应定为财务报告内部控制重大缺陷： （1）监督管理部门认定控制环境无效； （2）董事、监事和高级管理人员舞弊； （3）外部审计发现当期财务报告存在重大错报而公司内部控制在运行过程中未能发现该错报； （4）已经发现并报告给管理层的重大缺陷在合理的时间后未加以改正； （5）因存在重大错报，公司更正已经公布的财务报表； （6）其他可能影响报表使用者正确判断的缺陷

续表

缺陷性质	定性标准
重要缺陷	当期财务报告存在依据上述认定的重要错报,控制活动未能识别该错报;虽然未达到和超过该重要性水平,但从性质上看,仍应引起董事会和管理层重视的错报
一般缺陷	除重大缺陷、重要缺陷之外的其他控制缺陷

2. 非财务报告内部控制缺陷认定标准。公司确定的非财务报告内部控制缺陷评价的定性标准见表3。

表3 公司确定的非财务报告内部控制缺陷评价的定性标准

缺陷性质	定性标准
重大缺陷	公司存在以下情形(包括但不限于)的缺陷应定为重大缺陷: (1) 对公司造成较大负面影响并以公告形式对外披露; (2) 违反国家法律、法规,如出现重大生产或环境污染事故; (3) 被媒体曝光负面新闻,对企业声誉造成重大损害; (4) 关键管理人员或重要人才流失严重; (5) 内部控制评价的重大缺陷未得到有效整改
重要缺陷	存在依据上述认定的重要错报,控制活动未能识别该错报;虽然未达到和超过该重要性水平,但从性质上看,仍应引起董事会和管理层重视的错报
一般缺陷	除重大缺陷、重要缺陷之外的其他控制缺陷

四、内部控制缺陷认定及整改情况

1. 财务报告内部控制缺陷认定及整改情况。根据上述财务报告内部控制缺陷的认定标准,报告期内公司存在财务报告内部控制重大缺陷。公司收入确认存在截止性问题,在公司客户未实质取得相关商品或服务的控制权时确认了收入,导致部分收入存在提前确认的情况。公司在进行商誉减值测试时,未充分考虑子公司××有限公司报告期未完成业绩承诺事项,商誉减值测试不谨慎,导致商誉减值计提不充分。公司发现存在销售人员佣金从采购成本中支出的情形,影响费用的完整性和准确性。

公司已制定如下整改措施:

(1) 公司已向本次负责年审的审计师告知上述重大缺陷的情况,配合审计师对财务报表审计中受到上述重大缺陷影响的事项进行说明。

(2) 进一步加强对子公司的管控建设情况,对员工加强《子公司管理制度》及该制度相关的《下属企业经营管理权限通知》和《下属企业采购管理的通知》的培训和学习,进一步对各子公司业务流程进行梳理和设计,优化管理模式,通过健全会计系统控制和决策程序,加强人力资源配置等方式,保证母子公司之间及时、准确、真实和完整地互通信息。进一步加强财务制度的培训和学习,加强内部财务管理,严格资金管理、资产管理、收入确认、成本核算、购销业务等重点财务管控。内审部加强对相关制度在收入确认、成本核算、薪酬核算、商誉减值测试中的执行情况进行不定期检查。

2. 非财务报告内部控制缺陷认定及整改情况。根据上述非财务报告内部控制缺陷的认定标准，报告期内未发现公司非财务报告内部控制重大缺陷和重要缺陷。

六、其他内部控制相关重大事项说明

公司无其他内部控制相关重大事项说明。

××股份有限公司

董事会

××××年××月××日

资料来源：http：//www. szse. cn/disclosure/listed/bulletinDetail/index. html?b9bba798 - 515f - 42f7 - babf - 5f021136d2e7.

思考：

1. 案例中的内部控制审计报告属于哪种类型？注册会计师出具这种类型的内部控制审计报告需要满足什么条件？

2. 案例中的内部控制评价报告对注册会计师开展内部控制审计有什么作用？

3. 结合案例资料谈谈注册会计师如何测试控制的有效性，同时应注意哪些问题？

【拓展阅读】

1. 《内部控制审计指引》.

2. 江苏阳光股份有限公司内部控制审计实施细则，http：//www. sse. com. cn/disclosure/listedinfo/announcement/c/new/2022 - 04 - 28/600220_20220428_35_NwDJvmzn. pdf.

练习题及答案

参考文献

［1］安伯海.ZB 公司内部控制研究［D］.济南：山东大学，2018.

［2］敖云良，单钰惠.事业单位内部控制存在的问题及其对会计信息质量的影响［J］.内蒙古民族大学学报，2011，17（03）：99－100.

［3］才杰.如何进行网络平台下财务信息系统内部控制实施［J］.中国乡镇企业会计，2014（02）：149－150.

［4］财政部，国家卫生健康委，国家医保局，国家中医药局.关于进一步加强公立医院内部控制建设的指导意见，2023.

［5］财政部.小企业内部控制规范（试行），2017.

［6］财政部.行政事业单位内部控制报告管理制度（试行），2017.

［7］财政部.行政事业单位内部控制规范（试行），2012.

［8］财政部，证监会，审计署，银监会，保监会.企业内部控制基本规范，2008.

［9］财政部，证监会，审计署，银监会，保监会.企业内部控制配套指引，2010.

［10］蔡洁容.浅谈企业如何开展员工绩效考核［J］.财经界，2013（33）：267.

［11］蔡宁伟.内控的本质、特征和作用——兼评对商业银行内控认识的六个误区［J］.武汉金融，2016（08）：66－69.

［12］蔡卫星，高明华.审计委员会与信息披露质量：来自中国上市公司的经验证据［J］.南开管理评论，2009，12（04）：120－127.

［13］曹倩.基于 ERM 框架下内部控制体系的构建［J］.经济师，2016（10）：111－112.

［14］曹智铭，李亚杰.华晨债券违约对国企信息披露的启示［J］.财务与会计，2021（21）：40－42.

［15］柴庆孚，曹惠民，贺妍.网络环境下内部控制活动在实务中的研究［J］.商业会计，2009（17）：47－48.

［16］常立群.论会计电算化下的企业内部控制［J］.商业经济，2006（05）：51－54，96.

［17］陈朝骞.基于内部控制环境视角的康得新事件分析［J］.财务管理研究，2021（07）：29－32.

［18］陈春梅.中国企业如何应对《萨班斯》挑战研究［D］.成都：西南财经大学，2007.

［19］陈德坤.企业内部控制指引在固定资产管理中的应用［J］.当代会计，2017（11）：47－48.

［20］陈芳.浅析企业资产管理的内部控制［J］.商场现代化，2015（22）：97－98.

［21］陈关亭，沈霄.电子商务系统的内部控制［J］.审计研究，2001（04）：47－52.

［22］陈冀，范新媛．信息化下烟草企业的内部控制研究［J］．中国城市经济，2011（26）：119－120.

［23］陈建常．中小企业内部控制环境研究［J］．中外企业家，2017（19）：87－88.

［24］陈劲松，陶宝山，雷新途．论我国政府财务会计信息质量特征［J］．财务与金融，2009（01）：29－33.

［25］陈琦，王凯．试析信息化环境下的国有控股集团的内部控制［J］．价值工程，2013，32（22）：202－205.

［26］陈松．关于企业内部控制制度的探讨［J］．现代经济信息，2010（24）：134.

［27］陈晓春．内部控制审计制度研究：一种新的内部控制审计观及其实现［J］．中国市场，2014（14）：61－62.

［28］陈星瑞．仲氏集团内部控制的研究［D］．合肥：合肥工业大学，2009.

［29］陈艳萍，桑颖，孙爱忠．新冠疫情对企业内部控制的影响与对策［J］．财会月刊，2020（14）：78－81.

［30］陈月，马影．业财融合在华为公司内部控制中的应用［J］．财务与会计，2019（07）：26－28.

［31］陈昭新．浅谈整合审计的实务操作［J］．现代商业，2012（29）：202－203.

［32］程慧灵．内部控制在房地产企业会计核算中运用分析［J］．现代营销（学苑版），2012（08）：120－121.

［33］程满清．中航油毁于风险监控缺位［N］．南方日报，2005－03－30（A15）.

［34］池国华．内部控制学（第4版）［M］．北京：北京大学出版社，2022.

［35］池国华，朱荣．内部控制与风险管理（第3版）［M］．北京：中国人民大学出版社，2022.

［36］崔立华．论企业战略管理风险的控制［J］．中小企业管理与科技（上旬刊），2014（11）：31－33.

［37］崔文斐，崔洪俊，崔京京．推进地方普通高校内控建设的思考——以山东省属36所高校为例［J］．教育财会研究，2017，28（04）：66－74，80.

［38］崔仙玉．衍生金融工具风险的会计监管研究［J］．绿色财会，2011（07）：57－59.

［39］崔艳平．内部控制制度与审计［J］．现代经济信息，2011（22）：85.

［40］崔雁，宋彦杰．强化医院财务分析［J］．中国卫生产业，2010，7（11）：64－65.

［41］达建华，彭庚．基于相关者理论的电子政务风险评估框架［J］．工业技术经济，2008（03）：38－41.

［42］戴漾泓，唐洋．企业内部控制缺陷的识别、认定及披露研究［J］．会计师，2012（09）：43－44.

［43］邓启雄，龙志，方耀平等．大数据在企业全面预算管理中的应用［J］．财会学习，2021（08）：57－59.

［44］丁辉．安全风险术语辨析（连载之一）［J］．中国应急管理科学，2020（01）：78－84.

［45］丁小红．施工企业信息管理与会计核算分析［J］．中国高新技术企业，2009（19）：115－116.

［46］丁新浩．信息系统在企业内部控制基本规范与 COSO 框架下的比较［J］．财会通讯，2009（26）：91-92．

［47］丁燕，杨珊华．国药集团应收账款精益化管控的探索与实践［J］．财务与会计，2022（17）：22-25．

［48］董佰壹．论我国独立董事与监事会的冲突与协调［J］．河北大学学报（哲学社会科学版），2008（05）：78-81．

［49］董添．涉诉讼持续经营难 46 份年报被"非标"［N］．中国证券报，2022-04-27（A06）．

［50］窦微，王晨颖．中小企业财务内控研究［J］．现代经济信息，2018（16）：216．

［51］杜劲东．做好企业内部控制的必要性和措施［J］．管理观察，2014（15）：108-109．

［52］杜权．"一股独大"视角下延安必康财务舞弊案例研究［D］．成都：四川师范大学，2022．

［53］杜晓明，王福帅．基于大数据时代探究企业人力资源管理变革［J］．中国商论，2020（23）：115-116．

［54］杜媛媛．上市公司会计信息价值性研究［J］．中国市场，2013（45）：139-140．

［55］樊珣辉．管理会计在新经济形势下的发展［J］．中国总会计师，2019（06）：62-63．

［56］范晓溪．控股股东股权质押对掏空行为的影响研究［D］．蚌埠：安徽财经大学，2020．

［57］范月莹．中小企业 LZ 公司内部控制优化研究［D］．昆明：云南师范大学，2020．

［58］方红星，池国华．内部控制（第 5 版）［M］．大连：东北财经大学出版社，2022．

［59］房晶淼．中国农业发展银行 H 支行全面预算管理研究［D］．扬州：扬州大学，2022．

［60］费峥宇．浅析财务报表分析在企业管理中的作用［J］．现代商业，2013（23）：121-122．

［61］冯琳．我国建筑法与韩美建筑法比较及其适应性修改建议［J］．法制与经济（下旬），2013（03）：65-66．

［62］冯西儒．内部控制规范体系与企业现行管理系统关系的探讨［J］．中国内部审计，2016（03）：9-16．

［63］冯晓静．浅谈企业社会责任［J］．东方企业文化，2011（02）：194．

［64］付华，戴小喆，郑大喜等．财会监督视角下公立医院内部控制的功能定位与实现路径［J］．中国卫生经济，2024，43（01）：82-85，88．

［65］甘伟强．财务共享服务中心建设的分析探讨［J］．财经界，2020（21）：132-133．

［66］高翠莲．浅谈企业销售业务中的内部控制［J］．现代经济信息，2014（21）：127．

［67］高秀兰．企业全面预算管理问题及对策［J］．财会通讯，2011（20）：116-117．

［68］高雅．内部控制对财务危机影响分析——以乐视网为例［J］．财会学习，2018（29）：205-208．

［69］官伟．浅谈高校工程项目内部控制［J］．教育财会研究，2011，22（04）：47-49．

［70］龚姗姗，欧阳电平．内部控制的有效实施是企业发展的保障——来自天发集团的启示［J］．审计月刊，2011（10）：45-47．

[71] 规范内控审计行为促进内控有效实施 [N]. 中国会计报, 2010 - 08 - 06 (014).

[72] 规范内控审计行为促进内控有效实施——财政部会计司、中注协解读《企业内部控制审计指引》[J]. 财务与会计, 2010 (10): 6 - 13.

[73] 郭宸昊. 大数据公司与内部控制风险应对 [J]. 中国注册会计师, 2019 (06): 95 - 98.

[74] 郭海霞. 浅析企业创新绩效考核实现人力资源优化管理 [J]. 商业文化 (下半月), 2012 (04): 40.

[75] 郭洪涛. VaR 技术对非流通股过渡流通方案的研究 [J]. 阿坝师范高等专科学校学报, 2005 (04): 16 - 19.

[76] 郭檬楠, 李校红. 内部控制、社会审计与企业全要素生产率: 协同监督抑或互相替代 [J]. 统计与信息论坛, 2020, 35 (11): 77 - 84.

[77] 郭涛. 以财务 BP 制度推进"业财融合"的研究 [J]. 中国总会计师, 2020 (09): 113 - 115.

[78] 郭旭. 直面现代内部审计的新发展与新要求——访北京国家会计学院党委书记秦荣生 [J]. 中国内部审计, 2013 (06): 4 - 9.

[79] 国测, 戴柏清. 基于 WSR 系统方法论的企业境外工程项目档案管理风险识别与防控 [J]. 浙江档案, 2022 (11): 34 - 37.

[80] 国务院国资委. 关于加强中央企业内部控制体系建设与监督工作的实施意见, 2019.

[81] 韩存, 毛剑芬. 蒙牛公司全面预算管理下的财务控制制度建设 [J]. 财务与会计, 2014 (06): 21 - 23.

[82] 韩亚培. 基于内部控制的财产保护体系构建研究——以 F 公司为例 [J]. 商, 2013 (10): 102.

[83] 韩颖. 税务机关内部控制评价研究 [D]. 南京: 南京理工大学, 2020.

[84] 郝松. 浅析中央企业内部审计新职能 [J]. 中国内部审计, 2007 (04): 36 - 37.

[85] 何承丽, 钱莉. 企业国际化与内部控制质量探讨 [J]. 合作经济与科技, 2023 (18): 100 - 102.

[86] 何榕. 施工企业内控制度实施 [J]. 中国管理信息化, 2012, 15 (14): 32 - 34.

[87] 洪淼. 基于 GONE 理论对国有企业职务消费的控制研究 [J]. 安徽电气工程职业技术学院学报, 2017, 22 (04): 52 - 56.

[88] 胡君燕. 从会计信息系统视角看内部控制构建 [J]. 经济研究导刊, 2013 (06): 93 - 94.

[89] 胡梅. 关于财经院校实验技术人员绩效考核办法的思考 [J]. 电脑与电信, 2010 (06): 74 - 75, 77.

[90] 胡明. 浅谈内部控制 [J]. 黑龙江科学, 2013 (02): 78 - 79, 75.

[91] 胡明霞. 财务造假事件中内部控制缺陷探究 [J]. 新理财, 2022 (07): 49 - 53.

[92] 胡萍, 孟宪章. 风险导向内部控制内部评估存在的问题及对策 [J]. 中国证券期货, 2011 (11): 81 - 82.

[93] 胡艳琴. 如何学习行政事业单位内部控制中的风险评估 [J]. 现代经济信息,

2013 (08)：106.

[94] 华琦．对中小企业社会责任缺失问题的分析 [J]．中国乡镇企业会计，2012 (10)：131 -132.

[95] 黄电．中小企业内部审计工作管理创新研究 [J]．财会通讯，2014 (07)：72 -73.

[96] 黄靓．全面预算与业绩评价融合管理的探讨 [J]．市场周刊，2018 (10)：97 -98.

[97] 黄力．基于 COBIT 的信息系统审计流程设计研究 [D]．南京：南京大学，2014.

[98] 黄立新，程昱，程新生等．互联网企业采购业务内部控制研究 [J]．管理评论，2021，33 (10)：325 -339.

[99] 黄瑞．信息系统开发招标项目合同法律风险及争议解决——某企业系统开发合同争议仲裁案例述评 [J]．招标采购管理，2018 (09)：62 -65.

[100] 黄蔚．浅述会计信息质量特征 [J]．理论学习与探索，2013 (04)：69 -70.

[101] 黄雪珍．行政事业单位财务会计内部控制探究 [J]．行政事业资产与财务，2012 (16)：126 -127.

[102] 纪辉．企业货币资金控制管理措施探析 [J]．中国高新技术企业，2014 (16)：154 -156.

[103] 纪连芹．基于价值链管理的内部控制研究 [J]．管理观察，2019 (09)：73 -75.

[104] 贾春育．浅析银行会计内部控制的有效性评价 [J]．时代金融，2011 (17)：52，61.

[105] 贾嘉盛．铁路建筑施工企业绩效评价及应用 [J]．管理观察，2014 (31)：99 -102.

[106] 贾晓燕．关于行政事业单位建立与实施内部控制体系有关成本问题的探讨 [J]．现代经济信息，2016 (18)：153，155.

[107] 贾亚丽．金融危机下我国企业风险管理策略研究 [J]．中国商贸，2011 (06)：89 -90.

[108] 江华．施工企业集团财务集中管理系统建设中的风险分析与规避 [J]．中国市场，2012 (15)：40 -41.

[109] 江若楠．浅析企业发展战略与内部控制的关系 [J]．山东农业工程学院学报，2016，33 (04)：126 -127.

[110] 姜蔷薇．W 集团财务共享服务中心运营优化研究 [D]．南昌：东华理工大学，2020.

[111] 蒋秋菊，陈敏，窦宇等．存货内部控制缺陷及改进建议——基于广州浪奇的案例研究 [J]．会计之友，2021 (16)：107 -111.

[112] 解读之2：发展战略 [J]．国际商务财会，2010 (07)：7 -9.

[113] 解读之6：资金活动 [J]．国际商务财会，2010 (07)：14 -19.

[114] 解读之7：采购业务 [J]．国际商务财会，2010 (07)：20 -22.

[115] 解读之8：资产管理 [J]．国际商务财会，2010 (07)：22 -27.

[116] 解读之9：销售业务 [J]．国际商务财会，2010 (07)：27 -29.

[117] 解涛．建立符合萨班斯法案的 IT 内部控制体系 [J]．科学之友（B 版），2007 (06)：137，139.

[118] 解旖媛．虎年首家被实施风险警示上市公司浮现 [N]．金融时报，2022 -02 -

10 (007).

[119] 晋晓琴. 我国企业内部控制规范体系存在的问题及对策 [J]. 财会月刊, 2015 (28): 26 - 30.

[120] 匡华山. SAP 环境下宁波时代公司销售业务内部控制改进研究 [D]. 长沙: 湖南大学, 2013.

[121] 李凤鸣. 内部控制学 (第二版) [M]. 北京: 北京大学出版社, 2012.

[122] 李贺玲. 新形势下房地产企业资金管理的几点问题 [J]. 中国集体经济, 2020 (09): 144 - 146.

[123] 李佳晋. 电网企业构建内部控制管理体系的思考 [J]. 企业研究, 2014 (12): 36.

[124] 李晶. 加强企业内部控制的思考 [J]. 行政事业资产与财务, 2011 (22): 102 - 103.

[125] 李坤. F 农业投资公司内部控制有效性研究 [D]. 长沙: 长沙理工大学, 2020.

[126] 李萌. 财务报告内部控制建设研究 [D]. 北京: 北京工商大学, 2009.

[127] 李庆川. 国有企业开展效能监察的探索与思考 [J]. 经济研究导刊, 2011 (21): 28 - 29.

[128] 李庆. 对企业内部控制规范体系的探微 [J]. 科技与企业, 2012 (05): 69.

[129] 李若山, 陈策, 吴锐. 关于 Amaranth 对冲基金破产的思考 [J]. 审计与理财, 2009 (11): 5 - 6.

[130] 李寿喜, 李建华. 中国上市公司组织架构内部控制缺陷形成机理研究——来自制造行业的经验证据 [C]. 中国会计学会, 台湾政治大学, 第四届海峡两岸会计学术研讨会——会计准则、内部控制与公司治理论文集, 上海大学管理学院, 2012: 2.

[131] 李寿喜. 企业战略风险的识别、评估与应对 [J]. 郑州航空工业管理学院学报, 2011, 29 (06): 69 - 76.

[132] 李顺庭, 李万民. 中美内部控制比较研究 [J]. 全国商情 (经济理论研究), 2008, (16): 96 - 98.

[133] 李伟. 建立健全企业内部控制制度的探讨综述 [J]. 经济研究参考, 2012 (18): 40 - 50, 52.

[134] 李侠, 房雷. 会计信息失真问题研究 [J]. 现代商贸工业, 2008, 20 (13): 202 - 203.

[135] 李晓慧, 何玉润. 内部控制与风险管理: 理论、实务与案例 (第 2 版) [M]. 北京: 中国人民大学出版社, 2016.

[136] 李心合. 企业内部控制研究的中国化系列之三　内控流程的设计与再造 [J]. 财务与会计, 2022 (06): 16 - 24.

[137] 李昕原. TL 煤炭企业物资管理的内部控制问题研究 [D]. 沈阳: 辽宁大学, 2017.

[138] 李欣. 内部控制审计研究 [D]. 荆州: 长江大学, 2012.

[139] 李兴付, 皋玲. 如何理解内部控制的成本效益原则 [J]. 商场现代化, 2011 (20): 142.

[140] 李亚聪, 宋依倩, 周芷同. 论企业内部会计控制 [J]. 旅游纵览 (下半月),

2014（02）：214.

　　［141］李延军. 基于会计基础工作的内部控制风险规避研究［D］. 长春：吉林大学，2009.

　　［142］李艳玲. 论基于诉讼角度的企业内控缺陷［J］. 中国外资，2013（02）：210-211.

　　［143］李燕. 三泰公司风险管理研究［D］. 呼和浩特：内蒙古大学，2011.

　　［144］李一舟. 基于内部控制的企业资产管理措施［J］. 中国市场，2022（33）：101-103.

　　［145］李影. 风险导向型内部控制体系构建［J］. 铜陵学院学报，2010，9（04）：18-19.

　　［146］李宇立. 企业内部控制配套指引讲解与案例分析（第二版）［M］. 大连：东北财经大学出版社，2014.

　　［147］李玉环. 内部控制中的信息与沟通［J］. 会计之友（上旬刊），2008（12）：9-10.

　　［148］李正，张慧. 独立董事薪酬与关键审计事项披露：薪酬辩护还是才能信号？［J］. 中国注册会计师，2022（07）：51-57.

　　［149］李致磊. 中小旅行社内部控制规范化研究［J］. 经济研究导刊，2013（31）：275-276.

　　［150］李子婧. 浅析康美药业财务造假背后的内控缺陷［J］. 中国农业会计，2022（07）：88-89.

　　［151］梁运吉. 企业内部控制标准的实施研究［D］. 哈尔滨：东北林业大学，2008.

　　［152］林斌，周美华. 内控缺陷带来的经济后果——基于公司诉讼的视角［J］. 会计与控制评论，2011（02）：34-53.

　　［153］林素燕，唐锋. 国际化·内部控制·风险管理——基于浙江省企业数据的分析［J］. 经营与管理，2015（11）：56-59.

　　［154］林晓红. 联动销售模式下医药公司固定资产内部控制分析——以万孚生物为例［J］. 财会通讯，2020（04）：129-133.

　　［155］林仪. 浅谈固定资产内部会计控制［J］. 冶金财会，2012，31（10）：28-30.

　　［156］林宇洪，林玉英，胡喜生等. 后林改时期的林权 WebGIS 管理系统的设计［J］. 中南林业科技大学学报，2012，32（07）：146-150.

　　［157］林媛春. 对健全铁路运输企业内部控制制度的几点思考［J］. 经济研究导刊，2011（25）：25-26.

　　［158］凌桂诗. 企业内部控制建设探讨［J］. 中国高新技术企业，2011（15）：94-95.

　　［159］刘斌. 内部控制专业胜任能力对研发资金管控的影响［J］. 科研管理，2022，43（10）：150-159.

　　［160］刘长生，李专，高树成等. 辽宁省国储库粮食仓储信息化建设情况调查分析［J］. 粮油食品科技，2020，28（01）：116-119.

　　［161］刘丹丹. 人源化单克隆抗体药物临床前研发风险管理研究［D］. 沈阳：沈阳药科大学，2019.

　　［162］刘海委，贾春兰，姜武君等. 探讨企业社会责任信息披露与内部控制的关系［J］. 西藏科技，2013（10）：12-14.

　　［163］刘宏如. 浅谈医院固定资产管理［J］. 财经界，2013（32）：58，102.

　　［164］刘慧萍. 小议内部控制理论发展的五个阶段［J］. 时代金融，2010（03）：30-32.

［165］刘杰颖 . 吉林省电商企业内部环境构建探析［J］. 长春金融高等专科学校学报，2019（05）：87 - 92.

［166］刘立善 . 新医改下医院内部控制、内部审计及风险管控的研究［J］. 卫生职业教育，2016，34（20）：150 - 151.

［167］刘粮，王刚，邓欣晨等 . 集团型企业数字化、智能化司库管理探析［J］. 财务与会计，2019（13）：60 - 63.

［168］刘美琴 . 谈企业财务内控体系的建立与实施［J］. 现代商业，2012（20）：128 - 129.

［169］刘珊 . 关于完善内部控制评价标准的思考与实践［J］. 现代经济信息，2009（12）：115 - 116.

［170］刘尚谦 . G 资产管理公司内部控制活动改进研究［D］. 南宁：广西大学，2020.

［171］刘铁明 . 人力资源管理风险与防控文献综述［J］. 湖南财政经济学院学报，2011，27（01）：129 - 132.

［172］刘文彪，刘卉，车程辉等 . 检验检疫风险识别方法初探［J］. 检验检疫学刊，2017，27（06）：43 - 44.

［173］刘霞，任驿佳 . 基于 COBIT 5 建立财务共享服务中心风险管理机制［J］. 财会月刊，2018（19）：99 - 113.

［174］刘筱蕾 . 浅议如何做好内部控制审计评价工作［J］. 现代商业，2012（03）：204 - 205.

［175］刘新娜 . 医院内部控制中存在的问题及对策［J］. 现代医院，2011，11（11）：127 - 128.

［176］刘兴鼎 . 如何实现实物资产价值管理效益最大化［J］. 企业研究，2013（22）：105 - 107.

［177］刘亚男，刘国峰，康红冬 . 企业内部控制的成本收益均衡研究［J］. 财政监督，2013（08）：50 - 52.

［178］刘永泽，池国华 . 企业内部控制［M］. 北京：清华大学出版社，2014.

［179］刘玉廷 . 提升我国企业管理水平和可持续发展能力的重大举措——写在《企业内部控制基本规范》发布之际［J］. 财务与会计，2008（18）：8 - 12.

［180］刘玉廷，王宏 . 提升企业内部控制有效性的重要制度安排——关于实施企业内部控制注册会计师审计的有关问题［J］. 会计研究，2010（07）：3 - 10，95.

［181］刘媛媛，刘凌冰 . ERP 系统风险分析与规避策略［J］. 财务与会计，2007（17）：44 - 46.

［182］刘媛媛 . 信息化环境下企业内部控制系统的优化［J］. 财务与会计，2009（02）：21 - 22.

［183］刘运宏 . 独立董事因上市公司虚假陈述而承担民事赔偿责任的归责原则及其改革［J］. 武汉金融，2022（05）：75 - 81.

［184］刘兆阳 . 浅析如何加强建筑施工企业资金管理［J］. 金融经济，2013（04）：135 - 137.

［185］娄权，付细军 . 上市银行内部控制评价之实证分析［J］. 当代会计，2018（09）：49 - 50.

[186] 娄振旗. 浅析煤矿企业预算管理信息化的实现 [J]. 企业导报, 2014 (05): 126 - 127.

[187] 卢爱红. 煤炭企业集团信息化管控模式研究 [J]. 中国煤炭, 2012, 38 (01): 74 - 77.

[188] 陆咏梅. 浅议存货的内部控制 [J]. 中国农业会计, 2012 (07): 14 - 15.

[189] 吕珺, 陈汉文. 制造企业财务报告与非财务报告核心内部控制探讨 [J]. 商业会计, 2015 (21): 9 - 11.

[190] 吕谋笃. 迈好IT外包的第一步 [J]. 中国计算机用户, 2009 (08): 25.

[191] 律江雪. Q公司资产管理内部控制体系改进研究 [D]. 西安: 西安理工大学, 2021.

[192] 罗烨. 基于内部控制视角下的全面预算管理研究 [J]. 当代经济, 2012 (12): 60 - 61.

[193] 骆良彬, 张白. 企业信息化过程中内部控制问题研究 [J]. 会计研究, 2008 (05): 69 - 75.

[194] 马海燕. 企业内部控制与规范 [J]. 中外企业家, 2013 (10): 108, 110.

[195] 马孟溪. 对如何建立健全企业内部控制的思考 [J]. 中国乡镇企业会计, 2011 (06): 131 - 133.

[196] 马淑娥. 后疫情时代企业内部环境智慧治理路径研究 [J]. 现代商业, 2021 (20): 154 - 156.

[197] 马素文. OMM外包生态体系: 为企业生态竞争提供战略支持 [J]. 国际人才交流, 2018 (11): 40 - 41.

[198] 马文东. 企业高管人员人事风险评估方法研究 [J]. 中国人力资源开发, 2004 (12): 12 - 14, 18.

[199] 马文奎. 浅议上市公司提高公司质量的改进措施 [J]. 财经界, 2010 (08): 108 - 109.

[200] 马晓骅. 企业内部控制的理性探讨 [J]. 中国盐业, 2011 (13): 52 - 55.

[201] 马彦宁. 军队医院财经管理的几点思考 [J]. 实用医药杂志, 2016, 33 (09): 856 - 858.

[202] 满春. 电子发票系统与企业ERP系统协同对接研究——以阿里巴巴为例 [J]. 财会通讯, 2019 (34): 99 - 104.

[203] 茅安明. 上市公司的内部控制措施 [J]. 财经界, 2011 (02): 62.

[204] 米嘉. 如何有效加强固定资产管理 [J]. 河北企业, 2010 (12): 16 - 17.

[205] 倪新宇, 居梦影. 社会责任视角下快递型物流企业内控建设研究 [J]. 中国市场, 2021 (14): 153 - 155.

[206] 潘佳. 内部控制制度何以防范公司的环境污染风险 [J]. 河南理工大学学报 (社会科学版), 2014, 15 (01): 1 - 5.

[207] 潘丽慧. 基于COSO报告的高校后勤企业内部控制体系构建 [J]. 浙江工业大学学报 (社会科学版), 2011, 10 (02): 215 - 219.

[208] 潘亚俐, 刘洋, 艾燕等. 数智化下高校内部控制体系实施路径探析 [J]. 中国

循证医学杂志，2023，23（07）：856 - 861.

[209] 潘云华. 汽车制造企业内部控制有效性评价方法研究 [J]. 吉林省教育学院学报（中旬），2015，31（12）：98 - 101.

[210] 彭艳. 企业风险管理与内部控制研究 [J]. 会计师，2021（01）：82 - 83.

[211] 企业内部控制规范体系实施中相关问题解释第 1 号 [J]. 国际商务财会，2012（03）：22 - 26.

[212] 企业内部控制基本规范之控制活动解读与案例分析 [J]. 财会月刊，2009（31）：78 - 80.

[213]《企业内部控制应用指引第 10 号——研究与开发》解读 [J]. 财务与会计，2011（02）：60 - 61.

[214]《企业内部控制应用指引第 11 号——工程项目》解读 [J]. 财务与会计，2011（03）：61 - 68.

[215]《企业内部控制应用指引第 12 号——担保业务》解读 [J]. 财务与会计，2011（03）：69 - 71.

[216]《企业内部控制应用指引第 13 号——业务外包》解读 [J]. 财务与会计，2011（04）：34 - 36.

[217]《企业内部控制应用指引第 14 号——财务报告》解读 [J]. 财务与会计，2011（04）：37 - 41.

[218]《企业内部控制应用指引第 15 号——全面预算》解读 [J]. 财务与会计，2011（05）：35 - 40.

[219]《企业内部控制应用指引第 17 号——内部信息传递》解读 [J]. 财务与会计，2011（06）：53 - 56.

[220]《企业内部控制应用指引第 18 号——信息系统》解读 [J]. 财务与会计，2011（06）：57 - 62.

[221]《企业内部控制应用指引第 1 号——组织架构》解读 [J]. 财务与会计，2010（08）：32 - 35.

[222]《企业内部控制应用指引第 2 号——发展战略》解读 [J]. 财务与会计，2010（09）：62 - 65.

[223]《企业内部控制应用指引第 3 号——人力资源》解读 [J]. 财务与会计，2010（09）：66 - 68.

[224]《企业内部控制应用指引第 6 号——资金活动》解读 [J]. 财务与会计，2010（12）：49 - 54.

[225]《企业内部控制应用指引第 7 号——采购业务》解读 [J]. 财务与会计，2011（01）：53 - 55.

[226]《企业内部控制应用指引第 8 号——资产管理》解读 [J]. 财务与会计，2011（01）：56 - 60.

[227]《企业内部控制应用指引第 9 号——销售业务》解读 [J]. 财务与会计，2011（02）：57 - 59.

[228]《企业内部控制应用指引》解读之 15：全面预算 [J]. 国际商务财会，2010

（09）：9－13.

[229]《企业内部控制应用指引》解读之17：内部信息传递 [J]. 国际商务财会，2010（09）：17－20.

[230]《企业内部控制应用指引》解读之18：信息系统 [J]. 国际商务财会，2010（09）：21－26.

[231]《企业内部控制应用指引》解读之1：组织架构 [J]. 国际商务财会，2010（07）：4－6.

[232] 钱芳. 内控自评工具在公司治理中的应用探讨 [J]. 财经界，2013（26）：74，76.

[233] 钱丽杰，刘明立. 企业内部控制制度浅议 [J]. 北方经贸，2003（08）：19－20.

[234] 钱啟英. 浅谈企业如何履行社会责任 [J]. 中国外资，2012（02）：163，166.

[235] 钱泽宇. TH船舶集团采购业务内部控制优化研究 [D]. 镇江：江苏科技大学，2020.

[236] 强化采购风险管控　提高企业采购效能 [N]. 中国会计报，2010－06－11（006）.

[237] 强化全面预算管理促进实现发展战略 [N]. 中国会计报，2010－07－02（006）.

[238] 强化资金风险管控　不断提升企业效益 [N]. 中国会计报，2010－05－28（006）.

[239] 乔彦军. 多少工夫筑始成——品红楼说内控（十一）[J]. 审计与理财，2012（11）：37－39.

[240] 乔彦军. 钱费两起丢一半——品红楼说内控（七）[J]. 审计与理财，2012（07）：40－42.

[241] 乔彦军. 只算别人家的账——品红楼说内控（二十）[J]. 审计与理财，2013（08）：31－33.

[242] 切实做好内部控制评价，不断实现内部控制自我提升 [N]. 中国会计报，2010－07－30（003）.

[243] 秦荣生，张庆龙：企业内部控制与风险管理（第二版）[M]. 北京：经济科学出版社，2012.

[244] 邱洁，叶春霜. "一带一路"背景下浙江企业"走出去"的问题及对策研究 [J]. 现代商业，2018（34）：68－69.

[245] 邱静，李昆. 公司机会主义行为及注册制下退市治理——基于康美药业的案例分析 [J]. 商业经济，2020（08）：171－173.

[246] 邱雅静. 论我国会计信息质量特征 [J]. 现代商贸工业，2009，21（06）：199－200.

[247] 曲传祥. 企业信息系统应用控制设计工作程序 [J]. 电子技术与软件工程，2017（18）：189－190.

[248] 曲明. 担保业务关键控制措施设计 [J]. 财务与会计（理财版），2012（03）：35－37.

[249] 任安邦，刘芳. 绩效管理的作用及其影响因素 [J]. 北方经济，2012（09）：96－97.

[250] 3C 框架内部控制课题组，徐荣才，张小军．《基本规范》的国际趋同与创新 [J]．中国内部审计，2008（09）：74 - 75.

[251] 山西政府财务报告试审课题组，陆晓晖．国外政府财务报告审计内部控制检查的做法与借鉴 [J]．审计观察，2022（06）：66 - 71.

[252] 尚东昌．现代企业执行力问题及对策研究 [D]．哈尔滨：黑龙江大学，2010.

[253] 邵来安．外贸企业经营风险及其防范 [J]．北方经贸，2003（02）：79 - 81.

[254] 施琦．企业内控自我评价与内审关系的思考 [J]．冶金财会，2011，30（07）：40 - 42.

[255] 石菲．IT 外包不仅仅是省钱 [J]．中国计算机用户，2009（23）：34 - 37.

[256] 石菲，徐立洋．把 IT 全部"包出去" [J]．中国计算机用户，2009（11）：5 - 6.

[257] 石明辰．"三个中心"的财管模式 [J]．新理财，2011（10）：80 - 82.

[258] 石翔，麦晓华，于佩．社保基金入市的风险管理——基于 Var 模型的探讨 [J]．改革与开放，2012（22）：50 - 51.

[259] 时光．天广中茂溺水"商誉泡沫" [J]．中国石油企业，2020（03）：100 - 102.

[260] 帅娟．企业内部控制存在的问题及对策 [J]．胜利油田党校学报，2013，26（03）：72 - 73.

[261] 帅忠越．我国上市公司内部控制审计相关问题探析 [J]．现代商贸工业，2011，23（15）：159 - 160.

[262] 司宪花．加强会计监督职能的对策 [J]．德州学院学报，2011，27（S1）：142 - 144.

[263] 司子健．风险评估在企业中的应用浅析 [J]．新经济，2014（20）：59 - 60.

[264] 宋明华．我国上市公司内部控制应用研究 [D]．太原：山西财经大学，2011.

[265] 宋亦桐．募集新股方案获批安信信托重组曙光再现 [N]．北京商报，2022 - 04 - 22（004）.

[266] 苏金香．上市公司内部控制缺陷披露现状分析 [J]．新会计，2014（01）：9 - 11.

[267] 苏珂．《企业内部控制基本规范》解读 [J]．河南商业高等专科学校学报，2009，22（04）：55 - 58.

[268] 苏蓉．构建中小企业内部控制体系的思考 [J]．现代商业，2012（30）：94.

[269] 苏雅娜．企业信息化管理控制体系研究 [J]．甘肃科技，2011，27（24）：112 - 113，128.

[270] 苏志敏．应对 IT 风险——企业建立 COBIT 模型的探讨 [J]．商业经济，2010（02）：100 - 101.

[271] 苏钟海，魏江，胡国栋．企业战略更新与组织结构变革协同演化机理研究 [J]．南开管理评论，2023，26（02）：61 - 72.

[272] 孙果芬．A 公司财务共享服务中心内部控制优化研究 [J]．现代营销（下旬刊），2020（06）：211 - 213.

[273] 孙惠敏．浅谈对企业内部控制的认识 [J]．现代商业，2013（31）：118.

[274] 孙慧慧．我国上市公司内部控制缺陷的现状分析及改进建议——基于我国 2010 年上市公司年报 [J]．经济研究导刊，2012（02）：122 - 123.

[275] 孙振．三河市水务局潮白河大桥工程项目内部控制研究 [D]．北京：北京理工

大学，2017.

[276] 覃俊. 企业 IT 内控与风险管理探析 [J]. 现代商贸工业，2011，23 (16)：46 -48.

[277] 汤媛媛，杨春. 中央企业境外资产监管与风险防范 [J]. 当代经济研究，2017 (03)：84 -89.

[278] 唐昆. 基于上市公司内部控制五要素的分析——以獐子岛公司为例 [J]. 现代商贸工业，2019，40 (02)：50 -51.

[279] 唐妍. 企业会计信息系统内部控制影响因素研究 [D]. 沈阳：辽宁大学，2012.

[280] 唐洋，阳秋林，龙海鹰等. 内部控制视角下会计基础工作的发展和完善 [J]. 财政监督，2012 (02)：26 -28.

[281] 唐一鑫. 新时代高职院校内部审计机制建设研究 [J]. 扬州教育学院学报，2022，40 (02)：60 -63.

[282] 陶军卫. 我国监事会制度所导致的公司治理"缺环" [J]. 企业导报，2010 (05)：35 -36.

[283] 滕静. 企业内控制度与成本效益原则的研究 [J]. 现代商业，2011 (12)：204 -205.

[284] 田莉杰. 基于成本效益原则的中小企业内部控制研究 [J]. 经济研究导刊，2010 (27)：37 -38.

[285] 田志. 爱普公司存货管理内部控制研究 [D]. 乌鲁木齐：新疆大学，2018.

[286] 涂申清. 内部控制与注册会计师审计 [J]. 黄冈职业技术学院学报，2012，14 (01)：71 -75.

[287] 万文娟. 人脸识别技术在图书馆的应用现状与策略分析 [J]. 新世纪图书馆，2022 (01)：42 -47.

[288] 汪芳. 基于 COSO - ERM (2017) 的网络直播企业内部控制研究 [J]. 财会通讯，2023 (06)：129 -134.

[289] 汪惠兰. 优化高校建设项目管理——基于内部控制视角 [J]. 现代经济信息，2017 (05)：51 -52.

[290] 汪杨荣. 中金珠宝内部控制改进研究 [D]. 西安：西安理工大学，2020.

[291] 汪越. T 饲料公司采购业务内部控制有效性及完善途径研究 [D]. 南京：南京信息工程大学，2017.

[292] 王丹，宁云才. 煤炭企业全面风险管理探析 [J]. 煤炭经济研究，2009 (01)：51 -53.

[293] 王方明. 供给侧改革背景下优化民营企业内部控制体系建设研究 [J]. 财会学习，2018 (05)：189 -190.

[294] 王凤洲. 内部控制学 [M]. 北京：经济科学出版社，2020.

[295] 王宏. 基于目标导向的企业内部控制评价研究 [D]. 南昌：江西财经大学，2013.

[296] 王华安. 大安防时代：需要多元化发展战略 [J]. 中国公共安全，2013 (12)：40 -48.

[297] 王健朴. 我国企业国际化融资风险研究 [J]. 改革与战略，2011，27 (06)：142 -144.

[298] 王进. 企业财务内部控制体系初探 [J]. 科学之友, 2011 (17): 123-124.

[299] 王晶, 孔泽思. 子公司 5 米深坑埋"证据"难掩长方集团内斗闹剧 [N]. 每日经济新闻, 2023-02-23 (006).

[300] 王玖春. 企业内部控制环境下绩效考核实施分析 [J]. 中国市场, 2018 (21): 92, 95.

[301] 王军华. 企业内部控制和全面风险管理框架的构建和应用研究 [D]. 西安: 西安建筑科技大学, 2007.

[302] 王军庆. 用 KPI 检验营销培训效果 [J]. 中国商贸, 2005 (06): 29-30.

[303] 王孔亮, 宋琳. 浅谈医院实物保全控制 [J]. 中国外资, 2011 (17): 101-102.

[304] 王丽. 谈业务外包内部控制规范在事业单位的应用 [J]. 现代商业, 2011 (05): 115-116.

[305] 王美云, 王婧. 我国财务报告内部控制的法规建设与执行困境 [J]. 科技广场, 2012 (04): 197-200.

[306] 王敏. 金融危机背景下企业风险导向内部控制制度的建立 [J]. 现代商业, 2010 (12): 263.

[307] 王明涛. 新政府会计制度下的预算业务控制探讨 [J]. 营销界, 2019 (33): 187-188.

[308] 王妮. 存货管理的问题及对策 [J]. 中小企业管理与科技 (上旬刊), 2011 (08): 44.

[309] 王农跃. 企业全面风险管理体系构建研究 [D]. 天津: 河北工业大学, 2008.

[310] 王茜. 企业内部报告的几个基本理论问题探讨 [J]. 企业活力, 2010 (08): 78-81.

[311] 王倩. 行政事业单位内部控制要素的比较研究 [D]. 北京: 财政部财政科学研究所, 2014.

[312] 王青松. 小微企业内部控制建设问题实务探讨 [J]. 西部财会, 2013 (05): 55-57.

[313] 王清刚. 内部控制与风险管理 (第 2 版) [M]. 北京: 北京大学出版社, 2020.

[314] 王荣三, 李静, 刘宝锁. 小微企业内部控制机制探讨 [J]. 财务与会计 (理财版), 2012 (10): 51-52.

[315] 王睿. 在铁路物资招标采购中如何有效发挥监督管理效力 [J]. 铁路采购与物流, 2014, 9 (11): 55-57.

[316] 王帅. 杜邦财务分析在我国上市公司中的运用——以歌尔声学股份有限公司为例 [J]. 现代商业, 2017 (07): 166-167.

[317] 王伟. 加强企业内部控制提高财务管理水平 [J]. 内蒙古科技与经济, 2014 (09): 31-32, 34.

[318] 王霞. H 集团资金管理一体化模式的探索与实践 [J]. 财务与会计, 2022 (17): 40-42.

[319] 王小萍. 会计信息系统内部控制案例研究——以 S 商业银行为例 [J]. 全国流通经济, 2018 (16): 66-68.

[320] 王晓红. 刍议新常态下环保企业财务风险的管控要点 [J]. 山西农经, 2018 (08): 133-134.

[321] 王晓敏，池兆念.内部控制鉴证业务探讨 [J]. 中国注册会计师，2011 (08)：96 - 98.

[322] 王晓霞，于红.内部审计如何协助管理层实施《企业内部控制基本规范》[J]. 科技信息，2012 (36)：730 - 731, 734.

[323] 王鑫焱，冯冬，张渤等.全面风险管理在第三方检测机构的应用 [J]. 中国检验检测，2022, 30 (05)：79 - 81.

[324] 王秀果，赵清涛.浅谈企业内部控制缺陷 [J]. 当代经济，2012 (13)：50 - 51.

[325] 王秀果，赵清涛.浅谈企业内部控制审计的组织实施 [J]. 当代经济，2012 (19)：52 - 53.

[326] 王燕青.论在全面预算管理中财务部应发挥的作用 [J]. 中国乡镇企业会计，2012 (08)：89 - 90.

[327] 王溢.金融资产盈余管理及内部控制质量相关性研究 [D]. 天津：天津财经大学，2011.

[328] 王鹰武，胡潘婷.企业内部控制全流程操作从入门到实践 [M]. 北京：人民邮电出版社，2022.

[329] 王颖.谈加强企业内部控制的策略 [J]. 中国商界（上半月），2009 (08)：29.

[330] 王志国.基于内审视角的企业风险管理体系构建 [D]. 镇江：江苏科技大学，2010.

[331] 韦孟知.浅议医院内部会计控制 [J]. 中国集体经济，2014 (27)：131 - 132.

[332] 卫丹丹.基于巨人集团的内部控制环境研究 [J]. 全国商情，2016 (09)：43 - 44.

[333] 魏澜波.核测井密封放射源库风险评估与控制研究 [D]. 长春：吉林大学，2014.

[334] 魏宁，严学锋.徐工机械：完善内控评价 [J]. 董事会，2017 (06)：60 - 61.

[335] 文军.略论企业并购及建立内部控制体系 [J]. 青海师范大学学报（哲学社会科学版），2013, 35 (04)：14 - 16.

[336] 文兴斌，金希萍.IT 环境下企业内部控制浅析 [C]. 中国会计学会审计专业委员会，中国会计学会审计专业委员会 2010 年学术年会论文集，成都信息工程学院商学院，2010：6.

[337] 文兴普.数值分析方法在 VAR 中的应用 [J]. 武汉理工大学学报（信息与管理工程版），2010, 32 (06)：1015 - 1017.

[338] 邬文斌.中小企业人力资源管理 3P 模式研究 [D]. 昆明：昆明理工大学，2005.

[339] 毋芳芳.细胞免疫治疗企业研究与开发内部控制探讨 [J]. 管理观察，2019 (11)：13 - 15.

[340] 吴竟.关于 A 公司内部控制问题的研究 [D]. 长春：吉林大学，2011.

[341] 吴力佳.反倾销应诉要求下的内部会计控制体系的构建 [J]. 西部财会，2011 (12)：33 - 36.

[342] 吴寿元.企业内部控制审计研究 [D]. 北京：财政部财政科学研究所，2012.

[343] 吴寿元.谈企业内部控制审计报告的非标意见 [J]. 中国注册会计师，2012

(09)：96－101，3.

［344］吴素云．内部控制对事业单位财务报告质量影响的理论支撑研究［J］．财会学习，2016（09）：228.

［345］吴秀琴．加强地勘单位内部控制制度建设的若干建议［J］．湖北经济学院学报（人文社会科学版），2013，10（12）：94－95.

［346］吴艳．工程项目内部控制在实践中的运用——以某科技公司山东投资项目为例［J］．经济师，2012（01）：293－294.

［347］吴燕．企业内部控制设计实务探讨［J］．柴油机设计与制造，2009，16（03）：41－48.

［348］伍诗雨，陈菡，陈少华．公司治理重构、商业模式迭代与价值共创——基于瑞幸咖啡退市后自救的案例启示［J］．财务与会计，2023（07）：35－39.

［349］武健．国有煤炭企业内部控制的调查与应用对策［J］．知识经济，2014（24）：102.

［350］夏宁宁．天目药业内部控制审计失败研究［D］．杭州：浙江工商大学，2021.

［351］夏萍萍．《企业内部控制审计指引》中存在的问题［J］．合作经济与科技，2013（03）：69－70.

［352］夏萍．《小企业内部控制规范（试行）》探微［J］．中国农业会计，2017（08）：20－22.

［353］相国栋．浅谈企业内部信息传递［J］．东方企业文化，2014（12）：282.

［354］肖鹏举．K集团组织结构再设计［D］．西安：西安理工大学，2006.

［355］肖倩．浅谈企业存货管理中存在的问题及对策［J］．中小企业管理与科技（上旬刊），2013（10）：18－19.

［356］谢宛妘．海尔集团SWOT分析——以空调产业为例［J］．中国商论，2021（16）：129－131.

［357］谢晓燕．企业内部控制审计研究［D］．呼和浩特：内蒙古农业大学，2010.

［358］熊伟．内部控制与企业价值相关性研究［J］．当代经济，2013（24）：148－150.

［359］徐程旭．哈尔滨石油学院内部控制研究［D］．哈尔滨：哈尔滨工业大学，2018.

［360］徐涵．用于投资项目实施阶段的量化风险管理模型［J］．科技和产业，2021，21（02）：131－135.

［361］徐久华．着力加强铁路非运输企业的效能监察工作［J］．理论学习与探索，2013（02）：64－65.

［362］徐兰英，徐瑶．加强企业内部控制制度建设的意义分析［J］．昌吉学院学报，2009（06）：102－104.

［363］徐黎．企业内部控制框架中内部监督体系的架构［J］．财务与金融，2009（02）：88－91.

［364］徐立文．内部控制理论与实务［M］．天津：南开大学出版社，2015.

［365］徐忠．企业推行预算管理的思考［J］．财经界，2011（22）：54－55.

［366］许红．准能公司内控体系建设研究［D］．呼和浩特：内蒙古大学，2011.

［367］许杰慧．内部控制审计相关概念探讨［J］．商业时代，2012（14）：115－116.

[368] 许婧文. 企业的内部会计控制与内部控制审计关系刍议 [J]. 当代会计, 2014 (04): 45-46.

[369] 许宁. 审计揭示客户欠款背后的故事助推公司销售业务内部控制提升 [J]. 中国内部审计, 2022 (11): 68-71.

[370] 许文琴. 公司治理与内部控制 [J]. 市场论坛, 2004 (09): 48-49.

[371] 许亚湖. 基于风险管理的企业成本管理创新研究 [J]. 中南财经政法大学学报, 2010 (06): 104-107.

[372] 许瑶. 基于平衡计分卡的湖南广电传媒绩效评价 [J]. 中外企业家, 2014 (24): 41-42, 44.

[373] 宣晓岚. 心理资本干预下提升企业员工绩效研究 [J]. 长江师范学院学报, 2013, 29 (02): 53-55.

[374] 薛闻. ST 公司财务风险与控制研究 [D]. 北京: 中国地质大学 (北京), 2010.

[375] 荀嫣颖. 浅谈内部控制-全面预算控制 [J]. 现代商业, 2013 (30): 108.

[376] 闫坤爱. 企业内部控制问题浅析 [J]. 山西统计, 2003 (12): 91.

[377] 严控担保风险 促进企业稳健发展 [N]. 中国会计报, 2010-06-18 (003).

[378] 严文. 加强内控及审计制度建设促进供销系统发展 [J]. 会计师, 2012 (22): 55-57.

[379] 杨恩波, 周云, 宋健. 美国独立审计委员会制度的演进与启示 [J]. 沈阳大学学报, 2007 (01): 15-17.

[380] 杨帆. 国有商业银行信贷风险管理 [D]. 长沙: 湖南大学, 2001.

[381] 杨帆. 基于 ERM 的交通运输企业内部控制系统初探 [J]. 交通财会, 2011 (04): 52-56, 62.

[382] 杨明杰. 我国上市公司内控体系优化研究 [J]. 辽宁经济, 2012 (11): 75-77.

[383] 杨诺. 医院内部控制的探讨 [J]. 中国医疗前沿, 2009, 4 (19): 117-118.

[384] 杨瑞平. 内部控制审计有关问题探索 [J]. 商业研究, 2010 (04): 63-67.

[385] 杨晓华. 衍生金融工具信息披露研究 [D]. 重庆: 重庆理工大学, 2011.

[386] 杨义红. 信息化环境下企业内部控制系统的优化的内容与策略 [J]. 中国商界 (上半月), 2010 (07): 68, 66.

[387] 杨艺. H 公司手机研发活动内部控制问题探讨 [D]. 南昌: 江西财经大学, 2019.

[388] 杨志国. 关于《企业内部控制审计指引》制定和实施中的几个问题 [J]. 财务与会计, 2010 (10): 14-17.

[389] 杨忠. 浅谈当前形势下贵州烟草商业地 (市) 烟草公司利润增长点 [J]. 财经界, 2015 (18): 161-162.

[390] 仰和芝, 张德乾. 女性农民工迁移婚姻风险及其分析视角 [J]. 山东女子学院学报, 2020 (04): 47-53.

[391] 姚春. 论企业集团的内部财务控制 [J]. 现代经济信息, 2012 (23): 178.

[392] 姚靠华, 贺孜孜, 蒋艳辉. 强制披露制度下的企业内部控制信号传递研究 [J]. 会计之友, 2014 (24): 99-105.

[393] 易金翠. 公司治理与审计质量的辩证关系探究——基于审计风险模型的视角 [J]. 中国注册会计师, 2013 (08): 95 – 99.

[394] 易枭昀. 铁路运输企业全面预算管理存在的问题与对策 [J]. 时代金融, 2013 (21): 79 – 80, 190.

[395] 殷荣明. 浅谈企业内部控制的构建 [J]. 现代商业, 2014 (08): 141 – 142.

[396] 殷小建. 计算机信息系统环境下的企业内部控制 [J]. 现代商贸工业, 2008, 20 (13): 289 – 290.

[397] 优化信息系统　提升管理水平 [N]. 中国会计报, 2010 – 07 – 09 (007).

[398] 有效管控内部信息传递　促进企业经营管理决策优化 [N]. 中国会计报, 2010 – 07 – 23 (007).

[399] 于静. 浅析企业内部控制建设 [J]. 财经界, 2010 (12): 189, 191.

[400] 鱼招波. 内控建设: 这一年值得记录的六件事 [N]. 财会信报, 2012 – 12 – 31 (C10).

[401] 俞素平. 基于风险矩阵法的公路高边坡风险评估 [J]. 长春工程学院学报 (自然科学版), 2018, 19 (01): 85 – 89.

[402] 俞潇敏. 内部控制审计与财务报表审计的比较与整合 [J]. 商业会计, 2011 (21): 41 – 42.

[403] 袁浩. 论企业全面预算管理的作用和做法 [J]. 行政事业资产与财务, 2014 (06): 140 – 141.

[404] 袁磊. 基于农产品反倾销应诉的企业内部控制研究 [D]. 长沙: 中南林业科技大学, 2014.

[405] 袁莉. 钢丝生产企业成本核算与控制 [J]. 金属制品, 2023, 49 (05): 55 – 57.

[406] 袁敏. 不当确认供应商返利的内控问题及反思——以卡夫亨氏案为例 [J]. 财务与会计, 2022 (02): 26 – 29.

[407] 袁敏, 康今. 上市公司内部控制审计否定意见分析——基于航天通信内部控制否定意见 [J]. 新会计, 2018 (10): 38 – 42.

[408] 袁雅佳, 张辉. 企业内部会计控制 [J]. 中国新技术新产品, 2010 (07): 207.

[409] 曾妮. 财务报告内部控制审计目标分析 [J]. 商场现代化, 2009 (11): 327 – 328.

[410] 曾雪云, 陈泓旭, 赵淼. 源于区块链技术漏洞的数字资产盗用风险与管理改进——以 The DAO 为例 [J]. 财务与会计, 2022 (16): 34 – 37.

[411] 翟立. 铁路非运输企业内部控制审计初探 [J]. 中外企业家, 2016 (13): 100 – 102.

[412] 翟莺. 关于销售业务内部控制会计制度设计的研究 [J]. 中国总会计师, 2011 (10): 113 – 114.

[413] 张昌生. 我国企业内部控制存在的问题及完善措施 [J]. 会计之友, 2012 (26): 52 – 53.

[414] 张成福, 杨兴坤. 借鉴现代公司治理模式, 构建大部制的治理结构与治理机制 [J]. 福建论坛 (人文社会科学版), 2010 (01): 4 – 11.

[415] 张翀. 内控风暴剑指行政事业单位 [J]. 财会学习, 2013 (01): 10 – 13.

[416] 张翠莲. C 高校内部控制研究 [D]. 西安: 长安大学, 2013.

[417] 张国清，马威伟. 强制性、自愿性财务报告内部控制审计提高了公司内部控制质量吗？[J]. 会计研究，2020 (07): 131 – 143.

[418] 张海，李俊忠，廖军. 公立医院内控评价体系的构建及应用 [J]. 财务与会计，2020 (04): 78 – 79.

[419] 张宏亮. 企业内部控制环境的执行研究 [D]. 重庆：重庆交通大学，2010.

[420] 张卉景. 企业内部信息传递内部控制案例研究——以丰田公司"召回门"事件为例 [J]. 老字号品牌营销，2022 (12): 172 – 174.

[421] 张绘然. 企业内部控制对会计信息质量的影响研究——以 YT 实业为例 [J]. 品牌研究，2019 (17): 94 – 96.

[422] 张建民. 浅谈公路施工企业外包业务控制 [J]. 行政事业资产与财务，2013 (22): 221 – 222.

[423] 张建伟，高立法. 浅谈财务报告编制风险及应对措施 [J]. 中国管理信息化，2012, 15 (02): 29 – 31.

[424] 张建英，谷栗. 企业公司治理与内部控制的整合探析 [J]. 商业会计，2014 (11): 13 – 15, 18.

[425] 张洁，张冉. 浅议国有商业银行的会计监督 [J]. 企业经济，2005 (09): 182 – 183.

[426] 张敬. 中小型集团公司运用 ERP 完善内部控制存在的问题及对策 [D]. 上海：华东理工大学，2013.

[427] 张靖. 公路施工单位财务管理的几点思考 [J]. 国际商务财会，2010 (12): 65 – 67.

[428] 张俊民，董尚斌. 企业会计机构与董事会或最高管理层关系研究——企业会计内部相对独立性问题 [J]. 会计研究，2009 (12): 60 – 64, 97.

[429] 张灵. 行为锚定等级评价法在高校实验技术人员工作业绩考核中的运用 [J]. 中山大学学报论丛，2007 (08): 131 – 133.

[430] 张龙平，陈作习. 财务报告内部控制审计的理论分析（上）[J]. 审计月刊，2008 (12): 11 – 13.

[431] 张梅红. W 公司 IT 外包风险控制问题研究 [D]. 苏州：苏州大学，2013.

[432] 张梦媛. 营财一体化背景下企业内部控制评价体系建立的必要性研究 [J]. 现代营销（下旬刊），2016 (10): 60.

[433] 张其镇. 论西周时期的审计制度及其历史贡献 [J]. 江西社会科学，2006 (07): 128 – 131.

[434] 张倩. 内部控制失效案例研究——以金亚科技为例 [J]. 农村经济与科技，2020, 31 (04): 119, 122.

[435] 张庆龙，余永亮，何佳楠. 内部控制与风险管理 [M]. 北京：中国时代经济出版社，2022.

[436] 张秋菊. 关于商品流通企业内部控制管理的有益探索 [J]. 商场现代化，2013 (24): 57.

[437] 张秋娟. 企业内部控制评价体系的构建 [D]. 北京：财政部财政科学研究所，2014.

[438] 张群桥. 提升企业文化促进企业发展 [J]. 东方企业文化，2013 (01): 40.

［439］张莎莎．浅谈如何提高项目合规管理水平［J］．中国管理信息化，2021，24（17）：33-34．

［440］张少帅．M银行秦皇岛分行内部控制体系评价研究［D］．秦皇岛：燕山大学，2020．

［441］张世平．企业经营风险的防范之策：人事风险管理［J］．人才资源开发，2010（02）：84-85．

［442］张太忠．对单位负责人如何履行会计责任的探讨［J］．山东审计，2001（06）：28．

［443］张天森，高嘉鸿，赵林峰．关于投资衍生金融工具风险控制的探讨［J］．商业时代，2007（29）：77-78．

［444］张文敏．浅析企业内部会计控制制度及存在问题［J］．广东科技，2012，21（03）：224-225．

［445］张晓明．企业内部管理报告研究［D］．北京：财政部财政科学研究所，2011．

［446］张欣梅．对我国连锁超市行业内部控制的思考［J］．财会研究，2012（21）：63-65．

［447］张雪梅．浅谈煤炭企业集团应如何加强财务管理［J］．当代经济，2012（12）：28-29．

［448］张艳平．SY商贸公司采购成本内部控制研究［J］．企业导报，2014（13）：11-12．

［449］张艳，张喆．试论企业的组织架构［J］．辽宁广播电视大学学报，2012（01）：94-96．

［450］张燕．谈全面预算内部控制规范在医院的应用［J］．时代金融，2011（08）：86-88．

［451］张颖．基于《企业内部控制基本规范》实施与深化的研究探讨［D］．上海：复旦大学，2009．

［452］张永兴．四大原因造成中航油巨亏［N］．新华每日电讯，2005-03-30（006）．

［453］张宇田．全面预算管理视阈下财务控制体系优化对策新探［J］．中国总会计师，2014（11）：81-82．

［454］张羽佳，林红珍．基于数字化赋能的企业内部控制研究——来自华为1987—2022年的经验证据［J］．财会通讯，2022（22）：142-148．

［455］张远录，娄阳，周旻．企业内部控制［M］．上海：立信会计出版社，2023．

［456］张月玲，洪慧林，邢小培等．我国企业营运资金管理研究现状与展望［J］．会计之友，2012（11）：17-21．

［457］张泽丽．企业内部控制解析［J］．中小企业管理与科技（上旬刊），2011（01）：5-6．

［458］张曾莲，姚艳君．注册会计师社会捐赠基金会内部控制审计实务探讨［J］．财政监督，2014（17）：3-6．

［459］张钊．医院应注重财务分析［J］．中国乡镇企业会计，2013（08）：112-114．

［460］张箴言，张雯．平衡计分卡在知识型企业中的应用分析——以J企业为例［J］．时代金融，2019（30）：40-42．

［461］章美珍，罗宇．商业银行会计监督若干问题探讨［J］．企业经济，2005（01）：159-161．

［462］章敏捷．基层供电企业内部控制现状及优化策略［J］．会计师，2015（01）：49-50．

[463] 赵凡. 物业公司的资金结构特征及财务审计与监督 [J]. 纳税, 2019, 13 (04): 118-119.

[464] 赵建伟. 新形势下企业战略风险管理 [J]. 内蒙古科技与经济, 2009 (15): 6-8.

[465] 赵凯, 王砚书, 张春林. 内部审计业务外包的风险分析与建议 [J]. 财务与会计, 2019 (17): 75-76.

[466] 赵宁. 铁路物资管理企业的内部控制建设探讨 [J]. 时代金融, 2016 (12): 118, 126.

[467] 赵世明. 控股股东股权质押对会计信息披露的影响研究 [D]. 济南: 山东财经大学, 2021.

[468] 赵艺狄. A畜牧业公司销售业务内部控制问题研究 [D]. 大连: 东北财经大学, 2021.

[469] 赵政涵. 青少年对网络安全意识的提升 [J]. 中国新通信, 2020, 22 (09): 153.

[470] 郑晨光. IT服务管理平台助力企业加强IT内控 [J]. 中国管理信息化, 2011, 14 (18): 44-46.

[471] 郑春荣. 美国的"整合审计"理念及其对我国内部控制审计的启示 [J]. 中国城市经济, 2011 (29): 166-167.

[472] 郑海宁, 李彤. 论内部控制自我评价的"度"[J]. 商业会计, 2012 (19): 46-47.

[473] 郑洪涛, 张颖. 企业内部控制学 (第四版) [M]. 大连: 东北财经大学出版社有限责任公司, 2018.

[474] 郑赟. 浅谈企业产品质量控制失败的原因及对策 [J]. 时代金融, 2011 (30): 58.

[475] 中国人民银行重庆营业管理部课题组. 风险导向内部审计应用路径探讨 [J]. 中国内部审计, 2011 (11): 48-53.

[476] 中国银监会. 关于印发商业银行内部控制指引的通知, 2014.

[477] 中注协会同财政部会计司、监督评价局约谈新备案会计师事务所提示首次承接上市公司审计业务的风险 [J]. 中国注册会计师, 2023 (03): 11.

[478] 中注协联合财政部会计司、监督评价局约谈新备案会计师事务所提示首次承接上市公司审计业务的风险 [J]. 中国注册会计师, 2022 (03): 10.

[479] 钟慧玲. 关于公司绩效考核问题的探讨——以A公司为例 [J]. 中国集体经济, 2015 (04): 106-107.

[480] 周晨. 企业合规不起诉制度研究 [D]. 兰州: 甘肃政法大学, 2022.

[481] 周登卓. COSO内部控制体系在保障房建设项目中的应用研究 [J]. 财经界, 2010 (23): 159-160.

[482] 周海刚. 公司内部控制制度设计 [J]. 时代金融, 2013 (23): 142-144.

[483] 周厚元. 企业发展战略内部控制应用研究 [J]. 内蒙古科技与经济, 2016 (23): 39, 56.

[484] 周乐慧. 论企业绩效考核对企业内部控制管理的作用 [J]. 中外企业家, 2013 (12): 144-145.

[485] 周峭. 我国企业集团内部控制体系完善研究 [D]. 大连: 大连海事大学, 2008.

［486］周清环．全面预算管理在测井生产经营中的运用［J］．石油工业技术监督，2003（10）：22 – 24.

［487］周庆华．企业项目投资风险管理研究［D］．呼和浩特：内蒙古财经大学，2017.

［488］周秋光，张翰林．民国时期慈善治理监督机制的历史经验与借鉴启示［J］．思想战线，2023，49（06）：135 – 145.

［489］周曙光．我国上市公司内部控制失效的原因及对策——基于 S＊ST 星美的案例研究［J］．中国乡镇企业会计，2009（02）：68 – 70.

［490］周文琴．全面质量管理在我国内部控制评价中的运用［J］．科技经济市场，2013（06）：47 – 51.

［491］周翔鹰．云南特色产业共性风险管理研究［D］．昆明：昆明理工大学，2007.

［492］周亚娜，邓晶．民营科技企业资金管理中的问题及改进［J］．会计之友（中旬刊），2009（01）：26 – 27.

［493］周亚荣，沈宇航．上市公司 ESG 信息披露解析——以恒瑞医药为例［J］．新会计，2023（03）：18 – 22.

［494］周燕．高校内部审计职能实现的有效途径［J］．煤炭高等教育，2022，40（04）：68 – 72.

［495］朱宝琛．警惕上市公司业绩预告"变脸"［N］．证券日报，2017 – 08 – 15（A02）.

［496］朱军宁．克服 360 度考核在国内实施的"水土不服"［J］．科技情报开发与经济，2005（05）：256 – 257.

［497］朱同明，王福胜，王峰等．基于合作方视角的企业外生性风险识别［J］．绿色财会，2010（07）：25 – 27.

［498］朱蔚．公立医院社会化用工的风险及对策研究［J］．江苏卫生事业管理，2022，33（03）：299 – 301，307.

［499］朱宪．刍议内部审计在企业内部控制中的定位［J］．新会计，2010（06）：6 – 9，15.

［500］诸纪红，王羽．金陵电厂：精准监督助力企业绿色转型［J］．企业文明，2022（11）：81 – 82.

［501］祝学明．企业内部控制制度存在的问题及其对策［J］．科技广场，2005（11）：59 – 61.

［502］庄子嘉．加强财务风险管理，促进企业健康发展［J］．价值工程，2011，30（18）：123 – 124.